# 极简通识历史

## 中国哲学史

○ 极简通识历史编写组　主编

中国出版集团　现代出版社

**图书在版编目（CIP）数据**

极简通识历史 / 极简通识历史编写组主编. -- 北京：现代出版社，2021.3
ISBN 978-7-5143-9092-6

Ⅰ. ①极… Ⅱ. ①极… Ⅲ. ①哲学－基本知识－中国②哲学－基本知识－世界 Ⅳ. ①B

中国版本图书馆CIP数据核字（2021）第040756号

**极简通识历史**

| | |
|---|---|
| **作　　者** | 极简通识历史编写组主编 |
| **责任编辑** | 陈秀香 |
| **特约编辑** | 赵焕霞 |
| **制　　版** | 冰河文化 |
| **出版发行** | 现代出版社 |
| **地　　址** | 北京市安定门外安华里504号 |
| **邮政编码** | 100011 |
| **电　　话** | 010-64267325　64245264（传真） |
| **网　　址** | www.1980xd.com |
| **电子邮件** | xiandai@vip.sina.com |
| **印　　刷** | 三河市元兴印务有限公司 |
| **开　　本** | 787mm×1092mm　1/16 |
| **印　　张** | 46 |
| **字　　数** | 700千字 |
| **版　　次** | 2022年1月第1版　2022年1月第1次印刷 |
| **书　　号** | ISBN 978-7-5143-9092-6 |
| **定　　价** | 108.00元（全2册） |

# 【前言】

中国哲学的历史源远流长，从远古的三皇五帝时期就孕育了萌芽，经历夏、商、周的不断发展，到春秋战国时期的诸子百家就已经百花齐放了，而后历经两千年的成长，结出丰富纷繁的累累果实。基于中国早期社会的农耕型本质，中国古代哲学思想呈现“早熟”的特征，在先秦时代就展现出了百家争鸣的繁盛势头。和同时期西方哲学家注重理论构建不同的是，中国古代哲人把哲学思想与政治观念紧密联系起来，用智慧为民造福，为社会谋利，虽无哲学之名，却饱含哲学之实。而且，哲人们的不懈努力、劳动人民的积极进取和数千年的历史积淀决定了中国哲学思想的丰富多彩，决定了其多元性和复杂性，道学、理学、玄学、元气说、心性论和性空观等学说，宛如一座座无尽的宝库，等待着我们去发掘。

中国哲学和西方哲学体系的另一个不同之处是，中国古代思想家往往不会自我标榜某某学派、某某主义。他们的视角往往是十分宽广和包罗的，最常思索的问题涉及人生价值、道德修养、心性伦理、章法规范、仁义德行、治国治学等方面。中国古代思想家最关心做人本身，成为圣人是最终的目标。他们不以学术成就为目的，而是希望通过治学不断完善自己的人格和心智，成为一个于己、于家、于社会都更有价值的人。

中国哲学家讲德远远甚于讲智，研究的是偏重于主体的哲学，其核心就是仁与德。

中国哲学史的特点也十分鲜明，那就是以儒家和道家居于核心地位，所谓外儒内道，儒中有道，道中有儒，相辅相成，互为因果。其中，天人合一和理一分殊是最高级的世界观和人生目标，仁义道德是基本的行为规范，中庸之道则是处世之方法，以民为本是治政纲领，大一统或称世界大同则是最高的理想与境界。论语有曰："四海之内，皆兄弟也。"体现了一种超出国界的博大胸怀，有着极强的包容性。这事实上是把仁爱的核心无限放大，显示出对全人类、对世界万物的大爱。而自古就有的大同情怀，也在后世被不断地继承与发扬着，比如近代康有为的《大同书》，孙中山"天下为公"的思想，到现在我们的共产主义伟大理想，无一不是大一统观念的体现。

中国哲学史讲的是它的昨天，学习昨天的故事是为了更好地认识现在并继往开来，面向明天。一方面，我们不能丢弃民族文化传统的精髓；但另一方面，也不能理所当然地认为哲学思想的传承是一成不变和僵化的。我们学习中国哲学史不是为了坐享其成，而是接受其熏陶和启发，积极地对这些宝藏进行开拓和发扬，让它焕发出新的生命力。这个过程，就是要首先懂得和理解，然后分析其优劣，才能更好地发扬我们的民族传统。

因为社会和历史的进程总是带有阶段性，中国哲学思想在不同时期也显现不同的形态。本书的编排和结构十分清晰，即依照历史发展的脉络，从远古的夏、商、西周时期，即中国哲学的萌芽时代；到春秋、战国和秦汉时期，即中国哲学确立和成型的时期；再到汉末至两宋时期，即儒家思想被推至高峰的时候；最后是元明到近现代，即各种思潮进一步发展的时期。尽管哲学思想和历史进程不一定总是一致的，但人的思想状态总体还是和社会发展的层次、社会生产力的状况息息相关的。因此，顺着历史发展的轨迹抽丝剥茧，我们就更容易厘清和认识中国哲学的精髓之所在。

本书适合对中国哲学的思想和发展史比较感兴趣的读者朋友们阅读。在中国漫漫的历史长河里，杰出的哲学思想纷繁复杂，给人一种眼花缭乱、手足无措之感，不知道该如何下手去撷取。而本书正是为了满足对中华文化怀有极大热情，又一时找不到入手点的朋友量身定制的。本书除了对中国历史上各个时期的哲学思想进行分析和阐述，并全部展示给读者朋友们以外，还随机加入了学者们对各个时期特定思想的评价和综述，让读者们更为立体地进行欣赏和认识。我们的宗旨无非就是想让读者朋友们能够更为轻松地阅读和欣赏这些中华文化的精妙之处，在理解了各种哲学思想的概念的同时，能够领略其更为深层次的理念与意蕴，从而全面汲取中国传统哲学的教化，树立更为内在而坚定的中华文明与文化自信。

# 【目录】

# 第一章　中华古代哲学的源头

哲学是关于世界观和方法论的系统而完整的理论体系。世界观是对我们所处的这个世界的最本质、最一般的观点，它决定方法论，是关于发展的规律以及人的主客观存在关系的根本认识。哲学是一个外来词汇，它的英文名是Philosophy，源于古希腊文Philosophia，本意是“爱智慧”，之后其内涵不断被扩充，形成了当代的一种学科理论体系。

中国古代虽然没有哲学这个概念，但各种古代典籍里经常出现诸如“哲”和“哲人”等字眼。在远古时代，人们的生存条件十分艰苦，需要有智慧的人站出来作为领袖，带领大家克服大自然给人类生存带来的种种困难和阻碍，并追求更美好更安逸的生活。“哲”有智慧、聪颖之意，聪明又和“仁”，即“爱民”密切相关，就是之后的民本观念。而“哲人”即指能够且愿意带领和帮助人民获得福祉的聪明、智慧之人，这些人受到老百姓的普遍爱戴和欢迎。《礼记》卷二《檀弓上》中就有：“孔子蚤作，负手曳杖，消摇于门，歌曰：‘泰山其颓乎！

梁木其坏乎！哲人其萎乎！’既歌而入，当户而坐。子贡闻之，曰：‘泰山其颓，则吾将安矣？梁木其坏，哲人其萎，则吾将安放？’夫子殆将病也，遂趋而入。”意思是说，哲人的思想境界远超过一般人，是百姓们高山仰止的对象，是非常崇高的存在。

中国古代哲人们虽然智慧出类拔萃，却很少标榜自己的知识，而是把造福民众，把对真理的追求作为自身践行的目的。因此，中国古代虽无哲学之名，却满载哲学之实。可以说，拥有着数千年的文明史，创造了无数光辉而灿烂的物质与精神文化的中华民族，正是在尊智慧、爱生活、重社会这种传统的基础上一步步发展起来的。这个过程，就是哲人的智慧引领和劳动人民辛勤劳作改造大自然的相辅相成的进取之路。

比如，根据《韩非子》的记载，上古时期的人口数目还十分稀少，毒虫猛兽却到处潜伏。为了有效规避和抵抗这些威胁，一位有智慧的人站了出来，带领大家建造可以安稳居住的巢穴，让人们可以不必再担惊受怕地在野外栖息。人们爱戴这位领袖，便拥戴他为大家的君主，称为“有巢氏”。而另一位叫“燧人氏”的人民领袖，为了解决人们生吃动物的血肉导致经常得病的问题，通过不断地探索，发现了敲击燧石生火的办法，让大家能够把食物烧熟了再吃，让人们的身体更加健康长寿。还有一个叫“伏羲氏”的君主，他为了解决人们常常因捕获不到猎物而饥一顿、饱一顿的问题，发明了把猎物驯养起来以备不时之需的方法，让人们的生活更加安稳。当然，他最为有名的创造是“八卦”，这是伏羲氏俯仰天地，根据大自然的外在形态和他自身的生活经验所归纳总结出来的一套世界观体系，用来考查和把握宇宙的发展规律与万事万物的情状变化。而“神农氏”顾名思义，他为了帮助人们改变只吃肉食的不良习惯，致力于寻找对人体更为健康的食物，并最终发现五谷最为滋养人，开发了种植五谷的方法，这就是农业的起源。这也说明了，远古时代的哲人往往也是百姓尊崇的圣王，因为他们运用自身的智慧为百姓谋福利，切实践行着有中国古代特征的社会的、生活的、亲民的哲学实践活动。他们综合考虑外部的自然环境和人内部的身心特征，并积极利用环境因素创造更适合人类发展和安居乐业的人文条件，也是中华先民智慧的集中体现和精神化身。

从远古年代至公元前 7 世纪，是华夏文明逐渐产生和形成的时期，也是中国古代哲学思想起源的时代。盘古开天辟地的传说是大家耳熟能详的，根据徐整的《三五历纪》记载：“天地混沌如鸡子，盘古生其中。一万八千岁，天地开辟，阳清为天，阴浊为地。盘古在其中，一日九变，神于天，圣于地。天日高一丈，地日厚一丈，盘古日长一丈。如此一万八千岁，天数极高，地数极深，盘古极长。”之后便历经三皇五帝，上述的有巢氏、燧人氏、伏羲氏和神农氏等人出现在三皇时代，而在接下来的五帝时代，治水的大禹就基本处于原始社会后期了，之后才分别是夏、商、周、秦各个朝代。

夏朝是古代社会的一个转折点，中国从原始社会逐步转型为奴隶制社会。大禹死后没有继续沿用之前的民主选举制度，而是由大禹的儿子启担任首领一职，这就是世袭制度的开启，即所谓的夏朝“家天下”。从氏族部落的民主共生到国家的阶级统治，其标志就是土地所有权的转化。作为农耕型社会，土地是最为重要的生产资料，土地制度的转变就成为中国社会特征变迁的主要标志。在夏朝之前的原始社会，氏族公社拥有土地，集体耕耘集体收获。而从夏朝至西周时期的奴隶社会，是劳动者和土地都归国家所有，实际上就是归君王所有，并设立各种管理层级来负责管控农业生产。到了封建社会，即从春秋战国时期开始，在土地私有化进程下，国家独有的“公田”慢慢变为个体拥有的“私田”。在这个体系之上，统治阶级向农户收取徭役和赋税，而这种制度就构成了中国两千年漫长的封建社会的基础。

中国古代社会的重农特性，是中华文明文化“早熟”的根源。因为农业生产的发展和繁荣可以保证人民基本的生活需求，稳定的生活状况正是滋养各种思想与学说的温室，纵观几大文明古国，无不是农业发达地区。尤其在中国，从春秋时期就蓬勃发展起来的，以儒家和道家为核心的华夏文明的精深的世界观，其高深程度在当时整个世界范围都是无可比拟的。华夏文明十分重视家的观念，“国家”这两个字本身就是政权与家族的合二为一。这是因为华夏文明从最初的原始社会，包括氏族和部落等聚居形式，都是以血缘关系为基础而存在的。这种关系在国家出现之后就以宗法制的形式存在，其根源即是从氏族民主选举转变为嫡长子继承制，也可以说是血缘关系的政治化。这种制度在西周时期得到了进一步发展，即分封制。天子将地方的疆域分封给同宗诸侯，对诸侯有名义上的管辖权，后者则定期向天子朝贡，履行各种义务。仁爱和孝道紧密联系在一起，就像《大学》中所讲述的：“所谓治国必先齐其家者，其家不可教而能教人者无之。故君子不出家而成教于国。孝者，所以事君也；悌者，所以事长也；慈者，所以使众也。”这段话的意思是之所以说治理国家必须先管理好自己的家庭和家族，是因为不能管教好家人而能管教好别人的人，是没有的，所以，有修养的人在家里就受到了治理国家方面的教育：对父母的孝顺可以用于侍奉君主；对兄长的恭敬可以用于侍奉官长；对子女的慈爱可以用于统治民众。因此，爱家不光是道德要求，也是社会功能得以实现的基础，也可以说是国家得以维系的纽带，爱家才是安邦定国的地基。

在宗教观上，中国古代人民信奉灵魂不灭和对祖先神灵的崇拜。由于古代生产力十分低下，人们还没有形成科学的世界观，对自然界的很多现象没法给出合理的解释，所以就用宗教观念的图腾意识来膜拜那些无法解释的对象，并联想整个自然界的各类生物和各种事物都拥有不灭的灵魂，比如太阳、月亮、山川、河流、鸟、兽、鱼、虫等。它们都可以在某种未知力量的帮助下获取某种超强的威力，这种未知的力量就被定义为神，而且是多种多样的神，即宗教上的多神体系。因此，中国古代社会对于祭祀鬼神十分重视，孔子就曾表扬大禹宁肯自己吃得差、穿不好，也要把祭品置办得精致丰富，把祭祀时穿着的衣服缝制得精美端庄。韩非子甚至认为大禹的祭祀相对于当时的物质水平过于铺张浪费。

成体系的哲学思想是随着国家和阶级的出现才逐渐形成的，因此中国哲学的源头应从夏朝时代起始，当时表现为对宗教世界观的崇信。在功能上，哲学密切服务于政治，作为统治阶级的思想武器来维护其利益。比如，用君权神授来巩固统治阶级的地位，认为三界是由至高无上的“帝”来统治的，而统治者就是帝的儿子，对人间有着天经地义的统治权。这种观念也将之前的多神意识转变为一神论，也就是之后的天命论调。但是在西周的中后期，不满统治阶级残暴统治的奴隶们开始反抗和觉醒，对神授君权论进行质疑，也是无神论思想的萌芽。这种反抗和怀疑的精神也是西周末年暴乱的思想诱因。

## 八卦与五行

倘若说有巢氏、神农氏和燧人氏改造大自然的实践，还是一种局限于具体实物对象上的智慧呈现的话。那么伏羲氏创立八卦概念，则具有相当深度的思想意义了，他将外在的自然环境和自身的实践体验综合到一起，将对世界的看法和规律的总结刻印到那些形象的图形符号中。也有传说认为，八卦的产生是伏羲氏从梦中得到的启发。所谓八卦，顾名思义就是由 8 个符号组成的一种指示体系，每个符号都由三画组成，共有“——”连和“— —”断两种笔画，每一卦分别用从上到下的方式排列组合这两种笔画，一共可得 8 种不同的图形符号，从而被称为八卦。八个卦名分别称为乾、坤、震、巽（xùn）、坎、离、艮（gèn）、兑（duì），分别象征天、地、雷、风、水、火、山、泽，这几种事物作为基本元素构成世界万物，并根据自身的性质和形状来代表无限繁杂和丰富的同类对象。如此一来，八卦极为博大和包罗的类型思维方式和十分抽象的符号形式，形成了一个表现世界发展规律的体系模式。把世界上的万事万物归纳成八卦所象征的八种事物，其实包含了本体论思想的初级形式，换言之，即处于从对纷繁絮乱的外在事物的感知过渡到一元论的半途之中。

但是，八卦的哲学价值不止于抽象地表达世界万物的发展规律，其中还含有较为丰富的辩证观点。乍一看，八卦好像各不相同、独立存在，实际上各个卦象之间存在着十分复杂的联系。比如，乾和坤、震与巽、坎与离、艮与兑之间都形成了相对应的关系；而乾、巽、艮、坤、震和兑则形成依次递变的关系；坎和离是乾到坤形态变化的一种额外可能，把整个体系补足，使系统更为严密。而且，八卦还呈现出一种动态的循环往复的态势，这都显现了古代哲人对世界万物的既矛盾又统一的辩证关系的认识和理解。

再从八卦符号本身的形态上来看，乾卦由三个“——”组成，坤卦由三个“— —”组成，只有这两个卦象是由完全相同的笔画组成。其他的卦象都是由“——”和“— —”以上下不同的排列顺序组合而成的，这种理念表明处于两个极端之间的世界万物都是矛盾的统一体，而且都有着向自身的对立面过渡的倾向。乾和坤的独特性质则体现了它们和其他卦象及其代表的事物不是处于同等层次的，乾和坤是其他卦象所象征对象的本质和源头。这就是说，可以将代表世界万物的八种基本要素归纳为两个最为核心的要素，这也为之后的一元本体论的发展打下了坚实的基础。

除了八卦之外，华夏民族哲学思想的另一个起点，就是五行的概念了。《尚书》中有云：“五行：一曰水、二曰火、三曰木，四曰金、五曰土。水曰润下，火曰炎上，木曰曲直，金曰从革，土爰稼墙；润下作咸，炎上作苦，曲直作酸，从革作辛，稼墙作甘。”这几句话分别阐述了五行的内容：金、木、水、火、土；五行的功能：从革、稼墙、润下、炎上、曲直；五行的性质：辛、甘、咸、苦、酸。根据商朝的一位大臣箕子的说法：古时候治水不得法，用堵塞的手段来遏止洪水，把五行的本质性状打乱了，连天地的秩序都乱了套。于是上苍震怒，不给予人间法度，使社会伦理受到破坏；而后大禹顺应五行的性质来治水，上苍重又给予人间法度，社会又恢复了良好的秩序。

上述虽然仅仅是神话传说，却突出了五行在世界运行规律中的关键地位，而且说明了五行的概念早在公元前21世纪时就已经存在了。《尚书》中还说："有扈氏威侮五行，怠弃三正，天用剿绝其命。"就是说有扈氏对于五行十分轻视，上苍就要使其覆亡，这是把五行的重要性抬升到了天命续绝的层次了。而且从其他一些古籍中，也常常可以查到关于五行的学说，基本可以将五行概念的产生时期回溯到三皇五帝的时代，尽管有些古书的记载未必可以全信，但至少说明了五行概念的由来已久，是一个十分古老的哲学考察对象。

五行概念和八卦概念的一个相似之处，就是都以具象的事物来象征世界万物。五行观念认为尽管世界上存在着形态十分复杂的事物，但归根结底，无外乎是由金、木、水、火、土这几种基本元素以不同比例组合而成的，也可以说它是一种宇宙生成论的视角。而且，这种把多种对象归纳提炼成"归一"的理念，也是为一元论架设的另外一座桥梁。再来看看《国语》

中提到的五行：“今王弃高明昭显，而好谗慝暗昧；恶角犀丰盈，而近顽童穷固。去和而取同。夫和实生物，同则不继。以他平他谓之和，故能丰长而物归之；若以同裨同，尽乃弃矣。故先王以土与金、木、水、火杂，以成百物。是以和五味以调口，刚四支以卫体，和六律以聪耳，正七体以役心，平八索以成人，建九纪以立纯德，合十数以训百体。出千品，具万方，计亿事，材兆物，收经入，行姟极。故王者居九畡之田，收经入以食兆民，周训而能用之，和乐如一。夫如是，和之至也。”这段话说得比较明确，“和”和“同”是不一样的，“和”是把不同的元素进行掺和，从而形成新物质并得到发展变化，“同”则是把相同的元素叠加在一起，不会形成新事物，也不会有变化发展。因此，只有把金、木、水、火、土交互融合起来，才能够出现新的物质。而且，这段话特别突出了“土”的关键作用，既是重农思想的体现，也是对五行完全并列观念的一个补充，突出了事物的重点和主要方面。

## 阴阳与太极

八卦和五行的概念都是针对实体事物，带有明确的可数性质，或是单一或是杂多。比如，乾和坤带有单一性，而其他各个卦象带有杂多性。可以看到，这些概念对事物本质的把握还是较为具体和直接的，都还没有抽象和提纯到一个更高的思维境界。高层次的思想境界必须超越实体对象，才能够实现突破，阴阳观念就是其中之一。

阴阳这一对概念也是上古时期的人民对世界万物长期观察和体验的一种总结，是对主观、客观方面的一种积极区分。比如，太阳光照射在物体上会投射阴暗面，太阳和月亮交替出现造就了白天黑夜，天气常有晴天、阴天、暖日、冷日的变化，这些成对出现的现象，都是外界呈现带来的形成阴阳观念的动因；而男人和女人的相对应，则可以说是人自身的呈现带来的形成阴阳观念的动因。其实，八卦中的“——”和“— —”代表的就是阴阳两极，只是这两种笔画一直被用于建构卦象，并没有单独的被应用。这也进一步说明了八卦的思想认识水平仅局限于对事物单一或杂多方面的认识，而没有提升至阴阳两极的矛盾统一的高级的抽象层次。

西周时期的周太史伯阳甫，是最早的对阴阳范畴做出哲学阐释的人。周幽王二年（约公元前780年）多地发生地震，伯阳甫就预言周朝气数已尽。因为天气的阳和地气的阴在正常情况下会符合世界运转的规律，假如秩序混乱，那么天下也必然大乱。他认为地震正是本应在上位的阳气被下位的阴气所压制，导致阳气没办法正常舒展，并阻塞大地的源头，源头被阻塞，水流就无法畅通，土地也没办法得到润化，人民自然会匮乏生活资料，如此，国家离覆亡不就不远了吗？

上述就不仅是在用阴阳理论解释地理和环境问题，还引申到了社会与政治问题上来了，这就让阴阳的概念对世界的万事万物都具有了普遍的指导意义。但要注意的是，伯阳甫阐释阴阳理论，并不代表这个概念由他创立，事实上在伯阳甫之前，人们对阴阳概念的运用已经开始很长时间了。到了春秋时代，阴阳已经被奉为“天地之大理”，到了战国时代，《易传》更是提炼出“一阴一阳之谓道”的命题。这就对八卦中“——”和“— —”这两个基本符号进行了抽象表达，从而让八卦的哲学思维也得到了质的提升。阴阳观念认为宇宙总是呈现一分为二的对立状态，也就是说，二分的对立是宇宙最为基本的规律，这也呼应了“一阴一阳之谓道”这个概念。但是，对立并不是终点，也不是最为强调部分，重点是对立双方的联系、协调和贯通，这就把本身处于对立的两个方面统一了起来。正是这种对立着产生的联系，才化生了世间万物，而各异的万事万物才形成了多元而和谐的生态环境。总而言之，阴阳观认为只有对立和相悖，才能够相辅相成。比如《易传·说卦》中说：“天地定位，山泽通气，雷风相薄，水火不相射，八卦相错。数往者顺，知来者逆，是故易逆数也……神也者，妙万物而为言者也。动万物者，莫疾乎雷；桡万物者，莫疾乎风；燥万物者，莫熯乎火；说万物者，莫说乎泽；润万物者，莫润乎水；终万物、始万物者，莫盛乎艮。故水火相逮，雷风不相悖，山泽通气，然后能变化，既成万物也。”

太极这个概念最先见于《易传》：“是故易有太极，是生两仪，两仪生四象，四象生八卦，八卦定吉凶，吉凶生大业。”到了太极这里，才最终形成了完整的宇宙本体论的体系模型，因为太极包含了阴阳、四象、五行和八卦，是宇宙中的终极本体。把太极看作一切事物的本源，是一种自下而上的认识，而自上而下来看，太极又可以分散存在于万事万物之中。朱熹就认为物物皆有一太极，也就十分逻辑地认为万事万物都具有阴阳和八卦的内涵。

从宇宙生成的视角来看，太极是宇宙的最初原点。周敦颐的《太极图说》就对这一宇宙生成论进行了非常精辟的阐述：“无极而太极。太极动而生阳，动极而静，静而生阴，静极复动。一动一静，互为其根。分阴分阳，两仪立焉。阳变阴合，而生水火木金土。五气顺布，四时行焉。五行一阴阳也，阴阳一太极也，太极本无极也。五行之生也，各一其性。无极之真，二五之精，妙合而凝。乾道成男，坤道成女。二气交感，化生万物。万物生生而变化无穷焉。唯人也得其秀而最灵。形既生矣，神发知矣。五性感动而善恶分，万事出矣。圣人定之以中正仁义而主静，立人极焉。”这段话的意思是，太极和无极是本体的一体两面，太极生出阴阳，阴阳生出五行和四时，乾坤生出万物，人类是万物中最为有灵的，人类生出万事，圣人是以自身的仁义道德来匹配天道，并最终成为楷模。

要注意的是，太极并不是中国哲学史上最早的本体范畴。其实，孔子的仁、老子的道都比太极的概念提出得还早。从八卦到五行，从阴阳到太极，这些都说明中华民族的哲学传统是久远且一脉相承的。中国古代哲学虽然无“名”，但并不落后于世界上任何古老的文明。在对中国古代哲学思想的起点进行了梳理之后，我们就完全可以摒弃所谓“中国无哲学”的偏见了。

## 周公的天命论

周公姓姬，名旦，又称叔旦，因为其采邑位于周地，在今陕西岐山北部一带，故被人称作周公。他是周朝创立者武王姬发的弟弟，约卒于公元前 1095 年。周公被认为是中国古代的第一位哲学家，其思想为后来主导华夏文明的儒家、道家打下了坚实的铺垫。他运用系统的政治措施和统治思想来巩固周王朝的统治，他对之前的尧、舜、禹和夏、商、西周的哲学思想进行了归纳总结，并进一步完善和提升，使之总体达到了一个较高的层次和水平。他还为《周易》的 64 卦的 384 个爻做了爻辞。

很多古代文献都包含了对周公思想的研究，比如先秦五经《诗》《书》《礼》《易》《春秋》。其中，孔子是十分尊崇周公的，他认为周公是最为明哲的圣人。《论语》有曰："如有周公之才之美，使骄且吝，其余不足观也已。"他到了暮年的时候，还哀叹道："甚矣吾衰也！久矣，吾不复梦见周公！"荀子也对周公推崇之至："周公其盛乎！身贵而愈恭，家富而欲俭朴，胜敌而欲戒。"之后的很多学者也都如他们一样，把周公尊为古代最为伟大的先哲。

天命论的思想首先就是由周公提出的，在周公之前的天命论更像是宿命论。宿命论认为人无法左右自己的命运，只能听从老天的意志。周公则对这种消极的观念做了改造，把听天由命的宿命论提升到了积极的人本层次。这是周公从实践中归纳和提炼的思想，他亲身参与了武王伐纣的战争，还带领军队平定了贵族的反叛，亲眼看到由于阵前奴隶的倒戈而使得敌军不战自乱的事实，从而深刻地认识到了民众的决定性力量，更新了他对命运的看法。他也如此对殷人说："非我小国，敢弋殷命，惟天不畀。允罔固乱，弼我，我其敢求位。惟帝不畀，惟我下民秉为，惟天明畏。"周公在这里实际上是把天命和民心有机地联系到了一起。

周公积极地以史为鉴，把夏朝和商朝的覆亡作为教训，提出了要用主观的德行来配客观的天命，就是以德配天。甚至要用德行决定天命，即天命要以保民为前提，用保民的德行来配天。之后周公总结出了“民之所欲，天必从之”的论述，把人民的愿望和老天的意志统一了起来。他认为天授君权是为民所授，如果君有贤德，可以仁爱为民，这才能够享天之命。周公的要求君主贤德爱民以配天命的思想，是对消极的宿命论的政治观点的有力打击，引导统治阶级把重心更多地放在为人民做事的路线上来。这也启发了之后儒学思想所阐述的民本和仁政观点。

对于政治思想，周公不只提出了要重德行和爱民，还提出了礼和乐的规范，成为中国古代最初的一个章法制度体系。这套体系也被称为周礼，即周公之礼，对后代有着非常深远的影响。礼从字面上讲，本是涉及婚丧嫁娶、衣食住行的相关礼仪和规则。在周公的引申和整理下，逐渐演化成包含了封建、宗法和井田等包罗万象的文化规范内容。而关于乐这个领域，《周礼》上说：“掌六律、六同之和，以辨天地四方之声，以为乐器。”音乐可以辅助社会的和谐安定，因此乐顺理成章地成了一种规范，还成了为等级制度所服务的一种工具。

在那个时代，周公的礼乐体系的确是十分新颖的系统体制，发挥了极大的政治功能。周公把社会上零散的文化对象整合成一套完整的礼乐体系，这种创举是之前从未有过的。礼乐制度是人们规范的行为准则，需要强制执行。明代黄宗羲评说："三代以上有法，三代以下无法。"三代指的是夏朝、商朝和西周。而到了春秋时代，随着周王朝的影响力日渐衰微，礼乐制度得不到有力维护，就到了礼乐崩坏和法治观念较为淡薄的时候了。但是无论如何，周公在华夏文明的文化发展史上占有着承先启后的重要地位，其思想的影响力是举足轻重的。

# 第二章　诸子百家的起源

“诸子百家”是一个总的称呼，用来代表和总称先秦时代的各个学术门派。根据《汉书·艺文志》的说法，当时上得了台面的门派有189家之多，这些门派共著有4324篇作品。之后，《隋书·经籍志》和《四库全书总目》等古籍都记录“诸子百家”其实有上千家之多。但其中具有一定流传广度和具有一定影响力的、能够数得上名字的，也不过只有几十家而已。最终，后人经过归纳总结，发现其中只有12家后来发展成为规范的学派。

在这些有名的门派里，影响力最大、流传最为广泛的是法家、道家、墨家、儒家、阴阳家、名家、杂家、农家、小说家、纵横家、兵家、医家。这些治学孜孜不倦的学派为古代中国创造了灿烂的思想与文化，并具有异常鲜明的特色。中华五千多年有文字可考的历史，诸子百家是其中十分光辉的一个时期，创造了非常丰富的文化典籍。

在中国的春秋战国时期，很多哲学思想学派的成就，可以和同期的古希腊罗马文明交相辉映；以孔子、老子和墨子所引领的三大哲学体系，和诸子百家一起组成百家争鸣的繁荣局面。经过了一定时期的大浪淘沙之后，以孔子、孟子为代表的儒家学派在宋朝时全面赢得地位，还不同程度地影响着周边的少数民族，甚至对当时中国的邻国也施加了一定的影响。

"诸子"的名号，是以"百家姓"的姓氏加上"子"来称呼各学派的哲人代表。其中的主要人物有孔子、孟子、墨子、荀子、老子、庄子、列子、韩非子、商鞅、申不害、许行、告子、杨子、公孙龙、惠子、孙武、孙膑、张仪、苏秦、田骈、慎子、尹文、邹衍、晏子、吕不韦、管子、鬼谷子等。诸子百家的哲学观点给后世留下了很多深刻的启示，比如：儒学的"仁政""以义制利"精神；墨学的"兼爱""尚贤""节用"；道学的"少私寡欲""道法自然"；以及法学的"废私立公"等哲学思想。

"百家"，就是在这段时期的哲学思想领域内，反映社会各阶级和阶级利益的哲学家及其作品，这也是春秋战国直至汉代的各类政治学派的总称。春秋时代，王室逐渐衰微，诸侯纷纷独立想要王霸天下，学者们也开始出游列国，为各自心仪的诸侯出谋划策，这个局面到了战国时期，就形成了我们耳熟能详的"百家争鸣"。一般来说，对百家的细致划分，最早开始于司马迁的父亲司马谈。在他所著的《论六家要旨》里，尝试将百家划分为“阴阳、儒、墨、名、法、道”这六家。之后，刘歆在他所著的《七略》里，在司马谈的划分方式的基础上，添加了“纵横、杂、农、小说”这几个派别，进而增加到了十家。之后，班固在他所著的《汉书·艺文志》中对刘歆的划分方法进行了评价，并提出：“诸子十家，其可观者九家而已。”于是，人们也习惯把“小说家”去掉，把其他九家称作“九流”。从那以后，中国古代学者纷纷效仿班固，诸子百家就被归纳成了“九流”。现代学者吕思勉在他所著的《先秦学术概论》一书中，又增添了“兵、医”两家，他提出：“故论先秦学术，实可分为阴阳、儒、墨、名、法、道、纵横、杂、农、小说、兵、医十二家也。”

从中国历史来看，在西周之前，有文化的人一般身居官府；而在东周之后，文化与学术逐渐普及民间。春秋战国时，王权衰落，诸侯争霸。诸侯们为了争夺地盘，纷纷招揽人才为自己效力，这就打破了之前的贵族政治体制，也让之前没有资格进入政权阶层的平民拥有了发表和发挥政见的舞台。同时，由于人口迅速增长，土地的相对价值也在增长，土地的分配逐渐困难起来，社会模式也在发生着剧变。面对这种变化，当时的有识之士开始积极分析和思考现实社会问题，并纷纷提出自己的看法和解决方案。这些思想普遍综合了个人的利害和国家之间的利害，进行辩证的分析与解读，相互影响、标新立异，这时候也是各种思想和学说如雨后春笋般纷纷出现的时期。

西周灭亡之后，人们也开始倾向于思考“天下兴亡”这个主题了，这就打破了庶人不议这个传统观念，并以处士横议这个景象取而代之。在积极地探寻关于人、事和社会等诸方面问题时，人们不再盲目地迷信天道，而是更为务实和客观地在诸如如何统一天下、如何治理国家、如何教化民众等方面进行思考和总结。在这个过程中，逐渐形成的这些学派的创立者和代表人物就被合称为诸子，而百家单指这诸多学派。其中最有影响的派别主要有儒家、墨家、道家和法家。

各门派的代表人物会针对各类社会问题到处游说，对自己的观点和政治主张进行推广和宣扬，并在这个过程中进行总结、著书立说。这也使得人们的头脑空前活跃，在中国历史上形成了百家争鸣的异常繁荣的景象。诸子百家的学术思想体现在各自的代表作品里，自然就形成了各自的学术派系。从文字特点上来看，诸子百家的文章大多观点清晰、言辞犀利、感情充沛，拥有丰富多彩的表达方式，文字感染力也极强。因此，诸子百家的文章不光有着重要的学术价值，也具有十分重要的文学价值。

从我们现今的视角来看待诸子，总会从内心发出极为赞叹的声音，因为这毕竟是华夏文明极为灿烂和辉煌的一个时期。问题是，这一盛景是如何写就的？总不能说在这跨度不长的一段时期里，就是天命使然，突然诞生出许多杰出的人才。因为任何事情都有其根源和缘由，诸子百家的出现同样如此。先秦时期的学术文化氛围十分浓烈，蕴藏了丰富的内涵。我们需要搞清楚的是：到底是什么样的历史进程，才衍生出那样光辉夺目的盛景。

孕育诸子百家这样灿烂的文化景象是必然有其时代背景的，而且有着必然的历史渊源。先秦时期正是社会大变革阶段，天下混乱动荡，处于相争相斗的不稳定局势。正是在这种乱世下，人们才更倾向于进行深刻的思考，从分析乱世的根源到归纳和提炼闪光的思想，这是一种从量变到质变的提升。而酝酿和支撑这种过程的土壤和基础，就要再往前追溯了，也就是之前的社会稳定阶段。或者说，是依赖稳定的社会发展，逐步完成量变积累的一个过程。

周王朝时，处于统治阶级顶层的是国君，也就是周王室，或者说是诸侯国的“共主”。国君之下是数以百计的小国，分别由其君主所统治。在每个小国内部，君主又把国土分成了很多采邑，并将其封给自己的家族成员，使这些贵族成员成为诸侯，这些诸侯也被称作“君子”，即“国君之子”，这也成为封建诸侯们的共同称谓。而另一种社会阶级叫“小人”或者“庶民”，即普通百姓。庶民是封建统治者的农奴，非战时为诸侯种田服劳役，战时则为诸侯作战服兵役。

贵族不光在政治上是统治者，占有土地即生产资料，而且是唯一有资格接受教育的人群。因而，诸侯的宅邸不光是政治权力和经济利益的中心，也是学术和文化的中心。很多有着独特技能和专业知识的人才都会投奔诸侯门下，希望得到任用，以满足其生存和自我实现的需要。而底层老百姓是没有这样的机会的，因为他们没有接受教育的权利，不具备知识与文化。而到了先秦时期，因为战争或其他因素，很多贵族阶级失掉了他们的土地和名分，也变成了平民阶级。当然，也有一些平民因为掌握了一些专长或技能，得到诸侯的赏识，从而跻身官员的行列。这其实是周朝礼崩乐坏的真正内涵，不光是统治阶级的权力被瓦解了，更关键的是，整个社会赖以运转的制度也在悄然瓦解。

在社会机器被瓦解的过程中，很多有文化、有知识的能人又重新流落到民间，他们可能曾经是贵族，或是以自身某些能力和专长服务于君主和诸侯并获得一官半职的人。当他们又回到之前的庶民身份时，为了生计就不得不靠传播知识和文化来糊口，继而逐渐形成自己的思想体系并成为学术门派的创始人，真正地成为“人师”。

这些人师有他们各自的特长，并自由发挥着各自的想法和观念。于是，有的人师主要讲授礼仪经书，被称作“士”；有的人师懂得武艺或是兵法，被称作“侠”；有的人师比较擅长论辩，被称为“辩者”；还有一些人师擅长巫医、星相、占卜之类的事情，被称为“方士”；另有一些人师对当下的社会和政治充满了失望，便隐入山林，成为“隐者”。

## 司马谈对诸子的分类

之后，很多历史学家也尝试对“诸子百家”进行适当分类，而第一个做如此尝试的人就是司马谈（卒于公元前 110 年），他是编写《史记》的司马迁（公元前 145 年—公元前 86 年）的父亲。《史记》的最终章里也援引了司马谈的一篇论文，其题目叫作“论六家要旨”。这篇论文将之前几个世纪的思想家和学者划分为六个主要的学术门派。

首先是阴阳家，阴阳这个门派由“阴”和“阳”二字得名，这一派研究的是一种叫作宇宙衍生过程的理论。在中国传统思想中，阴和阳是宇宙生成观念的两个关键因素。这种理论认为，正是因为阴和阳的相互融合与相互影响，才生发出所有的宇宙现象。

紧接着介绍的是儒家，儒家在国外很多文献中被叫作“孔子学派”。不过，“儒”这个字从字面上来讲就是做学问的人或者文士，因此国外所称的“孔子学派”就不十分准确了。儒家和其他门派的最大区别，就是其成员大都是教授经文典籍的老师，因此可以说他们也是中华文明遗产的保护者和传承者。说到孔子，他确实是儒家一派的创立者和代表人物，但是“儒”这个字并不只代表孔子学派内部的成员，它具有更为宽泛的意指。

接下来就是墨家了，此门派在墨子的引领下，组织得十分严密，纪律也十分严明，墨家的成员们习惯称呼自己为“墨者”。排在第四的是名家，这个派别的成员主要致力于对名与实的思辨和讨论。第五个门派是法家，从字面上来看，汉字“法”指的是立法与法律本身。这个门派起源于一些政治家群体，他们主张好的政府必须建立在较为成熟和健全的成文法典之基础上，而不是仅仅依托儒家学派所提倡的道德监督之上。最后一家是道德家，此学派的学者围绕形而上学和社会哲学进行归纳和提炼，并阐述一个核心问题“无”，即“道”。当道这个概念作用于个体之上的时候，就有了作为人的道德方面的属性，在英文里写作 virtue。这一门派被司马谈称为“道德家”，之后也略称“道家”。在这里，我们应该注意的是，道家和道教是有区别的。

## 著名学者刘歆的看法

对“诸子百家”进行分门别类尝试的第二位学者叫刘歆（公

元前 46 年一公元 23 年）。刘歆是那时候最为有名的学问家和历史学家之一，他和自己的父亲刘向一同负责整理和校对经典书籍。刘歆最后也把他们工作的成果编写成一部附有备注的分类书籍，名字叫《七略》，之后班固把刘歆的这本书当作其所著的《汉书·艺文志》的参考和基础。从班固的《汉书·艺文志》里能够看到，刘歆把“诸子百家”主要分成了十类，即十个派别。这十家里的六家是和之前司马谈的分类相似，甚至可以说完全一样。除了两人所分的重合的六家以外，其他四家分别为小说家、纵横家、农家以及杂家。刘歆在他的著作中归纳道：“诸子十家，其可观者、九家而已。”意思是：这十家中的小说家缺少占有显著地位的价值。其实，刘歆对诸子百家的分类，也还没有达到远超之前司马谈分类的地步。而他对历史的主要贡献，是他不光进行了分类上的尝试，还溯本求源地寻找诸子百家到底起源于何时何处，这是历史上首次对这一领域进行的探索。而之后的相关领域的学问家，尤其是章学诚（1738—1801）和章炳麟（1869—1936）二人，他们又极大地深化了刘歆的观点。而此种观点的核心，就是在周王朝初期，也就是在当时的社会体制瓦解之前，官的身份和师的身份是相统一的。也就是说，一门学说的研究者和传播者，同时也是某个部门的官员。这些官员也享受和那些诸侯一样的待遇，可以得到官位的世袭。因此，那个时候只存在“官学”，并没有“私学”。

换言之，任何知识的传授和学问的研讨都不是以平民私人的身份来进行的，而是必须以官员的身份、依托于某个政府部门才可以进行。

根据他们的相关论点，从周王朝末期开始的几百年历史延续中，原本集权于中央的王室逐渐失掉了他们的威望和权力，其之下的各个部门的官员也逐渐失掉了其官位，散落到了各个地方的民间。于是，这些曾经的官员转换了身份，以平民百姓的私人身份来传播其学问和知识。这些人从官学的官变成了私学的师，而诸子百家就是从官演变到师的过程中逐渐形成和产生的。

这里也引述了刘歆所做的论述，以备读者参考和学习："儒家者流，盖出于司徒之官。……游文于六经之中，留意于仁义之际，祖述尧舜，宪章文武，宗师仲尼，以重其言，于道最为高。孔子曰：'如有所誉，其有所试。'唐虞之隆，殷周之盛，仲尼之业，已试之效者也。道家者流，盖出于史官。历记成败、存亡、祸福、古今之道，然后知秉要执本，清虚以自守，卑弱以自持，……此其所长也。阴阳家者流，盖出于羲和之官。敬顺昊天，历象日月星辰，敬授民时，此其所长也。法家者流，盖出于理官。信赏必罚，以辅礼制。……此其所长也。名家者流，盖出于礼官。古者名位不同，礼亦异数。孔子曰：'必也正名乎！名不正则言不顺，言不顺则事不成。'此其所长也。墨家者流，盖出于清庙之守。茅屋采椽，是以贵俭；养三老五更，是以兼爱；选士大射，是以上贤；宗祀严父，是以右鬼；顺四时而行。是以非命；以孝视天下，是以尚同：此其所长也。纵横家者流，盖出于行人之官。孔子曰：‘诵《诗》三百，使于四方、不能颛对，虽多亦奚以为？’又曰：‘使乎！使乎！’言其当权事制宜，受命而不受辞。此其所长也。杂家者流，盖出于议官。兼儒墨，合名法，知国体之有此，见王治之无不贯。此其所长也。农家者流，盖出于农稷之官。播百谷，劝耕桑，以足衣食。……此其所长也。小说家者流，盖出于稗官。街谈巷语、道听途说者之所造也。……如或一言可采，此亦刍尧狂夫之议也。”（《汉书·艺文志》）上述就是刘歆所论述的诸子分类为十家及其起源的历史问题，我们能够清楚地看到，刘歆对这十家各自意义的论述还不够充分，而且将各家都归类于某个“官”的名下，也有较为随意之嫌。比如，刘歆解释道家门派的观念时，只提到了老子，而没有涉及庄子；再比如，名家学派其实和礼官没有什么牵扯，无非是这两者都比较重视区别这个概念而已。

## 对刘歆之观点的评述

学者刘歆的观点，在具体细节的把握上可能没那么精准，可是他尝试从特定的外环境，即政治和社会状况来讨论诸子百家的起源，这种方向和思路是没有问题的。而上文整个地引用其论述，就是由于刘歆的这段阐述是研究中国历史的经典文段。依据现行的最新研究，我们（作者）也逐渐产生了更为科学的关于诸子百家及其学问产生的根源的观点，其实我们现在的观点和刘歆的思路一致，只不过必须用有所区别的方式来表达。换言之，就是要用一个新的视角来发现、分析和解决问题。

我们应该根据现在所掌握的关于历史的蛛丝马迹，无限地发挥我们的想象力，建构一个古代，即公元前10世纪的华夏政治和社会景象。在那个时候，上层建筑的顶层是周王及其皇室，周王是各个小国的君主。那些小国有上百个，都为周王室所统领和所有。在这些小国之中，有的为周王朝的建立立下过汗马功劳，于是又将那些新占有的土地分封给亲属作为采邑。还有一些小国家是由周王室之前的敌人所统御，然而这时他们已接受周王作为其“共主”。

在国君的统治下，每个国家内的土地再分为许多采邑，每个采邑各有其封建主，他们都是国君的亲属。当此之时，政治激励和经济控制完全是一回事。土地的所有者既是领地的政治、经济的主人，也是居民的政治、经济的主人。他们是“君子”，其字面意思是“国君之子”，但是已经用作封建主阶级的共名。不光是政治统治者和地主，就连那些有机会受教育的少数人，也都是贵族成员。另一个社会阶级是“小人”阶级，或曰“庶民”，即普通人民群众。这些人是封建主的农奴，平时为君子种地，战时为君子打仗。

于是，封建主的“家”不仅是政治、经济权力的中心，也是学术的中心。附属于它们的有具有各门专业知识的官吏。但是普通人民没有受教育的机会，所以他们中间没有学人。这就是刘歆的理论所反映的事实：周朝前期官、师不分。这种封土建国制度被秦朝始皇帝于公元前 221 年正式废除，但是在这以前的几百年，它已经开始解体了，而在几千年后，封建的经济残余仍以地主阶级权力的形式保存着。

这种封建制度解体的原因何在，现代历史学家们仍无一致意见。要讨论这些原因，就超出了本章的范围。在这里只要说明这一点也就够了，那就是在中国历史上，公元前 7 世纪至公元前 3 世纪，是一个社会、政治大转变的时期。我们现在也不能肯定，这种封建制度开始解体的确切时间。不过早在公元前 7 世纪，已经有一些贵族成员由于当时的战争或其他原因，丧失了他们的土地和爵位，因而下降为普通庶人。也有些普通庶人，由于具有特殊才能或受到特别宠信，变成了国家的高级官吏。这些事例表明了周朝解体的真实意义，不只是某个具体王室的解体，而更为重要的是整个社会制度的解体。

随着这种解体，各门学术原来的官方代表人物流落在普通庶人之中。他们或者本人就是贵族，或者是服侍贵族统治者室家而有世袭职位的专家。前面引用的《汉书·艺文志》中，另有刘歆引用孔子的一句话：“礼失而求诸野。”说的就是这个意思。这些原来的贵族或官吏流落民间，遍及全国，他们以私人身份靠自己的专门才能或技艺为生。这些向另外的私人传授学术的人，就变成职业教师，于是出现了师与官的分离。上面所说各家的“家”字，就暗示着与个人或私人有关的意思，因为在没有人以私人身份传授自己的思想以前，不可能有什么思想“家”，不可能有哪一“家”的思想。

由于有各种不同的“家”，也由于这些教师各是一门学术、一门技艺的专家。于是有教授经典和指导礼乐的专家，名“儒”；有战争武艺专家，名“侠”，即武士；有说话艺术专家，名“辩者”；有巫医、卜筮、占星、术数的专家，名“方士”；还有可以充当封建统治者私人顾问的实际政治家，被称为“法术之士”。最后，还有一些人很有学问和才能，但是深受当时政治动乱之苦，就退出人类社会，躲进自然天地，他们被称为“隐者”。

# 第三章　孔子：儒家学派的开端

孔子姓孔名丘，出生于公元前 551 年，是春秋时期鲁国人（今山东省西南一带）。孔子的祖先是宋国的贵族，也是商代王室的后裔。在孔子还未出生的时候，其家族就已经因为政治斗争而丢掉了贵族的身份，迁移到了鲁国。

在《史记》的《孔子世家》中，我们可以找到关于孔子的事迹，了解到孔子年幼时家境是十分贫寒的，但在五十岁时，他入职政府部门，成了一位高级官员。可是，之后的一次政治纠纷牵连到了孔子，使他最终还是离开了鲁国。于是，他用接下来的 13 年在各国游历，在传播学术思想的同时，孜孜不倦地寻找实现其社会和政治理想的渠道。但是最终事与愿违，孔子没能够一展其抱负，他生命的最后三年终老于鲁国，去世时是公元前 479 年。

之前我们提到过，各个派别的思想萌芽起始于私人讲学。根据当代学术研究的进展和论断，孔子可以说是古代史上首位以个人讲学的方式讲授了很多学生的人，他在各国游历时也有很多学生追随左右。根据普遍接受的说法，孔子学生的数量曾达到数千人之多，这些人里面最后成长为出名的哲学家和思想家的有几十人。也许这些数字有夸张的成分，但能够确定的是，孔子确实是一位具有很大的社会影响力的师长。尤其需要强调的是，他也是古代中国的首位私学教师。孔子的言论和学术在他自己和他的学生的共同努力下，从零零散散的片段被整理和编辑成完整的文集，这就是《论语》。

孔子是儒家学派的创始人，学者经过归纳总结，认为其学说“游文于六经之中，留意于仁义之际”。六经包括《易》、《诗》、《书》、《礼》、《乐》（今佚）、《春秋》，上述各经的内涵从其名称就可一窥大概，《易》则是例外的一部，它是一本名为形而上学，实则为占卜的书。

但是，孔子没有独立撰写所有的六经。虽然有的学者认为六经都出自孔子的手笔，但还有一派学者坚持他们的观点，认为孔子只著有《春秋》，对《乐》和《礼》进行了修订，给《易》加了注释，并参与编写了《诗》和《书》。

但真正的事实是，所有的六经都不是孔子编著的，孔子也未对其进行加注或修订。也许孔子确实想对一些书籍进行编纂，但那不过是因为他较为保守的思想和希望维护传统社会秩序的观念，从而有意去纠正一些书籍中他认为离经叛道的文字，我们可以在《论语》中找到很多这样的例子。同样，仔细阅读《论语》里对孔子自身的描述，很难找到有关孔子想要著书立传的动机。而且，就当时的整个大环境来看，私人也鲜有著书的例子。因为那个时候官方著书是约定俗成的制度，私人著书是在孔子之后的时期里才蔚然成风的。因此总结成一句话就是，孔子是中国第一位老师，但他不是第一位私人著书者。

其实，六经在孔子的时期已经出现了，是当时的一种知识遗产。六经也被称作六艺，是先秦之前的周朝几百年封建传统下的文化积淀的体现，也是其对贵族进行教育的模板。而从公元前 7 世纪前后起，在大环境传统制度的逐渐解构下，那些教授贵族的老师以及贵族自身都在逐步丧失他们的政治和经济地位，流落到寻常百姓的行列。可他们毕竟是受过教育的，十分熟悉经典文集。于是这些落魄了的贵族以及他们的教师们便依靠传授经书文集赖以生存，他们也被称为“儒”。

## 教育学的相关理念

但是，孔子并不是和他人一样的一位普通的儒，而是超越了一般教师和学者的一位可以上升到“家”的教育家。即不光是教学，他还研究如何更好地教与学。这种观点不无道理，事实也是这样。孔子教授给学生们各类知识，不光是希望自己的学生懂得文化与学问，还盼望他们学以致用，从而成长为能够造福百姓和对社稷有用的人。孔子认为自己作为一名传道授业解惑的老师，最需要做的就是让学生学习中华古代的传统文化遗产。这也解释了为什么孔子会述而不作，因为他把传达文化精髓看得比创造文化更为重要。但孔子也不是一味地照搬传统典籍中对中华传统文化与思想的解读，而是依据自身的世界观和道德观进行推导与阐述。比如，在解读“三年之丧”这一传统礼制制度的时候，孔子是这样说的：“子生三年，然后免于父母之怀。夫三年之丧，天下之通丧也。”（《论语·阳货》）翻译成白话就是：孩子的一生，最初的三年是完全在父母的照顾下生存的，所以当他们的父母死去时，孩子也要用同样长的三年来守孝，以表达自己的感恩之情。孔子还对一些典籍进行了新的阐述，比如他十分强调《诗》对升华社会道德的潜在价值：“《诗》三百、一言以蔽之，曰：‘思无邪。’”（《论语·为政》）如此看的话，孔子的解读不单单是传达，而是在叙述中加入了自身的新理念。

如上所述，像这样用个性化解读和阐释来替代著书的模式，为后代的儒家学派沿用良久，而那些世代传承的典籍，也加入了儒家不可胜数的注释。之后的《十三经注疏》，即是典型的运用上述精神对典籍加入注释而成的书。

正因为这样的思想发展过程，才让孔子出类拔萃于寻常的教师，而逐渐成为一个新的学术门派的创立者。儒家门派也恰是得名于其学派人士的组成，他们都是研究六经的专家，同时也是老师和学者。

孔子不光对文字古籍进行了个性化的阐述，还发展了自身对社会和个人的、关于自然与人的关系的论述。孔子企望一个有着良好秩序和制度的社会，其中关键的部分就是要践行他所提倡的正名之理念。也即，事物的名与实要互相统一才行。有的学生不明白其所指，便直接问孔子治理国家的方法，或者说首先要如何做。孔子的回答十分简单："必也正名乎！"（《论语·子路》）而对治国的相关原则与策略，孔子的回答是："君君，臣臣，父父，子子。"（《论语·颜渊》）也就是说，任何一个表象的名都拥有特定的内涵，这种内涵就是其所指向的某种事情的本质。所以，该事物的内容与形式需要一致。比如，君是一种名，而拥有这种名的人需要有一定内容的支撑才成其为君，就是我们说的君道。只有依据君道践行的君，才是真正意义上名与实相符的君。否则，就只是有名无实的君而已，就算他仍在享有君权也是一样。同样，在任何社会关系里，任何事物的名也总是包含特有的内容，比如它们的义务与责任等。孔子重点指出了君臣父子即典型的社会中存在的名，扮演着相应的名的人都要负责任地去体现其相应的内容和行为，此即正名说的内涵。

## 仁义与忠恕

在人的道德准则方面，孔子是比较重视仁义的，尤其提倡仁。义则更体现为一种社会契约中必须践行的原则，就像一种绝对规范。人在脱离了完全的自然属性，进入社会氛围中生活时，就必然有了在道德上应该且必须要去做的事情。但如果做事情的初衷是非道德的，那么就算是做了该做的事情，或者说必然要做的事情，也是不义的。如果用一个无论是过去还是现在都在道德层面显示出消极效果的词来描述，那就是“利”。尤其在儒家学派看来，利跟义是根本对立的。孔子曾经这么判断：“君子喻于义，小人喻于利。”（《论语·里仁》）这其实就是著名的“义利之辨”的一种表达，儒家学派非常重视这个概念在道德学说中的作用。孔子也强调道德修养要高于聪明的才智，他说：“弟子，入则孝，出则悌，谨而信，泛爱众，而亲仁。行有余力，则以学文。”意思是：年轻的学生，在父母跟前就孝顺父母，离开自己的家里便要敬爱兄长；为人谨慎、诚实可信；博爱大众，亲近有贤德的人。这样亲身实践后，有剩余的时间精力，再去学习文献。

如果“义”这个概念带有更多的形式化，那么仁的意义就更具有实际内容了。人生活在社会中，远远不只要去做本应该做的事情，这是由人的精神发展的内在需求所决定的。孔子发现，履行义务，其实就是人在探寻一种更高级的理想，即“仁”的境界。也就是去爱别人，父亲爱护自己的孩子，孩子爱护自己的父母，这其实就是仁的基本内涵。当然，反过来说，能够去爱别人的人，也必然是会履行自身的义务的。因此在《论语》里能够发现，“仁”这个字不单单是指某种道德模式，而是所有道德范畴的总括。

因此，具有仁的人就是人格和道德的健全之人，这样说来，这个词不妨翻译成perfect virtue，即完美之德行。《论语》里是这样记载的：“仲弓问仁。子曰：‘出门如见大宾，使民如承大祭；己所不欲，勿施于人；在邦无怨，在家无怨。’仲弓曰：‘雍虽不敏，请事斯语矣。’”（《论语·颜渊》）孔子还说：“夫仁者，己欲立而立人，己欲达而达人。能近取譬，可谓仁之方也已。”（《论语·雍也》）

从这几句话可以看出，要让仁得到实现，关键就是要有推己及人的心理。“己欲立而立人，己欲达而达人”，简单来说，就是“己之所欲，亦施于人”，此是从正面来解释一种带有共情因素的心理状态，也可以叫作尽己为人。而这个概念的反面，就是我们耳熟能详的 “己所不欲，勿施于人”。而最后把这正面和反面融合到一处，就可以称为忠恕之道。

儒家学派后期的一些学者也把这种相对的概念称为“系矩之道”。意思是以自己本身为标准来调整自己的言行。我们熟悉的儒家著名文集《礼记》里的名篇《大学》中是如此说的："所恶于上，毋以使下。所恶于下，毋以事上。所恶于前，毋以先后。所恶于后，毋以从前。所恶于右，毋以交于左。所恶于左，毋以交于右。此之谓絜矩之道。"这个例子重点从反面来论述。而《礼记》里的《中庸》，有说法是孔子的孙子子思所著："忠恕违道不远，施诸己而不愿，亦勿施于人。君子之道四，丘未能一焉：所求乎子，以事父，未能也；所求乎臣，以事君，未能也；所求乎弟，以事兄，未能也；所求乎朋友，先施之，未能也。"这个例证是从忠恕之道的正面来进行论述。不管是正面还是反面，掌控自身言行的标准其实就在于自身，而不是其他任何事物。

总之，忠恕之道和仁的理念是相一致的，对其中一点的践行也就是对另一点的实现。对仁的履行也就是对社会责任的积极承担，也包含了义的内涵。也就是说，忠恕之道既是人们道德实践的开始，也是目的和结果。再看看《论语》里对此的论述："子曰：'参乎！吾道一以贯之。'曾子曰：'唯。'子出，门人问曰：'何谓也？'曾子曰：'夫子之道，忠恕而已矣。"（《论语·里仁》）孔子在答子贡问话的时候，还借用物来指代人伦与道德："夫水，大遍与诸生而无为也，似德。其流也埤下，裾拘必循其理，似义。其洸洸乎不淈尽，似道。若有决行之，其应佚若声响，其赴百仞之谷不惧，似勇。主量必平，似法。盈不求概，似正。淖约微达，似察。以出以入，以就鲜洁，似善化。其万折也必东，似志。是故君子见大水必观焉。”大意为：那流水普遍地施舍给万物众生而无所作为，就宛如德行一样；水流动的时候是向着低下之处的，弯弯曲曲地一定会遵循那向下流动的规律，就宛如义一样；它浩浩荡荡的没有穷尽，就宛如道一样；假如有人掘开堵塞的物体而让水得以通行，水就会奔腾向前，好像回声，奔赴上百丈深的山谷也不怕，就宛如勇气一样；它注入量器时总会保持很平，就宛如法度一样；它注满量器之后也不需要用刮板刮平，就宛如公正一样；它柔软并能够到达任何细微的地方，就宛如明察一样；各种东西在水中出来进去地进行淘洗，就逐渐趋于鲜美和洁净，就宛如善于教化一样；它千曲万折而一定向东流去，就宛如意志一样。因此，君子看见浩大的流水，就定要去观赏它。

既然践行道德和仁心的标准与尺度自在心中，那么我们在如此做的时候应该是可以信手拈来、毫不费力的。因此，孔子针对此发表了总结：“仁远乎哉？我欲仁，斯仁至矣。”（《论语·述而》）正是这种对道德和仁心的认识与理解，让孔子总结了他著名的“无所为而为”的思想。也就是说，当人们在做理应去做的事情时，那是作为一个人的分内事，或者说合乎于道德的言行，他并不需要去考虑道德之外的，比如关乎利益的因素。因此，人只要去做事就可以了，不用考虑太多，甚至可以大义凛然地“知其不可而为之”，集中精力在做事本身上。《论语》里记录了这样一个故事：孔子的一个徒弟跟另一位学者这样说：“君子之仕也，行其义也。道之不行，已知之矣。”在之后的篇章里将介绍道家的无为精神，这跟儒家的无所为而为有着十分有趣的对应关系。儒家学派认为人无法做到完全无为，因为人总是要为了活着而工作和生活。但又不是为了某种实际目的而为之。这是因为，去做某件事的价值就可以从做事情本身上体现出来，并不需要更多的实际结果。

孔子自身也十分努力地践行着他的思想模式，他一方面明白在他身居的动乱时代，就算他拼尽全力也无法改变大环境的现状；但是另一方面，他仍然竭尽所能地去宣传他的仁义思想，希望能够多给世界带来一些正能量。可以想象，孔子在当时那个时局、那种人心叵测的环境下，肯定遭遇过很多失败。但是他并没有被失败击倒，因为他本就没有为了真正有所得，只是为了做而去做，这也是他持续做事的源源不断的动力之一。

孔子说过：“道之将行也与？命也。道之将废也与？命也。”（《论语·宪问》）这看上去似乎有些矛盾，他在竭尽全力地去实现自己的理想，但同时又把可能的结果归于命运的掌控。孔子这里说的命运是带有宿命论的消极色彩的，他在无法达成自身目的的时候，便认为是天命，人无法抗衡。而对于这种明显的悲观情绪，后期的儒家也做了一些纠正，即把命运抽象为一种宇宙的能量。虽然科学的力量还无法掌控命运的方向，还没办法完全掌控宇宙与自然，因此也还无法把成功牢牢掌握在手中。但是，人类还是可以从脚下的路走起，去认真努力地做我们能够做的事而不计成败。这样做并不是逃避，而是一种从容的“知命”态度。这个概念和儒家所追求的谦谦君子之风是联系紧密的，只有知命了才不会贪婪和妄为，也就是：“不知命，无以为君子也。”（《论语·尧曰》）从这个角度来看，知命也就是承认人自身的感官和思想的局限性，这样就能更为客观地对待一切，也就不会太过在意身外之物或是成败荣辱了。其实，在这种较高的思想境界下，也无所谓成功与失败了。这是因为，假如人们把自己该做的事情做到了，也就是仁至义尽，至少在道德上做好了自己，那么外在的成败又有什么关系呢？

如果能够建立上述思想，人们也就不会再忧心忡忡、患得患失了，并可以常常保持一种快乐的状态。因此孔子总结说：“知者不惑，仁者不忧，勇者不惧。”（《论语·子罕》）然后又从正反两面进行对比：“君子坦荡荡，小人长戚戚。”（《论语·述而》）之后的章节我们会说到道家，道家思想对儒家思想进行了一些分析和评判，他们认为儒家标榜的仁义道德是把自己停留和局限在有限的社会事务中，而没有做到超越和达到更高的精神高度。从学说的字面上看似乎是对的，但其实道家是小看儒家了。来看看孔子总结的关于一个人的精神发展的过程吧："吾十有五，而志于学。三十而立。四十而不惑。五十而知天命。六十而耳顺。七十而从心所欲。不逾矩。"（《论语·为政》）上面这句话提到的学绝不仅仅是学习一般的文化知识，而是上升到了关于宇宙本源和人类精神的高级境界。所谓："朝闻道，夕死可矣。"（《论语·里仁》）

人的精神的成长过程，有两个比较重要的节点：一是三十而立，意思是人在三十就知礼了，也就有了适当而优雅的言行；二是四十不惑，意思是说人在这个时期就是知者了，就是他自己所谓的"知者不惑"。再往后的人生阶段，就逐渐超越了一般的社会范畴，进入了回归自然和命运的领域。理解了人对客观世界认识的无限接近却又总也无法完全参透的道理，便陷入了宿命论的旋涡里。孔子在这里就有点儿像希腊先哲苏格拉底了，后者自我标榜为神的使者来世间启迪世人。《论语》里是这样说的："子畏于匡，曰：'文王既没，文不在兹乎？天之将丧斯文也，后死者不得与于斯文也；天之未丧斯文也，匡人其如予何！'"当时的一位学者也这样说："天下之无道也久矣，天将以夫子为木铎。"（《论语·八佾》）因此孔子在传道授业解惑的时候，坚定地认为自己在替天传道，是有上天的支持的，因此他也相信自己宣扬的精神境界超越了一般道德的意义。

但是，儒家和道家在认识上终究是有巨大差异的。孔子所理解的超越一般道德的精神境界是和道家有所区别的。孔子的精神境界说是基于社会道德的，道家则抛弃了这些基础，去寻求一种宇宙的神秘本源，来取得完全的合一层次，道家离社会的距离更远。随心所欲是孔子所追求的最高阶段，也是圣人所能企及的目标。

## 孔于的影响与地位

有个例子可以证明孔子的影响力，那就是西方人对儒家和孔子的认识与理解，超过对所有别的中国人的理解。中国人虽然也十分推崇孔子和他的学说，但是在各个时期都不断涌现出对其大相径庭的评判和认识。孔子本身是千千万万个传道授业解惑的老师之一，但在去世之后被奉为圣人，身份是高于一般老师的。到了汉初，孔子的声望愈加提升。那个时候的学者甚至觉得，孔子确实得到过天命的授意，可以成为中国的君王。尽管孔子并没有成为君主，可是从精神层面和作为人的理想的层次，他就是确确实实的王者。这听起来有些矛盾，其依据是什么呢？可以从《春秋》里找到很多端倪，因其中体现了狠多关于治政的观点，是孔子所著的一本十分重要的政治典籍，而不仅仅是一本关于鲁国历史的书。之后的一百年里，孔子的声誉越来越高，甚至已经超越了王，到达了神的层次，因为孔子知道其后会出现一个王朝，也就是当时的汉朝。这个政府可以直接沿用孔子在《春秋》中建构的政治模式，它十分完整且实施起来非常恰如其分。这种把孔子奉为神明的态度，可以说是对孔子的最高礼遇吧。于是到了汉朝中期，儒家顺理成章地成了一种宗教信仰。可是这样的最高礼遇也不是一直持续的，到了东汉时期，儒家内部倾向理性的一派逐渐引领潮流。从那个时候开始，孔子不再被奉为神明，可是他的圣人身份依旧存在于人们心中。在之后的漫长历史中，孔子和儒家一直处于较高的地位，尽管其中有些时期会有所波动。可是从民国时候开始，孔子逐渐跌落神坛，下降到圣人之下的位置。而在当代，我们对孔子和儒家的认识就更为综合和客观，我们相信他是一位伟大的老师，却不是唯一的老师。但是，孔子的博学确实令人高山仰止，有一位和孔子同时期的人就说过："大哉孔子！博学而无所成名。"（《论语·子罕》）从前述的例子里，大家也已经有了这样的影响，那就是孔子积极地继承和传授古代先贤的文化精髓并使其发扬光大，这是不可否认的事实，反过来证明了他的博学。孔子扎根于古圣先贤的精髓，以述为作，继承了前人的精华并创造性地建构了更有体系和更具生命力的传统理念。

# 第四章　墨家学派的精神

墨家是中国古代十分重要的学术派别，它与儒家合称为“孔孟显学”，其声望和影响可以从“从属弥余，弟子弥丰，充满天下”这句话中得见一二。孟子也曾经说过：“杨朱、墨翟之言盈天下，天下之言，不归于杨，即归墨。”侧面说明了墨家学派的重要性。墨家学派的组织性十分严密，应该说也是一个政治团体，内部成员一般被叫作“墨者”，其中很多都来自从事体力活的下层人民，他们生活艰苦但是纪律严明，称呼领袖为“钜子”。墨家根据时期的不同，分为初期和后期两个阶段，初期的墨家主要体现为墨子的学说；后期的墨家处于战国末期，他们对墨子的思想进行了继承和发展。

墨家的创始人和代表人物是墨子，名翟，他是春秋末年战国初期的宋国人，也有说法认为他是鲁阳人，或滕国人。墨子出身贵族世家，是宋国贵族目夷的后人，他在世时担任过宋国的大夫。墨子是中国古代著名的思想家、科学家、教育家和军事家，但他并不喜欢标榜自己的学问，而是更愿意把自己称为

“贱人”，即倾向于走进百姓的行列中去。他积极地投身于生产劳动中，从实践中探索和寻求思想的发展。如果要归纳其世界观，可以从《墨子》的一段纲领中得到较为综合的答案：“子墨子曰：‘凡入国，必择务而从事焉。国家昏乱，则语之尚贤、尚同；国家贫，则语之节用、节葬；国家憙音湛湎，则语之非乐、非命；国家淫僻无礼，则语之尊天事鬼；国家务夺侵凌，即语之兼爱、非攻。故曰：择务而从事焉。’”

可以说，墨子是中国历史上仅有的一位出身农民的哲学家，他开创了墨家学派，提出了“兼爱”“非攻”“尚贤”“尚同”“天志”“明鬼”“非命”“非乐”“节葬”“节用”等一系列的系统观点，在春秋战国时期具有很大的影响力。“兼爱”是其思想认识的核心，“节用”和“尚贤”是其理论的支点。墨子还开创了以物理、几何、光学为主要成就的一系列系统的科学理论，也成就了其“非儒即墨”的声誉。

大约在春秋末期的周敬王四十年（约公元前480年或公元前476年），墨家迎来了一个新成员，即墨子的诞生。墨子的亲民思想根植于其童年的成长经历，他从小就深谙劳动的滋味，少年时做过牧童，也学习过木工，甚至据说他的工匠技能比公输班还要高出一筹。这并不是说他的教育受到了影响，毕竟他是一位贵族后裔，从小就受到了充分的文化教育的熏陶，这让他具有了担任大夫的能力。事实上，他有着较高的文化水平，加上从小练就的动手能力，所以自认为“上无君上之事，下无耕农之难”，我们可以评价他是一位站在工人与农民一边的士人。

墨子的学习欲望也非常强，他认识到自身的知识体系需要不断得到加强和补足，便决定到外面去遍访名家，学习更多的知识和学术。于是墨子轻装上路，徒步开始了他的游学生涯。其实，墨子本身就是一个儒家弟子，曾经师从儒家弟子，学习孔子的学说。但墨子并不是僵化、被动地一味接受，而是带有批判地、有选择地接受，他认为儒家对待天帝、鬼神与命运的态度是不足取的。包括儒家的厚葬久丧和奢靡礼乐的观点，墨子都觉得不过是徒有其表的废话而已。

从墨子对待儒学的态度和评价上，可以看出他和儒家在观点上的差异，但这并不能掩盖两种思想在“爱”这个对象上的共同点。毕竟墨子最初建构自己的兼爱理论体系时，其相关术语与概念大多借用了儒家的常用词，如仁、义、慈、孝等。这说明墨子还是认可和接受儒学的价值观的，只是在研究走向上有所不同，并建构起了其独特的理论系统。也可以说，墨子是基于儒学的框架而创立的另一套学说体系。

不过，墨子最终还是和儒家分道扬镳了，创立了自己的新学说，并在各地进行传播。他毫不留情地批判当时各个诸侯国施行的暴政，于是很多手工业者和社会底层百姓都开始追随墨子。这样一来，墨家学派的雏形就逐渐形成了，也慢慢成为儒家学派的主要反对派别。在代表新地主阶级利益的法家成长起来之前，墨家是春秋战国时期和儒家相对立的最重要的一个派别，并称为“显学”。墨子一生的精力主要投入在两个方面：一是大量地收纳弟子，从而达到有效传播学说的目的；二是竭尽全力地反对诸侯之间的战争。墨子的弟子数量曾达到数百人之多，这也一部分成就了很具规模的墨家学派。

墨子的一生跌宕起伏，他本来在宋昭公门下做到宋国大夫的职位。可之后其地位就在走下坡路了，更加接近劳动人民阶级。他的人生经历也极为丰富，游历过很多地方。墨子曾经阻止鲁阳文君攻打郑国，他还多次到访楚国，为楚惠王献书。楚惠王本来想用书社来封赏墨子，可是墨子最后未接受他的好意。之后，墨子也没有接受楚王赐给他的封地，离开了楚国。越王也曾经想请墨子来朝做官，还许以五百里封地，但是墨子开出了他的条件，要求楚王“听我的劝告，按我讲的道理办事”，他并不在乎那些封地与爵位，他最终是希望通过一定的方式、运用其思想和观念来实现其政治抱负与主张，可惜遭到了越王的拒绝。

墨子晚年时，想劝说项子牛不要去讨伐鲁国，未能成功。墨子去世后，墨家的声望仍然与日俱增，其弟子“充满天下”“不可胜数”，因此先秦时期虽有诸子百家，可是“儒墨显学”仍然居于百家之首。但之后墨家内部逐渐分化为相里氏之墨、相夫氏之墨和邓陵氏之墨三个主要流派。《庄子·天下》所说的相里勤的弟子、邓陵子的弟子苦获、己齿，即这三派中的两派。他们都传习《墨子》，但有所不同，互相攻击对方是“别墨”。在今存的《墨子》中，每篇都有上、中、下三篇，大约就是墨家分裂为三派的证据。据郭沫若研究，墨者集团到秦惠王时，有集中于秦的趋势。因此，从第四代“钜子”起，墨学的中心已经转移到了秦国。

此后还有记载，东方的墨者谢子，不远千里入秦而见秦惠王，这时墨学还是兴盛的。但是到了汉代，墨家已经消亡。为什么墨家消亡得如此之快呢？答案分歧很大，还需要进一步研究。从墨家内部来分析其原因，在方法论上是可取的。墨家与儒、法、道等家的不同之处在于，它是由墨者组成的带有宗教色彩的集团，有严格的纪律，能赴汤蹈火、视死如归，这些一般人是难以办到的。

墨子是一位思想巨子，因为他自立门户，创立了墨家学说；他也是一位大爱无言的圣贤，因为他是中国两千年文明历史上，第一位站在最底层劳动者和社会弱者的立场上说话的人；他在中国历史上不可或缺，因为他与众多圣贤一道，共同创造出了百家争鸣的局面；他还是一位科学家，是中国历史上第一位在力的作用、杠杆原理、光线直射、光影关系、小孔成像、点线面体圆概念等众多领域都有精深造诣的人，后人因此尊称墨子为“科圣”。

墨子对自己的评价：“此仁也，义也，谓之‘天德’，谓之‘天志’，谓之‘圣王之道’。”

《荀子·成相》曰："礼乐灭息，圣人隐伏，墨术行。"不过，诸子对墨家的批评不是针对墨子的尊天、明鬼。有论者据此认为，尊天、明鬼只是墨子及墨家学派宣传其思想的形式，这说明天志、明鬼不是墨子的真实思想，更不是墨子思想的主流。

班固在《答宾戏》中说："孔席不暖，墨突不黔。"就是说墨子像孔子一样为天下事而终日奔劳，连将席子坐暖和将炉灶的烟囱染黑的工夫都没有。他"日夜不休，以自苦为极"，长期奔走于各诸侯国之间，宣传他的政治主张。

当代著名学者杨向奎说："墨子在自然学上的成就，绝不低于古希腊的科学家和哲学家，甚至高于他们。他个人的成就，就等于整个希腊。"

毛泽东评价墨子是古代辩证唯物主义大家。

## "兼爱"与"非攻"

墨子提倡的精神核心是"兼爱"，也就是一种普遍的博爱，一种去中心化的大公无私的爱，是非利己主义的。因为这种观点和儒家的"差等之爱"有着十分明显的差异，因此这种兼爱思想受到了孟子的激烈批判。因而问题来了，我们要想一想：

墨子为何要提倡这种兼爱精神，怎么样来实现这种兼爱，以及其内在矛盾到底是什么呢？

“兼爱”其实是墨子针对时弊所提出的一种社会理想，从《墨子》这本书的主旨来看，不难发现墨子是一位拥有强烈入世情怀的人。他先天下之忧而忧，后天下之乐而乐，希望整个世界都能够和平安宁，战争与争端能够离人们远去。可现实是残酷的，墨子看到的是国家之间不停地征战、人民内部充满争斗与残害。墨子认为这种现象发生的根本原因是“以不相爱生”，只知道自利，甚至以损人利己而得意，正是各种祸事的根源。怎么样来解决美好理想和残酷现实之间矛盾，怎么样改变动乱的局面？墨子拿出了“兼相爱交相利之法易之”的方法，具体的做法是：一国之君要“视人之国若视其国”，士大夫要“视人之家若视其家”，老百姓则要“视人之身若视其身”。总之，兼爱就是要一视同仁地爱天下所有的人。假如每个人都能做到这一点，都可以超越人性自私自利的桎梏，那么国与国就不可能发生战争，人与人之间也不会互相损伤了。取而代之的是互相帮助、亲切相对，老弱病残能够得到社会力量的扶助，这是一幅令人感到欢欣鼓舞的美好图景。

明白了兼爱是世界幸福的源泉，本应该在理论上探求如何让人互相去爱，寻求让人从心理和情绪上产生爱意的内在动力。可是墨子并没有像孟子和荀子那样思考，而是把兼爱当成可以一蹴而就的状态。面对人们对其观点的质疑，墨子一直致力于通过说服的方式来让国君、大夫和百姓相信兼爱是完全可以实现的。那么，兼爱达成的可能性有哪些呢？

第一，墨子认为人之所以不愿意兼爱他人，而倾向于不爱他人，归根结底是因为人们还没有充分认识到兼爱的好处和不相爱的坏处。墨子的观点是，当一个人给予他人关爱了，那么对方也必然投桃报李；而一个人对他人做了恶事，那么别人也必然会报复他。因此，想得到别人的关心和爱戴，避免他人的负面对待，就一定要先做好自己，主动去关心和爱戴别人，这是从功利的视角来进行的论述。

第二，面对人们对兼爱可行性的质疑，墨子也给出了十分有力的论述。假设有两种可能，一个是人与人互相的兼爱，一个是人和人之间有别的爱。如果爱是有别的，那么看到朋友饿肚子，人也不会给予吃的；看到朋友缺衣服，人也不会给予穿的；发现朋友生了病，人也不会主动照顾；朋友死了，人也不会帮着埋葬。而在兼爱的环境下，看到朋友饿肚子就会给予吃的；看到朋友没衣服穿就会给予穿的；看到朋友生病就会主动看护；如果朋友死了，就会帮着安葬。然后墨子做了进一步推理：假如某个人就要上战场了，或者就要出远门了，他对自己的前途无法估计，就要把照料老小的事情托付给别人。可是给谁呢？这就是关键了。墨子一针见血地指出，就算是反对兼爱思想的人，也会没有选择地把妻儿老小托付给朋友照看。这就说明了兼爱的客观必要性，不管你相不相信，不管你喜不喜欢，你最终要选择它。

第三，墨子引入“尚同”作为一种手段，来实现自上而下的兼爱。墨子觉得之所以兼爱未能得到有效的履行，是因为君主没有做好表率，这样就很难让百姓们积极行动起来，假如君主能够身先士卒地起到带头作用，那么士族和百姓们都会纷纷效仿。比如，晋文公想要臣子们穿戴得俭朴一些，他的臣子们便尽量穿着简洁；楚灵王喜欢细腰，臣子们便纷纷节食以致必须扶着墙才站得住；越王喜欢勇敢的兵士，于是士兵们个个奋勇争先。这样看来，兼爱的达成并没有想象中的那么难，只要上行下效就可以了。

第四，墨子举出了很多君主推行兼爱的实际例子，证明兼爱确实是可以达成的理想。兼爱可以说是一种圣王之道，可以造福万民。假如百姓们都以他们的圣王为参照，那么兼爱的实现就不远了。

非攻是针对战争而提出的概念，墨子的批判点是战争的不义。不义有很多表现形式，从偷盗抢劫到杀人越货，都是不同等级的不义之举。而和战争相比，那些不义之举显然是小巫见大巫的，因为战争的破坏力和残酷性是惊人的，战争就是最大的不义。那么为何没有人去批评战争，甚至会反过来歌颂战争呢？这是十分具有讽刺意味的。

墨子又继续陈述着战争带来的种种罪行和恶果，发动战争必然会扰乱百姓的生活，让百姓流离失所、缺乏食物；而且战争本身也会造成大量的伤亡。那些叫嚣战争能够带来好处的好战者，其实是没有看到战争那巨大的不利之处。战胜国可以得利，战败国却要蒙受巨大的损失，这就无法让普天下的人民都获益，并非正道。例如，假若在行医治病的时候，治疗一万个人却只能治好几个人，就不能称为有益的行为。而且，就算取得了一时的胜利，也极有可能在之后的某个时期被击败，因此战争的祸端从长远来看是谁都无法避免的。

## 天志、明鬼、节葬与非命

墨子为了让兼爱、非攻等思想更为有力和更加令人信服，便借天的名义来增强说服力。天就像是墨子用来惩恶扬善的武器，他并不是宣扬无端的迷信，而是希望人们能够在天意授命的权威下更为坚定地践行兼爱、非攻等思想。

天为什么就具有权威呢？因为人们自古就相信天是万物的主宰，是最高权力的拥有者，君王作为天子，其君权自然也是天授予的。因此，天意也就是正义，天意要求人们互相爱护，国家之间保持和平，人与人之间互相支撑、有福同享。墨子这样警示大家："不为天之所欲而为天之所不欲，天亦必不为人之所欲而为人之不所欲。"也就是在告诫人们，假如不听从天之授意而一意孤行，天就会把灾难和疾病降到世间。

除了用上天的意志来让人们信服其观点之外，墨子还借用鬼神的名义来警示大家，起到监督的作用。鬼神是神话传说里的一种虚无缥缈的事物，墨子一方面用史书中的记载来说明鬼神的存在，另一方面也通过古代的圣王之言来侧面证实鬼神的存在。比如，在武王伐纣的时候，举行了祭祀的仪式，说明鬼神是存在的。其目的就是想用鬼神惩恶扬善的属性来警示世人，而并非一种宗教。墨子假借神鬼的力量来强调自身观点的正确，意图是好的，但是也广受之后学者之误解与批评，认为其是一种唯心主义的妄想。但是，我们不能不肯定其现实方面的意义，因为确实起到了一定的安定社会、宣传爱心的功能。

同时，在宣传神秘主义力量的同时，墨子又反过来宣传节葬的思想。就是说，用较为节制和节俭的方式来安排葬礼与丧事。这看起来似乎有些矛盾，为什么墨子一方面宣扬天意与鬼神，另一方面又在祭祀礼仪上主张节制呢？仔细分析其实并不矛盾，墨子引用天与鬼神，只是想借助其权威和警示作用震慑人心，而不是宣扬浮华的形式。可是恰恰相反，从孔子时代开始，铺张浪费的丧葬礼仪就已经开启了只重形式不重内容的先河。这种情况到了墨子的时代更为严重，厚葬的奢靡风气已经让人感到无法承受。墨子看到了这种奢靡之风给百姓带来的沉重负担，便指出了这种习俗的不良影响。认为这样的不良风气持续下去，只会让国家更为贫穷，人民更为苦难，社会更为动荡。因此，墨子是坚决反对厚葬礼仪的。

同节葬一样，墨子的非命主张就显得更为矛盾了。其实不然，墨子的非命观点和孔子的宿命论有着截然不同的认识。墨子将天与鬼神当作一种权威的监督机制，但并没有说它们可以制约人的主观能动性。也就是说，和孔子相反，墨子认为人可以决定自己的命运，人的命运把握在自己手里。简单来说，墨子认为人在做，天在看。人可以通过自己的努力来改变自己的生活与命运，而天与鬼神更像是判官和执法者，公正地根据人的作为来给予其适当的回报。墨子对命的理解和孔子的儒家学派有很大的不同，他对儒家发起的批判和攻击受到了十分强烈的回击。可以说，墨家的没落有它内在的固然因素，但是历代遭受儒家的贬斥，也是十分重要的一个因素。

## 墨子的三表法

三表法是墨子在论证观点和主张时所采取的依据，因为在证明任何一种思想的时候，都要基于某种实实在在的标准或是理论基础。来看看他的原话是怎么说的吧：“子墨子言曰：‘言必立仪。言而毋仪，譬犹运钧之上，而立朝夕者也，是非利害之辨，不可得而明知也。故言必有三表。’何谓三表？子墨子言曰：‘有本之者，有原之者，有用之者，于何本之？上本之于古者圣王之事；于何原之？下原察百姓耳目之实；于何用之？发以为刑政，观其中国家百姓人民之利。’此所谓言有三表也。”

具体来说，第一表就是本之于古者圣王之事，即事情的对错、好坏都要以古代圣王的言行为标准。只要是圣王的所作所为和思想态度，比如兼爱、非攻之类，就是好事，应该效仿；只要是圣王不屑于做或者抵触的事情，就是不好的，比如厚葬和宿命态度等。其实这里墨子的想法和儒家是有些不谋而合的，甚至有过之而无不及。而在第二表中，墨子认为要以人的感官的亲历亲觉为佐证的要素。就是说，在判断某件事物是否是正确和真实时，要以眼睛和耳朵真实感受到的为准。这种以人的感觉经验为判断标准的主张，对批判封建迷信有着非常大的助力。第三表就是要以目标事物是否对广大人民有利有益为标准。根据墨子的想法，看一种思想和观念是否正确，需要用实践来证实，并以最后达成的功能和效力为基准。不管是什么样的事物，只要是对国家和百姓有帮助的、有利的，就是有意思和有价值的；反过来，对国家和人民无利和没有用的，就是没有意义且无价值的。其实，第三表是墨子三表法的核心要素，反衬了他提出的大部分观点，比如兼爱、非攻、尚同、尚贤等。当然，并不是所有事情都可以简单地用功利来衡量，这也是墨子思想的局限性的表现。

# 第五章　杨朱：道家学派的初创

根据《论语》的文字记录，孔子在各个国家巡游时见过一些避世的人，他把这些人称作隐士。这些隐者在了解了孔子的治世思想后，便投以嘲笑的态度，他们觉得孔子这种入世的努力是不可能成功的，即便孔子表明了“知其不可而为之”的态度。孔子的弟子子路，有一次回答了这些攻击，说：“不仕无义。长幼之节，不可废也。君臣之义，如之何其废之，欲洁其身、而乱大伦？君子之仕也，行其义也。道之不行，已知之矣。”翻译成白话就是：不做官是不对的。长幼间的关系，是不可能废弃的；君臣间的关系，怎么能不管呢？你原想不玷污自身，却不知道这样隐居便是忽视了君臣间的必要关系。君子出来做官，只是尽应尽之责。至于我们的政治主张行不通，早就知道了。但是道家是不同意儒家这种观点的，早期道家正是那种的“欲洁其身”的个人主义者。也可以这样说，道家是一种消极的避世主义者，他们觉得这世界已经无法救治、病入膏肓

了。他们说："滔滔者天下皆是也，而谁以易之？"（《论语·微子》）

但是，道家并不是一般意义上的隐士，他们并没有一味地去归隐和独善其身，他们还要给自己的出世找一个系统而充分的理由，建立一个完整的甚至无懈可击的思想体系。这样，他们的归隐就不再是一种个人行动，而是变成了具有意义的事件。而在这些人中间，最早涌现的、较为著名的人物就是杨朱。

杨朱这个人的生卒年份都失去了记录，但可以确定他生活在墨子和孟子之间。这是因为，墨子从来没有提到过杨朱，而到了孟子那个时候，杨朱的声望已经快要等同于墨子了。连孟子都曾这么说："杨朱、墨翟之言盈天下。"（《孟子·滕文公下》）道家《列子》中的一篇题目即为《杨朱》，可以侧面看到杨朱的影响，书中讲述的就是杨朱的思想与哲学观点。不过，当代的相关学者已开始质疑《列子》这本书是否真实了。另外，《杨朱》这部书中体现的观念与思想，很多都和春秋战国时期较为可信的一些典籍中所记录的杨朱思想有某些不符之处。《杨朱》这本书讲述的主要思想是较为极端的纵欲主义，而在别的春秋战国时期的书籍中是没有此类描写的。于是，我们现在已经很难去厘清杨朱真正的思想主旨了，因为相关的记录已经不够完整，我们也只能从零散的其他人的著作中找到一些端倪。

## 杨朱的理念与思想

《孟子》说：“杨子取为我，拔一毛而利天下，不为也。”（《尽心上》）这取自一个故事：有一次，墨子的一位学生向杨朱发问：“假如拔你身上的一根汗毛，就可以让天下人得到益处，你会不会做呢？”杨朱回答：“天下人的事情，肯定不是单单拔一根汗毛就解决得了的！”《韩非子》中是这样说的：“今有人于此，义不入危城，不处军旅，不以天下大利易其胫一毛，世主必从而礼之，贵其智而高其行，以为轻物重生之士也。”（《显学》）白话意思是：现在有人在这儿，其行动方式是不去具有危险的城市里，也不去军队里，也不用天下的大利来换取其腿上的一根汗毛，这样君主就会跟随而且以礼相待，看重其智慧并推崇其行为，会觉得这个人是漠视物质利益而重视生命的治学之人。《淮南子》（公元前 2 世纪）里也讲道：“全性保真，不以物累形：杨子之所立也。”（《汜论训》）保全真性，不被外物所累。这个“物”所指很多，如财物、功名、道德等。它也是道家一脉，和老子的思想有很多相同之处。老子也认为人应该“抱璞守拙内”，而不应逐于外物，是以“身贵物轻”。当时的社会状态可以用老子的一句话形容：“大道废，有仁义”“仁义出，有大伪”。认为推崇仁容义名的行为使奸诈之徒横行。杨子这句话也是反对人逐于名，保全真性。

《韩非子》所提到的“不以天下大利易其胫一毛”之人，肯定就是杨朱或他的门徒，因为在当时那个时候是没有其他人有如此观念的。然后把上述这些文字整合到一处，就能够得到杨朱思想里的两个基本点：“为我”“轻物重生。”不难看出，这些思想是和墨子背道而驰的，因为墨子的兼爱观念显然和杨朱大相径庭。也许，我们可以看到《韩非子》里提到的“不以天下大利易其胫一毛”和《孟子》中提到的“拔一毛而利天下不为也”，意思上并不完全一致。但是并不影响其基本观念的一致性，二者应该说是一种学说的两个方面。

## 一些文献中的例证

上面大致讲述了扬朱思想的两个方面，这些方面是能够在相关文献里找到证据的。《庄子·逍遥游》里讲述了一个故事：“尧让天下于许由，曰：‘日月出矣，而爝火不息；其于光也，不亦难乎？时雨降矣，而犹浸灌；其于泽也，不亦劳乎？夫子立而天下治，而我犹尸之；吾自视缺然，请致天下。’许由曰：‘子治天下，天下既已治也，而我犹代子，吾将为名乎？名者，实之宾也。吾将为宾乎？鷦鷯巢于深林，不过一枝；偃鼠饮河，不过满腹。归休乎君？子无所用天下为。’”这段话的意思是说：尧准备把天下让给许由，说：“日月出来了，火炬还没有熄灭，它要显示出自身的光芒，不是很困难吗？应时的雨水降落了，这时候还要灌溉，对田地来说，不是招灾祸吗？先生往这里一站，天下就太平了，这时我还赖在王位上接受子民的拥戴，难道不是很荒唐吗？我自认为有太多缺点，请让我把天下托付给您。”许由说：“您治理天下，天下已经得到治理了，我还要来代替您，我是为名吗？实际是主，名声是宾，我要做那个徒有其表的宾吗？鹪鹩在森林中筑巢，也不过是占用大树上的一根树枝而已。鼹鼠喝黄河水，也只不过喝饱肚子罢了。回去吧，我的王。”也就是说，许由这样一位隐士，就算把整个天下都拱手送给他，他也不愿意接受。当然他也就“不以天下大利易其胫一毛”。这是《韩非子》所说的杨朱思想的例证。

前述中说到过《杨朱》这篇文章，里面也有一个故事：“禽子问杨朱曰：去子体之一毛，以济一世，汝为之乎？杨子曰：世固非一毛之所济。禽子曰：假济，为之乎？杨子弗应。禽子出语孟孙阳。孟孙阳曰：子不达夫子之心，吾请言之，有侵若肌肤获万金者，若为之乎？曰：为之。孟孙阳曰：有断若一节得一国，子为之乎？禽子默然有间。孟孙阳曰：一毛微于肌肤，肌肤微于一节，省矣。然则积一毛以成肌肤，积肌肤以成一节。一毛固一体万分中之一物，奈何轻之乎？”白话意思是：禽子问道于杨朱：“如果把你身上的一根汗毛拔下来救济普天下的百姓，你会愿意做吗？”杨朱回道：“普天下的问题并不是一根汗毛能够解决的。”禽子接着问：“如果真能救济天下，你愿意做吗？”杨朱听了没有回答。于是，禽子把这番话给孟孙阳说。孟孙阳如此回答：“你不懂得先生的想法，我来帮他解释一下吧。如果有人侵犯你的身体，然后得到万金的报偿，你会愿意吗？”禽子回答：“愿意。”孟孙阳接着说：“假如有人砍断你的一节身体，许以一个国家作为报偿，你会干吗？”禽子陷入了沉默。孟孙阳于是接着说：“当然，一根汗毛比身体皮肉小很多，皮肉也要比一段身体小很多，这很明显。但什么都是积累变化的，汗毛多了，就成了肌肉皮肤，肌肉皮肤积累起来就是一节身体。反过来说，一根汗毛虽小，也是整个身体万分之一的组成部分，有什么理由去轻视它呢？”这是杨朱学说另一方面的例证。《列子·杨朱》中还提道：“古之人损一毫利天下，不与也；悉天下奉一身，不取也。人人不损一毫，人人不利天下：天下治矣。”现在还无法断定这句话是杨朱说的，但这些话语是对杨朱哲学和早期道家学派思想的良好归纳和总结。

杨朱的哲学思想在很多道家典籍中都有所反映。《吕氏春秋》里这样说：“今吾生之为我有，而利我亦大矣。论其贵贱，爵为天子不足以比焉。论其轻重，富有天下不可以易之。论其安危，一曙失之，终身不复得。此三者，有道者之所慎也。”(《孟春纪·重己》）这段话的意思是说：现在我的生命属于我自己所有，而给我带来的利益是非常大的。用它的贵贱来分析，即便贵为天子，也不足以同它相提并论；用它的轻重来分析，即使富有天下，也无法和它交换；用它的安危来分析，一旦失掉这辈子就再也不可得到，正是因为这三个方面的原因，有道之人对生命就十分地小心和谨慎了。这几句话也解释了为什么要轻物重生。如果失去了天下，或许某一天还可以失而复得，但如果生命结束了，就不可能有任何机会了。《老子》同样包含了一些类似的观点，比如："贵以身为天下，若可寄天下；爱以身为天下，若可托天下。"意思是：在生活和工作中，珍惜自身的身体超过对天下的渴望的人，就能够将天下托付于他了；爱他自身超过了爱天下的人，就能够给予其整个天下。又如，"名与身：孰亲？身与货：孰多？得与亡：孰病？"意思是：名声和名分同生命比起来，哪一种更加亲切呢？生命和利益比起来，哪一样更加贵重呢？得到名利和丧失生命相比，哪一样更加有害呢？这些话都体现了轻物重生的观念。再看看《庄子·养生主》的话："为善无近名，为恶无近刑，缘督以为经：可以保身，可以全生，可以养亲，可以尽年。"意思是说：做了世人所说的善事却不贪图名望，做了世人所谓的恶事却不至于面对刑戮的屈辱，遵从自然的康庄之路并把它作为顺应规律的常态，这就能够护卫自己的身体，就能够保全自我的天性，就能够不给家人留下忧患，就能够终享天年。这种思想也是顺着杨朱哲学的脉络在行进，先秦时期的道家学派认为，这就是保全自身的身体免遭祸患的最理想手段。这里其实是一种中庸的处事态度，一个人的行为如果不好，就会受到处罚，这肯定不是全生的好办法；可是如果一个人做得太好，得到了所谓的名声，也不是全生之道。《庄子》中这样写道："山木自寇也。膏火自煎也。桂可食，故伐之。漆可用，故割之。"（《人间世》）一个有着才能和用处的有用之材，他的命运不过是同被砍伐的桂树、漆树一样被人利用和剥削罢了。因此道家学派常常提倡无用之用，即以珍惜自身的身体为首要。《人间世》里也提到了一株硕大的树木，但是无法作为木材来使用，因此免遭了被砍伐的命运。最后这篇文章总结道："人皆知有用之用，而莫知无用之用也。"无用看起来是活着没有什么意义，却能够保全自己的生命。因此，不作恶和不过于为善消耗自己，是保全自身生命的好办法。

## 道家学派的演化过程

本章所讲述的是道家学派的哲学思想发展的第一个阶段和层次，其实道家学派在春秋战国时期包含三个发展阶段。杨朱的思想代表了第一个阶段，而第二阶段的代表人物是老子，《庄子》的很多观念与哲学思想则代表了道家学派的最后一个阶段，即第三阶段。其实，老子和庄子的思想并没有完全指代某个阶段，这里用他们的名字来指代某个阶段，只是说他们的大部分思想可以代表那个阶段。《庄子》和《老子》这两本书，都不是出自某一个人的手，而是不同时期的人进行的汇编，是道家门派思想之大成。

在第一阶段里，杨朱为道家学派的哲学思想开了一个头，其核心是躲避人世的害处，这其实也是大多数隐士的做法。那些逃避人世的人一般会隐居山林，认为这样做就能够规避那些害处。但是，人世间的很多事情都极为复杂和多变，就算规避得十分小心，可是总有些弊端是没办法躲开的。因此，一味地避并起不了多大的作用。到了老子的第二阶段，就不是光是躲避了，而是开始去探索和解释茫茫宇宙的根本原理和变化规律。万事万物都处于变化之中，其规律却不会改变。假如人们能够参透事物变化的规律，并按照那些规律的方向来调整自身的行为方式，就可以让事情的发展转而对其有利了。但是，就算是参透了事物变化的规律，也还是不能完全保证自身的安全。因为那复杂的自然、社会与万事万物的变化总会让人顾此失彼，再小心也很可能失足，从而被祸患所害。老子这时候就跳出了问题本身：“吾所以有大患者，为吾有身，及吾无身，吾有何患！”（《老子》第十三章） 意思是：我有了身体，就有了生老病死，就有了宠辱，如果我没有了身体，我还有什么忧患呢？对于这样大彻大悟的观念，《庄子》篇中有许多地方进行了进一步的发挥，就形成了齐生死、一物我的理论思想。其意图也就是，从一个更高的视角和层次来看待生死和物我。但人能够从那个更高的层次看问题的时候，就已然超越了当下的现实世界，进入了更为高深的境界。这种规避就不是物理形式的避世到山林中了，而是位面形式的从现实世界到精神世界，也就发展到了道家的第三个阶段。《庄子》里有一篇故事就揭示了这种发展变化：“庄子行于山中，见大木枝叶盛茂，伐木者止其旁而不取也，问其故。曰：无所可用。庄子曰：此木以不材得终其天年。夫子出于山，舍于故人之家。故人喜，命竖子杀雁而烹之。竖子请曰：其一能鸣，其一不能鸣：请奚杀？主人曰：杀不能鸣者。明日，弟子问于庄子曰：昨日山中之木，以不材得终其天年；今主人之雁，以不材死：先生将何处？庄子笑曰：周将处乎材与不材之间，材与不材之间，似之，而非也，故未免乎累。若夫乘道德而浮游则不然。无誉无訾，一龙一蛇，与时俱化，而无肯专为；一上一下，以和为量，浮游乎万物之祖；物物而不物于物，则胡可得而累邪！”这段话的意思是：庄子行走于山中，看到一棵大树的枝叶非常茂盛，伐木人停在树的旁边却不去砍伐，庄子就问他们为什么不砍伐。对方回答说：

“因为没有什么用处。”庄子便总结说：“这棵树就是因为不成材，才可以终享天年啊！”庄子之后走出了山林，留宿在一位朋友家里，他的朋友很高兴，就让下人去杀鹅款待庄子。下人就问这位朋友：“一只鹅能叫，一只鹅不能叫，应该杀哪一只呢？”主人回答说：“就杀那只不能叫的鹅。”第二日，庄子的弟子问道于庄子：“昨天看到山里的大树，因为没有用处而能够终享天年，那位主人的鹅，则因为不成材而被杀掉；先生你将如何做呢？”庄子笑着说：“我将处在成材与不成材之间，看起来像是合于大道却并没有真正与大道相合，因为这还不是能够免于被制约的地位，如果可以完全顺应自然而自由地生活，就可以不这样了，脱离了世间的荣辱，有时候像龙一样飞翔，有时候像蛇一样蛰伏。因势而动，随着世间和空间的变化而变化，并不偏执于某一个方面，一切都顺势而行。这也就是达到了天人合一、物我两忘的高级境界，也就不会受到外界和外物的影响和制约了。假如一个人无法从更高的层级和境界来看待事物，那么任何现实的方法都无法完全保证他不受影响和制约。可是，从高层次的精神境界来看待事物，总是意味着对自我的否定。也可以如此总结：春秋战国时代的道家是有自我的，而之后就发展到了无我，并最终取消了它的自身。

# 第六章　孟子：儒家的性善论者

根据《史记》中的记录，孟子（约公元前 372 年—公元前 289 年）出生于山东省南部的邹城一带，他进入儒家学派的大门，师从孔子的孙子子思。在春秋战国时代，齐国是一个很有规模的大国，其君主都十分喜欢哲学和学术。这些君主就在国家的首都建立了一个传播思想文化的学术中心，叫作“稷下”，在这里做学问的人“皆命曰列大夫，为开第康庄之衢，高门大屋，尊宠之。览天下诸侯宾客，言齐能致天下贤士也”(《史记》)。齐国的国君把这些学者都任命为大夫，并为他们建造高大的住宅，修筑宽阔平坦、四通八达的道路，赐给他们很多仆从、财宝、车马，使他们备受尊重和恩宠。一时间，齐国人才济济，稷下学宫成为当时百家争鸣的重要阵地。而孟子，就是这些受到优待的学者之一。

孟子其实也像孔子一样周游列国、传道解惑，可是其他国家的国君并不愿意听从其学说。于是，孟子只好把自己的哲学思想都体现在他和弟子们一同编纂的《孟子》七篇里。

这部典籍记录了孟子的言行以及和他人的议论与对话，涵盖了他的大部分思想与观点，成为之后受到尊崇的“四书”之一，而“四书”是几千年儒家学派的基石。在庞大的儒家学派中，孟子属于较为理想主义的一派，他之后的荀子则更倾向于现实主义。

## 人性本善的观点

根据前面的论述，我们知道孔子非常重视“仁义”的概念，也十分清晰地进行了义与利之辩。孔子认为人们不应该完全不考虑自身的利益得失，而是要埋头去做自己该做的事情，并做他自己应该去做的那种人。从另一个方面来说，人应该换位思考、推己及人，这其实就是仁的本质。可是尽管孔子解释了这些观念，却没有说明为何人们都要按照这样的框架来生活和工作。而孟子，就紧接着孔子提出的问题，继续尝试真正地解答“为什么”这个问题。而在尝试的过程中，孟子逐渐确立了自己人性本善的哲学学说，为自己赢得了非常高的声望和地位。

人的本性到底是善的还是恶的，或者人的本质到底是什么样的，这一直都是中国哲学讨论的焦点和论争最为激烈的部分之一。根据孟子的说法，在他的那个时代，除了他自己提出的性善论，还有三种关于人性的理论学说。第一种是人性既不善良也不邪恶；第二种是既善良又邪恶，或者善与恶同时存在；第三种就是有的恶、有的善。告子是人性既不善良也不邪恶的支持者，也是和孟子同时代的思想家。

《孟子》这本书记载了告子与孟子的几段辩论，因此现在对上述第一种观点的了解远远超过对其他两种观点的了解。而且，孟子所说的人性本善，其本意并不是人一生下来就可以如圣人一般道德圆满。而是表达了一种倾向，是说人更偏向于性善，人性里有着固然而本质的性善的成分。

当然，孟子也承认人性不是那么纯粹的，确实还包含有其他成分，这些成分本身并不带有明显的善恶色彩，可是如果不加以控制和留意，就很有可能变成恶。具体来讲，孟子提到的这些成分即是自然界中的人和其他动物所共有的那部分本质。这种本质是人的某种动物的野性部分，更为明确地说，是非人性的那个部分。这些成分代表着人生命的“动物”方面，严格地说，不应当认为是“人”性部分。对此，孟子给出了具体论证：“人皆有不忍人之心。先王有不忍人之心，斯有不忍人之政矣。以不忍人之心，行不忍人之政，治天下可运之掌上。所以谓人皆有不忍人之心者，今人乍见孺子将入于井，皆有怵惕恻隐之心——非所以内交于孺子之父母也，非所以要誉于乡党朋友也，非恶其声而然也。由是观之，无恻隐之心，非人也；无羞恶之心，非人也；无辞让之心，非人也；无是非之心，非人也。恻隐之心，仁之端也；羞恶之心，义之端也；辞让之心，礼之端也；是非之心，智之端也。人之有是四端也，犹其有四体也。有是四端而自谓不能者，自贼者也；谓其君不能者，贼其君者也。凡有四端于我者，知皆扩而充之矣。若火之始然，泉之始达。苟能充之，足以保四海；苟不充之，不足以事父母。”（《孟子·公孙丑上》）这段文字的意思是：每个人都有怜悯体恤别人的心情。古代圣王由于怜悯体恤别人的心情，才有怜悯体恤百姓的政治。用怜悯体恤别人的心情，施行怜悯体恤百姓的政治，治理天下就可以像在手掌心里面运转东西一样容易了。之所以说每个人都有怜悯体恤别人的心情，是因为如果今天有人突然看见一个小孩要掉到井里去，必然会产生惊惧同情的心理——这不是因为想去和这孩子的父母拉关系，不是因为想在乡邻朋友中博取声誉，也不是厌恶这孩子的哭叫声才产生惊惧同情的心理。由此看来，没有同情心，简直不是人；没有羞耻心，简直不是人；没有谦让心，简直不是人；没有是非心，简直不是人。同情心是仁的发端；羞耻心是义的发端；谦让心是礼的发端；是非心是智的发端。人有这四种发端，就像有四肢一样。有了这四种发端却自认为不行的，是自暴自弃的人；认为他的君主不行的，是暴弃君主的人。凡是有这四种发端的人，都要扩大充实它们，就像火刚刚开始燃烧，泉水刚刚开始流淌。如果能够扩充它们，便足以安定天下，如果不能够扩充它们，那么就连赡养父母都成问题。任何人的本质里都有这样的“四端”，如果充分地进行扩充，就能够成为四种“常德”，也就是儒家十分看重的仁、义、礼、智四个方面。

这些，如果不受外面环境的制约，就会使人的本身按照规律自然发展，就像种子自己慢慢地长成树，就像蓓蕾慢慢地长为花朵。这个部分即是孟子和告子相争之关键，告子觉得人没有性善或是性恶的区别，因为道德是从外而内的，就是孔子所谓的“义，外也”。

## 儒家和墨家的主要分歧与差异

论述到这里，儒家与墨家的关键分歧点也就暴露出来了。孟子的观点是：“杨氏为我，是无君也。墨氏兼爱，是无父也。无父无君，是禽兽也。……是邪说诬民，充塞仁义也。”（《墨子•滕文公下》）可以看出来，杨朱的思想并不支持仁义，因为仁义是讲利他的，但是杨朱只关心利己。可是说到墨子，他的思想宗旨也是利他的。墨子在注重利他上面，比儒家学派还要明显。可是，孟子在评述这些观点时，为何要将墨子和杨朱归为一列呢？

针对这一问题，一般是这样来解读的。因为墨家推崇爱是无差别的，儒家则认为爱是有差别的。或者这样说，在如何爱别人上，墨家认为应该平等，儒家则重视差异化。《墨子》里有段话说明了这个分歧："我不能兼爱。我爱邹人于越人，爱鲁人于邹人，爱我乡人于鲁人，爱我家人于乡人，爱我亲于我家人，爱我身于吾亲。"（《墨子·耕柱》）意思是说：我与你不同，达不到兼爱的地步。我爱邹人比爱越人更深。我爱鲁人比爱邹人更深，我爱我的家乡人比爱鲁国人更深，我爱我的家人比爱我的家乡人更深，我爱我的双亲比爱我的家人更深，我爱我自己更胜过爱我的双亲。

巫马子是儒家的人，他会说"爱我身于吾亲"，大概是墨家典籍中的夸张之修辞。因为这明显跟儒家学派提倡的孝道不相容。但是其他几句话，正常地体现了儒家的精神。这是由于，儒家本身就认为爱是有差别和等级的。孟子是这么看待这件事的："君子之于物也，爱之而弗仁；于民也，仁之而弗亲。亲亲而仁民，仁民而爱物。"（《孟子·尽心上》）意思是：君子对于世间万物，爱惜它们，可是说不上有多仁爱；君子对于百姓们，体现出仁爱，可是谈不上亲爱。君子会亲爱亲人而仁爱百姓，也会仁爱百姓而爱惜万物。孟子在和墨家学派的夷之进行辩论时，问他："信以为人之亲其兄之子，为若亲其邻之赤子乎？"（《孟子·滕文公上》）人们对自己兄弟的儿子的爱，肯定要重于对邻居的儿子的爱。这样的行为方式在孟子这里，是完全没有问题的，人们就应该推广这种爱，并让它惠及更远的社会成员。“老吾老，以及人之老；幼吾幼，以及人之幼。”（《孟子·梁惠王上》）意思是：在赡养和孝敬自己长辈时，不要忘记和忽略其他没有亲缘关系的老人。在抚养教育自己的小孩时，也不应忘记其他没有血缘关系的小孩。这种博爱细细思之，是在爱有差异和层次的原则上施与的。

爱自己的家人，同时也可以爱自己家人之外的其他人，也属于行“忠恕之道”之所为，同样是对“仁”的一种履行，都是儒家学派所提倡的。要注意，这里并不是靠外力来强迫人去行仁义之事，而是依靠本性的能量，人本身就会推己及人，不愿意看其他人受苦受难，这是“仁之端也”。当人的这一本质得到发展时，人就会去爱别人了。可同样自然的是，爱父母总比爱别人更为热烈，这就是爱的差异化决定的。

上述都是儒家学派的认识，但是墨家并不这样认为。墨家坚定地认为爱任何人，包含自己人和其他人，都应该是同等的和无差异的。这样也许会让人觉得对待父母有些薄而对待别人反而厚了。总之，墨家是要竭尽全力地去反对儒家提倡的差异之爱。孟子说：“墨氏兼爱，是无父也。”就是说完全无差别的爱等于对父母的不孝。如何爱别人，正是儒家和墨家的主要分歧点，孟子和之后的很多学者都进行过论述和分析。可是，除了如何爱别人的分歧，还有一个更为关键的分歧，那就是儒家觉得善意是从人的本质中体现出来的，墨家则觉得爱是要从外部进行干预和影响才会有的。

也就是说，墨子的解释和论断涉及孔子之前没有接触和应对的一个问题，即施行仁义的最终原因是什么？墨子对此的解答是基于功利主义，他以社会化和政治化的视角来看待兼爱这个问题，本身就和儒家是格格不入的。

## 孟子在政治方面的看法

前述已经十分清晰了，墨家对于国家和社会的看法与理论，是着眼于功利基础之上的。而儒家的孟子在对国家与社会的分析上，是十分不同的："人之有道也，饱食暖衣，逸居而无教，则近于禽兽。圣人有忧之，使契为司徒，教以人伦：父子有亲，君臣有义，夫妇有别，长幼有序，朋友有信。"（《孟子·滕文公上》）这段话的意思是：做人有做人的道理，假如只是吃得饱和穿得暖，安居乐业，但是不去接受教育，不知道何谓礼义，那就如同禽兽了。圣人正是为此而担忧，便派了契担为司徒，教给人们关于如何做人的道理：父子要相亲，君臣要有义，夫妇要有别，长幼要有序，朋友要有信。人和动物的最终区别，就在于人是有人伦的，人类社会是建立在伦理和道德的基础上的，而国家与社会就是基于人伦而发展起来的。

人只有社会化了之后，建立了伦理与道德的关系，才能够真正地发展自己和实现自己。在这里，孟子就如亚里士多德一样，认为“人是政治的动物”，即人只有处于国家和社会之中，才可以充分地建立人伦与道德的体系。因此，国家是道德与人伦搭建起来的，国家的君主也必然就是道德方向上的领军人物。因而，儒家也提倡让通晓道德与人伦的圣人来做君临天下的君主。孟子认为这样的理想其实在古代就已存在了，比如，约公元前 24 世纪的尧就是一位圣人，他在年老力衰之时选择了同样有圣人本质的舜担任下一任君王。依此类推，舜也在自己老了之后选了通晓道德准则的禹来执掌天下。君主的位子就是这样一代代往下流传，都是由圣人传给圣人。根据孟子的说法，这样做是因为应当去这样做，这才是正确的做法。从这一核心观念出发，孟子反对任何暴政，他是这样说的：“君之视臣如手足，则臣视君如腹心；君之视臣如犬马，则臣视君如国人；君之视臣如土芥，则臣视君如寇仇。”大意是：君主把臣下看成自己的手脚，臣下就会把君主看成自己的腹心；君主把臣下看成狗马，臣下就会把君主看成一般人；君主把臣下看成泥土草芥，臣下就会把君主看成仇敌。

君主要是没有做君主所必备的道德条件，那么老百姓就有了在道德上进行革命的权利与义务。如果是这样，那么弑君也不算一种罪过。因为这种君王有名无实，德行上不具备君主的标准，也就不能称其为君主。如果按孔子关于正名的说法，这样的君主只是“一夫”而已。孟子还说：“民为贵，社稷次之，君为轻。”（《孟子·尽心下》）意思是：百姓是最重要的，国家其次，国君是最轻的。孟子的这一观点，在中国整个的历史长河里，一直到辛亥革命和中华民国时期，都起到过非常大的作用。尽管西方的民主思想对辛亥革命产生了巨大影响，可是对中国百姓来讲，中国传统的古老文化与思想，其影响要大很多。假如圣人成为君主，他的治国之道就是王道。根据孟子以及之后的儒家学派的学者的说法，一般有两种治国之道，一种叫“王”道，一种叫“霸”道，两者是十分不一样的。圣王的治国之道，依靠的是道德与伦理的引领与合理的教育；霸主的治国之道，依靠的是暴力上的强制。王道的着眼点在以德服人，霸道的着眼点在于用力量压制人。对这个问题，孟子这样评述：“以力假仁者霸，霸必有大国；以德行仁者王，王不待大。汤以七十里，文王以百里。以力服人者，非心服也，力不赡也。以德服人者，中心悦而诚服也，如七十子之服孔子也。”（《孟子·公孙丑上》）意思是说：依靠武力、假借仁义之名统一天下叫“霸”，想要称霸，就必须拥有强大的国力；依靠道德施行仁义而统一天下叫“王”，想要称王，并不一定要有强大的国力。商汤凭借七十里的土地、文王凭借百里的土地开创王业。依靠武力使人服从，人并不是真心服从，只是因为力量不足以反抗罢了；而凭借道德使人信服，百姓就会心悦诚服，就像孔子的弟子信服孔子一样。《诗经》上说："从西从东，从南从北，无不心悦诚服。"说的就是这个道理。

圣王的王道宗旨是为了黎民和百姓的福祉，这也决定了其国家和社会必然要建立在富饶的经济基础之上。因为中国自古以来最为重要的问题常常是土地的问题，所以按照孟子的说法，王道最为关键的经济基础之框架在于平均分配给人民土地。孟子认为，较为合理的土地分配制度是以"井田"闻名的体制。根据他的体制，每平方里的土地被划成九个方格，每个方格是一百亩。位于中央的一块称"公田"，周围的八块是八户人家的私田，各家拥有一块。八户人家合种一块公田，然后种自己的私田。公田里的产出交给政府，私田里的产出由各户自留。因为这个九个方块的排列就像一个"井"字，因而也称为"井田制度"。

可是，这种制度建立不过是王道的起始，因为它只能提供给百姓们经济上的基础，在此基础上还需要去发展高度的文化，还要"谨痒序之教，中之以孝悌之义"，即让人们得到充分而完备的教育，懂得伦理的道理。只有在这个基础上，王道才能够进行。行这样的王道，也不是要和人性相悖，而恰恰是圣王发挥其自身的“恻隐之心”的必然结果。孟子这样说：“人皆有不忍人之心。先王有不忍人之心，斯有不忍人之政矣。”（《孟子·公孙丑上》）意思是：任何正常人都有同情怜悯他人伤痛的心。古代帝王有这样的同情怜悯之心，所以有同情怜悯他人的政策。在孟子的观念里，“不忍人之心”与“恻隐之心”是一回事。

根据孟子的说法，王道其实很简单，没什么奥妙之处。有一回，齐宣王看到一头牛要被人拉去杀掉，他“不忍其觳觫，若无罪而就死地，故以羊易之也”，意思是：我不忍心看它惊惧哆嗦的样子，毫无罪过就被拉去杀掉，便叫人用一只羊来替换它。孟子便对宣王说：“是心足以王矣。百姓皆以王为爱也，臣固知王之不忍也。”意思是：有这样的心，就足以称王了。百姓都认为大王吝啬，但臣知道大王是因为于心不忍。这便是他的“不忍人之心”的鲜明例子。假使齐宣王可以将这种方法推广到对待黎民百姓放面，也就是在施行王道了。可是，齐宣王说自己无法办到，因为他身上有好货、好色的缺陷。孟子回答道：其实每个人都有这样的本质，君王能够了解自身有着什么样的欲望，也就了解了他的子民所具有的欲望，这样才能够用一些措施来满足这种欲望。如此去做的目标正是为了实现王道。

从上述段落里我们看到，孟子是怎样一步步延伸孔子的哲学观念的。孔子在解释他的忠恕之道时，还局限在关于人自身的知识与修养上，而到了孟子这里，就把它发挥到了治理国家与社会方面。也就是说，忠恕之道在孔子口中是关于“内圣”的，而在孟子这里就发展成了“外王”的思想。就算是仅仅着眼于“内圣”这个方面，相较于孔子，孟子更加详细而清晰地进行了阐述。孟子说：“尽其心者，知其性也。知其性，则知天矣。”（《孟子·尽心上》）意思是：人如果尽到了自己的善心，就是觉悟到了自己的本性。觉悟到了自己的本性，就是懂得了天命。孟子在这里提到的“心”就是“不忍人之心”，即我们常说的“恻隐之心”。因此，如果能够充分发展这种本心，也就明白了我们自身的本性。又据孟子说，我们的性是“天之所与我者”，因此当我们明确了自我的性，也就自然而然地明确了什么是天。从神秘主义的视角，我们身处的这个宇宙其实就是道德与伦理的宇宙，人类社会的道德准则也就是我们所身处的宇宙的形而上学原则，而我们自身的人性就是道德准则的鲜明例子。如果我们能够理解我们身处的这个道德的宇宙，也就到达了孟子所谓的“知天”的地步。更进一步来说，假如某人参透了天的道理，这个人也就不单单是一位社会的人了，而是进化为了精神上的宇宙的公民，也就是孟子所谓的“天民”。针对这个论点，孟子又详细解释道：“有天爵者，有人爵者。仁义忠信，乐善不倦，此天爵也。公卿大夫，此人爵也。古之人修其天爵，而人爵从之。今之人修其天爵，以要人爵；既得人爵，而弃其天爵，则惑之甚者也，终亦必亡而已矣。”（《孟子·告子上》）此段的意思是：在爵位上，有一种上天赐予的爵位，也有一种俗世认可的爵位。仁义而忠信，好善而乐此不疲，就是上天赐予我们的爵位；公卿大夫之流，只是俗世所认可的爵位。古人热衷于修养上天赐予的爵位，俗世所认可的爵位自然也就到来了。而当今的人，虽然也修养上天赐予的爵位，目的却是刻意追求俗世所认可的爵位；若已然获取俗世所认可的爵位，就随意抛弃上天赐予的爵位，就太愚蠢了，最终他的俗世所认可的爵位也将离他而去。从另一个角度来看，天爵是一种在价值和精神世界中才可以达到的层次，人爵则是在人类社会中归属世俗的概念。孟子还这样说：“万物皆备于我矣。反身而诚，乐莫大焉。强恕而行，求仁莫近焉。”意思是说：万事万物我都可以具备了，反过来躬身自问诚实无欺，这就是最大的快乐，尽自己的全力按照忠恕之道去做事，就是最接近仁德的道路了。

一个人也只有在比较充分地发展自身的不忍人之心的时候，才真正地拥有内在的仁德。想要达到仁的层次，最好的方式是执行忠恕，通过这个过程，这个人自利和自私的一面会慢慢地消除。当消减到一定程度的时候，这个人就没有了他自身和天地之间的区别了，达到了天人合一、物我两忘的高级精神境地。这里也显现了孟子思想中颇具神秘主义的方面，我们只要仔细研究一下孟子的浩然之气的论述，就可以明白孟子所推崇的人的精神与修养的发展方式与过程了。若要更好地了解这种神秘主义，就得看一看孟子对于“浩然之气”的讨论，在其中，孟子描述了自己精神修养的发展过程。有一次，孟子的一位徒弟问孟子擅长做什么，孟子答：“我知言，我善养吾浩然之气。”意思是：我可以理解别人的言辞中所表达的情志趋向，我也善于培养我自身拥有的浩然之气。这个徒弟又询问孟子什么是浩然之气，孟子答：“其为气也，至大至刚，以直养而无害，则塞于天地之间。其为气也，配义与道；无是，馁也。是集义所生者，非义袭而取之也。行有不慊于心，则馁矣。我故曰，告子未尝知义，以其外之也。必有事焉，而勿正，心勿忘，勿助长也。”意思是：这种气是十分浩大和极端有力量的，用坦荡之胸怀去培养这种气而不对它加以伤害，这种气就会充满天地之间。可是，这种气必须和仁义道德相匹配，不然就会缺乏力量。而且，这种气必须经常得到仁义道德的滋养，才能够不断生成，绝不是依靠偶尔的正义与行善就可轻易获取。一旦人的行为没有做到问心无愧，这种气的能量就会越来越无力。所以我也这样说，告子不懂得什么是义，因为告子把义看成本心之外的事物。因此，人一定要注意不断地培养心中的义，永远都不要忘记。可是，也不必刻意地去培养这种气，这是人无法左右的。可见，“浩然之气”是孟子独创的一个词。刚开始的时候，这个词的影响力还很一般，等到孟子的名声越来越响亮的时候，这个词就越来越深入人心了。但是，浩然之气到底是一种什么事物，就算是发明它的孟子本身也承认“难言也”。不过，我们可以从孟子的论述中分析和推论，大致推测出孟子的“气”实际上和“勇气” 的“气”十分相似，也和“士气”的“气”有共同之处。当然，“浩然”也有它本身独特的性质，浩然是盛大流行的样子。

孟子认为应该“配义与道”：“无若宋人然。宋人有闵其苗之不长而揠之者。芒芒然归，谓其人曰：今日病矣，予助苗长矣。其子趋而往视之，苗则槁矣。天下之不助苗长者寡矣。以为无益而舍之者，不耘苗者也；助之长者，揠苗者也，非徒无益，而又害之。”意思是说：宋国有个农民总是担忧庄稼无法长高，就主动去拔高庄稼，一天下来他付出了很多工作，十分疲劳地回到家，对家里人说：“今天我好累！我帮助庄稼长高了！”他的儿子听了，赶紧去田里查看庄稼的情况，发现庄稼早已枯萎了。可以说，普天之下没有不希望自己的庄稼长得快一些的，一方面，那些认为庄稼长大了没有用处就放弃的人，就像是不给禾苗锄草的懒汉。另一方面，那些妄自帮助它生长的人，也就像那个揠苗助长的人，不但没有丝毫好处，反而害了它。人们种庄稼的时候，当然是要积极地去培育它，可是又万万不能过分地“助长”。而滋养我们体内的浩然之气就像种庄稼，当然需要做一些事情，那就是要多行仁义之事。一个人倘若能够常常施行他的义，浩然之气就会自然而然地在心底生发。尽管这种浩然之气好像很抽象，但是孟子坚信人人都能够培养这种能量。因为孟子把浩然之气等同于充分发展了的人性，而每个人的人性大致上是相同的。孟子提倡的是刚毅而坚定不移的气节与情操，崇尚那种崇高的大无畏精神：“鱼，我所欲也；熊掌，亦我所欲也。二者不可得兼，舍鱼而取熊掌者也。生，亦我所欲也；义，亦我所欲也。二者不可得兼，舍生而取义者也。生亦我所欲，所欲有甚于生者，故不为苟得也；死亦我所恶，所恶有甚于死者，故患有所不辟也。如使人之所欲莫甚于生，则凡可以得生者何不用也？使人之所恶莫甚于死者，则凡可以辟患者何不为也？由是则生而有不用也，由是则可以辟患而有不为也。是故所欲有甚于生者，所恶有甚于死者。非独贤者有是心也，人皆有之，贤者能勿丧耳。”

人的心性相似，就像每个人的身体和躯干的外形相似一样。孟子也针对此问题进行了举例说明，比如鞋匠在制作鞋子的时候，尽管他不了解每位顾客到底有多大尺码的脚，可是因为他总是在做鞋子，而每个人的脚其实差异不大，所以他的鞋总是能卖出去。人的本性的情况也是一样，就算是圣人，其本性也和其他人没什么区别，因此所有人都具有成为圣人的可能。他要做的就是不断地发展自身的本性，就能够达到和圣人一样的境界。这就是孟子所说的："人皆可以为尧舜。"其实也是孟子在教育学方面的观点，也为历代的儒家所推崇。

# 第七章　道家学派的独特趣味

老子是和孔子同时期的人，一般认为是楚国人，比孔子年长一些。孔子曾经问道于老子，并且十分推崇老子的治学精神。老子所著的《道德经》被看成中国历史上首部哲学典籍。但是有些学者根据历史研究，判断《老子》成书的年代要大大晚于孔子的年代。

这其实是两个不同的问题，一个就是老子这个人本身的生卒年代问题，另一个就是《老子》这本书的成书时期的问题。表面上看好像互有联系，但其实并没有十分必然的联系。有一种可能的情况是，确实有一位叫作“老聃”的学者比孔子年纪大，可是《老子》这本书的确成书于孔子时期之后。

老子在中国思想史上是一个非常特殊的存在。一方面，他所开创的道家学派对中华文化的影响至深至远，对国民的人格心理结构的塑造起着至关重要的作用，与儒家形成对峙而又相融的阴阳两极；另一方面，他的生平与思想又是世人难以把握的，如神龙一样难见首尾。

由于历史上没有留下足够的资料参考，几百年后，到了汉武帝时，老子的很多东西司马迁已经搞不太清楚了。比如，老子姓什么？哪里人？生卒年？他与《道德经》是什么关系？这些问题的答案到今天都只能似是而非，不太能确定。司马迁在《史记》中留下一段五百字左右的简短文字，其中有三个未确定的对象：李耳、老莱子、太史儋。这三个人，究竟哪个是写《道德经》的老子，司马迁也不能确定。按照时间序列，司马迁把李耳排在第一位，此人为周守藏室的史官，孔子曾经问礼于他。接着，司马迁又讲了其他两个可能的老子，在这篇文字的结尾，有一段话引人注目："世之学老子者则绌儒学，儒学亦绌老子。道不同不相为谋，岂谓是邪？李耳无为自化，清静自正。"

应该说，司马迁偏向于李耳为老子，周守藏室之史的李耳也便成了后世讨论老子生平的基础。按照司马迁的考证，李耳是春秋楚地人，老家在苦县厉乡，住在曲仁里。这个地点，后人多方考证，也不能确定，普遍看法在今天河南鹿邑县，还有一说在安徽涡阳县。

关于老子的传闻，历史上也有一些记载，但是可信度不高。如《神仙传》里说：老子身高八尺八，眉毛是黄色的，耳朵非常大，额头很宽，牙齿疏疏落落，嘴唇很厚，相貌比较丑。描述得比孔子还详细，能相信吗？另有一些传闻近似神话，说老子的妈妈吞"五色珠"而有娠，辛苦怀孕八十一年，才在李树下生了老子。这些都不过是民间传说，只能当成趣闻来听一听。

老子退休之后，从函谷关向西出行，遇到关尹子，留下五千言，之后的事情就没有人知道了。关于老子出关后的去向，有一种说法相对比较可信：老子辞别关尹子，骑着青牛往西一直走，走至今天陕西周至就停下了。此地多山，山地面积占七成，南依秦岭，北濒渭水，自然风景非常好。即使到今天，此地的森林覆盖面积仍然在六成以上。另外，周至的历史也非常悠久，“尧舜时为古骆国，夏属古雍州，商称郝国”，至今有四千年以上的历史，简直就是中国历史的浓缩。

## 道的概念

老子的生平事迹，有一件是极为重大的，那就是与孔子见面。孔子说：“殷礼吾能言之，宋不足征也，文献不足故也。”孔子三十多岁，在周礼方面的造诣俨然为一代宗师，在齐鲁之境已无人可及，只是对殷礼还不甚熟悉，去周大概就是向老子请教这方面的问题的。

孔子问礼于老子应该没有问题，这段佳话记录在《孔子家语》中，《孔子家语》的真实性已经毋庸置疑，已被考证为先秦旧文献。根据《孔子家语》的记录，我们知道孔子与老子除了讨论了大量的礼仪问题，还有不少内容涉及那个时代的博物知识。给人的感觉是，老子非常博学，但孔子似乎并不像传说中的那样对老子倍加称赞。我们有理由相信，三十多岁的孔子对自己的学术思想已经有了坚定的信念，并形成了一套成熟的价值评判体系，不会轻易被老子说动或改变。《孔子家语》中有一段对话有点儿奇怪，发生在子夏、子贡与孔子之间：看起来似乎子夏在向孔子请教，但他刚刚说完了很多博物性的知识之后，不等孔子开口就转身离开了。孔子问子贡如何看待子夏的说法。子贡说，子夏说得很精巧，好则好，可惜于政治无甚裨益。孔子淡淡地补充说，他从老聃那里也听到了类似的东西。孔子的评价似乎传递出了这样的信息：孔子遇到的老子，其思想有点儿散漫，这与五千言的风格完全不同。

到今天，《老子》成书在什么时候还是有争议的，普遍看法是成书于战国初期，可能不是出于一人之手。比较今天的老子帛书本与王弼通行本，不独文字有大量出入，很多观点还不尽一致。另外，老子的这些思想到底是原创性的内容偏多，还是传述的内容偏多呢？孔子适周，在后稷庙的右阶之前，看到《金人铭》的一段文字，其中有："无多言，多言多败。无多事，多事多患。强梁者不得其死，好胜者必遇其敌。君子知天下之不可上也，故下之。知众人之不可先也，故后之。执雌持下，人莫逾之。人皆趋彼，我独守此。人皆或之，我独不徙。内藏我智，不示人技，我虽尊高，人弗我害，谁能于此。江海虽左，长于百川，以其卑也。天道无亲，而能下人，戒之哉！”

这些言辞所传达的精神、思想与五千言非常近似，这仅仅是《金人铭》极为有限的文字。在周人的国家图书馆里，老子究竟看到过多少类似的言论？老子又诵读了多少这样的文字？有人统计，过去一个普普通通的秀才，通背四书五经及注疏和八股时文，至少可以记下四十万字。那么，顶尖思想家老子，他在周文灿烂的图书馆里工作了几十年，能记诵多少文字？这些文字有多少与五千言完全一样呢？把它们浓缩成五千言又有多么容易啊！尤其在那个以“述而不作”为高尚品德的时代，这样做又是多么顺理成章的事情。由此可以得出一个基本结论：老子的思想多半也是述而不作，包括遣词用语，原创并不多，甚至很少。只是他用一个核心思想或价值判断来收集、整理前人留下的言辞后，就自动形成了一整套体系而已。

老子的“道”是国学中的“玄之又玄”，不过似乎还是孔子的“不惑”更让我们熟悉。但我们总向往“问道”，哪怕是在“不惑”之后。老子不仅不是“开历史倒车”的“复古者”“泥古者”，反而是颇具现代意识、“与时俱进”的“弄潮儿”。《老子》对古今的时间概念有十分明确的理解，即必须“执今之道，以御今之有”，这就是所谓的“现代”。只有此“现代”的观念，才能理解古代的“现代”，依次类推，而知“古始”的“现代”。“后之视今，亦犹今之视昔。”由“古始”的“现代”，发展为古代的“现代”，再由古代的“现代”发展为近代的“现代”和今日之“现代”，这就是“道纪”。

司马谈《论六家要旨》也引《易·大传》说：“天下一致而百虑，同归而殊途。”二者寻根溯源，找出了中国学术思想同一的根——“古之道术”。这一“道术”相对于“后之方术”，集合了上古先哲对时空、自我的整体性认识。《易·系辞下》中的一句话颇能阐释“道术”之含义：“古者包牺氏之王天下也，仰则观象于天，俯则观法于地，观鸟兽之文与地之宜，近取诸身，远取诸物，于是始作八卦，以通神明之德，以类万物之情。”可见，“道术”就是自然哲学与自然神学、政治哲学与政治神学的统一，且隐藏于“日月光华，旦复旦兮”的日常生活的历史当中，“与时偕行”本是其题中应有之义。《易》又有《随卦》，其辞曰：“大亨贞，无咎，而天下随时。随时之义大矣哉。”伟大的哲学思想总是和时代同呼吸的，后百家往而不反，不见天地之纯、古人之大体，道术遂为天下裂。儒道两家吸取了“道术”“与时偕行”的精华，故能流传几千年而不绝，老子和孔子更是理解其精髓的个中翘楚。子曰：“吾十有五而志于学，三十而立，四十而不惑，五十而知天命，六十而耳顺，七十而从心所欲，不逾矩。”（《论语·为政》）这当是孔子于七十岁之后对自己一生进程的回顾。

解释老子的“道”的概念，就要先明白“无名”这个理念。与其相对的是，名家的思想家通过对“名”的思索，成功地发展出了“超乎形象”的世界。但是大部分人的想法还都局限于“形象之内”，也就是局限于实际的世界中。这些思想家虽然表现出异常缜密的思维，但是大多局限于现实的物质世界中，即当下可感知的实际世界。其实，对“名”这个概念本身进行思索，就是前进了一大步的标志。思索“名”，就是对思想本身的思索，可谓是思想中的思想，因此也可以被看成更高层次的境界。老子所讲的同“有名”相对的“无名”，并不是那种“超乎形象”的所有对象，都是“无名”的。可是从另一角度来说，无名的对象都必然要超乎于形象之外。道家的“道”即这样的“无名”的一种对象。《老子》第一章说：“道可道，非常道；名可名，非常名。无名天地之始，有名万物之母。故常无欲以观其妙；常有欲以观其徼。此两者，同出而异名。同谓之玄，玄之又玄，众妙之门。”意思是：可以言说的“道”，不是恒久不变的“道”；可以言说的“名”，不是恒久不变的“名”。“无”是天地混沌未开之际的状况，“有”是宇宙万物的根源。因此，要常从“无”中观察领悟“道”的奥妙；要常从“有”中去寻找“道”的踪迹。“无”和“有”，同出一源而名称不同。它们都可以被称为玄妙、深远，是玄妙又玄妙、深远又深远的东西，是万物之奥妙的总门。

在道家学派的系统中，包含“有”和“无”、“有名”和“无名”的差别。其实，这两对概念可以合并为一对概念，因为“有”和“无”就是“有名”和“无名”的一种省略式样。天地万物的实体都有名，因为天有天的名，地有地的名，所有物体都具有某类名，这就是老子说的“始制有名”。不过，老子所谓的“道”是无名的，而且所有的“有名”都来自“无名”。因此老子这样说：“无名天地之始，有名万物之母。”意思是：“无”是天地的开端，“有”是万物化生的根本。

因为“道”的无名属性，因此它是无法言表的。如果人们仍想对其有所说明，就只能勉强给予其某一种代名。因此，这个“道”其实并不是一种名，而是我们勉强给了它“道”这个代号。即，我们把“道”叫作“道”，和把“桌子”叫作“桌子”完全不同。桌子本身是一个实体，带有某种属性，因此可以被叫作桌子。可“道”只是一个代号，用中国哲学的惯用语来讲，“道”是一种“无名之名”。《老子》里说：“自古及今，其名不去，以阅众甫。”所有事物和任何事物都是从“道”生发出来的，因为万事万物总是存在，因此“道”总是不会去，“道”这个名也总是不会去。永远不去的“名”是常名，因此这“名”本质上也并不是名。所以说：“名可名，非常名。”

“道”这个概念，其实就是一个形式上的对象。“道”是万事万物的起点，那就肯定不是万事万物的一员。因为，假若“道”是万事万物之一，它就不可能生发出万事万物。尽管存在万有，可是最终只有一个“有”。《老子》的第四十二章里说：“道生一，一生二，二生三，三生万物。万物负阴而抱阳，冲气以为和。人之所恶，惟孤寡不毂，而王公以为称。故物或损之而益，或益之而损。人之所教，我亦教之。强梁者，不得其死，吾将以为教父。”意思是：“道”是独一无二的，其包含阴阳二气，二气互相交融，形成了一种适匀的状态，万事万物就在这种状态里产生了。万物背阴而向阳，并且在阴阳二气的交融中变成新的和谐体。通常来说，人们最厌恶的就是“孤”“寡”这样的字眼，可是王公却用它们来称呼自己。因此所有事物，要不就是减损它反而会增加；要不就是增加它反而会减损。别人这样教导我，我也这样去教导他人。强暴的人死无其所。我把这句话当作施教的宗旨。

道生一，因此“道”本身就是“太一”。而“常”的意思即是不变。尽管万事万物都是一直在变化的，但万事万物变化的过程所遵循的规律是不会变的。因此《老子》里所说的“常”，表示的就是那些不会变的事物。老子说：“取天下常以无事。”又说：“天道无亲，常与善人。”万事万物变化所遵循的规律中，最为核心的概念就是“物极必反”。这虽然不出自老子，而是一个古代成语，但其概念最早是出自老子的。老子本来是这样说的："反者道之动。"或者说"逝曰远，远曰反"。意思就是：做任何事情，假如走向某种极端，就必然会向其反面发展。这就揭示了一个自然界的客观规律："祸兮福之所倚，福兮祸之所伏。"（第五十八章）也就是说，任何事物都潜在阴阳相依及转化，没有一成不变的。或者说"物或损之而益，或益之而损"（第四十二章）。

上述看似有矛盾的观点，如果了解了自然的一般规律，就不会再显现出矛盾的表象了。可是对那些不了解这个客观规律的人来说，上述观点甚至是可笑的。因此老子这样说道："下士闻道，大笑之，不笑不足以为道。"高等智慧的人在听到"道"之后，就积极勤劳地实行（因为他知道"道"不是语言能讲清楚的，越讲只会越麻烦，道是用来行的，只能从内实践中了解体会"道"）。中等智慧的人听到"道"以后，似懂非懂、半信半疑。下等智慧的人听到"道"之后，就大笑（这是一种嘲笑，觉得老子是在乱讲，这是因为他不懂所以不屑）。这个时候，老子就在这个"下士"面前说：不被嘲笑，就不足以成为道。

或许还可以提出另外一个问题：如何判断某件事物走向其极端的某个界限？老子没有回答这样的问题，因为万事万物具有不同的属性特点，其极限要根据主客观的具体情况来决定。以艾萨克·牛顿为例，他认识到了自身的知识只是沧海一粟，就像是在海滩上游玩的小孩子对整个大海的认识一样，所以他会不断进步。但是，假如有一个人刚学习了物理教科书，就觉得自己已经知晓了物理的甚至宇宙的奥秘，那他就不会继续前进，而是必然要后退了。就会像老子说的那样："富贵而骄，自遗其咎。"

在生活中，我们也会看到很多相似的例证。比如：人吃得太多就会得病。人是铁，饭是钢，吃饭固然是保持健康的基础，但是过量就会过犹不及，就会让本来对人有益的事情变得有害。这些都是宇宙的客观规律，是需要人去认识和遵循的。人们需要了解大自然的规律，并依据这些规律来指导自身的行为。这也被称为"袭明"，就是说如果想得到某些事物，就要从那种事物的反面起始；想保持某种事物，就需要去接受和包容某些与其相反的事物。因此老子是这样说的："天长地久。天地所以能长且久者，以来其不自生，故能长生。是以圣人后其身而身先，外其身而身存。非以其无私邪？故能成其私。"此段的意思是：天与地是恒久存在的。天与地之所以能够恒久地存在，是因为它们的运行和存在并不是为了自身，因此可以恒久。所以圣人遇到事情时总是谦逊无争，却能在众人之中取得优势；把自身置之度外，却能够保全自己。这不正是因为他无私？才能成就其自身。老子还说："大成若缺，其用不弊。大盈若冲，其用不穷。大直若屈。大巧若拙。大辩若讷。"意思是：最完满的却好像有所欠缺，用起来却不会衰竭；最充盈的却好像有空虚，用起来却不会穷尽。最直的却好像有弯曲，最聪明的却好像很愚笨，最善辩的却好像不善言。也就是说，谨慎的人就可以在这人世中安居，并可以达成其目的。道家的核心目的就是全生而避害，躲避人世的风险。老子对于这个问题的回答和应对，也是这样的。

遵循道与德而进行的生活，是超越了善与恶的区分的。老子这样解释："天下皆知美之为美，斯恶已；皆知善之为善，斯不善已。故有无相生，难易相成，长短相形，高下相倾，音声相和，前后相随。是以圣人处无为之事，行不言之教，万物作焉而不辞，生而不有，为而不恃，功成而弗居。夫惟弗居，是以不去。"意思是：普天下的人都了解美之所以为美，是因为有丑陋存在。都了解善之所以为善，是由于有恶行存在。因此，有与无是相互转化的，难与易是相辅相成的，长短因有对比而显现，高与下交相映射，音和声相互和谐，前与后相互衔接——这些都是亘古不变的道理。因此，圣人就常常会用无为的态度来处事，用不言的形式来实行教育：听任万事万物的自然兴起而不为其创始，有所作为却并不施加自身的倾向，功成业就而不自居。正由于不居功，就无所谓失去。老子唾弃儒家学派的仁义，他说："失道而后德，失德而后仁，失仁而后义，失义而后礼。夫礼者，忠信之薄，而乱之首。"

意思是：世人失去了纯善，圣人才教人以道德。世人失去了德行，圣人才教人以仁。世人失去了仁义，圣人才教人以义。世人失去了义，圣人才教人以礼也。而礼，是忠信不足的表现，是祸乱的开端。

## 道家学派的庄子

庄子姓庄，名周，是春秋战国时期最有代表性的道家。庄子的生平，我们了解得并不多，只知道他来自一个很小的国家——蒙国，在今山东与河南省的交界处。但是根据《史记·老子韩非列传》的记载，我们还是能够对庄子有一个大致的了解：庄子者，蒙人也，名周。周尝为蒙漆园吏，与梁惠王、齐宣王同时。其学无所不窥，然其要本归于老子之言。故其著书十余万言，大抵率寓言也。作渔父、盗跖、胠箧，以诋訾孔子之徒，以明老子之术。畏累虚、亢桑子之属，皆空语无事实。然善属书离辞，指事类情，用剽剥儒、墨，虽当世宿学不能自解免也。其言洸洋自恣以適己，故自王公大人不能器之。楚威王闻庄周贤，使使厚币迎之，许以为相。庄周笑谓楚使者曰："千金，重利；卿相，尊位也。子独不见郊祭之牺牛乎？养食之数岁，衣以文绣，以入大庙。当是之时，虽欲为孤豚，岂可得乎？子亟去，无污我。我宁游戏污渎之中自快，无为有国者所羁，终身不仕，以快吾志焉。”

《史记·庄子本传》（以下简称《本传》）是对庄子生平的最早记录，今天对庄子生平的考察，无一例外都要从此开始。当然，《庄子》一书中也有其生平事迹的介绍，但零散在各处，缺少一些重要信息。并且庄子习惯“谬悠之说、荒唐之言”，其事迹的真伪仍是有存疑的。我们可以从《本传》开始了解庄子，再参照其他的一些材料。《本传》对庄子的介绍字数也不多，而且大段改编了《庄子》中的材料，有效信息并不多，因此后代学者花了许多力气来进行考证。考察庄子的生平事迹，大多依据《庄子》，司马迁《史记》所载，基本也源自《庄子》。然而，《庄子》的语言风格不易于理性、平实地判断其真伪。在此，我们可以有一种想象性的领悟：假如庄子已经将其人生诗化为寓言之境，那么，我们是否能够循其化境之旅而觅其宗呢？从这个角度来说，在理解庄子的时候，比起从其人以论其思，更需要从其文字记述之思，以想见其为人处世之诗化之实。假如我们不能转逆自身在当下建立的一些观念，也许便进入不了《庄子》的世界，更不能想象并领悟庄子其人的生存实情。

从哲学角度而言，一位思想家的生平事迹和其思想之间，究竟具有什么样的关联，不同的学者有不同的见解。黑格尔在讲哲学的时候，比较注重思想和概念之间的逻辑关系，较为忽略哲人自身的生平事迹和他的哲学观念之间的关系。之后，文德尔班撰写了《哲学史》，就比较注重哲人自身的生平事迹，也给出了很多传记性材料来作为参考。可是，对中国哲学而言，因为不太注重逻辑体系，多以语录、寓言、故事等形式呈现，其间便多有对行事事迹的记述。而且，中国古代治学的传统又较为注重为人与为学的统一，因此，庄子其人的生平事迹多为学者所重。因而，人们现今来了解庄子的生平，对了解其思想观念的实质还是非常有帮助的。

根据《史记》所述和《庄子》中的记载，庄子无疑拥有着两种哲人与诗人的基本品格：一方面是对权力的摒弃，另一方面是对财富，即物欲的疏远。在《庄子》这本典籍中，我们看到庄子对颜回有一些肯定性的记述，甚至常常将其置于孔子之上。这里，颜回与庄子或许有着某种思想和学术上的关联性。就其思想与观念的一般特征而言，庄子家境贫苦，有时候要靠借贷为生，他虽然做过漆园小吏，但一直没有谋求高官厚禄，这和一些追求名利的人相比，无疑更多地体现了其学思与为人的更高统一。尽管庄子的避世思想十分突出，但他在现实生活中也是有朋友、有家室的。惠施与庄子之间的朋友之谊自不必多言，而根据鼓盆而歌的记载，我们能够推知庄子是有妻子、子嗣的。庄子是一位漆园小吏，收入大概能够谋生，可是养家是否充足就不好说了。根据《论语》中的记载，孔子在路上遇到隐者，那些隐者也有自己的朋友和妻女，虽然隐居了，但生活还是悠然而充实。其实，虽然庄子推崇归隐的生活，但也批评那些放言高论、高蹈隐居的清高之士，这也表明庄子对尘世生活有某种程度的接受。那么问题就在这里凸显了：庄子这样一位诗化了的哲思者，他向尘世生活的最终妥协程度到底在什么层次？

《庄子》第一篇题为《逍遥游》，其包含的观念和思想大致是关于人生幸福的不同层次和等级。人们根据自身的本性自由地发展和生活，是能够让自身获得某种相对的幸福的；而想要获得更高等级的幸福，就需要对事物本身有更高一个层级的理解才行。当然，想要到达更高一级，首先还是要打好当下层级的基础。也就是首先要充分发挥自身的自然本性，而想要做到这一点，就必然要充分自由地发挥自身源自自然的能力，即之前讨论过的“德”，而“德”生发自“道”。我们可以看到，庄子关于道与德的观念是和老子相似的。庄子说：“泰初有无。无有无名，一之所起。有一而未形。物得以生谓之德；未形者有分，且然无间谓之命；留动而生物，物成生理谓之形；形体保神，各有仪则谓之性。性修（反德，德至同于初。同乃虚，虚乃大。合喙鸣。喙鸣合，与天地为合。其合缗缗，若愚若昏，是谓玄德，同乎大顺。”（《庄子·天地》）意思是：元气的萌动，宇宙的缘起，其太初的一切只存在于一个“无”字，没有存在也就无所谓称呼；混沌如一的状态即为宇宙的初始，不过在那个时候还远远没有形成个别具体的形体。万事万物从混一的状态里生发出来，这即是自得；还未形成形体时，所禀受的阴阳之气已经开始呈现出区别，而阴阳的交合能够那么吻合而毫无缝隙，就称为天命；此后，阴气滞留而阳气运动，万事万物就生成了，万事万物生成生命的形式，也就被称为形体；外面的形体守护着内在的精神，各有各的轨迹和法则，这被称为本性。如果人们善于修身养性，就可返归自得，当自得的程度达到了近乎完美的境界时，就等同于太初之时了。如果人能够上升到同等于太初之时的境界，心胸就会无比虚豁，就能包容广大。混同合一的时候，说起话来就如鸟鸣，不再沉湎于是非和爱憎，当人们说话跟鸟一样无差别了，就会与天地相融合而共同存在。混同合一是如此地不露踪迹，仿佛是蒙昧又仿佛是昏暗，这就叫作深奥玄妙的大道，也就好似返回到本真而一切归于自然。

相对的幸福毕竟就是相对才显现的，因为这种幸福必然要依靠某种对象才能感受到。当然，这种相对的幸福也不是虚假的：人们到了可以充分而自由地发挥自身的自然能力的时候，就可以体会幸福。可是，在很多状况下，这样的幸福还是有局限性的。比如年老、疾病和死亡。因此佛家也把老、病和死列为“四苦”中的三苦，这是有其依据和道理的。依照佛家的说法，另外一苦即“生”本身的苦。这样说来，仅仅靠充分而自由地发展人自身的自然能力而获取的幸福，得到的只是一种极为有限的幸福，因此也称为相对幸福。

人的一生有可能遭遇很多祸端，可能大也可能小，而其中最大的祸就是死亡了，《庄子》里也有许多关于死亡的讨论。人们普遍畏惧死亡，这其实就是人所体验的不幸之主要源头。但是这样的畏惧与忧虑，是能够在人们对自然、宇宙以及人的本性有了参透性的认知之后而极大地减小的。《庄子》提到了一个故事，说到了老子的死。老子死后，老子的朋友秦失前往吊唁，他到了以后便开始批评旁人的痛哭和哀号，他说："然。始也吾以为至人也，而今非也。向吾人而吊焉，有老者哭之，如哭其子；少者哭之，如哭其母。彼其所以会之，必有不蕲言而言，不蕲哭而哭者。是遁天倍情，忘其所受。古者谓之遁天之刑。适来，夫子时也。适去，夫子顺也。安时而处顺，哀乐不能人也。古者谓是帝之悬解。"（《养生主》）"秦失吊丧"这个故事告诉人们要节哀顺变，以正确的态度对待生死。我们也要辩证地看待治丧这件事，因为秦失也说自己并不反对治丧和吊唁，只是反对过于哀伤。表现得过于哀伤，不光会让自己的身心受到伤害，还会给他人一种生死过于沉重的感觉，会让他人更加害怕死亡。其中的"必有不蕲言而言，不蕲哭而哭者"就是一种反思的态度。因为老聃一个人的死，竟然会引起各种不同的悲哀，如老哭子、少哭母等。

庄子自己也有一个故事，非常好地阐述了这一点。庄子的妻子去世时，惠施去吊丧，他看见庄子就在地上蹲着，鼓盆而歌。惠施生气地问庄子："你不哀号也罢了，还在那里鼓盆唱歌，不是太说不过去了吗！"庄子回答道："不然。是其始死也，我独何能无概然。察其始，而本无生，非徒无生也，而本无形。非徒无形也，而本无气。杂乎芒芴之间，变而有气，气变而有形，形变而有生。今又变而之死，是相与为春秋冬夏四时行也。人且偃然寝于巨室，而我嗷嗷然随而哭之，自以为不通乎命，故止也。"（《庄子·至乐》）庄子的意思是：并不是你看到的那样。她刚去世的时候，我如何能忍住而不悲伤呢！可是我仔细地思考了之后发现，这个人原本就没有出生过，不光是没有出生过，而且根本没有过形体，再退一步，连形体之内的元气都没有形成过。不过是一种恍惚的状态，就因为不断变化而生成了自身的元气，元气的逐渐变化而生成了自身的形体，自身形体的逐渐变化而生发了生命，而今又变化回到了死亡状态，这不就和四季的不断转换一样吗？去世的人其实就是存在于天地之间的，不过以更为稳定的形式。而我却妄自悲伤啼哭，其实就是没有通晓天命的表现，因此我也就停止了号哭。郭象这样给予注解："未明而概，已达而止，斯所以诲有情者。将令推至理以遣累也。"

道家的观念是这样的，圣人能够对万物的自然本性有非常完整而全面的理解，因此圣人也是无情的。但是无情并不意味着没有感情，确切地说，他已经不会再为情而乱了心智，并且进入了一种高层次的精神平和的状态。这就像斯宾诺莎的论述："无知的人不仅在各方面受到外部原因的扰乱，从未享受灵魂的真正和平，而且过着对上帝、对万物似乎一概无知的生活，活着也是受苦，一旦不再受苦了，也就不再存在了。另一方面，有知的人，在他有知的范围内，简直可以不动心，而且由于理解他自己、上帝、万物都有一定的永恒的必然性，他也就永远存在，永远享受灵魂的和平。"圣人理解和参透了万事万物的自然本性，内心就能完全宁静下来，也就不会受到宇宙和世界变化的影响了。使用这样的方法，他就能不再依赖自身以外的事物，因此他的幸福也不会再受到外界事物的影响和限制。这时候，他就能够说是达到了一种绝对幸福的状态。

## 另一个层面的视角

紧接着前述进行分析和讨论，就是要从一个更为高层次的视角来看待事物和对象，《齐物论》这篇文章称这种概念为"照之于天"。"照之于天"即是让视角超越一般而有限的角度，并上升到道的层次来看待事物。《齐物论》里这样叙述：

“是亦彼也，彼亦是也。彼亦一是非，此亦一是非。果且有彼是乎哉？果且无彼是乎哉？彼是莫得其偶，谓之道枢。枢始得其环中，以应无穷。是亦一无穷，非亦一无穷也。故曰：莫若以明。”“明”即是“照之于天”。对于这段话，可以这样解释：“是”和“彼”，在这种是非对立的状态中，宛如一个无尽循环着的圆。可是，那些能够从道的观点来看待事物的人，就宛如站立在了圆心之上。

圣人是可以依靠对自然规律的理解而进入一种物我两忘、天人合一的境界的，而因为宇宙的永恒存在，因此圣人也将会永恒地存在。《庄子》《大宗师》篇里这样描述：“夫藏舟于壑，藏山于泽，谓之固矣。然而夜半，有力者负之而走，昧者不知也。藏小大有宜，犹有所遁。若夫藏天下于天下，而不得所遁；是恒物之大情也。特犯人之形而犹喜之，若人之形者，万化而未始有极也，其为乐可胜计邪？故圣人将游于物之所不得遁而皆存。”把船藏在山谷里，把山藏在深泽中，可以说十分牢固了。但是，有力大无穷的人在半夜把它们背走了，而昏昧的人犹在梦中还不知道呢。把小的东西藏在大的地方是适宜的，但仍不免于亡失。如果把天下托付给天下，也就谈不上亡失了，这便是万物的真实情形。有藏必有失，因为它仍然可以藏。只有被藏者与怀藏者合而为一，就无所谓藏了；无所谓藏了，也就无所谓失。道与自然为一，所以道在自然中永远不会亡失。万物之形则千变万化，没有一个可以永恒，它们总会消亡。庄子本是要人们把握大道，顺应自然，不要只看到外在的形，而系情于形。然而庄子这奇异大胆的构想犹如汲之不竭的思想源泉，它同时向人们展示了这样一个真理：天下的权柄如果仅是一只可以藏于一人一家之府的大鼎，它就会引诱人们你争我夺，所以保护得再好也会亡失。而如果把天下的权柄托付给天下，由天下人共享，也就是说由天下人民真正当家作主，那它就无须保藏，从而永远不会亡失。《庄子》里也讲述了很多忘却区别的手段，比如，《大宗师》篇中有虚构的孔子与其最得意的弟子颜回的对话："颜回曰：'回益矣。'仲尼曰：'何谓也？'曰：'回忘仁义矣。'曰：'可矣。犹未也。'它日复见。曰：'回益矣。'曰：'何谓也？'曰：'回忘礼乐矣。'曰：'可矣，犹未也。'它日复见。曰：'回益矣。'曰：'何谓也？'曰：'回坐忘矣。'仲尼蹴然曰：'何谓坐忘？'颜回曰：'堕肢体，黜聪明，离形去知。同于大通。此谓坐忘。'仲尼曰：'同则无好也，化则无常也，而果其贤乎？'丘也，请从而后也。"颜回就通过这次对话，使用弃知的方法，获取了"内圣"之道。

# 第八章　墨子对爱的理解

《墨子》这部典籍共包含六个篇章，分别是《经上》《经下》《经说上》《经说下》《大取》《小取》。其中，《经上》和《经下》两篇综合地包罗了逻辑、道德、数学和自然科学的一些分析与概念的内容；《经说上》和《经说下》是对前述各个篇章中的定义的一些分析与解读；《大取》和《小取》则和其他几篇不同，分析和讨论了很多关于逻辑的问题，带有一些逻辑学的价值与意义。一般来说，把这六篇合为一处的时候，就称其为《墨经》。

《墨经》的六篇有一个共通的初衷，那就是运用逻辑分析的手段来证明和宣扬墨家学派的思想与观点，并对名家的观点进行驳斥与辩论。而在前述我们也讨论过了，庄子在他的《齐物论》中分析和讨论了认识事物的两个层次的框架。对于第一个层次，庄子提出了认识事物的相对性，这一点和惠施有相似的结论；而在第二个层次上面，庄子就已经开始对惠施有所超越了。在第一个层次里，庄子是同意名家的观念的。可是在认识事物的第二个层次上，庄子就从更高的视角对名家的思想进行了批判。因此可以说，道家学派也是反对名家的一些观点的，而且道家学派运用的分析模式比名家的逻辑辩论更高了一个层次。不过，无论是道家的辩论视角还是名家的辩论法，这两者都比较考验人的反思能力与理解程度。而且，这两派的思辨方式都是与常规方式相悖的。与这两家相比，也有一些有常识的哲学家，比如墨家学派以及儒家的一些分支学派。这两家本身当然也存在着很多方面的差异，可是在务实这个方面，二者保持了高度的一致。

## 针对“名”的分析

《墨经》中所体现的知识论，是一种非常实在和质朴的论调。《墨经》认为人是有认识客观事物的能力的，它是“所以知也，而不必知”（《经说上》）。意思是：每个人都具有认识事物和理解事物的自然能力，可是光拥有这样的能力还不足以掌握知识。原因在于，如果想要掌握知识，那么自身的认识能力就一定要和所要认识的对象切实接触。“知也者，以其知过物而能貌之”，意思是：人自身的认识能力确确实实地接触到了所要认识的对象，才可以真正得到它的形象，最终成为知识储备起来。那么，通过什么渠道来接触呢？除了基本的感觉器官，如视觉器官眼睛和听觉器官耳朵等以外，还有思维上的认知器官——心。它也被称为“（知心）”，“（知心）也者，以其知论物”，这句话的意思是：人运用感官所接触到的外界目标与事物，还远远没达到认识的阶段，还需要动用“心”这个器官来进行解释。

《墨经》还对世界上的各项各类知识进行了分类。首先，根据各类知识的来源，把它们分类为三种：第一种是来源于认识者的自身经验的知识；第二种是某个权威直接传授的知识（或者来自传闻、文献等）；第三种是来源于思辨过程推论出来的知识（即一种演绎方法，用已知的知识来推出未知的知识）。其次，依据认识的各类对象，将知识分为四个门类：名的知识，实的知识、相合的知识和行为上的知识。我们知道，名、实，包括名与实关系，这些都是名家十分感兴趣的方面。根据《墨经》的说法：“所以谓，名也；所谓，实也。”（《经说上》）意思是：用来称呼的是名称；被称呼的是事物的实体。名和实相配是合。举个例子来说：“这是苹果。”“苹果”是名，是所以谓“这”的；“这”是实，就是所谓的。假如采用西方逻辑学的术语来描述，“名”就是某个命题的客词，“实”则是某个命题的主词。

《墨经》也将名分成三个类别，分别是达名、类名和私名。“名：‘物’，达也，有实必待之名也。命之‘马’，类也；若实也者，必以是名也。命之‘臧’，私也；是名也，止于是实也。”（《经说上》）意思是：“物”是一种达名，或者说是通用名，所有的“实”都必然用此名。而“马”是一种类名，凡是此类的所有“实”则必然要用此名。“臧”即人名，是一种私名，这种名只限于用在此类“实”上。

“相合”的这个概念，即知道了哪个“名”和哪个“实”是相配合的。比如，提到了“这是桌子”这句话，就必须要有“名”与“实”相结合的概念。当具有了这类概念，就明白了“名实耦”的意思，也就是说，“名”和“实”其实是互相成对出现的。

## 针对“辩”的思索

《小取》中的大部分篇幅，都用在了分析和讨论“辩”这个概念上。其中是这样阐述的：“夫辩者，将以明是非之分，审治乱之纪，明同异之处，察名实之理，处利害，决嫌疑焉。摹略万物之然，论求群言之比。以名举实，以辞抒意，以说出放，以类取，以类予。”意思是：分析辩论的目的，是要分清是与非的区别，审察治乱的规律，搞清楚同与异的地方，考察名与实的启发，断决利害并解决疑惑。那么就要探索宇宙万物的本质的模样，并对不同的说法与观点进行分析和比较。用一定的名称来指代某种事物，用一定的言语来表现某种思想，并且用一定的推论来揭示某种原因。这一段话的前半部分讲辩的目的和功能，后半部分就解释了辩的手段。之后还说明了辩的七种方式：“或也者，不尽也。假者，今不然也。效者，为之法也。所效者，所以为之法也。故中效，则是也；不中效，则非也；此效也。辟也者，举他物而以明之也。侔也者，比辞而俱行也。援也者，曰：子然，我要独不可以然也？推也者，以其所不取之同于其所取者予之也。‘是犹谓’也者，同也；‘吾岂谓’也者，异也。”此段大意为：或指代的是并不都是这样，而假指代的是现在不这样。效是给对象设立一个标准，用其来评判是与非。如果某个事物符合标准，就是对的，否则就是错的。辟，是用其他事物来举例说明某一特定事物。侔，是指两个词义相似的说法能够由此及彼。援，意思是假如你是正确的，我们怎么不可以正确呢？推，是使用对方不赞同的说法，来相同于对方赞同的说法，用这种手段来反驳对方的观点。“或”表示的是一种特称的说法，“尽”则表示一种全称的说法。“假”表示的是一种假言的说法，去假设一种当下还未发生的状况。

在当代对逻辑进行推理的方法中，如果想要了解某个普通命题是真的还是假的，就可以使用事实论证或实验论证的方式来对其进行检验。比如，要确认某种病毒是否是导致某种疾病的原因，验证的手段一般是先假设一个普通的命题“A 病毒是导致 B 疾病的原因”为公式，然后进行实验，看看之前假设的原因是不是真的指向预判的结果。假如确实指向了，那么该病毒就确实是导致疾病的原因；假如没有指向，那么该病毒就不是导致该疾病的原因。这其实就是演绎推理的方法，也就是《墨经》中所说的“效”的手段。这是因为，如果假设了一个普通命题为公式，即假定它为“法”，那么针对其进行的实验，就是用来“效”其“法”。如果假设的原因最后产生了预期的效果，就是“故中效”；假如没有产生，即是“不中效”。使用这样的方式，就能够检验一个“故”是不是真命题，并可以决定一个“故”到底是“大故”还是“小故”。

《大取》篇里这样描述：“于所体之中，而权轻重之谓权。权，非为是也，非非为非也，权，正也。断指以存腕，利之中取大，害之中取小也。害之中取小也，非取害也，取利也。其所取者，人之所执也。遇盗人，而断指以免身，利也；其遇盗人，害也。断指与断腕，利于天下相若，无择也。死生利若，一无择也。杀一人以存天下，非杀一人以利天下也；杀己以存天下，是杀己以利天下。于事为之中而权轻重之谓求。求为之，非也。害之中取小，求为义，非为义也。为暴人语天之为是也而性，为暴人歌天之为非也。诸陈执既有所为，而我为之陈执；执之所为，因吾所为也。若陈执未有所为，而我为之陈执，陈执因吾所为也。暴人为我为天之。以人非为是也，而性不可正而正之。利之中取大，非不得已也。害之中取小，不得已也。所未有而取焉，是利之中取大也。于所既有而弃焉，是害之中取小也。”意思是说：在人们所进行的事体之中，用于衡量其轻重的称为“权”。权，并没有指示对与错，而是指一种正当的程度。如果要砍断自己的手指才能保全手腕，那就是在有利的事情中选取较大的，而在有害的事情中选取较小的。在有害的事情里选取小的去做，并不是取害，而是取利。这个人所要选择去做的，正是为他人抓着的。碰上强盗时，砍断手指以免遭杀身之祸，这就是取利的一种表现；当然遇上强盗，本身是一种害。而砍断自己的手指和砍断自己的手腕，对天下来说其利益是相似的，那就无所谓选择了。就算是到了选择生死的地步，只要是有利于天下的，也是无从选择的。如果杀一个人用来保存天下，就不能算是利天下；而杀死自己以保存天下，就是杀死自己以利天下。在做事情的过程中去衡量程度的轻重，这种行为称为“求”。但如果仅注重求，也是错误的。在害处之中选取小害，追求合义，其实并不是真正在行义。给暴戾的人说是天的意志让你变成这样的，而且这是一种天性，就等于在对暴戾的人宣扬天的意志是错误的。各类的学说已然流传于天下，假如我再为它们宣传和阐释，那么这些学说必然会因为我而更加地发扬光大。假如各类学说并没有流传于天下，而我为这些说法宣传和阐述，那么这些学说必然会因为我而流传于天下。暴戾的人自私自利，却找借口说是天的意志，将大家认为错误的事情看作正确的，这些人的天性没办法改正，但也需要想办法予以修正。在有利的事物中选取大的来做，并不是不得已。在有害的事物中选取小的来做，是不得已而为之。在所未有的事中选取，这是利中选取大的。在已有的东西中舍弃，这是害中选取小的。因此人类所有行为的准则就是："利之中取大；害之中取小。"

杰里米·边沁提出的"功利哲学"和上述立场相似。边沁是这样说的："'天然'使人类为二种最上威权所统治、此二威权，即是快乐与苦痛。只此二威权能指出人应做什么，决定人将做什么。""功利哲学即承认人类服从此二威权之事实，而以之为哲学的基础。此哲学之目的，在以理性、法律维持幸福。"这样一来，边沁就将善与恶的问题归纳总结为快乐与苦痛的一对问题。于是道德的最终目的就变成了"最大多数的最大幸福"。这个观点和墨家学派后期的观点不谋而合，墨家所宣扬的"忠，以为利而强君也""孝，利亲也""功，利民也"，其中"利民"的概念即是"最大多数的最大幸福"。

关于位居墨家核心地位的兼爱学说，后期的墨家觉得其最重要的本质在于"兼"，也可以说成是"周"。《小取》篇说："爱人，待周爱人，而后为爱人。不爱人，不待周不爱人。不周爱，因为不爱人矣。乘马，不待周乘马，然后为乘马也。有乘于马，因为乘马矣。逮至不乘马，待周不乘马，而后为不乘马。此一周而一不周者也。"意思是：爱人，就要等到普遍地爱了一切人，这时才称得上爱人。如果不爱人，那就不用等到普遍不爱一切人；不普遍地去爱人，就是因为不爱人。骑乘马匹，就不用等到骑乘了所有的马才能够称为骑乘了马；只要有一匹马可以骑乘，那就能够称为骑乘马匹了。而说到不骑乘马匹，则要等到不去骑乘一切马匹，之后才能够称为不骑乘马匹。这即是一方面普遍而另一方面并不普遍的状况。意思就是，必须要爱所有人，才算得上是真正爱人；可是不必要不爱所有人，才算上不爱人。这与乘马不同，不必骑一切马才算骑马，但是必须不骑一切马，才算不骑马。这就是爱人的“周”与乘马的“不周”的不同。

实际上，每个人都有自己爱的人。比如，每个人肯定都是爱自己的孩子的。因此只凭借人总是会爱另一些人的这个事实，还不足以证明他会去爱所有人。可是到了事物的否定方面，他要是害了一些人，甚至是他自己的孩子，就光看这一点就足以说他不爱人了，这就是墨家学派的推理过程。

## 对兼爱学说的解释

针对后期墨家学派的思想和认识，那个时期也产生了两个主要的反对声音。第一种声音这样说：这世间的人有千千万，一个人无法兼而有之地去爱世界上的所有人。这个声音被称为“无穷害兼”。第二种声音是说：假如有某一个人你还未去爱，就不能算是爱人，那么就不应该有“杀盗”这种刑罚。这个反对的声音被称为“杀盗，杀人也”。

《经下》中有这样的论断：“无穷不害兼。说在盈否知。”意思是：“无穷”和“兼”并不是不相融合的，只要看其是否被充满就明白了。《经说下》发挥此说如下：“无：‘南方有穷，则可尽；无穷，则不可尽。有穷，无穷，未可知；则可尽，不可尽，未可知。人之盈之否，未可知；而必人之可尽不可尽，亦未可知。而必人之可尽爱也，悖！’‘人若不盈无穷，则人有穷也。尽有穷，无难。盈无穷，则无穷，尽也。尽有穷，无难。’”意思是说：人要是还没有填满那无穷无尽的地方，那么人数总是有穷的。只要是有穷的，那么数出这些有穷的数目，就不会很困难。人要是已经填充满了那无穷无尽的地方，那么之前假设为是无穷无尽的地方，其实就应该是有穷的了。那么走遍这些有穷的地方，也不是很困难。

“杀盗，杀人也”这个观点也是驳斥墨家学派观念的另一个主要意见，这是因为杀人和兼爱本身是一组矛盾的概念。对于这种反对的意见，《小取》的说法是这样的：“白马，马也。乘白马，乘马也。骊马，马也。乘骊马，乘马也。获，人也。爱获，爱人也。臧，人也。爱臧，爱人也。此乃是而然者也。获之亲，人也。获事其亲，非事人也。其弟，美人也。爱弟，非爱美人也。车，木也。乘车，非乘木也。船，木也。乘船，非乘木也。盗，人也。多盗，非多人也。无盗，非无人也。奚以明之？恶多盗，非恶多人也。欲无盗，非欲无人也。世相与共是之。若是，则虽盗，人也；爱盗，非爱人也；不爱盗，非不爱人也杀盗，非杀人也，无难矣。”

墨家学派的后期也使用如此的“辩”，来反驳那些觉得“杀盗”观念不合兼爱理念的反对意见。针对其他各个学术派别的批评声，后期的墨家学派也使用他们的辩，不光可以反驳反对意见，还可以反戈一击去批判其他门派。比方说，《墨经》中包含了很多对名家思想和观点的驳斥与反对的意见，惠施就提出了“合同异”之辩。在惠施的“十事”中，他通过“万物毕同”这个前提，得出“汜爱万物，天地一体也”这个结论。意思是：对万物应当同等看待，无差别地、普遍地爱一切东西。而在后期的墨家学派看来．这其实是一个谬论，它其实是由“同”字的内在歧义所引发的。墨家学派也指出了四种不同的“同”。

后期的墨家学派在批判道家学派思想的时候，也揭示了许多之后也在西方哲学体系中出现的逻辑上的悖论，而直到建立了现代的新的逻辑学，那些曾经的悖论才得以最终解决。因此，在当代缜密的逻辑学系统中，后期墨家学派所做的批判的声音就不再有效了。但是，我们仍然可以从中一窥后期墨家十分积极而富于逻辑思维的头脑。墨家学者们在尝试创造一个关于认识论与逻辑学的纯粹的体系，就这一点来说，就是中国古代哲学诸家所不能及的。

# 第九章　阴阳观念和《周易》八卦说

原始的五行、八卦的性质表现为单一性或多样性。五行中，看似金、木、水、火、土单独存在，其实它们之间存在着复杂的相互关系。比如，五行相克相生的理论就很好地说明了这一点；再比如，八卦中的乾、坤二卦，一为天、一为地，一阳、一阴，分别用“——”“— —”来表示，这表现出了其中的单一性，其他六卦则是按照不同比例、不同地位配合形成的，具有多样性。因此，五行八卦中蕴含着大量相互制约、相互扶持的关系，万事万物无论是其单一性还是其多样性，都没有达到最高的哲学抽象。只有看透了事物的本质，形成了事物之间存在着矛盾统一性的阴阳的观念后，才算是将原始的五行八卦的哲学提炼得更为精华。阴阳观念的形成，也是对五行八卦理念的一种总结性的突破。

## 阴阳为万物之基

阴阳观念的产生，和先民们缺少娱乐活动有关。为什么这样说？在古代，吃饱了就是幸福，吃饱之后无事可做，就开始思考。这样单调枯燥的生活每一天都在重复，突然有一天，某一个人在思考时灵光一闪，明白了好多事情：阳光照在物体上会出现明暗二面，日出日落产生了昼夜，四季变化导致生物的生长衰落，男女身体结构的不同……通过发现这些相互对立出现的事物或者现象，进而产生了阴阳观念的萌芽。研究过八卦图的人都有一个认识：八卦中的"——""— —"就代表阴和阳，奇数为阳，偶数为阴。所以，孔颖达在《周易正义》上说："然变化运行，在阴阳二气，故圣人初画八卦，设刚柔两画，象二气也。"这就说明，阴阳存在于五行八卦之间，是调节事物之间的联系的一种方式。人们通过对阴阳的认识，渐渐地形成了一整套完善的理论学说，即阴阳学说。

经过几代人不断的探索和研究，人们认识到阴阳充斥在天地变化、万物运行的规律中，是生命力的源头。所以说阴阳代表着先人们对宇宙万物的对立、统一、联系的认识。宇宙间的一切，无论表现得多么复杂，都可以看作阴阳两极，比如，生死、出入、高低、手足、反正、左右、多少、出没、异同、安危、优劣、中外、轻重、远近、真伪、是非、古今、彼此、首尾、本末、前后、开关、上下、东南、西北、成败、来往、早晚、黑白、动静、男女、老少、迟早、天地、深浅、进退、明暗、正邪、好歹、利害、大小、哭笑、喜怒、哀乐、虚实、回去、恩怨等，所有正反相对的事物性质都属于阴阳。在现今有记载的文献中，最早出现“阴阳”一词的大概是《诗经·大雅·公刘》，那是公元前11世纪中期。不过，当时的“阴阳”只是指自然现象，还没有演化为“天地之气”这类抽象的概念。中国古贤者们提出“阴阳”二字，用来表示世界万物之间存在着的相互统一对立的关系，即《易传》“一阴一阳之谓道”、《老子》“万物负阴而抱阳”。

《易经》是讲述“阴阳”变化的重要文献，在思想蒙昧的洪荒时代，人们为了去灾避祸、预知天地变迁的异动，上古贤人发明了“阴阳”学说。阴阳学说是在“气”说的基础上，进一步解释天地、日月、昼夜、水火等运动变化中一分为二的结果，阴阳交感生万物，阴阳又是宇宙万物的对立统一。就这样，“阴”和“阳”就被抽象地概括出来了。《灵枢·阴阳系日月》中说“阴阳者，有名无形”，这说明阴阳是抽象的概念而不是具体事物。阴阳学说可以用“阴阳对立、此消彼长、相互转化”来概括。

阴阳观念的起点是认识到宇宙是一分为二又相互对立统一的存在，阴阳就是以另一面作为对照自己的前提。比如，有阳的地方就会有阴，有阴的地方一定有阳，“风雨后必见彩虹”这句话就很能解释上述“阴阳就是以另一面作为对照自己的前提”，并说明了一种对立的自然现象，又可以暗示经历过苦难（阴），就能见到希望（阳）。阴阳的含义是朴素的，比如：阳光照在物体上，接受阳光的一面为阳，另一面就为阴；气候的寒暖变化；方位的上下、左右、前后变化；物体的动态和静态变化；等等。中国上古圣贤体会到自然界中的一切现象都存在这种相互对立、相互作用的关系，所以用阴阳来解释这种关系，并进一步认为阴阳的这种变化是宇宙的基本规律。正如《素问·阴阳应象大论》中的“阴阳者，天地之道也，万物之纲纪，变化之父母，生杀之本始”。阴阳的对立统一关系是自然界一切事物变化和消亡的根本原因，也是自然界事物变化的固有规律。

从人类生活的空间来说，有天，有地；从一天的时间来说，有白天，有黑夜；从人的事业来说，一生中有顺境，有逆境；等等。中国人将光明的、正面的、处于控制地位的力量，称为阳，反之为阴。阴阳之间相互影响，阳气上升，阴气下降；阳气是开，阴气就是合。一升一降，一开一合，构成了宇宙的存在。在这里要特别说明一下，阴阳二气是具有一定秩序的，不可以乱，就像大禹治水一样，要顺着自然规律进行，不要像大禹的父亲采取“堵”的方式，阴阳一乱，就会导致自然灾害的发生，激流的江水越“堵”，产生的危害就越大。万事万物都要讲究“顺其自然”，也就是说阴阳要有秩序地发展。阴阳的矛盾观不仅可以解释自然现象，还会影响民生和国运。《国语·周语》记载：周幽王二年，镐京附近三地发生大地震，岐山崩塌，伯阳甫预言周朝即将灭亡。因为在正常情况下，天地，也就是阴阳都有一定的秩序，如果秩序紊乱，人民就会因受到影响而随之产生动乱，从而影响国运和民生。

阴阳概念属于理性认识范畴，它是阴阳五行学说立论的基础。简单地说，在理性认识的层面上，阴阳是一种定性的矛盾分类方法。如天为阳、地为阴，男为阳、女为阴，气为阳、血为阴，等等。所以，理性认识范畴的阴阳概念与矛盾概念一样，自身没有具体的含义，只有利用它分析和认识具体事物时，它的意义才有可能随着我们对事物的认识而彰显出来——这个过程就是理论与实践相互转化的过程。

阴阳学说是中国传统文化的重要体系之一，是中国古代解释自然界阴阳两种物质对立和相互消长的理论根据，也是说明世界万物的起源和多样性的哲学概念依据。这是中国传统的宇宙观，也是中国古代美学思想的根本精神。老子说："道生一、一生二、二生三、三生万物，万物负阴而抱阳，冲气以为和。"说明，阴阳学说是中国第一个宇宙生成体系，其中无疑包含了万物是天地阴阳合气而生的思想，这说明中国人很早就把宇宙看成一个互相关联的整体，天地与人之间有着深刻的互动关系。

中国传统的哲学理念基础都是建立在阴阳学说之上的。儒学把《易传》当作孔子的学说，就证明了阴阳哲学在儒家的地位；道家对宇宙的解说，运用的就是阴阳哲学，这证明了阴阳哲学在道家的地位；从《黄帝内经》上关于阴阳的解说和运用，则可以证明阴阳哲学在医家的地位。从上述关于阴阳哲学在各家的地位可以看出来，不管是从文化思想的角度，还是医学运用的角度，又或者是在大的宇宙万物和小的个人身心问题上，全部受到了阴阳哲学的影响，纵观中国历史上的哲学思想发展，都是以阴阳哲学为基点建立起来的。可以说，没有阴阳哲学，就不会有中国几千年来丰富多彩的思想体系。

## 周易八卦说

相传，在上古伏羲氏时期，有一天洛阳境内的黄河中浮出一匹龙马，背负“河图”，来到了伏羲面前，将“河图”献给伏羲。伏羲依照“河图”演算出“八卦”。“太极就是‘道’，道是天地未分时混沌元气。太极动而生阳，静而生阴，是生两仪，即一阴一阳为两仪；两仪一分为二，生出四象；是谓两仪生四象，即少阳、少阴、老阳、老阴；四象又一分为二，生成八卦。即四象生八卦。”所谓的“八卦”，就是由八个符号组成的一种指示体系，每个符号都由三画组成，共有“——”连和“— —”断两种笔画，根据由左至右的顺序组成八种不同的图形符号，卦名及其象征分别为：乾（天）、坤（地）、震（雷）、巽（风）、坎（水）、离（火）、艮（山）、兑（泽）。

或者说，八卦就是在四象上分别各加一阳爻或阴爻，即生成乾一、兑二、离三、震四、巽五、坎六、艮七、坤八，称为先天八卦，又称伏羲八卦。何为先天？先天数是由混沌太极相生出阴阳，后阴阳次第相加，自然造化一至八数，所以叫“先天”。中国古代医学家们根据四象划分人体的阴阳之气，并以此与人的生理特点和外表形态来解析人的个性类型。

八卦既有“先天”，就必有“后天”一说。先天八卦取数，后天八卦取（方）向。即，乾一、兑二、离三；兑卦，正西；乾卦，西北。

先天八卦讲对峙，《周易·说卦传》中将乾坤两卦对峙，称为天地定位；震巽两卦对峙，称为雷风相薄；艮兑两卦相对，称为山泽通气；坎离两卦相对，称为水火不相射，即把八卦代表的天、地、风、雷、山、泽、水、火八类物象分为四组，以说明这些不同事物之间的对峙。后天八卦讲周期循环，用以表示阴阳的依存与互根，五行相生。从《周易·说卦传》中可以看出，万物的春生、夏长、秋收、冬藏，一年三百六十天有余，八卦各卦占四十五天，后天八卦转换成点就是四正四偶八节。每卦有三爻，即指一年二十四个节气，这就构成了按顺时针方向运转的后天八卦图。

《易传·系辞下》曰：“古者包羲氏之王天下也，仰则观象于天，俯则观法于地，观鸟兽之文与地之宜，近取诸身，远取诸物，于是始作八卦，以通神明之德，以类万物之情。”意思是：古代的伏羲在管理天下的时候，上观天文，下观地理，并且考量飞禽走兽、花草树木的外形和性质，然后结合自身的体验，最后创作出八卦，用来探索宇宙奥秘，对比天下万事万物的情况。

图腾崇拜是人类原始社会出现的神秘现象。研究表明，远古原始社会的图腾崇拜文化是以形意为特征，比如，以鸟、兽、植物等作为自己部落的图腾。阐述地球地理自然形态结构的文化体系，或者是古代文明体系。中国的《周易》八卦图也是图腾崇拜文化的一个部分，《周易》中的伏羲八卦图的组合排列及图腾的属性也确实能够反映地球的自然形态结构。现代科学的许多重大发现和突破，如二进制、原子结构、生物遗传等学科理论，都可以从八卦理论和变化中发现与之对应的形态。

八卦的形成代表着构成宇宙万物的基本元素，同时也代表着世界万物中丰富的同类事物，从而构建了一个宇宙生成体系。周易八卦将宇宙万物概括成八种事物，实质上蕴含着本体论的萌芽思想，或者说从万物的多样性渐渐向单一的一元化思想的过渡。

八卦思维的哲学，不仅在于构建了宇宙生成体系和蕴含的本体论观念，还包含了辩证方法。从整体上看，八卦之间周而复始的关系体现了祖先对宇宙即矛盾的对立统一、永无止境的发展变化的认识。从个体上来说，除了“乾、坤”两卦构成了单一的同形符号外，其余的卦象都是按照不同的比例、不同的位置配合而成的。这就表示两极之间就是矛盾的统一，并具有自身转化的潜质。至于“乾、坤”的特殊性，它们代表的事物和其他卦象代表的事物不处在同一位置上，而是代表其他卦象的本源。这就蕴含了将八卦中的八大要素提炼为二大要素的思想，同时也奠定了“乾、坤”的太极一元化本体观的基础。

周易八卦是中国古代社会各阶层广泛运用的一种文化思想理论体系，上到君王政客，他们都会在自己的统治思想中运用八卦的思维来治国安邦；下到民众百姓，会将其作为养生、预测祸福、经商盈利的工具，使其彻底地融入生活中。周易八卦学说作为汉族传统思想文化中自然哲学与人文实践的理论根源，是古代汉民族思想、智慧的结晶，被誉为“大道之源”。周易八卦真实运用水平的高低或差异在于每个人对它的理解程度。大凡精通者，当为贤哲、英雄人物，有通天彻地之能。诸葛亮、袁天罡等人都只是精通一二，就可以成就巨大宏伟的功业。几千年以来，八卦图排列组合的严密逻辑性，就像数学公理一样不可更改。人们对八卦图的解释和运用方向存在着不同时期、不同流派思想的说明文字。《周易》广大精微，包罗万象，是汉族传统文化的杰出代表，是古代帝王之学，也是政治家、军事家、商家的必修之术。

# 第十章　名家：逻辑学派

名家是先秦时期诸子百家之一，以辩论名（名称、概念）实（事实）问题为主的逻辑哲学派别。最早萌芽于古代的礼仪官员，他们是一群根据国家公布的法律条文来进行辩护的人，又称为“辩者”，相当于“律师”。为什么会存在这样一群人？因为当时的社会体制不健全，人们对价值的概念很模糊，同时为了适应多元化的社会思想的需求，所以逐渐出现了一群以人为研究对象，研究辩论中出现的逻辑关系为主的思想家，进而形成了以从事名利辩论为主要学术活动的名家学派。名家作为一个学派，以“名”（概念或者事物的状况）为研究对象，并以此与其他学派区分开来。在名家内部，主要有“合同异”派和“离坚白”派。名家代表人物邓析、公孙龙、尹文、惠施都以擅长论辩著称，名家在辩论中喜欢通过对名词概念的差异来反驳对手，他们重视名与实的关系，其辩护理论是中国逻辑学萌芽发展的开始。不过，名家辩护理论与秦汉以来的主流思想不一致。秦始皇为了加强中央集权，下令禁止私学；之后汉武帝推行“罢黜百家、独尊儒术”的治国政策，加之名辩之学本身相当艰涩难懂、难以发展，从而导致了名家的衰落。

名家是以社会人文为依据，以一种逻辑思维表现为载体，推动区域文明发展的学派。“名家”是古人对那些掌握专门学识或者从事专门活动、经验丰富的人的一种尊称及肯定。名家本身没有立身的主张或学说，仅仅是因为他们都以“名”为辩论对象，以“家”为承载某一行的载体价值延续的学派。名家主要分名门、名族、名望三个流派，以研究名符、名号、名分、名学、名势、名利的磁场格局转化为不同目标和要求。名家的核心是名学，而名学是研究人、物、事、业等思维表达的分类，以及历史来源、形态变化、地理分布、文化蕴涵等的一门思想逻辑学科。对于处理人、事、物、业的问题，名符展现其分类标识；名号成为驾驭它们的工具；名分用来延续、传载它们之间的逻辑价值；名势则强调它们的时间和空间的局限性，决定事物发展的方向；名利，为有能量气场的它们设置策略来实现其形象价值观。自春秋文化兴起以来，由名望发展起来的主流思想逐步成为以传播社会信息为价值，以能量与气运相互转化价值为核心，让受用者延续传载人、事、物、业的价值利益与思想逻辑。东周时代称为“名家”，西汉时期称“名气”，隋唐称“名门”，宋元称“名声”，明清称“名族”，民国时期称“名望”，改革开放后称“名学”。

## “离坚白”派代表人物——公孙龙

公孙龙（公元前320年—公元前250年），字子秉，赵国邯郸人，“诡变学”的祖师。公孙龙能言善辩，曾经是平原君的门客，其主要著作为《公孙龙子》，提出了让自己一举成名的“白马非马”和“离坚白”等论点。

何为“离坚白”呢？《公孙龙子·坚白论》说：“视不得其所坚而得其所白者，无坚也；拊不得其所白而得其所坚者，无白也。”即人们用眼睛看只能知道石头是白色的，不会知道石头是否坚硬；用手摸只能知道石头是坚硬的，摸不出来它是白色的。前者将“坚硬”藏起来了，后者将“白色”藏起来了，这叫“自藏”。《坚白论》又说：“得其白，得其坚，见与不见离。不见离一。一不相盈，故离离也者，藏也。”看到它的白色，摸到它的坚硬，一个是看见，一个是摸到，有视觉和触觉的分别，这被称为离，即物体的性质不同，无法统一看待。因为石与坚、白不能互相包含，所以就分离了。他认为“天下未有若坚，而坚藏”，又说“若白者必白，则不白石物而白焉”“石其无有，恶取坚白乎？故离也”。这是说：天下没有抽象的坚硬，也没有抽象的白色。石头这个物体的本质，和其属性颜色不能相提并论，所以只能分离了。因此，他的结论是白色与坚硬并不是结合在石头里面，而是脱离石头独立存在的，这就是

“离坚白”学说的主要论点。这一学派把事物的属性与物质实体分割独立起来，否认其统一性，这在哲学上就意味着一般是可以脱离个别单独存在的。公孙龙“离坚白”学说的诡辩性质，在他的“白马非马”的命题中表现得最为明显。

首先，公孙龙在“白马非马”命题中说：“马者，所以命形也；白者所以命色也。命色者非命形也。故曰：白马非马。”凡是具有马的特征形态的物体都称为马。凡是白色的都命名为白。“白马”是马的形态加上白的颜色。可见，马与白马是两个不同的概念，所以他说“白马非马”。这是从不同事物的概念上论证出来的结果。其次，他又从“马”与“白马”概念外延的不同来论证。他说：“求马，黄、黑马皆可致；求白马，黄、黑马不可致。”马的外延包括一切马，所以黄马、黑马都在内。白马的外延仅限于白颜色的马，所以黄马、黑马不在内。马与白马两个概念既然有这样的差别，所以他说“白马非马”。最后，他又从个别（个性）与一般（共性）的关系来论证。他说：“白马，非马也。白马者，马与白也，白与马也。故曰：白马非马也。”这是说，白是一切白色的共性，而不是马。马是一切马的共性，而不是白。白马指白色的共性加上马的共性，所以白马并不是马。

公孙龙夸大了这种差别，把二者完全隔离开并加以绝对化，否认了个体存在的特殊性，只承认其一般性，使一般脱离个别而独立存在。公孙龙强调“名”是绝对的、不变的。他的论证在逻辑、概念分析上做出了独一无二的历史贡献，由此得到了和西方思想学家柏拉图理念相同的论点。柏拉图“共相”的理念在西方哲学界非常著名，而公孙龙的名实关系理论实际上正是建立在共相的唯心主义哲学理论之上的。他认为，共相是一种独立的存在。他的“坚白论”就企图论证一块石头的白色和坚硬性是可以独立存在的。

公孙龙是有史以来第一个提出“唯乎其彼此”理论的逻辑学家。他在《名实论》中初步阐述了任何具体事物都有属于自己的独立属性和独立范围这一逻辑思想，从而为名的内外属性和概念提供了客观基础。“离坚白”和“白马非马”论述的观点都是以这样的原则为基础提出来的。公孙龙独特的逻辑哲学思维方式为中国逻辑史做出了巨大的贡献，同时也引发了不小的争议。首先，他所坚持的物质第一性的唯物主义立场，对中国古代哲学本体论是有独特贡献的；其次，他提出了一套完整的思维方式和知性认识理论，其执行逻辑学说对中国逻辑学起到了承上启下的重要作用，他上承总结了邓析、伊文、惠施的名家学说，下启后期墨家和荀子的逻辑思想，从而构成了中国古代逻辑思想发展史上一个极为重要的环节。也正是公孙龙将名实问题作为真正意义上的逻辑问题来加以研究，才使逻辑学成了一门独立的学科。从这个意义上说，公孙龙既是中国先秦名家学说的集大成者，又是中国逻辑学理论大厦的真正奠基人。他的知性逻辑理论与西方形式逻辑、印度因明逻辑构成了世界三大逻辑体系。

## “合同异”派代表人物——惠施

惠施，宋国商丘人，战国时期政治家、哲学家。他与庄子为友，常相辩论。曾发生过著名的“濠梁之辩”。惠施没有著作流传下来，他的哲学思想都记录在其他人的著作里，如庄子著作中惠施的“历物十事”。除了《庄子》外，《荀子》《韩非子》《吕氏春秋》里都有关于惠施的记载。惠施在政治上的建树不大，但他是当时思想界的一位博学善辩的辩者，善于对物质世界的本质和规律做出哲学的概括。惠施是名家“合同异”派的代表人物，他的“历物十事”虽然主要是对自然界的分析，却贯穿着“合同异”的思想，认为物质世界是由微小不可分割的物质粒子构成的。

惠施的“历物十事”中“至大无外，谓之大一；至小无内，谓之小一”“天与地卑，山与泽平”。说明一切事物都由“大一”（无穷大）和“小一”（无穷小）构成。惠施认为世界万物都是一样的，他看重的是实物差异中的同一性，即合一求同的意思。“大同而与小同异，此之谓小同异；万物毕同毕异，此之谓大同异。”是指事物本身的同（共性）和异（个性）之间的相对性。他得出万物“毕同”的结论，这样就把相同的与不同的事物都抽象地联系在一起了，这就是“合同异”的论点。“合同异”派认为一切现实中的差异都是基于时间、地点、条件的变化，本质上并无差异。万物“毕异”本是“毕同”认为一切现实差异都有相对性，提出在认识中否定差异界限，从而冲击了孤立、静止地形而上学的观点，对认识人类的发展起到了一定的积极作用。但这一观点看重差异的相对性，而无视了差异中的绝对性，让惠施的学说走向了相对主义。

惠施和庄子是多年的好友，二人都是学识渊博、机智善变之人，虽然性格、观念不同，学说思想也不同，但是二者成了私交莫逆的朋友。据《庄子·秋水》记载，庄子与惠子游于濠梁之上。庄子曰：“儵鱼出游从容，是鱼之乐也。”惠子曰：“子非鱼，安知鱼之乐？”庄子曰：“子非我，安知我不知鱼之乐？”惠子曰：“我非子，固不知子矣；子固非鱼也，子之不知鱼之乐，全矣。”庄子曰：“请循其本。子曰‘汝安知鱼乐’云者，既已知吾知之而问我，我知之濠上也。”这就是惠施和庄子有名的“濠梁之辩”。《庄子·天下篇》称“惠施多方，其书五车，其道舛驳，其言也不中”。足见其著书、藏书之多，是有文献记载以来最早的思想家之一。因为他的文章能够斡旋五个国家的兴衰，后人的“学富五车”典故即由此而来。《说苑·说丛》是这样记载的：“惠子卒而庄深瞑不言，见世莫可与语也。”惠施死去，庄子便把自己的眼睛紧紧闭上，不观左右事，不讲前后语，而且将这种活法坚持了20多年。对于这做法，庄子自有其理：“自夫子之死也，吾无以为质矣，吾无与言之矣！”（《庄子·徐无鬼》）意思是说：自从惠子死后，我就没有可辩论的对手了，也就没有什么话可以说了。庄子所言，句句是真，字字是情。庄子不言20多年，让人深深地明白：真正的朋友，得之，可排冰吐华；失之，则当春凋悴。故，择友不可不慎。朋友，不在一时的吃喝玩乐，而在久久两相关切。这样的朋友，平时，能共道德；缓急，可共患难。论而争，是为进、让思想碰出火花；定为一，是为成、让行为服从真理指向。这样的朋友，即便不在同处，照样可声同相应；哪怕从未谋面，同样可德合相亲。

《韩非子·说林上》记载，惠施的友人田需一度受到魏王的器重和宠用，惠施于是告诫他说：“你一定要很好地对待魏王身边的人。就像杨树，横着栽下能生存，倒着栽下能生存，折断栽下也能生存。但是如果十个人栽它而一个人拔它，那它就难以生存了。十个人栽这一易生之物，却抵不过一个人的破坏，原因就在于栽起来困难，而拔除它很容易。你今天虽然能使自己受到君王的器重，但如果想要除掉你的人多了，你必定就很危险。”这个故事告诉我们，一个人的成功不仅在于自己能力的大小，还要看其人际关系如何。要想在职场中站稳脚跟，一定要搞好人际关系。不然，能力越大就越危险。

惠施为战国时代“名辩”思潮中的领军人物，与公孙龙共同将名辩学说推向顶峰。他把一切事物看作处于变动之中，这种看法在一定程度上认识了事物矛盾运动的辩证过程，推动了中国古代的逻辑空间的发展和认识，从而对哲学形而上学的判断提出了一种方式方法。对老庄的“无为”逻辑做出了解说的可能，甚至成为对刑法之术进行认识的逻辑前提。而且，很多学术观点都可以通过其基本原理进行推理。

名家的明辨学说无论是“离坚白”派还是“合同异”派，都包含着阴阳哲学的辩证理论思想，只不过注重的是阴阳矛盾观点中“对立”的关系，只讲究对立，没有考虑统一的关系。阴阳学说讲究的是一分为二、对立统一的哲学观点，然而明辨之学只选择了其中一层关系进行论述，或对立（离坚白），或统一（合同异）。这样看待事物和问题是片面的、相对的。名家学派之所以深奥难懂，是因为将片面的理论复杂化了，违背了阴阳哲学理论，成为中国哲学史上的一颗“流星”。但是，名学创造出来的逻辑思维不仅提高了中国在世界哲学史上的地位，也开创了中国特有的逻辑思维能力，形成了几千年来中国人独特的思维逻辑方式。

# 第十一章　《孙子兵法》与《易传》的辩证思维

《孙子兵法》是我国古代流传下来的最早的一部兵书。全书十三篇，分别是《始计篇》《作战篇》《谋攻篇》《军形篇》《兵势篇》《虚实篇》《军争篇》《九变篇》《行军篇》《地形篇》《九地篇》《火攻篇》和《用间篇》。《孙子兵法》对战术和战略等方面都有着超前的详细说明，其军事战略思想相当成熟、完善，内容深奥精微，逻辑缜密严谨，是我国古代精密的军事思想和军事哲学的精华。

我国古代第一部军事教科书叫《武学七书》，又名《武经七书》，被誉为“兵学圣典”，编纂于北宋时期，由《孙子兵法》《吴子兵法》《六韬》《司马法》《三略》《尉缭子》《李卫公问对》七部著名兵书汇编而成，不仅是中国古代文化精髓的体现，也是世界文化的财富。作为《武学七书》的首选佳作，《孙子兵法》是当之无愧的兵家经典，早已被世界各国翻译成本国文字引进，成为中外军事界必读佳品。比如，美国西点军校就将《孙子兵法》列为必读教程。同时，《孙子兵法》早于西方《战争论》约 2300 年。汉代版《孙子兵法》竹简在 1972 年出土于临沂银雀山汉墓中。

《孙子兵法》的作者名叫孙武（约公元前 545 年—约公元前 470 年），字长卿，春秋末期齐国乐安人。孙武是中国春秋时期著名的军事家、政治家，被人们尊称为“兵圣”或“孙子”（孙武子），被誉为“东方兵学的鼻祖”。公元前 512 年，在吴国谋臣伍子胥的多次推荐下，孙武将自己所著《孙子兵法》献给吴王。在与吴王谈论时，孙武语出惊人、见解独特，引起了吴王称霸之雄心，对于孙武斩杀美姬后得到“将有能，法令行”的精湛言论深感佩服，于是让孙武以客卿身份担任将军。公元前 506 年，吴楚大战，孙武在柏举之战中指挥吴国的三万之师千里远袭，五战五捷，直捣楚都，创造了中国军事史上以少胜多的奇迹，为吴国立下了卓著战功。

孙武强调战争的胜负与政治、文化、自然条件等各种客观因素有关，依靠这些条件才能取得胜利。孙武不仅相信世界是客观存在的，而且认为世界是在不断地变化发展的。他强调在战争中应积极创造条件，发挥人的主观能动性，让对立面朝着有利于自己的方向转化。正是因为孙武在军事中概括和总结了多方面的哲学道理，从而确立了他在春秋末期思想界中与孔子、老子并列的地位。

《周易大传》，或称《易传》。传，有解说之义。在古代，凡是对经典著作起到解释说明作用的文字，皆可称“传”。如《春秋左传》，是左丘明为《春秋》所做的注释。《易传》是一部古代哲学伦理著作，是诠释《易经》的经典著作。《易传》共 7 种 10 篇，分别是《彖传》上下篇、《象传》上下篇、《文言传》《系辞传》上下篇、《说卦传》《序卦传》和《杂卦传》，自汉代起，它们又被称为“十翼”，对《周易》的基本原理进行了创造性的阐述和发挥，认为“一阴一阳之谓道”，奇偶二数、阴阳二爻、乾坤两卦、八经卦、六十四卦，都由一阴一阳构成，没有阴阳对立，就没有《周易》。《易传》以“一阴一阳之谓道”立论，认为宇宙中存在相互对立又统一的事物，二者之间相互影响的作用成为宇宙存在的基本规律，六十四卦即反映了这种规律。《易传》使《周易》从占筮之学过渡成为哲学。

## 《孙子兵法》《易传》的共同点之二元思维方式

通读过这两本书的人，都会发现它们有很多相似的表述。《周易·系辞上》说“一阴一阳之谓道”，《易传》新添加了阴阳的概念来解释《周易》中各种对立统一的现象，并将其上升到哲学范围，认为阴和阳的运动、发展、变化就是道。这里的阴阳既可以指世界发展的原动力，又可以指万物变化表现出来的对立统一的现象。

这种二元思维方式同样存在于《孙子兵法》中。《孙子兵法》认为战争的因素主要有五点：道（君民同心）、天（时）、地（利）、将（文武双全）、法（法度条令）。这五点大多都是对立的。道表示民意士气；天代表天气状况；地代表地域情况；将是军队的核心，需要具有智信仁勇严等素质的同时又能够统率和指挥进退、分合、虚实的关键人物；法就是法度命令，后勤保障、士兵的编制、器械的管理等都需要严格的法令来制约。这五点因素对战争的结果有很大的影响，为将为帅者，只有熟悉掌握了这五项，再全面了解和整合所有因素，才能真正做到"知己知彼"。

认识事物的规律，不仅要认识其对立的一面，还要对其统一的一面有所了解。这体现在两个方面：第一，在同一件事物中，包含了相互对立和相互依存，缺一不可。第二，在一事物的内部，蕴含着与之性质相反的一面，像《周易·坤文言》中有言："坤至柔而动也刚。"说的就是坤既能变得柔顺自如，动起来也会展现其刚健的一面。《易传》认为，想要全面认识事物，就要看到事物的正反两个方面，如果只看到其中的一个方面，就会招致祸端。君子应该保持中道，不偏不倚，而不能走极端。这就和《孙子兵法·作战篇》中的"不尽知用兵之害者，则不能尽知用兵之利也”有异曲同工之妙。虽然如此，对立统一的矛盾双方在地位上却又不相等，总是有一个起主导作用，一个占次要地位。阴阳二爻，虽然称呼上阴总是在前，但这并不代表阴总是处于主导位置，自然秩序中的阴阳地位常常会被带进社会关系中，如人有尊卑贵贱之分，阳代表君子，阴代表小人，在社会中就会体现为君尊臣卑、父尊子卑、男尊女卑的伦常关系。阴阳刚柔地位的不对等，导致了阴阳当位不当位，成了《易传》重要的解卦例子之一。

《孙子兵法》中也明确了这一点，即对立统一的双方与人的关系地位不同。运用在战争中，我们应该尽量去寻找对自己有利的因素，躲避不利的因素产生的影响。《孙子兵法·势篇》：“故善战者，求之于势，不责于人，故能择人而任势。”所谓势，就是勇气和怯懦。在孙子的军事思想中，他承认矛盾是普遍存在的，但同时可以辨识矛盾的主次关系，使己方处于不败地位。正如李泽厚在《中国古代思想史论》（上）中所说：“古代兵家在战场中采取的思维方式不只是单纯经验的归纳，而是以明确的目标，冷静仔细的观察、了解现实的基础上舍弃次要的东西，避开烦琐的规定，把力量集中在一起、迅猛的发现并抓住事物的要害所在；从而通过表象看到事物本质的同时运用二分法的概念迅速的去分辨事物、把握整体，以便做出选择。”孙子已经将二分法运用到实战中去了。

## 《孙子兵法》中的辩证思维

俗话说“谋事在人成事在天”，《孙子兵法》特别强调的就是一个“谋”字，就是要最大限度地保全自己，击败对手。孙子对胜利的理解，很符合现在的市场法则，那就是以最小的代价换取最大的成果。“凡用兵之法，全国为上，破国次之；全军为上，破军次之；全旅为上，破旅次之；全卒为上，破卒次之；全伍为上，破伍次之。”（《孙子兵法·谋攻篇》）如果可以达到“不战而屈人之兵”，那就是军事的最高境界。孙子为什么会有这样的思想呢？因为一旦开战，就会有失败的风险。战争失败的代价往往是巨大的，是国家生死存亡的大事，不能马虎，要慎重考虑每一个步骤。

在具体的运用上，孙子基于对矛盾变化的深刻了解，巧妙地运用辩证法思维看待发生的一切，可以说孙子对对立统一的辩证观点的运用已经达到了出神入化的程度。《孙子兵法》中强调变化，认为用兵的神奇在于“能因敌变化而取胜”（《孙子兵法·虚实篇》）。变化创造了对我方有利的条件和机遇。针对变化的情况，需要具体事情具体分析。下面对动静、虚实、奇正、攻守三个方面进行具体介绍。

动静——“孙子曰：‘故善战者，致人而不致于人。’”（《孙子兵法·虚实篇》）这段话说的是：善于作战的人，总是会设法调动敌人而不被敌人调动。具体的办法要根据实际情况，达到动静结合、动中有静、静中制动的效果。即便敌人比我方占优势，也能让他们对我方无从下手。孙子这段话强调的就是我方要时刻保持对战场的主动权，敌动我静，敌静我就要想办法把他们调动起来。孙子将动静无常的军情比作潺潺流水，没有定形，直到胜利了，敌人也摸不清我方制胜的办法之奥秘。

虚实——“孙子曰：‘兵之所加，如以碫投卵者，虚实是也。’”（《孙子兵法·兵势篇》）从布局来说，虚虚实实才能更好地迷惑对方，这是一种蕴含辩证关系的战术。其中的虚实，是对军队所做的部署，“虚”就是内部的薄弱所在，可以是任何地方，“实”则是内部最结实的地方。隐其“虚”，露其“实”；或者隐其“实”，露其“虚”，都要根据具体情况灵活运用。“空城计”就是虚实布局的极端典型，其中的“虚”是真实的，城里确实没有多少兵马，抵挡不住对方的进攻，但是诸葛亮将“实”的假象演绎得货真价实，因此把对方吓得不敢轻举妄动。虚虚实实，正是矛盾主次方面辩证关系的极好表现。虚实之法，不只可以用在军事上，还可以扩大范围，只要有斗争的地方都可以使用，如职场人际关系、公司经营等。

奇正——“孙子曰：‘凡战者，以正合，以奇胜。’”（《孙子兵法·兵势篇》）正，指的是常规战法或正常的作战状态；

奇，则是出其不意的作战方法，即通过“不按套路出牌”的方式获得胜利。虚中有实，实里藏虚，奇中有正，正里出奇，使阵局变幻莫测，让敌人捉摸不透，这就是所谓的“兵以诈立”。孙子在公元前506年攻打楚国时，运用的就是奇正战术，由陆路变成水路，出其不意，大获全胜，这也是著名的以少胜多的战例之一。虽然奇正之术早在吕望的《六韬·鸟云泽兵》中就已经运用过，但是《孙子兵法》将奇正之法上升到了战术的层面，同时也是《孙子兵法》精髓之所在。

攻守——“孙子曰：‘昔之善战者，先为不可胜，以待敌之可胜。’”（《孙子兵法·军形篇》）先占据有利地形，做好防守，养精蓄锐，等待敌人疲劳饥饿、军心涣散的时机出现，然后一鼓作气歼灭敌人。先为不可胜，就是要先保护自己，等待时机，再图进攻。攻守的思想和动静、虚实、奇正一样，通过各种因素综合起来使用。毛主席在解放战争前夕说，我们虽然在数量上处于劣势，但是在每个局部地区、每场战役上，又占有绝对的优势，这就保证了最后的胜利。这里的绝对优势就是先为不可胜的体现，也是动静、虚实和奇正战术的综合体现。

上述说的这四个方面，实际上就是二分法辩证思维的体现。我们不能脱离现实，抽象地判断谁对谁错。它们具有正反两面性，只有合理运用，才能达到预期的效果。否则，一旦错过，有利的一面就会转化成不利的一面。《孙子兵法·势篇》说：

"乱生于治，怯生于勇，弱生于强。"如果主体发生了变化，那么主体内部的有利必然会转化成不利。《孙子兵法·九变篇》说："故将有五危：必死，可杀也；必生，可虏也；忿速，可侮也；廉洁，可辱也；爱民，可烦也。"描述的是为将的有五种特征，对个人来说，这些都是美德，但是太过突出的表现，会被敌人当成突破口来击败你，造成悲剧。此外，《孙子兵法》中的战术也是具有双面性的，谁得到了都可以使用，上面记述的不只有进攻，还有防守之策，这样双方可以相互转换自如。

## 《易传》中的辩证思维

对"周易"一词的解释，归纳起来主要有两种：一种认为《周易》是周代的占筮之书；另一种认为《周易》是讲变化的书，英文"The Book of Changes"就是取自此义。《周易》中的"易"有"变易、变化，交易，亦即阴消阳长、阳长阴消的相互变化"之说。同时，易，即"道"，即使事物随着时空变幻，恒常的道也不会改变。《易传》是诠释《周易》的经典著作。它从宇宙的宏观角度探讨《周易》的起源，认为《周易》是古代圣人仰观俯察，对大自然的变化进行模拟、效法的结果，因而《周易》中的八卦及六十四卦体现了天地阴阳变化的规律。

《易传》将《周易》的变易思想进一步提升到哲学层面，认为事物都处在不断的变化发展过程之中，运动变化是事物存在的普遍原则。《周易》中每一卦的爻象都体现出变化，《周易·系辞上》："爻者，言乎变者也。""在天成象，在地成形，变化见矣。"宇宙生成的变化在天上就是日月星辰之象，在地上就形成了山海动植之貌。这些说的都是关于变化的结论，无论是宇宙世界，还是人类自身，每时每刻都在变化着。"生生之谓易"，事物的变化正是这样无穷无尽的，而变化生成的原因就是一阴一阳的刚柔作用。

《易传》认为，除了自然世界会发生变化之外，人类社会中的事物同样在不断地发展和演变，是一个积累和渐进的过程。这种变化在《周易·序卦》中描述得十分突出："屯者，物之始生也，物生必蒙，故受之以蒙，蒙者，蒙也，物之稚也。物稚不可不养也，故受之以需，需者，饮食之道也。饮食必有讼，故受之以讼，讼必有众起，故受之以师，师者，众也，众必有所比，故受之以比，比者，比也。比必有所畜，故受之以小畜。物畜然后有礼，故受之以履，履而泰，然后安，故受之以泰。"这段话说的是：屯卦代表万物之始，事物诞生下来必须接受启蒙，所以第二卦是蒙卦；蒙卦代表启蒙，事物稚嫩需要长大，不可以不养育，所以第三卦是需卦；需卦代表养育，养育就需要吃喝，即饮食之道，而吃喝等物质享受和财色势权，一定会引出相互争夺，一定免不了要论公平，有了争论，众人就会奋起较量，就会形成战争，所以第四卦是师卦；师卦代表战争，许多人在一起，一定会结党营私，形成有组织的社会，难免相互比附相亲，人与人比附在一起，一定要从物质上有所蓄积，国家有了财富，社会才能安稳，所以第五卦是小畜；小畜代表储蓄积累，有了一定的物质积累，才会懂得提升自己，谋求发展社会的礼法制度，所以第六卦是履卦；履卦代表礼法，以礼来规范节制人心，才能国富民泰，所以第七卦是泰卦。这就是事物不断发展变化的过程。

事物的变化有渐变也有突变，《易传》强调人们要提防细微的渐变，即事物极其精微细小不易察觉的变化。所谓“千里之堤毁于蚁穴”，事物积累到一定阶段就会产生质变。《坤·文言》说：“积善之家必有余庆，积不善之家必有余殃。”也就是说，积德行善的人家会得到福报，反之就会产生恶果，这就是数量达到一定程度后会产生质变的原因。在关于变化的描述中，我们还能体会到《易传》作者对变化的颂扬和喜悦之情。《周易·系辞下》说：正是有了日月的运动变化，才有了自然界的光明、四季的更替。可见，《易传》是不惧怕变化，敢于直面变化，并以积极的态度去迎接变化的。但是，《易传》认为人在变化面前要持有正确的态度，就是心中要有中正之道和谨慎敬畏之心，这样才不会导致不好的结果出现。《坤·文言》

在解释坤卦六四爻辞“括囊，无咎无誉”时，就认为大概此卦说的就是人的谨慎。君子隐居乱世，言行谨慎，避免灾祸。

变化最后达到理想状态叫“通”。何为通？就是要懂得变化的规律，善于变通。以古代圣贤为例，神农氏、黄帝、尧、舜、禹都精通此道，从而带领人民改善生活，创造出新的生产工具，促进社会发展。《周易·系辞下》说：“易，穷则变，变则通，通则久。”事物发展到极致就会遇到“颈瓶”，此时唯有变化革新才能从困境中解脱出来，达到“通”的状态。《老子》也深得变化之精髓，但是在对待变化的态度上，《易传》和《老子》有着截然不同的选择，《老子》采取顺其自然的态度来应对变化，是被动的；《易传》则主张抓住恰当的时机促成质（变化）的飞跃，是主动的。

## 《孙子兵法》和《易传》辩证思维的异同及其意义与局限

春秋战国是诸多思想的萌芽时期，也是“诸子千家”的学说大喷井时期。各种各样的学说流派，各种各样的文化交流，各种各样的人物事迹，在这个时期全都展现出来了。经过一段时间的沉淀，“千家”变成了“百家”，剩下了老子、孔子、孙子、墨子等百余家学说流派，其他都在“优胜劣汰”退出了历史舞台。

“诸子百家”的思想虽然各有不同，但都有一个相同点，那就是都蕴含着深刻的辩证法哲理，且符合时代的潮流，并推进着历史的发展。接下来，我们就从《孙子兵法》和《易传》这两部经典之作中来分析春秋战国时期的辩证法有着怎样的特点。

读过《孙子兵法》和《易传》这两部巨作的人，都会产生不同的人生感悟，两部巨作中蕴含着二分法辩证法思维，主要是通过对立统一的规律来阐述相关的学说，不管是对立还是统一，都阐述着关于“变化”的问题，解读着关于“变化”的奥秘。

首先说《孙子兵法》，它的辩证法哲理主要运用在军事上，随着时间的推移，现代人发现，这种辩证法哲理同样可以运用在经济、人际关系等方面。对《孙子兵法》的解读，关键在于“变”，重视变化——人的变化。这种思想主要体现在重视国君和将帅的作用上，即“圣君良将”，他们是战争的发起者和执行者，尤其是将帅，他们在战争中处于核心地位。“万军丛中取上将首级如探囊取物”这是我们常听到一句话，其中就包含了为将者在军队中的地位。“夫将者，国之辅也。辅周则国必强，辅隙则国必弱。”将帅起到辅助国家的作用，全心辅佐，国家就会强大起来；反之，国家就会越来越弱。“故知兵之将，民之司命。国家安危之主也。”精通兵法的良将是掌握百姓性命和国家安危的关键。

《孙子兵法》的另外一个关键是“知”。“知”是对战争双方主客观条件和形势的了解，包括天时、地利、人和、武器、兵士、计谋、间谍运用等主客观方面，是将帅制定决策的前提。有了“知”为基础，将帅才能筹划全局。《孙子兵法•计篇》有一个所谓的“庙算”，是将了解到的客观情况和主观的安排相结合，做到主客观统一。战争的高明不在双方人数的拼杀，而是用最小的代价换取最大的回报。“上兵伐谋，其次伐交，其下攻城。攻城之法为不得已。”用兵的上策在于用智谋，实在不得已才会去攻城。

孙子将战争中的道理演绎成为一门艺术，他认为人和兽的区别，就是人会运用自己的智慧去处理事情，而不是像野兽一样以暴制暴地进行野蛮搏击。如果将帅缺乏适当的谋划，军队就会出现编制混乱、纪律不严、组织松散、人心涣散等问题，加上将帅缺乏深谋远虑、不懂兵法、脾气暴躁，那么兵力再多也没有用，最后还有可能落入“必擒与人”的下场。这就是为什么历史上有很多以少胜多、以弱胜强的战例。而且，在缺乏智谋的条件下，兵多还会转化成一种危险，这就是辩证法中说的对立，有利的一面转化成不利的一面了。由此可见，将帅智谋的强弱对战争的胜负起着十分关键的作用。不过，《孙子兵法》重视和培养的是将帅之材，忽略了普通士兵的智慧和作用。因此，也让《孙子兵法》走向了个人英雄主义。

《易传》也在强调人的作用，但是与《孙子兵法》不同的是，《易传》侧重道德论的角度，分析人在道德修养方面的主要作用。“天行健；君子以自强不息。”（《象传上·乾》）《易传》包含了天人合一的思想，天被赋予了终极的权力和意义，对人的吉凶祸福有着主宰作用。在这样的情况下，人必须注重自己的道德修养，谦虚谨慎，始终奉行中正之道，最终才能与天相通，达到天人合一的境界。只有君子才能合乎天意，天才会降下福报给君子。在这个背景下，《易传》通过中正之道来解释《易经》中出现的卦象。如：二爻和五爻所居位当，可谓中正。

“亢龙有悔，盈不可久也。”（《象传上·乾》）因为物极必反，事物发展到了尽头，必将走向自己的反面。“括囊无咎，慎不害也。”（《象传上·坤》）扎紧袋口，不说也不动，可以免遭祸患，说明小心谨慎从事是不会有害的。“屯其膏，施未光也。”（《象传上·屯》）只顾自己囤积财富而不注意帮助别人，这样的人即使想有所作为，其前景也不大光明。上述这些说的都是君子的品质。《易传》讲究天地人，人不能和天地产生阻隔，要参与到天地的变化发展中去，只有品德高尚的君子才有这样的资格，与天地造化相通，推动事物良性发展。

仅从《孙子兵法》和《易传》上看，它们都体现了古代的中国哲学思维，用对立统一的关系去思考问题，常常综合地来观察利弊，对人的思想具有指导意义。总体上，这时期的辩证思想是朴素的，对辩证关系的认识没有达到透彻的地步，更不能自觉。正因如此，所以《孙子兵法》只是一本兵书，其十三篇都是按照战争的规则来记述的，不存在社会道德和正义，只有胜负，这也是它作为“兵学圣典”的精髓所在。十三篇中包含了战争中对天地人合理的运用，于是就有了“天时地利人和”之说。《孙子兵法》充分发挥了二分法辩证的思想，将对立运用得恰到好处，每篇中都包含进攻和防守的策略，没有真正意义上的孰轻孰重。所阐述的战争思想只需懂得其精髓，就可以成为一代名将。《孙子兵法》注重的是个人的素养和悟性，十个人学习《孙子兵法》，出一才人即可。但是《易传》讲述的是道德观，适用于所有人。天人合一的观念深深地烙在人心中，一直流传至今。“天行健；君子以自强不息。”在鼓励人们要自立自强，不停地奋斗。

现在看来，《孙子兵法》和《易传》在阴阳二分所做的价值判定下都有一定的局限性，阴处于劣势。《周易·坤·文言》说：“阴疑于阳必战。”阴如果达到与阳平等的位置，则斗争不可避免，只有阴阳二者出现大的差距，即阳占优势，阴处劣势，才能保持平衡与和谐，其背后森严的等级是时代的局限。

《孙子兵法》和《易传》这两部著作在历史中本来的用意是军事和占卜，但是因为它们表达出了哲学思想，尤其是对变化的敏锐观察，所以在现实中其他领域的运作超乎想象。作为古老文化的一部分，至今都保持着顽强的生命力。

**【附注】**

《易传·象传上》

**【乾】**

天行健；君子以自强不息。

潜龙勿用，阳在下也。见龙在田，德施普也。终日乾乾，反复道也。或跃在渊，进无咎也。飞龙在天，大人造也。亢龙有悔，盈不可久也。用九，天德不可为首也。

**【译文】**

天道运行周而复始，永无止息，谁也不能阻挡，君子应效法天道，自立自强，不停地奋斗下去。

龙潜伏在水中，暂时不要施展才用，说明阳气初生，位置低下。龙在田间出现，说明美德犹如阳光普照，天下人普遍得到恩惠。整日自强不息，说明要反复行道，不要有丝毫大意。龙或腾跃而起，或退居于渊，说明因为能够审时度势，所以进退都不会有危害。龙飞上高空，说明德高势隆的大人物会有所作为。龙飞得过高，必将后悔，说明物极必反，事物的某一方面发展到了尽头，必将走向反面。用九数，说明天虽生万物，却不居首、不居功。

**【坤】**

地势坤；君子以厚德载物。

履霜坚冰，阴始凝也；驯致其道，至坚冰也。六二之动，直以方也。不习无不利，地道光也。含章可贞，以时发也。或从王事，知光大也。括囊无咎，慎不害也。黄裳元吉，文在中也。龙战于野，其道穷也。用六永贞，以大终也。

**【译文】**

坤象征大地，君子应效法大地，胸怀宽广，包容万物。

脚踏上了霜，说明阴气开始凝聚；按照这种情况发展下去，就将迎来冰雪的季节。六二爻若是出现变化，就总是表现出正直、端正的性质。即使不学习也不会有什么不利，是因为地德广大，包容万物。怀才而不显露，是要把握好时机才发挥。如果辅佐君主，必能大显身手，一展抱负。扎紧袋口，不说不动，可以免遭祸患，说明小心谨慎从事，是不会有害的。黄色的衣服最为吉祥，是因为黄色代表中，行事以中道为准则，当然是吉祥的。阴气盛极，与阳气战于郊外，说明阴气已经发展到尽头了。用六的爻辞说“利于永远保持中正”，即是指阴盛到了极点就会向阳转化。

**【屯】**

云雷，屯；君子以经纶。

虽磐桓，志行正也。以贵下贱，大得民也。六二之难，乘刚也。十年乃字，反常也。即鹿无虞，以从禽也。君子舍之，往吝穷也。求而往，明也。屯其膏，施未光也。泣血涟如，何可长也。

**【译文】**

云和雷组成了屯卦，君子应把全部才智投入创建国家的事业中去。

虽然徘徊不前，但志向和行为纯正。只要能深入基层，就能大得民心。六二爻出现困难，是阳刚一方造成的。婚后十年才生育，是很反常的现象。逐鹿而缺少掌管山林之人的引导，是因为获鹿之心过于急切。君子应及时放弃，否则必有祸事或导致穷困。坚定不移地去追求，是明智之举。只顾自己囤积财富而不注意帮助别人的人，即使想有所作为，其前景也不大光明。悲伤泣血，这种状况如何能够长久。

【蒙】

山下出泉，蒙；君子以果行育德。

利用刑人，以正法也。子克家，刚柔接也。勿用取女，行不顺也。困蒙之吝，独远实也。童蒙之吉，顺以巽也。利用御寇，上下顺也。

【译文】

山下有泉水，是蒙卦；君子必须行动果断，才能培养出良好的品德。

用树立典型的办法来进行启蒙教育，是为了确立正确的法度。孩子们能够治家，说明刚柔相济，孩子们受到了很好的启蒙教育。不能娶这个女子，主要是因为这个女子的行为不合乎礼仪，即没有受过良好的启蒙教育。人在困境中不利于接受启蒙教育，是因为疏远了有真才实学的老师。蒙童虚心向老师求教很吉祥，这是因为蒙童谦逊则老师乐教。启蒙教育要针对蒙童的缺点先发制人，因为这样才能使老师和蒙童互相配合，上下一心。

【需】

云上于天，需；君子以饮食宴乐。

需于郊，不犯难行也。利用恒无咎，未失常也。需于沙，衍在中也。虽小有言，以终吉也。需于泥，灾在外也。自我致寇，敬慎不败也。需于血，顺以听也。酒食贞吉，以中正也。不速之客来，敬之终吉。虽不当位，未大失也。

**【译文】**

水汽聚集在天上形成云层，是需卦；君子要饮食作乐，在等待中积蓄力量。

在郊外等待，表明不能轻率前行。长久耐心地等候就不会有祸患，表明没有偏离正道和天地恒常之理。在沙滩上等待，表明宽宏大量不急躁。虽然受到一些非难和指责，但终究能获得吉祥。在泥泞中等待，说明灾祸还在外面，尚未殃及本身。自己招来强盗，说明要处处谨慎小心才能避开危险。在血泊中等待，表明此时必须沉着冷静，顺应时势，听天由命，以等待转机。备好酒食招待客人，占问的结果是吉祥的，说明此时处于中位，完美无缺。恭敬而热情地招待不请自来的客人，终获吉祥，表明此时尽管处在不适当的地位，但还没有遭受大的损失。

**【讼】**

天与水违行，讼；君子以作事谋始。

不永所事，讼不可长也。虽小有言，其辩明也。不克讼，归逋窜也。自下讼上，患至掇也。食旧德，从上吉也。复即命渝，安贞不失也。讼元吉，以中正也。以讼受服，亦不足敬也。

**【译文】**

天与水相背而行，是讼卦；君子做事前要深谋远虑，从最开始消除可能引起争端的因素。

不久陷于争端之中，说明与人争端不可长久，不可互不让步，相持不下。虽然受到一些非难指责，但可以明辨是非。打官司失利，迅速逃回来，因为自己处于下位，与有权有势的人打官司，必然要失败而且有灾祸降临，但逃走避开，灾祸就没有了。安享着祖上遗留的家业，说明只要顺从上级，就可以获得吉祥的结果。打官司失利后仔细反思，觉得和为贵，于是撤回诉状，说明坚守正道、安分守己就没有什么损失了。官司得到公正的判决，开始获得吉祥，表明此时居于正中地位，得到了大人物的公正判处。因为打官司获胜而得到赏赐，没有什么可以值得尊敬的。

**【师】**

地中有水，师；君子以容民畜众。

师出以律，失律凶也。在师中吉，承天宠也。王三锡命，怀万邦也。师或舆尸，大无功也。左次无咎，未失常也。长子帅师，以中行也。弟子舆尸，使不当也。大君有命，以正功也。小人勿用，必乱邦也。

【译文】

地中有水存在，是师卦；君子应用仁人之心包容民众。

出师征战必须纪律严明，否则必然要发生凶险。在军中任统帅，持中不偏可得吉祥，表明承受天命，能得到君王的宠幸。君王多次进行奖励，说明心怀万邦，志向宏大。士兵不时运送战死者的尸体回来，说明不会有什么功绩了。观察战场形势后暂时后退以避敌精锐，免遭更大的损失，说明懂得用兵有进有退的常理。委任有德长者统率军队而战无不胜，表明居中恃正，行为有法度，必会获胜；委任无德小人运送战死者的尸体大败而归，说明用人不当，必招致大败。天子颁布诏命分封功臣，是为了按功劳大小公正封赏。小人决不可以重用，因为重用小人必然会扰乱邦国。

【比】

地上有水，比；先王以建万国，亲诸侯。

比之初六，有它吉也。比之自内，不自失也。比之匪人，不亦伤乎？外比于贤，以从上也。显比之吉，位正中也。舍逆取顺，失前禽也。邑人不诫，上使中也。比之无首，无所终也。

**【译文】**

地上有水存在，是比卦；以前的君主明白地与水亲密无间、互相依存的道理，所以分封土地，建立万国，安抚亲近各地诸侯。

比卦的第一爻位初六，表示一开始便具有诚信的德行，致使远方来人归附，可获吉祥。内部亲密无间、团结一致地辅佐君主，说明没有偏离正道。和行为不端的人交朋友且关系亲密，难道不是一件可悲的事吗？在外面亲密团结朋友、辅佐贤君，说明顺从居于尊位的君主才会有好结果。光明无私、亲密团结、互相辅助，可获得吉祥，因为此时居于正中位置。抛弃逆天行事的举动而顺其自然，就好围猎时网开一面，让该被擒的禽兽落网，不该被擒的从前面逃掉。君王的部下听其自然、不加戒备，这是君王的贤德感化了部下的缘故。和众人亲密团结、互助友爱但自己不居于领导地位，将有凶险，说明自己将来无立足之地。

**【小畜】**

风行天上，小畜；君子以懿文德。

复自道，其义吉也。牵复在中，亦不自失也。夫妻反目，不能正室也。有孚惕出，上合志也。有孚挛如，不独富也。既雨既处，德积载也。君子征凶，有所疑也。

【译文】

风飘行于天上，是小畜卦；君子应修养美好的品德，用心做好文章等待发达的时机。

自己从原路返回，表明行动适宜，因而吉祥。带着别人从原路返回，表明此时处于居中的位置，自己不会失掉阳刚的德行。结发夫妻反目，说明丈夫不能以家规要求妻子，自己也没有给妻子做好表率。具有诚信之德并抛弃戒备心理，表明符合居于尊上地位的权势者的意愿。具有诚信的德行与别人紧密联系并互相帮助，表明要与人共同富裕，不独享富贵。下起了细雨，但不久就停了，表明以阴蓄阳，功德圆满。君子外出远行必遭凶险，说明阴湿之气聚集，到处一片茫茫，方向不清，情况不明，自然会发生危险。

【履】

上天下泽，履；君子以辩上下，定民志。

素履之往，独行愿也。幽人贞吉，中不自乱也。眇能视，不足以有明也。跛能履，不足以与行也。咥人之凶，位不当也。武人为于大君，志刚也。愬愬终吉，志行也。夬履贞厉，位正当也。元吉在上，大有庆也。

【译文】

上有天，下有泽，是履卦；君子要分清上下尊卑，坚定百姓的意志，循礼仪而行，就能秩序井然。

心地纯朴，品行端正，处处小心行事，表明要专心致志，遵循礼仪实现自己的意愿。幽居的人可获吉祥，说明自己内心平静、毫不紊乱，循礼仪而行的信念坚定。眼睛快瞎了，但勉强能看到一点，表明不足以分辨事物。腿跛了，但勉强能走几步，表明不能外出远行。老虎咬人是凶险的，表明这时所处的位置很不妥当。武人要竭力为君主效劳，表明武人志向刚强。感到惧怕，但谨慎小心，终能获得吉祥，说明小心遵循礼仪而行就能实现自己的志愿。刚毅果断，小心行动，要提防危险，说明此时虽处于正当的位置，但也不能疏忽大意。极为吉祥，高居尊上之位，表明有大的福分，值得庆祝。

【泰】

天地交，泰；后以财成天地之道，辅相天地之宜，以左右民。

拔茅征吉，志在外也。包荒得尚于中行，以光大也。无往不复，天地际也。翩翩不富，皆失实也。不戒以孚，中心愿也。以祉元吉，中以行愿也。城复于隍，其命乱也。

**【译文】**

地气上升，乾气下降，是泰卦；君主这时要掌握时机裁节调理，以成就天地交合之道，促成天地化生万物之机，护佑百姓安居乐业。

拔起茅草往前行进可获吉祥，说明有在外建功立业的进取心。有包容大川似的宽广胸怀，能辅佐公正有德的君主，说明自己光明正大，道德高尚。没有只出去而不回来的，表明此时正在天地交合的边沿，处于变化之中。像飞鸟从高处连翩下降，虚怀若谷，说明此时不以个人的殷实富贵为念；与邻居相处不互相戒备，彼此以诚相见、讲求信用，因为这是大家内心共同的意愿。帝乙把女儿嫁给贤德而又富裕的人家，因此获得了深厚的福分，是大吉大利的事，说明实现了长期以来的意愿，结果是吉祥的。城墙倒塌在久已干涸的护城壕沟里，说明形势已经向错乱不利的方面转化，前景不太好。

**【否】**

天地不交，否；君子以俭德辟难，不可荣以禄。

拔茅贞吉，志在君也。大人否亨，不乱群也。包羞，位不当也。有命无咎，志行也。大人之吉，位正当也。否终则倾，何可长也。

【译文】

天在高处，地在低处，是否卦；君子必须坚持勤俭节约的美德以避开危险与灾难，不能谋取高官厚禄、追求荣华富贵。

拔起茅草，其根相连，结果吉祥，说明有为君主建功立业的远大志向。德高望重的大人物否定了阿谀奉承，是吉利的，因为德高望重的大人物是不能与小人为伍的。由于受纵容而胡作非为，终于招致羞辱，说明此时所处的位置不当。奉行天命，开通闭塞没有灾祸，说明要实现济困扶危、替天行道的志向。德高势隆的大人物可以获得吉祥，说明此时处于居中的位置，合适得当。闭塞到了极点必然要发生倾覆，没有一种局面是长久不变的。

【同人】

天与火，同人；君子以类族辨物。

出门同人，又谁咎也。同人于宗，吝道也。伏戎于莽，敌刚也。三岁不兴，安行也。乘其墉，义弗克也。其吉，则困而反则也。同人之先，以中直也。大师相遇，言相克也。同人于郊，志未得也。

【译文】

天在高处，火势向上，天与火亲和相处，是同人卦；君子要明白物以类聚、人以群分的道理，明辨事物，求同存异，团结众人治理天下。

出门能与人和睦相处，又有谁会来危害你呢？只和本宗本派的人和睦相处，不能团结各个阶层的人，是引起麻烦的根源。埋伏军队在密林草莽中，说明敌人力量强大。三年都不敢兴兵打仗，表明敌我力量悬殊，不敢冒险轻进。准备登城向敌人进攻，但终于没有进攻，是因为发现这种进攻是不仁义的。这样做能获得吉祥，是因为在困惑时能及时醒悟。与人和睦相处，说明内心中正诚信。大军遇到了志同道合者，说明可以获得胜利。在荒郊也愿与人和睦相处，未遇到志同道合者，说明希望天下大同的愿望没有实现。

**【大有】**

火在天上，大有；君子以遏恶扬善，顺天休命。

大有初九，无交害也。大车以载，积中不败也。公用亨于天子，小人害也。匪其彭无咎，明辨皙也。厥孚交如，信以发志也。威如之吉，易而无备也。大有上吉，自天祐也。

**【译文】**

火在上，天在下，是大有卦；君子要阻止邪恶，颂扬善行，顺应天命，以保护万物性命。

大有卦的第一爻（初九），说明此时不互相往来，就不会有什么是非祸患。用大车装载财物，说明很富有，积量适中就不会衰败。王公向天子贡献礼品致以敬意，说明小人若担任如此重要的职务，就必然成为祸害。虽然家财万贯，但不过分聚敛财物，就不会发生灾祸，说明眼光远大，智慧过人，懂得凡事不能做过头的道理。以诚实守信的准则对外交往，对上尊敬，对下怀柔，说明以自己的诚实信用感动别人，使别人也变得诚实守信起来。增加个人的威信是吉祥的，说明平易近人反而能使人人敬畏。大有卦第六爻位（上九）的吉祥，是上天保佑有道德的人。

**【谦】**

地中有山，谦；君子以裒多益寡，称物平施。

谦谦君子，卑以自牧也。鸣谦贞吉，中心得也。劳谦君子，万民服也。无不利㧑谦，不违则也。利用侵伐，征不服也。鸣谦，志未得也。可用行师，征邑国也。

**【译文】**

山在下，地在上，为高山隐藏于地中，是谦卦；君子总是损多益少，衡量各种事物，然后取长补短，使其平均。

谦谦君子，即使地位卑微，也不会在品德方面放松修养。

谦虚的美名远扬四方，固守中正就可获得吉祥，这是说六二爻以心中纯正赢得名声，而不是靠沽名钓誉获取名声。勤劳而又谦虚的君子，必能把美德保持到底，所以天下百姓都服从他。没有任何不吉利，要发扬光大谦虚的美德，这不违背谦虚导致亨通的原则。有利于出兵讨伐，是指征伐那些骄横而不可一世的人。谦虚的美名远扬四方，但安邦定国之志未酬。可出师征讨，惩处那些骄横不可一世的小国。

**【豫】**

雷出地奋，豫；先王以作乐崇德，殷荐之上帝，以配祖考。

初六鸣豫，志穷凶也。不终日贞吉，以中正也。盱豫有悔，位不当也。由豫大有得，志大行也。六五贞疾，乘刚也。恒不死，中未亡也。冥豫在上，何可长也？

**【译文】**

雷在地上轰鸣，是豫卦；上古圣明的君主创造音乐，用来推崇伟大的功德，以盛大隆重的仪礼把音乐献给天帝，并用它来祭祀祖先。

豫卦的第一位（初六），自鸣得意，说明没有雄心壮志，容易满足，一满足就得意忘形，结果必遭凶险。不到一天就明白了愉快欢乐的深刻道理，能守正必获吉祥，这是因为能居中守正，在欢乐中既不过分，也不会不满足。用谄媚奉承、暗送秋波取悦上司，以求得自己欢乐，这势必导致悔恨，这是由于六三爻所处的位置不正。人们由于得到欢乐愉快而大有所获，表明九四爻的阳刚之志可以放手实现。豫卦的第五爻位（六五），国中出现了不少弊病，但有刚强之臣辅佐，仍能长时间地支持下去，这是因为它居中，只要保持中庸，就不致灭亡。已处在天昏地暗的局面之中，却执迷不悟，仍沉溺于寻欢作乐，并高高在上，不察下情，这样的欢乐愉快怎能长久地保持呢？

**【随】**

泽中有雷，随；君子以向晦入宴息。

官有渝，从正吉也。出门交有功，不失也。系小子，弗兼与也。系丈夫，志舍下也。随有获，其义凶也。有孚在道，明功也。孚于嘉吉，位正中也。拘系之，上穷也。

**【译文】**

泽中有雷声，是随卦；君子行事要遵从合适的作息时间，白天劳作，夜晚安歇。

思想随时代而变化，但无论怎么变，都始终遵从正道，可获吉祥。出门交友一定能成功，这是因为其唯正是从，见善则从，没有过失。倾心于下方的年轻小子会失去阳刚方正的丈夫，因为二者是互相排斥的，不可兼得。随从阳刚方正的丈夫行事，说明其志在于舍弃下方的年轻小子。他人追随自己有收获，但因居位不当，所以可能有凶险。把诚信带给诚实善良之人可获吉祥，这是因为九五爻得正居中，不倚不偏。只有拘禁起来强迫、命令他，他才不得不顺服追随，这是因为上六爻高居随卦最上爻，物极必反。

**【蛊】**

山下有风，蛊；君子以振民育德。

干父之蛊，意承考也。干母之蛊，得中道也。干父之蛊，终无咎也。裕父之蛊，往未得也。干父用誉，承以德也。不事王侯，志可则也。

**【译文】**

山下起大风，是蛊卦；君子应救济人民，培育美德，纠正时弊。

挽救父辈所败坏了的基业，表明其志在继承父辈的遗业。救治母辈所造成的弊病，刚柔适中，不可偏颇。挽救父辈败坏了的基业，最终不会有祸害。宽缓地挽救父辈所败坏了的基业，往前发展，难以挽救。挽救父辈所败坏的基业，一定会受到人们的赞誉。不侍奉王侯，这高洁的志向可作为人们学习的准则。

【临】

泽上有地，临；君子以教思无穷，容保民无疆。

咸临贞吉，志行正也。咸临吉无不利，未顺命也。甘临，位不当也。既忧之，咎不长也。至临无咎，位当也。大君之宜，行中之谓也。敦临之吉，志在内也。

【译文】

地在泽上，是临卦；君子应费尽心思地教导人民，并以其无边无际的盛德保护人民。

感应尊贵者，使其行督导之责，可获吉祥，说明其志向和行为都很正派。感应尊贵者，使其行督导之责，可获吉祥，不会有什么不利，这是不囿于命运的樊笼，自身努力的结果。居高临下，靠甜言蜜语去督导，这是六三爻位置不当的缘故。已经觉悟，能忧惧改过，危害就不会长久了。亲善地督导下级，则必然没有祸害，这是因为六四爻位置恰当。以聪明才智实行督导，这是伟大君主最适宜的统治之道，说的就是行中庸之道。温柔敦厚地实行督导能获得吉祥，说明其志在于利国利家（在内）。

**【观】**

风行地上，观；先王以省方观民设教。

初六童观，小人道也。窥观女贞，亦可丑也。观我生进退，未失道也。观国之光，尚宾也。观我生，观民也。观其生，志未平也。

**【译文】**

为风吹拂于地上，是观卦；先代君王仿效风吹拂于地而遍及万物的精神，视察四方，用教育来感化民众。

观卦的第一位（初六），像稚童一样观察景物，这是浅薄的小人之道。由门缝中偷观景物，有利于妇女固守贞操，但对男子汉来说，这样的行为就丢丑了。对照高尚的道德标准省察自己的言行，小心谨慎地进退，这样做是不失原则的。观瞻一个国家的文治武功，说明此国崇尚贤士。对照高尚的道德标准审察自己的言行，弄清自己的德行，便可知万民的德行。君子时刻瞻仰君主的德行和作为，因为君子始终以天下为己任，天下未安，其志难平。

**【噬嗑】**

雷电，噬嗑；先王以明罚敕法。

屦校灭趾，不行也。噬肤灭鼻，乘刚也。遇毒，位不当也。利艰贞吉，未光也。贞厉无咎，得当也。何校灭耳，聪不明也。

【译文】

雷电交击，是噬磕卦；古代帝王效法这一现象，明其刑法，正其法令。

足戴脚镣，断了脚趾，不至于旧罪重犯。施刑伤及犯人的皮肤，毁掉犯人的鼻子，这是因为必须用重刑使罪犯屈服。实施刑法像咬坚硬的腊肉并遇到毒物那样不顺利，这是因为六三爻居位不当。有利于在艰难中坚守正道，结果吉利，法治应该继续发扬光大。只要坚守正道，防备凶险，便无祸害，这是实施刑法得当的缘故。肩负重枷，遭受严惩，失掉耳朵，这是因为不能改恶从善，太不聪明了。

【贲】

山下有火，贲；君子以明庶政，无敢折狱。

舍车而徒，义弗乘也。贲其须，与上兴也。永贞之吉，终莫之陵也。六四，当位疑也。匪寇婚媾，终无尤也。六五之吉，有喜也。白贲无咎，上得志也。

【译文】

山下燃烧着火焰，是贲卦；君子像火焰一样使政务清明，却不能用修饰的方法来断官司。

舍弃乘坐车马而徒步行走，这是因为按道义不该乘坐车马。

装饰长者的胡须，是说六二爻与它上面的九三爻同心而互饰。永远坚守正道便可获得吉祥，是说只有永久坚持正道，才能不受凌辱。六四爻虽当位得正，心中却疑虑重重。前方的人并非敌寇，而是自己求聘的婚配佳人，说明终将无所怨恨。贲卦的第五爻位（六五）的吉祥，说明有喜事临门。装饰素白，不喜华丽，没有祸害，说明正符合朴素无华的志向。

**【剥】**

山附于地，剥；上以厚下安宅。

剥床以足，以灭下也。剥床以辨，未有与也。剥之无咎，失上下也。剥床以肤，切近灾也。以宫人宠，终无尤也。君子得舆，民所载也。小人剥庐，终不可用也。

**【译文】**

高山接近于地面，是剥卦；位居在上的人应当巩固其住所，才不致发生危险。

剥落床体先由最下方的床腿开始，是说先损毁床的基础。基础损坏毁灭了，自然就会有凶险的情况发生，还会逐渐波及上面。床腿剥掉后，又开始剥落床头，是因为六二爻没有相应的阳爻援助。由于没有外援，所以导致凶险发生。虽被剥落，却没有什么灾祸，是因为六三脱离了上下阴爻的行列，而独与阳爻上九相应，由于它潜藏着阳刚的性质，所以仍然可以免灾祸。床头剥落完了，又开始剥落床面，是说灾祸已经迫近了。因为床面剥落损坏，必将危及床上之人。像率领内宫之人顺承君主那样得到宠爱，最终当然不会有什么过失。君子若能摘食，则如同坐上大车，是由于百姓愿意拥戴君子。如果被小人摘食，则必招致破家之灾，是由于小人终究是不可以任用的。

**【复】**

雷在地中，复；先王以至日闭关，商旅不行，后不省方。

不远之复，以修身也。休复之吉，以下仁也。频复之厉，义无咎也。中行独复，以从道也。敦复无悔，中以自考也。迷复之凶，反君道也。

**【译文】**

雷在地中，是复卦；从前的君主在阳气初生的冬至这天关闭关口，使商人旅客停止活动，不外出经商、旅行，君主自己也不巡行视察四方。

刚开始行动就知过必改、复归正道，说明能注意自身修养。以真善美为自己行为的准则和目标，能够复归正道，必然获得吉祥，是因为六二能够向下亲近具备仁德的人。屡次犯错却能屡次改正过错、复归正道，这样虽然有危险，但最终不会遇到灾祸。位居阴爻的正中，独自专一地复归正道，说明是为了奉行追随正道。敦厚忠实地复归正道，内心不会有什么后悔，是因为六五爻虽然远离阳刚，却能够反省考察自己的言行以完善自我，促成自己返回正道。犯了错误仍执迷不悟，不能复归正道，所以凶险，是违背为君之道的缘故。

**【无妄】**

天下雷行，物与无妄；先王以茂对时育万物。

无妄之往，得志也。不耕获，未富也。行人得牛，邑人灾也。可贞无咎，固有之也。无妄之药，不可试也。无妄之行，穷之灾也。

**【译文】**

天的下面有雷在运行，赋予万物不妄动妄求的本性；从前的君主顺应天命，尽其所能地遵循天时以养育万物。

不妄动妄求地前去行事，这样就可以实现志愿。不在刚开始耕作时就期望立刻获得丰收，是说不企求获得非分的财富。路过时顺手把牛牵走，意味着同村的人会自然地被怀疑为偷牛者而蒙受不白之冤。这种灾难不是因为自己有过，而是由某种客观原因造成的。能够坚守正道，所以没有灾祸，是说坚守正道的品德是其本身所固有的，所以能使自己免遭灾祸。不妄动妄求却身染疾病，这种疾病不需用药医治，是说药不可以轻易尝试，因为病本来就可以自行消除。虽然没有妄为，但如有行动（却仍然遭受祸殃），这是由于客观的时遇造成了灾祸，而不以人的意志为转移。

**【大畜】**

天在山中，大畜；君子以多识前贤往行，以畜其德。

有厉利巳，不犯灾也。舆说輹，中无尤也。利有攸往，上合志也。六四元吉，有喜也。六五之吉，有庆也。何天之衢，道大行也。

**【译文】**

天被包含在山里，是大畜卦；君子应当更多地学习领会前代圣人君子的言论和行为，以充实自己，培养美好的品德、积聚广博的知识。

贸然前进会有危险，暂时停下来才会有利，是说不必冒着风险前进。车子脱去轮輹就自动停下来，说明九二爻虽然刚健急躁，但能够自度量时，所以没有贸然前进的过失。利于前去行事，是因为九三与上九志同道合，没有妨碍。大畜卦的第四爻位（六四）的“大吉大利”，是因为能够防患于未然，因而是可喜的。大畜卦的第五爻位（六五）的吉祥，是因为能够抓住事物的关键，因而是可庆可贺的。畅通无阻的天衢大道，是说由于大量积聚贤士，天下已经贤路大开了。

**【颐】**

山下有雷，颐；君子以慎言语，节饮食。

观我朵颐，亦不足贵也。六二征凶，行失类也。十年勿用，道大悖也。颠颐之吉，上施光也。居贞之吉，顺以从上也。由颐厉吉，大有庆也。

**【译文】**

雷在山下震动，是颐卦；君子应当言语谨慎以培养美好的品德，节制饮食以养育健康的身体。

痴呆地看着我鼓动腮帮子进食，是说初九爻虽重视保养身体，但由于不能坚守正道，并不值得推崇。颐卦的第二爻位（六二）前进的途中必遭凶险，是因为前进的途中没有相应的同类。在十年漫长的岁月里被遗弃而得不到养育，是因为它与颐养的正道大相径庭。反过来向下属乞求食物以获取奉养的吉祥，是因为六四位居在上，与初九照应，同时又能坚守正道，虽取之于民，却又用之于民，能够向下普遍地施舍光明恩德。能够安然地居于尊位，所以结果吉祥，是因为能够顺从有阳刚之美的贤者。天下百姓都依靠他的养育而得以安居乐业，必须谨防危险，有所戒惧才能获得吉祥，是说养育天下百姓能得到天下的信任和爱戴，普天同庆。

**【大过】**

泽灭木，大过；君子以独立不惧，遁世无闷。

藉用白茅，柔在下也。老夫女妻，过以相与也。栋桡之凶，不可以有辅也。栋隆之吉，不桡乎下也。枯杨生华，何可久也。无妇士夫，亦可丑也。过涉之凶，不可咎也。

**【译文】**

水泽淹没了树木，是大过卦；君子应坚持自己的操守，进则超然独行，不必顾忌和畏惧他人的非议；退则逃避世间，不为隐姓埋名而苦闷烦恼。

用白色的茅草衬垫在器物下面，是说行为非常小心谨慎，所以不会发生什么灾祸。老年男子娶了年轻的妻子，虽为过分，但由于能够刚柔相济，所以不会发生不利的情况。房屋的栋梁受重压而弯曲，结果凶险，是因为阳刚极为过分，所以不能再来辅助它，否则后果将不堪设想。房屋的栋梁向上隆起，克服了弯曲，可以获得吉祥，是由于九四爻本身能使栋梁不再向下弯曲。已经枯萎的杨树重新盛开鲜花，表面现象又怎么可以长久地保持下去呢？已经衰老的妇人嫁给了年富力强的男子，这种婚配会令人深感羞耻。涉过深之水会发生凶险，但如果能及时补救，还是可以化险为夷，最终不会有祸患。

**【坎】**

水洊至，习坎；君子以常德行，习教事。

习坎入坎，失道凶也。求小得，未出中也。来之坎坎，终无功也。樽酒簋贰，刚柔际也。坎不盈，中未大也。上六失道，凶三岁也。

**【译文】**

流水相继而至、潮涌而来，是坎卦；君子应当坚持不懈地努力，反复不间断地推进教育事业。

置身于重重的艰险困难之中，落入陷坑的最底下，是因为不能坚守正道，自身软弱无能，又得不到外援，所以遭遇凶险。虽不能脱险，但在一定程度上还是可以解决一些小问题的，说明仍未脱离险境。往来进退都处在重重陷坑之间，是说虽急于求得平安，但结果是欲速则不达，最终还是不能摆脱危险，走出困境。一樽酒两簋饭，是说在艰险困难的情况下能够推心置腹、相互信任地交往，刚柔相济，所以最终免遭灾祸。奔流的水还未溢出陷坑，说明居中而不自大，所以还不会发生灾祸。坎卦第六爻位（上六）面临艰险困难，不能坚守正道，所以遭受三年的凶险。

**【离】**

明两作，离；大人以继明照于四方。

履错之敬，以辟咎也。黄离元吉，得中道也。日昃之离，何可久也？突如其来如，无所容也。六五之吉，离王公也。王用出征，以正邦也。

**【译文】**

光明接连升起，是离卦；伟大的人物应当连绵不断地用太阳般的光明美德普照四方。

开始行事时，由于急于求成而出错，后来能恭敬慎重且未轻举妄动，主要是为了避免灾祸。附着在黄色上，就可以获得大吉大利，是因为黄色代表中，坚守正道就可以大吉大利。夕阳西下，好比人生已步入老年，怎么能长久呢？突然发出万道光芒，犹如燃烧的烈火，这种刚烈暴躁的气焰必然带来危险，是天下人所不能容忍的。离卦的第五爻位（六五）之所以能够获得吉祥，是由于它附着在君主旁，得到了君主的庇佑。君主动用军队出兵征伐，是为了治理国家，而并非耀武扬威、滥杀无辜。所以，进行正义的战争就不会发生灾祸。

**【咸】**

山上有泽，咸；君子以虚受人。

咸其拇，志在外也。虽凶居吉，顺不害也。咸其股，亦不处也。志在随人，所执下也。贞吉悔亡，未感害也。憧憧往来，未光大也。咸其脢，志末也。咸其辅颊舌，滕口说也。

**【译文】**

山上有泽，是咸卦；君子应以虚怀若谷的精神容纳感化他人。

感应发生在脚的大拇指上，说明其志向是向外的。虽然会发生凶险的事情，但是只要安居静处，便可以避灾远祸。感应发生在大腿上，说明不能安居静处、自我克制，而是性情急躁、任意妄为；盲目地跟随别人任意妄为，是因为它所执意追求的过于低下卑劣了。内心保持纯洁无邪的态度就可以获得吉祥，没有后悔，说明九四爻并没有因感应而遭受祸害。心猿意马地与朋友交往，朋友面必然窄，影响也小，不能遍及天下。感应发生在有脊背的肉上，说明只知独善其身，志向过于浅薄。感应发生在牙床、脸颊、舌头上，说明只是玩弄三寸不烂之舌而已。

**【恒】**

雷风，恒；君子以立不易方。

浚恒之凶，始求深也。九二悔亡，能久中也。不恒其德，无所容也。久非其位，安得禽也。妇人贞吉，从一而终也。夫子制义，从妇凶也。振恒在上，大无功也。

【译文】

风雷交加，是恒卦；君子应当树立自身的形象，坚守常久不变的正道。

刨根挖底地深入追求常久之道所产生的凶险，是因为事情刚开始，追求的目标就过于深远。恒卦的第二爻位（九二）能够使悔恨自行消除，是由于它能够长久地守中不偏。不能长久地保持美好的品德，是说由于急躁妄动、没有恒心，因此无处容身。长久地处在不属于自己应该处的位置上，又怎么能够捕获到禽兽呢？女人坚守正道可以获得吉祥，是说女人一生只应嫁一个丈夫，终身都不能改嫁他人。男人遇事应当果断处理，如果像女人那样只知顺从、优柔寡断，就会遭遇凶险。摇摆不定，不能坚守常久之道，但又高高在上，终将一无所成，不会有所建树。

# 第十二章　儒家的现实主义派：荀子

荀子，名况，字卿，战国末期赵国人。世人尊称“荀卿”，因避汉宣帝刘询，故汉时又称“孙卿”。《元和姓纂》载“晋有荀林父生庚裔荀况”，而关于春秋时期荀氏的记载：“晋曲沃灭荀，以其地赐大夫原氏黯，是为荀叔。”《左传》记载原氏黯即为荀息，被封荀国故地以地为姓。荀氏的传承为荀息生逝敖，逝敖生荀林父，荀林父曾为晋国中行将，故后裔别为中行氏，林父生荀庚，庚生荀偃，偃生荀吴，吴生荀寅。荀寅与赵鞅的斗争失败后，中行氏族人为了避祸，又纷纷改回荀氏，这就是赵国荀氏的由来。司马迁所写的《史记·孟子荀卿列传》记录了他的生平。荀子五十岁的时候来到齐国游学，到襄王时代“尊为老师”，“三为祭酒”。后来被逸而适楚，春申君推荐荀子为兰陵令，春申君死而荀卿废，家居兰陵。他曾入秦，对秦国政治予以肯定，说“秦四世有胜，数也，非幸也”，同时又对秦国重视刑法吏治、轻视仁德士君子的方略不以为然。荀子又到过赵国，与临武君议兵于赵孝成王面前。他曾经传道授业，战国韩非、李斯，汉初张苍均为其门下高足。著作集为《荀子》《劝学》等。最后老死于楚国兰陵。《史记》记载李斯“乃从荀卿学帝王之术”。北宋苏轼在《荀卿论》中说：“荀卿明王道，述礼乐，而李斯以其学乱天下。”

荀子批判了除孔子思想外各家的学说，认为孔子的思想是最好的治国理念。荀子以孔子学说的继承人自居，看重并继承了孔子的“外王学”。他吸收法家学说的同时，发展了儒家思想。他尊重王道，推崇礼义，又讲法治；在“法先王”的同时，又主张“法后王”。荀子主“性恶论”，强调后天的学习。他提出了人定胜天论，反对宿命论，认为万物都循着自然的规律运行变化，从而形成了自己学说的独有特色：“明与天人之分”的自然观、“性恶论”的道德观、“礼仪之治”的社会历史观，在此基础上，对先秦哲学进行了总结。

## “明于天人相分”的自然观

天、天命、天道的问题一直是先秦时期各家关切的问题。荀子汲取了道家在“天”“天道”“天命”上的自然观的精华，然而他的“明于天人相分”的理论宗旨却没有朝着自然主义的方向发展，而在于突显“天人相分”，并以此为基础建构自己的“人道”学说。荀子的自然观在于“天道自然”“天行有常”“天人相分”“制天命而用之”。下面依次进行分析。

天道自然——荀子将“天”“天道”“天命”自然化、客观化与规律化。“列星随旋，日月递照，四时代御，阴阳大化，风雨博施，万物各得其和以生，各得其养以成，不见其事而见其功，夫是之谓神。皆知其所以成，莫知其无形，夫是之谓天。”这段话出自《荀子·天论》，大意是群星相随旋转，日月交替照耀，四季循环，寒暑变化，万物生长，风雨普施人间，万物得其调和而生，得其以生长，看不见它化生万物的痕迹，只见到它的功效，这就是大自然的神奇所在。人们只能看见大自然生万物的有形结果，却不知道它生长万物的无形过程，这就是称其为天的原因。荀子用朴素唯物主义的观点解释“天”，在荀子看来，天是自然天，而不是人格神。他把阴阳风雨等潜移默化的机能叫作神，把由此机能所组成的自然界叫作天。宇宙的生成不是神造，而是万物自身运动的结果。

天行有常——“天行有常，不为尧存，不为桀亡。应之以治则吉，应之以乱则凶。”《荀子·天论》中说，自然界的运行有自己的规律，不会因为人类的感情变化而变化，用合理的措施来迎合它就是好的，反之就会带来灾难。荀子认为，天不是神秘莫测、变幻不定的，而是有自己不变的规律。这一规律不是神秘的天道，而是自然的必然性。人不可违背这一规律，而只能严格地遵守它。荀子还强调，自然的变化与社会的治乱吉凶没有必然联系。

天人相分——荀子认为自然界和人的职能需要区分开。天道不能干预人道，天归天，人归人，所以天和人只能分开而不能合在一起。治理混乱和事情的好坏，在人而不在天。并且天人各有不同的职能，“天能生物，不能辨物，地能载人，不能治人”（《礼论》），“天有其时，地有其才，人有其治”（《天论》）。

制天命而用之——在荀子看来，与其迷信天的权威，等待天的恩赐，不如利用自然规律为人服务。荀子强调“敬其在己者”，而不要“慕其在天者”。甚至不要把对天的态度作为区分君子、小人的标准。在主张尊重自然规律的基础上，荀子强调人在自然面前的主观能动性：“大天而思之，孰与物畜而制之；从天而颂之，孰与制天命而用之；望时而待之；孰与应时而使之，因物而多之，孰与骋能而化之；思物而物之，孰与理物而勿失之也；愿于物之所以生，孰与有物之所以成。故错人而思天，则失万物之情”（《荀子·天论》）。荀子主张“治天命”“裁万物”“骋能而化之”的思想，他明确宣称：认识天道就是为了控制、征服自然世界。

## “性恶论”的道德观

在人性论方面，荀子提出了与孟子的“性善论”截然相反的“性恶论”观点。他认为，人性是与生俱来的、质朴的一种自然属性，“凡性者，天之就也，不可学，不可事。礼义者，圣人之所生也，人之所学而能，所事而成者也。不可学，不可事，而在人者，谓之性”（《荀子·性恶》）。本性，是天生的，是学习不来的，也不是后天人为造就的。礼义，是圣人制定的，通过学习就能得到，经过努力就能做到。人身上没有的，不是人为制造的，就是本性。表现为“饥而欲饱，寒而欲暖，劳而欲休”（《荀子·性恶》）。饿了想吃饱，冷了想穿衣，累了想休息。荀子认为人的这种自然属性对物质生活的欲求，是和道德礼仪规范相冲突的。所以人性就是“今人之性，生而有好利焉，顺是，故争夺生而辞让亡焉；生而有疾恶焉，顺是，故残贼生而忠信亡焉；生而有耳目之欲，有好声色焉，顺是，故淫乱生而礼义文理亡焉”（《荀子·性恶》）。人生来就贪图私利，循着这种本性，人们就会争夺，也就不再谦让了；人生来就有忌妒仇恨的心理，循着这种本性，就会残害忠良，这样忠诚信实就丧失了；人生来就有爱好声色的本能，喜欢听好听的，喜欢看好看的，因循着这种本性，就会发生淫乱，礼仪制度和道德规范就都丧失了。而人性的“善”是后天人为（即

“伪”）的，“人之性恶，其善者伪也”（《荀子·性恶》）。“善”是后天环境和教化学习的结果，“礼义者，圣人之所生也，人之所学而能，所事而成者也……可学而能、可事而成之在人才，谓之伪”（《荀子·性恶》）。先天赋予的“本性”和后天学事的“伪”是一对矛盾，要解决矛盾，就要“化性起伪”，即通过学习来改变“性”。“性”和“伪”是对立统一的，“无性则伪无所加，无伪则性不能自美”，“性伪合，然后圣人之名一”（《荀子·礼论》）。在他看来，人性就是人的自然本性，是“生之所以然者”，其实质就是人天然有的抽象的自然生物本能和心理本能。他认为天然禀赋的性情是恶的，因而顺应它的发展，必将引起争夺、贼杀，导致社会混乱，这就是性恶论。荀子的“性恶论”与孟子的“性善论”有极大的区别，但就通过“圣王之教”来教育感化民众这一目的而言，他们又是一致的。其性恶思想也被后人认为是其法家思想趋向的萌芽。

从性恶出发，固然可说明礼乐教化之“伪”的现实必要性，但由于否认了人的道德先验性，圣人治礼作乐的“化性起伪”的教化行为就失去了坚实的存有论根据。荀子的学说把人的先天本性等同于社会道德之恶，没有看到人的自然本性和社会性之间具有造作性。性恶论使人性的超越幅度丧失殆尽，人完全成为社会宗法等级的奴隶。荀子的“恶性论”，从人性层面提出了人的先天合法性，同时强调后天环境对人发展的作用。荀子坚持自己的理论的一贯性，认为在天生的情性方面，圣人与普通人没有什么不同。性恶论的价值在于人性论可以为现实社会的礼乐教化提供内在人性的根据，荀子立论的意图凸显后天努力修为造就君子、圣人，是在强调精神气质、文化教养上的贵族性，荀子学说有浓重的知识化、工具化的倾向，然而在追求成圣、追求贵族性的精神气质与品格方面，他与孔子的理念是一脉相承的。荀子讲成圣，又希望借圣人的教化，使社会大众转变性情，以至于善。

## “礼仪之治”的社会历史观

荀子认为，人之所以优异于动物，在于人能组织社会。而人之所以能组织成社会，就在于“分”。“分”即建立社会等级，从事不同的社会分工，将社会协同为一个统一的整体，来面对自然、战胜自然。“分”是组织社会的根本法则。而“分莫大于礼”。通过圣人的治礼作乐，将社会分为上下有序的等级，以解决基于物欲的争斗。“分”的标准就在于“礼义”，即封建的伦理道德和礼法制度。关于“分”靠什么维系，荀子有两个说法：一种说法侧重于道德教化；另一种说法则侧重于礼法制度。从“人之性恶，其善者伪也”的人性论出发，荀子提出了“名分使群”的社会起源说，以论证礼乐教化之必要性。“礼”的思想是荀子社会政治思想的核心观念，荀子提出：“礼”是“先王”为了调节人们的欲望、避免战乱而制定出来的“度量分界”。在治礼的过程中，不能只顾及人的欲望，而要让物与欲两者相持而长，在物质的增长和欲望的增长之间保持平衡。

在荀子看来，人的天然本性是追求利欲的，而礼的作用在于对人对利欲的无限追求做出限制，二者之间不免有冲突。为了确保公共秩序的正常运转，礼的遵循不免要诉诸一种强制性。由此，礼转为法。因此，荀子常有“礼法之枢要”“礼法之大分”的提法，而以礼法并称。荀子说礼是法之大分时，既是指礼为立法的原则，又是指礼作为原则的道德立场。法的制定和形式不纯属利益分配问题，还有一个道义问题：法的一律化打破了贵族和平民的界限，使一切人平等，但是礼的持守仍然使得有学识的人们不致沉落。荀子可以说是顾及了现实的利欲追求和必要性，而又坚持道德理想，力求在二者之间保持平衡的思想家。

关于礼法、王霸之争，荀子提出了“隆礼尊贤而王，重法爱民而霸”的命题。他认为“治之经，礼与刑，君子以修百姓宁”（《成相》），“礼以定伦”，“法能定分”，二者可以相互为用，只是法的特点表现为通过赏罚来维护等级秩序。礼高于法，礼为法之大本。只讲法治，不讲礼治，百姓只是畏惧刑罚，一有机会仍会作乱。他把“法治”称为“暴察之威”，把“礼治”称作“道德之威”。法治至其极也不过为“霸”，而不能成“王”。如果以礼义为本，则法治就可以更好地发挥作用了：“故礼及身而行修，义及国而政明，能以礼挟而贵名白，天下愿，会行禁止，王者之事毕矣。”（《致士》）荀子认为，礼义是立法的精神，如果人们爱好礼义，其行为就会自然合法，甚至不用刑罚，百姓也能自然为善。总之，荀子的礼法兼施、王霸统一，是对礼法、王霸之争的总结，开创了汉代儒法合流的先河。

在历史观上，荀子提出了厚今薄古的“法后王”说，所谓“后王”指可能成为王者的“天下之君”。他认为“先王”的时代久远，事迹简略，不如近世的后王可靠，所谓“欲观圣王之迹，则于其粲然者矣，后王是也”（《荀子·非相》），即“法先王”必须通过“法后王”的途径才能实现。他主张“法后王”，又提倡继承“先王之道”，意在为封建统治阶级寻求理想的人格榜样。荀子批判以复古倒退为目的的“先王”观，指责“俗儒”们的“略法先王而足乱世，术缪杂学，不知法后王而一制度”（《儒效》）。“法后王，一制度”即是把一切都纳入新兴地主阶级大一统的制度与范围上来。

他认为，学习对人是至关重要的，“学不能已”，“吾尝终日而思矣，不如须臾之所学也”（《荀子·劝学》）。教育决定了人后天的成长，“干越夷貉之子，生而同声，长而异俗，教使之然也”（《荀子·劝学》）。他指出，知识和德行修养是通过积累而成的，“积土成山，风雨兴焉；积水成渊，蛟龙生焉；积善成德，而神明自得，圣心备焉”（《荀子·劝学》）。荀子认为学无止境、后来者居上，“青，取之于蓝，而青于蓝；冰，水为之，而寒于水”，并强调“学”的目的就在于“为”，“故学数有终，若其义则不可须臾舍也。为之，人也；舍之，禽兽也”（《荀子·劝学》）。荀子一向被认为是儒家经学早期传授中的一个十分重要的人物，他兼通诸经，应劭《风俗通》螳臂当车谓：“孙卿善为《诗》《礼》《易》《春秋》。”清儒汪中著有《荀卿子通论》，认为“荀卿之学，出于孔氏，而尤有功于诸经”，并对荀子的“传经”做了详细考证，为经学史研究的学者基本同意。荀子是先秦非常重要的儒学家、大学者，在中国封建社会前期地位比较高，但自宋代以后，理学家往往抬高孟子而贬抑荀子，将他从儒家“道统”中排除出来。但荀子的思想学说还是具有颇为深远的影响，如张衡、王充、柳宗元、王夫之、戴震，以及近代的资产阶级革命民主派，都不同程度地受到他的影响。

对比孔、孟，荀子的思想偏向于人文社会方面，重视社会秩序，重视后天的努力学习。孔子的中心思想为“仁”，孟子的中心思想为“义”，荀子继二人后提出“礼”“法”，重视社会上人们的行为规范。荀子认为人与生俱来就想满足欲望，若欲望得不到满足，便会发生争执，因此主张人性有恶，需要由圣王及礼法的教化，来“化性起伪”使人格提高。与孔、孟相比，荀子的思想具有更多的现实主义倾向，他在重视礼义道德教育的同时，也强调了政法制度的惩罚作用。

荀子是思想家和教育家，他在继承前儒家学说的基础上，糅合了各家的长处，建立了自己特有的思想体系，即古代唯物主义思想。《荀子》三十二篇，涉及哲学等多方面。在自然观方面，他反对鬼神论，肯定自然规律是不以人的意志为转移的，他曾说“天道有常，不为尧存，不为桀亡”《荀子・天论》。认为人在主宰自然的同时，也要顺应自然规律。在人性问题上，他提出“性恶论”，主张人性有“性”和“伪”两部分，性（本性）是动物本能，伪（人为）是礼乐教化，否认天赋的道德观念，强调后天环境和教育对人的影响。在政治思想上，他坚持儒家的礼治原则，同时重视人的物质需求，主张发展经济和礼治法治相结合。在认识论上，他承认人的思维能反映现实，但有轻视感官作用的倾向。在有名的《劝学篇》中，他集中论述了自己对学习的见解，文中强调了“学”的重要性，认为博学并时常检查、反省自己则能“知明而行无过”，同时指出学习必须联系实际，学以致用，学习态度应当精诚专一、坚持不懈。荀子作为教育家，他的文章论题鲜明，结构严谨，说理透彻，有很强的逻辑性。他的文章已由语录体发展成为标题论文，标志着我国古代说理文趋于成熟，对后世说理文章有一定影响。总之，荀子的学说具有学术批判精神，具备兼容并包的意识，体现了战国百家争鸣走向学术交融的历史趋势。汉代儒学中“礼学”“诗经学”“春秋学”都与荀学有关。荀子密切关注现实世界的变化，充满事功精神，为儒学适应时代环境、进而寻求新的发展做出了贡献。

《荀子·劝学》中启迪人生的名句：

学不可以已。青，取之于蓝，而青于蓝。

木受绳则直，金就砺则利，君子博学而日参省乎己，则知明而行无过矣。

不登高山，不知天之高也；不临深溪，不知地之厚也；不闻先王之遗言，不知学问之大也。

积土成山，风雨兴焉；积水成渊，蛟龙生焉；积善成德，而神明自得，圣心备焉。

不积跬步，无以至千里；不积小流，无以成江海。

锲而舍之，朽木不折；锲而不舍，金石可镂。

跬步而不休，跛鳖千里；累土而不辍，丘山崇成。

# 第十三章　韩非子与法家

法家是中国历史上的重要学派，春秋战国时期称为刑名之学，主要思想内容包括伦理思想、社会发展思想、政治思想以及法治思想等，其核心思想为“法治”。法家最早萌芽于夏商时期的理官，经过管仲、李悝、商鞅、慎到、申不害、乐毅、剧辛等人的发展，逐渐成为一个学派。到战国末期，韩非总结、综合了前人学说，最终集法家之大成。法家学说不仅涉及社会科学，如法律、经济、行政、组织、管理等，还涉及社会改革、法学、经济学以及运筹学等，内容非常广泛。

管仲、郭偃、子产等人是春秋时期法家学派的思想先驱。在哲学上，他们承认自然界有其客观规律，反对天人感应的观念。战国时期的法家先贤李悝、吴起、商鞅、申不害、乐毅、剧辛等人相继在各国变法，口号是“缘法而治”“不别亲疏，不殊贵贱，一断于法”“君臣上下贵贱皆从法”“法不阿贵，绳不挠曲”“刑过不避大臣，赏善不遗匹夫”。

战国时期的法家主要分为齐法家和秦晋法家两大阵营。前者主张以法治国，法教兼重，既重术、势，又重法、教；后者主张不别亲疏，不殊贵贱，一断于法，奉法、术、势为至尊。下面介绍秦晋法家的代表人物。

秦晋法家的创始人之一李悝提倡“尽地力之教”，创“平籴”法，他收集当时诸国的刑律，编成《法经》六篇，是中国古代第一部较为完整的法典。与李悝同时期的吴起先在魏国进行兵制改革，后又在楚国进行政治改革，“明法审会，损不急之官”，“使封君之子孙三世而收爵禄”，打破旧贵族的世卿世禄制，强迫旧贵族徙边垦荒，奖励“战斗之士”。

法家“法”者代表——商鞅（约公元前395年—公元前338年），战国时期政治家、改革家、思想家，法家代表人物。商鞅提倡重“法”，主张用严刑重罚杜绝犯罪。商鞅认为人的本性是趋利畏罪的，只要重刑厚赏，就可以很好地治理人民，使国家安定。商鞅通过变法，使秦国成为富裕强大的国家，史称“商鞅变法”。

法家“势”者代表——慎到，生于赵国首都邯郸。早年曾“学黄老道德之术”，后来成为法家创始人之一。他提倡重“势”和“无为而治”。重“势”是为了重视法律，君主只有掌握了权势，才能保证法律的执行。如果有了权势，即使像夏桀那样的昏庸残暴，命令也能执行，即“令则行，禁则止”。如果没有权势，即使像尧那样贤德，百姓也不听从命令。所以，慎到反对儒家主张的“德治”，认为那样不可能使法律贯彻执行，会产生很多弊端。慎到的无为而治，包含“臣事事而君无事”的君臣之道，即国君不要去做具体工作，具体工作应在“事断于法”的前提下，尽量让臣下去做，以调动臣下的积极性，发挥他们的才能，使“下之所能不同”，而都能为“上之用”，从而达到“事无不治”的目的。

法家“术”者代表——申不害，亦称申子，战国时期韩国著名的思想家，为中国先秦诸子百家中法家“术”派代表人物。他在韩为相 19 年，使韩国走向国治兵强。申不害少年从学黄老（黄帝、李耳），相信“人法地、地法天、天法道、道法自然”，一切事物都有正反两个方面，并且可以互相转化，如“祸兮福之所依，福兮祸之所伏”等。他主张国君依法治国，实行严刑峻法，以“术”驾驭群臣，操生杀之权。何为“术”？如“形名参同”，这就是申不害发明的行政管理方法。申不害认为，君主的个人能力是绝对有限的，所以必须采取较客观的方式来衡量臣下的执政成效。由官员先行向上进行任务预算申报“名”，再以其完成的限期实际成绩“形”，进行二者间的差异分析“参同”，来作为对官员的成效考核。

法、术、势三者紧密结合，乃法家思想的集大成者韩非所倡导，韩非明确地指出：“人主之大物，非法则术也”“抱法处势则治，背法去势则乱”“君无术则弊于上，臣无法则乱于下，此不可一无，皆帝王之具也”。法律高于权力，法律至上是现代法治的重要内容。法律对权力的控制，是现代法治的基本特征。

在统一中国的过程中，法家的目标是富国强兵。如何实现这一目标，法家认为是农战，但法家认识到“民之内事，莫苦于农，民之外事，莫难于战”。农事之苦、战事之难是推行农战的极大障碍；只有利用赏罚的手段，民才有可能从令如流，克己之难，以赴耕战；只有人民努力耕战，国家才会强盛。在法家看来，富国与富民、强国与强民是对立的，二者不可兼得，法家的“强国强民”理论体现了国家与人民的权利和义务的界限问题。在这个问题上，法家主张无限扩大国家权力而缩小人民的利益，这是法家理论的一个危机。当人民贫弱到不能生存时，他们就不会再抑仪国家的食禄，而会起来夺食，届时任何赏罚都将失去作用，国家强盛将不复存在。这个简单的对立统一规律，法家没有认识到。

法家思想作为一种主要派系，提出了至今仍然影响深远的以法治国的主张和观念，这足以见得他们对法制的高度重视，以及把法律视为一种有利于社会统治的强制性工具，这些体现法制建设的思想一直被沿用至今，成为中央集权者稳定社会的主要统治手段。当代中国法律的诞生就是受到法家思想的影响，法家思想对一个国家的政治、文化、道德方面的约束还是很强的，对现代法制的影响也很深远。

## 韩非的生平及其法家思想

韩非，战国末期韩国人（今河南省新郑），中国古代著名的哲学家、思想家、政论家和散文家，法家思想的集大成者，后世称“韩子”或“韩非子”，中国古代著名法家思想的代表人物。韩非师从荀卿（荀子），但思想观念与荀卿大不相同，他没有承袭儒家的思想，而“喜刑名法术之学”。他“归本于黄老”（指韩非的理论与黄老之法相似，都不尚繁华，推崇清简无为、君臣自正），继承并发展了法家思想，成为战国末年法家之集大成者。

韩国在战国七雄中是最弱小的国家，韩非身为韩国公子（韩桓惠王子），目睹韩国日趋衰弱的现实，曾多次向韩王上书进谏，希望韩王励精图治，变法图强，但韩王始终置若罔闻。韩非写了《孤愤》《五蠹》《内外储》《说林》《说难》等十余万言的著作，说理精密，文锋犀利，议论透辟，推证事理，切中要害，全面、系统地阐述了他的法治思想，抒发了忧愤孤直而不容于时的愤懑。他被誉为得老子思想精髓最多的二人之一（另一人为庄周），著有《韩非子》一书，共五十五篇，十万余字，在先秦诸子散文中独树一帜，从中可以看出韩非极为重视唯物主义与效益主义思想，积极倡导君主专制主义理论，目的是为专制君主提供富国强兵的霸道思想。《史记》载：“秦王见《孤愤》《五蠹》之书，曰：‘嗟乎，寡人得见此人与之游，死不恨矣！’”

韩非的朴素辩证法思想也比较突出，他首先提出了矛盾学说。值得一提的是，著作中许多当代民间传说和寓言故事也成为成语典故的出处。比如《中饱私囊》《滥竽充数》《鲁相嗜鱼》《子罕辞玉》《郑袖不妒》等。这些生动的民间传说和寓言故事蕴含着深隽的哲理，凭着它们思想性和艺术性的完美结合，给人们以智慧的启迪，具有较高的文学价值。

韩非继承和总结了战国时期法家的思想和实践，提出了君主专制中央集权的理论。他主张“事在四方，要在中央；圣人执要，四方来效”（《韩非子·物权》），国家的大权要集中在君主（“圣人”）一人手里，君主必须有权有势，才能治理天下，“万乘之主，千乘之君，所以制天下而征诸侯者，以其威势也”（《韩非子·人主》）。为此，君主应该使用各种手段清除世袭的奴隶主贵族，“散其党”“夺其辅”（《韩非子·主道》）；同时，选拔一批经过实践锻炼的封建官吏取代世袭的奴隶主贵族，“宰相必起于州部，猛将必发于卒伍”（《韩非子·显学》）。

对于民众，他吸收了其老师荀子的“性本恶”理论，认为民众的本性“恶劳而好逸”，要以法来约束民众，施刑于民，才可“禁奸于未萌”。因此，他认为施刑法恰恰是爱民的表现。

容易让人忽视的，是韩非主张减轻人民的徭役和赋税。他认为严重的徭役和赋税只会让臣下强大起来，不利于君王统治。

在政治方面，韩非主张改革和实行法治，提倡“废先王之教”（《韩非子·问田》），“以法为教”（《韩非子·五蠹》）。他强调要严格执行“法”，任何人都不能例外，要做到“法不阿贵”“刑过不避大臣，赏善不遗匹夫”（《韩非子·有度》）。

对于臣下，韩非认为要去“五蠹”、防“八奸”。“五蠹”包括儒家、纵横家、游侠、依附贵族且逃避兵役的人，以及商工之民。他认为这些人会扰乱法制，无益于耕战，所以必须铲除。“八奸”包括：君主的妻妾，俳优、侏儒等君主的亲信侍从，君主的叔侄兄弟，有意讨好君主的人，私自散发公财取悦民众的臣下，搜寻说客辩士收买人心、制造舆论的臣下，豢养亡命之徒、炫耀威风的臣下，以及用国库财力结交大国培养个人势力的臣下。这些人有很好的机会威胁国家安全，一定要加强防备。

韩非的这些主张反映了新兴封建地主阶级的利益和需求，为结束诸侯割据、建立统一的中央集权的封建国家提供了理论依据。秦始皇统一中国后采取的许多政治措施，就是对韩非理论的应用和发展。但是秦国历经二世而亡的历史证明，“法”严而民苦，终将导致国之“舟”被民之“水”所倾覆。这也说明，韩非子的法家思想对君主以外的群体过“严”，过于重视“性本恶”的言论了。

## 韩非对历史的“独到见解”

从历史的角度，韩非认为应该强调社会的进化，重视具体生活环境。他认识到，随着时代的变化，人们所要面对的具体生活环境也会发生变化；而具体生活环境的变化又会导致人们处理新问题的方式发生变化。这就是韩非说的“世异则事异，事异则备变”（《韩非子·五蠹》）。

韩非将人类历史看成一个不断发展变化的过程，在不同的发展阶段会出现新的具体情况和问题。历史上，教人筑巢的有巢氏、教人钻木取火的燧人氏，以及大禹、汤、武等圣人的出现，都是因为他们能够根据新的时代需要，带领人民找到新的解决问题的办法。时代在进步，如果抱着墨守成规、故步自封的态度处理新事物，就违背了历史进步的规则，会受到人们的耻笑。

韩非反对用一成不变的办法统治不同时期的人民，他批判主张历史倒退的复古主义思想。在韩非看来，道德和个人的品质无关，而是由不同时期的物质生活水平决定的。越贫穷的时期，人与人之间的矛盾越少。在古代物质生活条件极为简陋的时候，帝尧住的是草房，吃的是粗米菜汤，穿的是低劣的衣服，贫穷的程度不下于百姓，所以才有了“禅让”。后来，随着物质条件的丰富，官员有了特权，后代可以继续享受优厚的待遇，才没有人愿意辞官。因此，韩非认为，仁与不仁的问题，说到底就是物质条件和利害关系之间的关系。

那么，使社会发生变化的根本原因在哪里？韩非认为，应该到具体的生活环境中寻找答案。韩非说，在古代，正是因为人少、财富多，人们不需要劳动就可以生存下去，所以社会中没有矛盾。但是随着时间的推移，人口在增加，导致财富不足，人们为了生存，才有了争夺。即使统治者制定了赏罚制度，社会上依旧会有各种纠纷。他明确指出“上古竞于道德，中世逐于智谋，当今争于气力”（《韩非子·五蠹》）。随着时代的变化，人们的行为生活方式也在不断变化。

## 实事求是，具体问题具体分析

韩非主张“循名实而定是非，因参验而审言辞”（《韩非子·奸劫弑臣》），他认为要判断一种言论或者事物是否正确，不能单凭主观意识，而必须到现实生活中去寻找，看看是否符合实际情况。就此，他提出了“参验”的方法，“参”是相互对比，不能偏听偏信，要从多个方面收集情报、综合分析。要想辨明真理、判断是非，最根本的还是要通过实际行动来检验。“验”强调实际效果，正所谓“明主听其言必责其用，观其行必求其功”（《韩非子·六反》）。韩非明确要求一切言行必须有一定的目的，反对脱离实际的空谈。这样，“循名实而定是非，因参验而审言辞”的结果就会是“是以左右近习之臣，知伪诈之不可以得安也”“百官之吏，亦知为奸利之不可以得安也”（《韩非子·奸劫弑臣》），让君主身边的近臣百官都知道欺骗君王不会得到好下场，从而才会真心实意地辅佐君主。韩非的这些思想具有合理性，同时带有很实用的色彩。

在方法论上，韩非强调在实际经验中判断事物的真伪是非。事物都是有本质和现象的区分的，二者之间并不是绝对的统一，所以需要通过现象去看本质。他指出：判断事物必须从实际经验出发，比如判断武器的好坏，不能只看金属的颜色；挑选官员也不能只看他的外表或言行，要走进他的实际工作，通过具体事物来考察他的能力。这就是韩非强调的，用实际的经验去判断事物的真伪。

对于没有根据的学说，韩非认为是“无参验而必之者，愚也；弗能必而据之者，诬也。故明据先王，必定尧舜者，非愚即诬也”（《韩非子·显学》）。这句话的意思就是反对当时有些学派中抱着旧教条不放、反对改革的保守主义。韩非认为，在孔子、墨子之后，儒家分成八派，墨家分成三派，每派的学说论点都大不相同，但都自称是孔、墨的真传。但是孔、墨都已经不在了，谁还能辨认出学派的真假？所以要依照现实情况，根据具体的事情来确定什么是有用的理论，这才是最重要的。

## 事不两立，韩非的矛盾观

韩非对老子的对立统一思想进行了深刻、细致的分析，他坚持的矛盾观特点是强调矛盾双方的对立。“自相矛盾”这个故事就来自《韩非子》，此外，关于矛盾双方势不两立的类似语句还有“夫冰炭不同器而久，寒暑不兼时而至，杂反之学不两立而治”（《韩非子·显学》）。

韩非认为对待矛盾的问题，必须要强调二者之间的“异”，不要过多地关注“同”。他还强调矛盾双方的不相上下是祸乱之源，如果“一家两贵”“一山两虎”“夫妻持政”，国家或者家庭就会矛盾不断，永不安宁。因此，一方要用自己的优势力量压制另外一方，这在君臣关系中尤为重要，“故明主之牧臣也，说在畜鸟”（《韩非子·外储说右上》），这句话是在说，人想要真正地降服鸟，就要把鸟的翅膀折断，让它飞不起来，为了活命只能靠人喂食。也就是说，臣下要依靠君主的赏赐来获得功名利禄，这样臣子才会服从君主。韩非十分重视君主对国家的控制，甚至把这个问题上升到国家生死存亡的高度，他说："利出一空者，其国无敌；利出二空者，其兵半用；利出十空者，民不守。"（《韩非子·饬令》）韩非主张禁止法家以外的学说思想传播，以防百姓受到其他言论的影响，从而实现统治者对民众思想的严格控制。在韩非看来，一个国家没有必要保存无用的书籍，那样会蛊惑人心。只有用法律的手段来约束规范人们的行为和思想，让熟悉法律的人来说教，并对人们进行管理，人们就能做到遵纪守法，在战争中为国家效力，如此国家就能得到很好的治理。后来，秦始皇就采用了这样的方法。

## 韩非眼中的利益关系

韩非的法治思想建立在人性论的基础上，他继承了荀子的性恶论，认为人都是自私自利的，同动物一样趋利避害。韩非认为人性好利，这是从人的生理需求，或者是本能上来说的。他认为人自从有了身体，就需要生存，要生存就需要谋生，要谋生就免不了利欲熏心。在他看来，亲子关系也是一种算计关系。他说人在婴儿时，父母对他的抚养不称职，他就会有怨气，等到父母老了需要他赡养的时候，他就不会好好地去做。就是说，父母在你需要的时候怎么对你，你就会在他们需要的时候

"回报"给他们。有喜有忧，好的叫颐养天年，坏的就是相互埋怨、互生怨恨。有些父母有"重男轻女"的思想，生了儿子就庆祝，生了女儿就将其溺杀。之所以出现这种情况，都是父母考虑自身长远利益的结果。

在韩非看来，社会中人与人之间的关系就是利益关系，医生为病人治病不是出于真正的仁慈，而是为了利益；卖棺材的人希望爆发战争，卖雨伞的人希望天天下雨，他们都是出于利益上的考虑。这样，人们之间的一切关系都受到利己主义的支配，人们行为的决定性因素是直接的物质利益而非其他。巨大的利益可以使懦夫变勇士，"重赏之下必有勇夫"就是这样的道理。

在中国历史上，韩非第一次提出了君臣关系其实就是买卖关系的一种，臣子通过自己的才学、智慧力量从君主的手里换取爵位俸禄，君主通过臣下来巩固自己的地位，用名利来和臣下交换。君臣关系不如亲子关系，双方只是相互利用算计的关系。君主对百姓更是一种很直接的利用关系，在国家有难的时候，君主利用人民服兵役为其打仗卖命；在安乐时，君主利用人民的各种服务来供他享受。

韩非认为，自私自利之心是人类的本能，即使人的欲望得到了满足，也不会消失，反而会越来越大。他认为，人的欲望是无休止的，满足一种欲望就会生出更多的欲望，从而引起自私自利的争夺，进而变本加厉起来。他认为这种本能也可以被隐藏起来，但那不过是为了避害，就像一个品行不好的孩子，在亲戚朋友都无法劝说的情况下，只要看到有官员带着衙役来，他就会因为恐惧而改变自己的恶习，他之所以“变其节，易其行”，完全是为了免受处罚，这就是趋利避害的具体表现。

韩非子之所以反对儒家的德治，就是因为他认为人人皆为自身利益而不择手段，所以儒家的仁义礼智都不足以治国，他讲到“夫严家无悍虏，而慈母有败子，吾以此知威势之可以禁暴，而德厚之不足以止乱也”（《韩非子·显学》）。韩非子把六国衰败和秦国强盛的原因归于一点：儒家学说的影响导致了六国的衰败，而秦国一直在奉行法术。在韩非子眼中，仁爱之道与人的好利本性相斥，儒家思想是想让当权者去掉求利之心，守持相爱之道，这是对人主的要求超过了对父母的要求，因此这样的学说思想是不可能实现的。韩非从现实经验中观察人性，主要是为君主治理天下服务，君主要治理天下，首先要掌握人的性情所趋，根据人性来统治，这些手段包括“赏莫如厚，使民利之；誉莫如美，使民荣之；诛莫如重，使民畏之；毁莫如恶，使民耻之”（《韩非子·八经》）。

韩非认为，在人们发生私利纠纷冲突的时候，仲裁的标准应该是象征着公利的君权法律，要以国家利益来规范私利之间的冲突。简单地说，就是国家的利益高于一切，而国家的利益在于现实的富国强兵。韩非的逻辑很明确：君主可以根据人性好利的特性来规划国家的社会政治体制。韩非建议君主一方面要大力发展耕战，因为在兼并战争十分激烈的战国时期，强弱决定着国家的存亡，想要在这样残酷的环境下生存并立于不败之地，每个国家都应增加国力，而耕战是最根本的立国基础，他明确指出要利用名利鼓励耕战，人们可以通过耕作致富，可以通过战功获取爵位，这就打破了旧贵族的传统统治；另一方面，韩非认为要以强权控制国家的经济和社会生活，取缔一切无法带来收益的行业，去“五蠹”、防“八奸”。

## 集大成的韩非法治思想

韩非的法治思想一方面来自荀子，荀子一贯主张“隆礼尊贤而王，重法爱民而霸”（《荀子·天论》），这种重法思想被韩非继承并发展；另一方面，早期的法家思想也是韩非法治理论的重要来源。作为先秦法家思想的集大成者，韩非将商鞅的“法”、申不害的“术”、慎到的“势”加以融会贯通，又对各家有所修改，形成了比前代法家学说更加完整、系统的一套政治理论，将法家的哲学思想推上了最高峰。

在法、术、势三者中，韩非特别重视势。何为“势”？就是在推行法、术前，君主要掌握绝对的权力。一个人能屈从于无能之人，是因为自己权轻位卑；桀骜不驯的人能服从贤者，也需要贤者权重位尊。相对于贤能智慧，权势地位才是真正值得依仗的。韩非完全认同慎到的看法，即君主不管是否贤能，只要手里掌握着绝对的权力，就能够实行统治。如果失去权力，君主就会像没有牙齿的野兽，受制于人；没有权力，君主也实现不了法治。正所谓“万乘之主、千乘之君所以制天下而征诸侯者，以其威势也。威势者，人主之筋力也”（《韩非子·人主》）。

“道无双，故曰一。是故明君贵独道之容”（《韩非子·扬权》）。君主代表“道”，道不同于万物，所以君主也不同于群臣。君主掌握着“道”，因而享有绝对的统治权；君臣不能同道，臣子只能对君主俯首帖耳。君主应该独揽大权，如果君主大权旁落，就有亡国的风险了。韩非把势分为“自然之势”和“人为之势”。“自然之势”是指在掌握着最高权力的条件下，掌握并运用权力；“人为之势”是指君主要善于利用他人的智慧和力量。

韩非以主张“法治”著称，在法、术、势中，法是中心。韩非认为君主的势和术都应该在法的范围内进行，而法的顺利推行，必须依靠势和术来实现。为了使所有人都能遵纪守法，韩非认为首先法律的制定必须详细具体；其次，法要公之于众，强调法必须深入人心，使“境内之民莫敢不臣”；最后，法由君主颁布以后，应该成为臣民一切行为的唯一准则，必须人人遵守，君主也不例外。这充分体现了法律面前人人平等的思想，韩非所倡导的法是一种对任何道德修养的人都适用的强制性规范。

法令的执行主要靠赏罚，所谓赏罚分明。而赏罚大权，必须掌握在君主的手中。韩非强调赏罚分明，主张论功行赏，反对无功受禄，不论出身贵贱，只要按照法律行事都可以担任一定的官职。韩非选拔人才的标准，是这个人要有一定的才能并且能够被君主利用，他反对贤人政治，一切从功利出发。韩非的法治更重要的是强调重罚，依靠严刑峻法来治理国家。

在韩非的治国策略中，术的重要性在于“因任而授官，循名而责实，操杀生之柄，课群臣之能者也”(《韩非子·定法》)，君主只要按照每个人的能力授予相应的官职，根据官职的职责考察官员的实际成绩，据此制定赏罚就可以了。术是君主驾驭群臣的手段，君主最终的统治对象是人民，但是又不能直接去统治管理，所以需要官吏作为中间环节实现统治，一旦出现人民造反的情况，那一定是官吏的问题。因此，贤明的君主只要将主要精力放在治理官吏上就可以了，官吏治理好了，百姓自然也就管理好了。法、术同为君主治国的基本工具，二者的不同在于法是臣之所师，术为君主之所执；法对民，术对臣；法在外，术在内。术是“国之利器，不可示人”，因为君主绝对不可相信人。不仅群臣不可靠，就连君主的亲人也不可靠。因为人本自私自利，利益的诱惑会超过亲情。当君主的存在影响到了他们自身的利益，利欲就会压倒人情。为了防止大臣左右的危害，君主一定要防奸、锄奸。君主要看起来似乎无所作为，却能使其他人感到恐惧害怕，这样君主就确定了自己的威信。同时君主不用具体处理某件事，而要充分利用臣子百姓的力量，事情成功了，功劳是君主的，失败了，就是臣下的责任，这样君主就不会有任何过失。君主行事要叫人捉摸不透，不能轻易将自己的内心暴露在世人面前，唯有让群臣感到高深莫测才能威慑天下。

虽然韩非生前没有亲自实践自己的学说，但是秦国以韩非的法家思想为指导统一了全国。从某种程度上讲，“秦朝的建立是韩非学说的胜利”。随着秦王朝因残暴统治而亡，后世开始深刻反省法家学说。从西汉开始，统治者就确定了儒家学说的正统地位，试图用仁爱之道来中和法家思想，进行一定的调整。但是韩非的一些论点，比如强调君主集权等思想仍然被历代统治者加以利用。在当代，韩非强调的法律面前人人平等的思想依然影响着我们的生活。

# 第十四章　秦汉时期的哲学

公元前221年，大秦帝国成为中国历史上第一个统一的中央集权国家。大秦帝国的始皇帝嬴政、丞相李斯独尊法家，实行“以法为教，以吏为师”的治国理念，使哲学思想沉寂了很长一段时间。到了汉初，统治者采取休养生息的政策，崇尚黄老的无为思想。黄老之学的经典是《黄帝书》和《老子》，它以道家思想为中心，兼采儒、墨、阴阳各家的思想，具有唯物主义倾向，并包含着丰富的辩证法思想，西汉中期出现的《淮南子》大体上继承了这条思想路线。汉武帝时推行“罢黜百家，独尊儒术”的政策，董仲舒为适应巩固中央集权的需要，建立了“王道之三纲，可求于天”“天不变道亦不变”的神学哲学理论，为封建宗法思想和封建制度奠定了理论基础，成为汉代统治地位的官方哲学。他的学说也容纳刑名法术，并与阴阳家言论相结合，以后逐渐发展为谶纬之学。东汉的王充对天人感应目的论和谶纬迷信等进行了系统的批判，他所建立的天道自然的朴素唯物主义体系，是那个时期哲学思想的最高成就，对整个封建社会的唯物主义哲学有着深远影响。

总的来说，秦汉时期是封建社会创造新的统治思想的重要时期，这一时期的哲学融合了百家学说的特点，对宇宙之构成、形神之关系、古今之变迁、人性之善恶等问题的探讨比先秦更加深入。

## 攻守之术不同

黄老思想是黄帝和老子的合称，作为一种哲学思想，它以道家思想为主，并且采纳了阴阳、儒、法、墨等学派的观点。黄老学派思想发展主要分为三大主题：修行（修身养性、长生久视、丹道等）、经世（政治思想、休养生息、无为而治等）、致用（技术发明等），以形而上本体的道作为依据，结合形而下的养生、方技、数术、兵法、谋略等，具有极强的目的性和操作性。从内容上看，黄老之术继承、发展了黄帝、老子关于“道”的思想，他们认为“道”是作为客观必然性而存在的，指出“虚同为一，恒一而止”“人皆用之，莫见其形”。在社会政治领域，黄老之学强调“道生法”，主张“是非有分，以法断之，虚静谨听，以法为符”，认为君主应“无为而治”，掌握政治要领即可，不要作过多干涉，“省苛事，薄赋敛，毋夺民时”。汉初主要大臣萧何、曹参、陈平等“好黄老之学”，施“无为之政”，恢复了当时的经济，出现了“文景之治”的繁荣局面。东汉时，黄老之学与谶纬迷信相结合，演变为自然长生之道，对原始道教的形成产生了一定影响。

在学术思想发展的低潮中，道家的黄老无为思想为汉初统治者所提倡，居于支配地位。在汉初特定的社会条件下，统治者无为而治，使农民的生活比较安定，社会生产较易恢复，也使汉朝的统治秩序渐形巩固。早在汉高祖刘邦驰骋疆场的时候，秦王朝的遗臣陆贾就向刘邦称道儒家的《诗》《尚书》。刘邦却对儒家的那一套不以为然，认为自己骑马用刀枪打天下，哪里用得着什么《诗》《尚书》。陆贾的回答却使人耳目一新：骑马可以打天下，但骑马能治天下吗？继陆贾之后的是贾谊，在著名的《过秦论》中，贾谊进一步总结了秦亡的教训。他对秦王朝的历史做了深刻的反省，指出秦统一中国是一个历史转折点，统一前政治的首要任务是“攻”，而统一后的首要任务是“守”。然而，从本质上说，政治思路是政治问题，而不是思想问题；是政治选择思想，而不是思想选择政治。经秦末战乱之后，整个社会一片疮痍，民无盖藏，人无作业，人民亟须休养生息，恢复生产。刘邦入关时约法三章：“杀人者死，伤人及盗抵罪，余悉除去秦法。”（《史记·高祖本纪》）我们虽然不知道秦朝刑法残暴的程度，但从“悉除去秦法”可知，刘邦这一做法顺应了民心，开黄老政治操作之先河。

汉初黄老政治的内容主要有：重农抑商，恢复并发展生产。如提倡以农为本，鼓励从事农业生产；对商人实行抑制政策，禁止他们衣丝乘车，并加倍征收他们的赋税；轻徭薄赋，与民休息；除秦苛法，约法省刑，禁网疏阔。黄老政治的实行，使社会生产很快得到恢复和发展，国家积累了大量财富，西汉封建统治得到稳定。同时，封建地主阶级的经济实力迅速发展起来。

从黄老政治的实际情况来看，它是对秦王朝极端暴力政治路线的纠正。黄老之术本身是较为温和的道家路线，因此，黄老政治反映在政治操作中是有为，而绝不是消极无为。

汉代司马谈特别推重黄老学派的思想，在《论六家要旨》中，他认为黄老思想其实糅合了各家学派的优点。所谓“清静无为”不是不闻不问，而是“精神专一”，可以统领万物与天地长久，所以事半功倍。司马谈认为儒家以圣人为表率的思想，实际上只能让君主操劳而臣下安逸。由此可以看出，黄老思想首先就是针对君主的一种哲学理念。在历史文化中，儒家思想实际上是最丰富的。

黄老思想糅合了法家和道家的思想。道是天地万物变化的根据，由道生出法，“道生法。法者，引得失以绳，而明曲直者也”。法生成后，用来判断是非，因为道生法，所以法自然就有了权威性，进而就要依法治国，赏罚分明。在这个基础上，立法和执法就是在顺应天道和自然规律，即“因循”。在道生法的基础上，我们可以谈论“形名”。何为“形名”？“形”就是外在事物，“名”就是事物的名称，以及由此形成对事物的判断。“以虚无为本，以因循为用”。“虚无”就是道，“因循”就是法。在此基础上，黄老思想提出“刑德”并用的思想。德是道的一部分，刑是依据法进行的生杀处罚。因此，所谓德治，就是依据道法的原则给予万物、臣民以恩惠；而刑罚，也要依据道法的原则，二者间要合乎自然规律。同时，黄老思想将阴阳思想融入其中，让其中的关系变得相辅相成，进而将二者调和在一起。其中的阴阳刑德的思想对董仲舒的“三纲五常”的提出起到了很大的作用。

在大汉初期黄老思想盛行的时候，还有一部著作《淮南子》。《淮南子》相传由西汉皇族淮南王刘安主持撰写，故而得名。《淮南子》原名《鸿烈》，又称《淮南鸿烈》。刘安是刘邦之孙，招来数千门客编写著作，其中就有著名的“八公”（苏非、李尚、左吴、陈由、伍被、毛周、雷被、晋昌）。该书在继承先秦道家思想的基础上，综合了诸子百家学说中的精华部分，对后世研究秦汉时期文化起到了不可替代的作用。

《淮南子》与黄老道家一样，也将“道”看成世界的根源。

其中的宇宙论可以大致概括为：天地未开叫“太昭”——道的原始状态，从中产生“宇”——空间，“宙”——时间，而“宇宙”生“元气”。元气充满天地间，清扬为天，凝重为地，然后天地间生出“精气”——天地之气中精微的部分，成为阴阳，而阴阳又生出万物。《淮南子》引入了“元气”和“阴阳”之说，在这种元气的理论基础上，万事万物都可以用气的运动来解释。

那么，生活在世界中的人该怎么解释呢？《淮南子》认为神是不朽的，形来自地，是会毁灭的，而气就是人的生命力。三者要各安其位，才能保全其身。《淮南子》认为天人同类，可以相互感应，其书中说“天有九重，人亦有九窍”。值得注意的是，《淮南子》与董仲舒的“天人感应”有相似点，但是不同点在于，《淮南子》去掉了儒家的仁义道德，也就是天人之间的感通是自然方面的。

既然天人同类，那么人如何在天地间为人处世呢？《淮南子》关于“无为”的思考不是纯粹的消极无为，其继承的“无为”思想中没有太多的刑名法术色彩。《淮南子》强调要根据自然规律、风俗习惯、社会背景来把握时机，这样才能驾驭万物。《淮南子·修务训》中明确指出：所谓的“无为”，是指不让私欲吞噬公道。是根据自然和社会的规律行使权力。所以，有的学者认为《淮南子》思想中带有儒家思想，这也是没有错的。

## 董仲舒的“天人感应”哲学

董仲舒，河北人，哲学家和政治家。在汉武帝选拔人才的时候，董仲舒脱颖而出，连续答对三题，获得汉武帝的青睐，随后他提出了自己的思想，就是历史上有名的“罢黜百家，独尊儒术”的政策。此政策被汉武帝采纳后，董仲舒担任过一些官职，直到辞职回家。他赋闲在家时，经常受到汉武帝政治咨询的邀请。董仲舒一生著作很多，据《汉书·艺文志》记载的就有123篇，此外，还有他的断案记录——《公羊董仲舒治狱》16篇。

董仲舒特别看重《春秋》，并且他自己也以研究《春秋公羊传》而著名。《春秋》的意义何在？董仲舒认为，孔子写此书的意义在于确立天下是非的准则，孔子在书中说“贬天子、退诸侯、讨大夫”是为了“以达王事而已”（《史记·太史公自传》）。“以达王事”寓意何在？董仲舒认为，这就是《春秋公羊传》所说的“大一统”。“大”在这里是个动词，“大一统”就是以“一统”为大。这个“大一统”就是古今万世的治国纲领，是“以达王事”的途径。由此可以看出，董仲舒向汉武帝提出的“一统”就是以公羊学为基础的儒术经学思想。

董仲舒依据春秋公羊学，提出了“受命改制”的思想。

董仲舒认为，只有“受命”与天的君主才能成为“天子”，才具有合法性。所谓的“受命”就是指君主的德行高尚，得到天的祝福。反之，君主违背天道，依然会被剥夺天的赐福。何为“改制”？就是说，在一个新的王朝建立初，要从服饰、称号、历法等方面进行适当改革，标志着自己作为新王朝的合法性。何为“三统三正”说？“三统”就是黑统、白统、赤统三种颜色的服制。“三正”指三种历法，这三种历法在一年中有不同的时间，夏正在寅月、殷正在丑月、周正在子月。董仲舒说，道的根源在于天，“天不变，道亦不变”。“三统三正”理论说的是，王朝的更替不在于人，而是由天决定的，君主必须努力提高自己的德行，才能避免被天所抛弃。

那么，人为什么可以“受命”于天？董仲舒关于这个问题提出了“天人感应”的学说。首先，董仲舒认为人是天的替代品，这叫作“人副天数”。董仲舒的“天”包含了很多含义，其中有自然的天，也有主宰意义上的天。在古代思想中，不同语境就有不同意义，这里讲董仲舒所说的“天”，指的是道德意义。他在《天辨在人》中说：“春，爱志也；夏，乐志也；秋，严志也；冬，哀志也。故爱而有严，乐而有哀，四时之则也。”也就是说，天和人一样都是有喜、怒、爱、恨的。进而董仲舒提出人是由天所生，人是在形体、情感等方面对天的模仿。董仲舒认为，人是天的副本，那么天人就可以互动，这就好比自然界中的共鸣共振现象。当天警告我们的政治世界中出现了违反道德的事情，我们就需要修正错误，这就叫“灾异谴告”。如果不加以修正，任其继续发展，就会被天革去王朝的福命，进而更新换代，这就是所谓的“革命”。同样的，如果政治清明，天就会降下福报。这种思想的弊端在于，统治者会根据自己的需要对自然现象进行政治解释，甚至编造“受命”的征兆。以后的汉代思想充斥着谶纬学说，与此有一定关系。

在“人副天数”的基础上，董仲舒将阴阳学说引进社会伦理关系中。所谓的“三纲”，就是指君、父、夫属于阳，臣、子、妻属于阴，阴以阳为尊。王是这个伦理结构中的最高点，因为王是天的“儿子”，他具有合法性。“王”字，三横一竖，代表着贯通天、地、人。董仲舒的这一社会政治理论在现代看来是落后的，但它确实为古代社会做出过很大的贡献。

总之，董仲舒是秦汉以来的首位思想家，他的儒学糅合百家学说的精华，创造了一个“大一统”的哲学体系。董仲舒以后的学术，一方面以经学为主，以及由此带来的对谶纬的批判；另一方面，从哲学思想上看，儒家、道家的学说在暗暗复兴。比如儒家的《盐铁论》和道家王充的《论衡》、扬雄的《太玄》。

## 扬雄、王充对谶纬的批判

所谓“谶纬”，本来有两个意思。“谶自谶，纬自纬，非一类也。”（《易伟·坤灵图》）“谶”预示着好事、坏事的密码和隐喻，而“纬”是解释的材料，预示翻译出来的“谶”所代表的意义。但是经过时间的侵蚀，“谶纬”合二为一，成为一种对经典的解释方式。比如《春秋纬·演孔图》中有一个著名的例子，说孔子诞生前，其母梦见了黑帝，告诉她会在空桑之地生孩子，最后应验的故事。这种解释看似荒唐，但之所以流行，是因为可以被统治者用来论证其政权的合法性，将政权神圣化。实际上，董仲舒的“天人感应”学说本身为谶纬学说提供了基础。东汉章帝在白虎观召开会议，确定了天人感应学说和纲常伦理的合法性，然而其统治地位遭到民间学者的反对，这其中就包括有名的扬雄和王充。

扬雄，字子云，西汉末年成都人。据说他年幼口吃，所以喜欢沉思，博览古今。他最为看重的是《论语》《周易》，所以模仿前者写了《法言》，模仿后者写了《太玄》。在《法言·学行》中，他特别强调“学”的意义。扬雄认为，正因为善恶混杂，所以才要学习修养，努力从善。扬雄由好学转至尊师，他说圣人在世是典范，不在世是法典。谶纬在学术上最主要的作为是神话孔子，认为孔子一出生就可以前知一千年、后晓一千年。从这点就可以看出，扬雄的“尊师”和谶纬的信奉者不同，他认为孔子是一位了不起的老师，是可以被模仿但是无法被超越的，孔子的形象不是高高在上、遥不可及的。扬雄认为圣人也是通过学习才达到那样的地位的，所谓“道”，就是通，就是学习。至于《太玄》，扬雄则以道家思想为基础，借鉴《周易》的形式，糅合了阴阳历数思想和儒家伦理，创造了一套自己的体系。

另一位东汉思想家王充，字仲任，会稽上虞人，是汉代思想的批判者。据说王充小的时候因家里穷，常常流连于书摊，并且过目不忘。他十五六岁的时候就考进洛阳太学，跟随班彪学习，现在流传下来的著作有《论衡》。其友人评价王充说，他的才能就是古代的孟子、荀子，今世的扬雄、司马迁都不能超过。

据史书记载，王充喜欢论说，他的文章乍一看有悖常理，但是细细研读就会发现他的说法合情合理，那是因为他的思想和当时的风气不符。王充从小就博览群书，只不过不喜欢当时流行的章句的学问。王充的哲学，就是对当时学术界弊端的批判，他的这种风格被称为“疾虚妄”。对于当时学术状况，王充尖锐地指出有“三增”——语增、儒增、艺增。“增”即增加、附会的意思，也就是指当时学术上存在的浮夸现象。“论衡”的“衡”，其实就是平衡的意思，“论衡”就是公平地评判当时的各种学说，力求达到公正、客观。

对王充来说，当时最虚妄的就是谶纬学说。和扬雄一样，王充也不把孔子看成“生而知之”。他认为孔子和普通人一样，都依靠眼睛、耳朵来感知世界。圣贤和普通人的区别，仅仅在于圣人更加聪明，更加有才智而已。人只有通过学习才能够获得知识，圣人也不例外。王充批判谶纬的哲学基础，主要是“元气”说。王充认为万物都是由气构成的。天是自然的，那么天的运行也是自然的。王充认为天本来就没有意识，人们说的天有种种喜怒哀乐，都是人自己想象的，是人将自己的样子投射给了天。人如果由自然元气所生，就要禀受命与性。然而自然元气没有意识，那么人的命与性也相对不可变。这样的命运就是被动的，不可改变的。王充的由命定论，没有和他要批判的东西真正产生距离。同时，他的命定论成为后世民间相术的思想基础。

总之，王充的批判哲学恢复了汉初道家思想，他称赞黄老思想对天的描述是实在合理的，也为后来的魏晋玄学开辟了道路。

# 第十五章　佛教的传入

## 印度佛教的起源

在2500年前，古印度迦毗罗卫国的王子乔达摩·悉达多创建了佛教，后世尊称其为释迦牟尼。佛，意思是“觉者”。佛教认为世界应该遵循因果循环，重视人的心灵觉悟，只有觉悟了才能超越生死，断尽一切烦恼，得到解脱。释迦牟尼圆寂后，佛法内容由弟子后辈加以总结传播，大乘佛教、小乘佛教先后出现在世上。公元前3世纪的印度国王阿育王就皈依了佛门，他在全印度及周边地区大力推行佛法，随着时间的推移，佛教成了世界性的宗教。印度佛教传入中国的年代，依史料记载，一般认为是汉明帝时期。人们将汉明帝永平十年，迦叶摩腾与竺法兰以白马驮经像来华，当作佛教传入之年。迦叶摩腾与竺法兰合译的《四十二章经》，是中国第一部汉译佛经。继他们之后，陆续有梵僧经由丝路来华。据《开元释教录》载，从桓帝到献帝的四十年中，译有经典187部379卷，这说明中国佛教开始了较大规模的发展。

在译经高僧中，以安世高和支娄迦谶最具代表性。

安世高，原为安息太子，是中国早期传译小乘佛法的第一人，东汉时期进入我国，花费 20 余年的时间，共译经 30 余部，包括《安般守意经》《阴持入经》《四谛经》《八正道经》等，多为小乘之学。支娄迦谶，大月氏人，汉桓帝末年时游化至洛阳，于汉灵帝时译出经典 14 部 27 卷，其中最重要的有《道行般若经》《首楞严三昧经》和《般舟三昧经》，都是大乘之学，为后世大乘佛教的发展奠定了扎实的基础。可以说，中国一开始所接受的佛教便是兼具大小乘，这是中国佛教初传的特色。到了汉末三国时代，佛教逐渐由上层遍及民间。

## 中国本土佛教宗派的形成

佛教经历过汉、魏、晋、南北朝、隋、唐的蓬勃发展，带有中国特色的本土佛教宗派纷纷建立。其中具有代表性的宗派是：天台宗、三论宗、唯识宗、律宗、净土宗、禅宗、华严宗、密宗。

天台宗是中国佛教史上第一个成立的佛教宗派，因其以《妙法莲华经》为主，又称“法华宗”，创始人是智顗。该宗宗谱，初祖上推至龙树菩萨，其次为慧文、慧思、智顗、灌顶、智威、慧威、玄朗、湛然等祖师。智顗以慧文、慧思的禅观思想为基础，依据《法华经》撰述《法华文句》《法华玄义》《摩诃止观》，开创出具中国特色的教义及教判理论。天台宗的教义以智顗的宗教哲学为主，其特点在于教观双运、解行并重。

三论宗，创始人是吉藏法师。鸠摩罗什来到中国，从事佛教经文翻译工作，门生弟子三千，其中以道生、僧肇、僧睿、道融最为杰出，称为“什门四杰”。鸠摩罗什传译龙树、提婆中观学，译出《中论》《百论》《十二门论》，奠定了三论宗的理论基础。其传承法统为龙树、提婆、青目、须利耶苏摩、鸠摩罗什、僧肇、昙济、僧朗、僧诠、法朗、吉藏。此宗的中心理论是诸法性空的中道实相论，如《十二门论》所说：“众缘所生法，即是无自性，若无自性者，云何有是法。”这就是中道。

唯识宗，创始人为玄奘及其弟子窥基。此宗因为重视分析研究诸法性相之学，即依五位百法判别有为、无为之诸法，而研究精神上统一的教法，故又称为法相宗。玄奘，洛州缑氏人，俗名陈姓，《西游记》唐僧的原型人物，从小出家学习佛法，贞观三年（629 年）西行印度，历经十几年，从印度带回大乘法相唯识的真传，与弟子窥基创建唯识宗。玄奘将印度《唯识三十颂》的十部注释糅合成以护法注为主的《成唯识论》，弘宣法相唯识之旨。继承玄奘大师的唯识论者为窥基大师、神昉大师、嘉尚大师、普光大师、神泰大师、辩机大师、彦悰大师、圆测大师等。日本方面，孝德天皇四年，道昭进入大唐，从玄奘大师学习法相宗义，回国建立南寺传，即以元兴寺为中心传教。元正天皇三年，玄昉入唐，师从智周大师，回国后建立以兴福寺为中心的北寺传传教。

律宗，创始人是唐代道宣，因研习戒律章法而得名。律宗的教理分成戒相、法、体、行四科，又称“四分律宗”。律宗教理的核心理论是戒体论，即由心理上构成一种防非止恶的功能。道宣作《四分律行事钞》等著作，集其他与大成者。早在南北朝时期，印度昙柯迦罗来中国，看见中国僧人只剃度却不受戒，于是为了弘扬律法，翻译出一部戒法本卷，以为持戒的准绳。相州日光寺法砺和慧休，开创了相部宗；西太原寺东塔怀素，开创东塔宗。南山宗、相部宗和东塔宗后被称为律宗三家。按照四分律宗自己的承传，法时尊者为律宗初祖，接着是法聪、道覆、慧光、道云、道洪、智首、道宣、周秀、道恒、省躬、慧正、允堪、元照。唐天宝十三年（754年），道宣三代弟子鉴真大师将律宗戒法传入日本，从此，日本有了律宗的分部。

净土宗，创始人是唐代善导。此宗因为专修往生西方极乐世界的阿弥陀佛净土，故称净土宗。在东汉时期，有关“净土”思想的佛教经典就传入了中国。晋代慧远大师在庐山建立白莲社，提倡往生净土。可以说，慧远法师是净土宗的初祖。后来善导大师正式创立净土宗，著作有《观经疏》等。净土宗的教义可以概括为：信、愿、行。也就是相信净土的存在，发愿往生净土，念“南无阿弥陀佛”。净土宗没有前后的传承法统，都是后来人根据历代对净土宗产生贡献的程度和时间推崇出来的。到了民国时期，印光大师在《莲宗十二祖赞》中，将慧远、善导、承运等人尊为净土宗十二祖。

禅宗，创始人为唐代慧能大师，又称佛心宗、达摩宗。天台宗、华严宗与禅宗，是中国独立发展出的三个本土佛教宗派，其中又以禅宗最具独特的性格，其核心思想为：“不立文字，教外别传；直指人心，见性成佛。”意思是通过在日常生活中得到感悟，通过自身的实践达到真正认识自我的境界。《六祖坛经》《五灯会元》等是禅宗的佛经，《百丈清规》是禅宗的律。《坛经》中列出禅宗在印度的传承谱系，以迦叶为初祖，至菩提达摩，共二十八人，史称西天二十八祖。达摩学成来到中国传教，几经流浪来到嵩山少林寺，选了一个环境优雅的山洞“面壁九年”，相传因为长时间“坐禅”不动，导致小鸟在其肩膀上筑窝。后传法于慧可，慧可传僧璨，僧璨传道信，道信传弘忍，弘忍下分为南宗慧能、北宗神秀。“南能北秀”皆师从同门，都是禅宗五祖弘忍的弟子。北宗以坐禅“渐悟”为主，南宗以“即心即佛”，即“顿悟”为主要修禅理念。禅宗自初祖达摩祖师起，皆指人心，不拘修行。慧能传承的禅宗，一方面将佛教思想简化，另一方面又使佛教中国化。禅宗是中国汉传佛教中影响最大、传播最广、发展最成熟的一个宗派。

华严宗，创始人是法藏，因以《华严经》为所依而得名。因法藏受封贤首国师，故又称为贤首宗。根据此宗宗谱记载，初祖为杜顺，接下来是智俨、法藏、澄观、宗密。法藏不仅创建了华严宗，还对华严宗整个思想体系产生了最大影响。法藏大师的主要作品有《华严经探玄记》《华严五教章》等。华严宗旨虽甚深玄妙，所讲教义变化多端，但是没有超出“法界缘起”之说。法界缘起者，宇宙万物皆同等缘，一物之缘就是万物之缘，万物缘也为一物缘。朝鲜系华严宗的初祖，是法藏同门新罗（朝鲜古称）僧义湘，义湘著有《华严一乘法界图》。日本天平八年，唐代道璇将《华严之章疏》传入日本系华严宗，其初祖为新罗僧审祥。最后，华严宗成为日本的八大宗之一。

密宗，又称真言宗、金刚顶宗、毗卢遮那宗、秘密乘、金刚乘。唐代开元年间，由印度僧人善无畏、金刚智、不空等祖师传入中国，此宗以密法奥秘，不经灌顶、不经传授不得任意传习及显示别人，因此称为密宗。印度密宗是印度各宗教相互碰撞的产物，兴起于公元 7 世纪，传入我国后，因为“水土不服”，加上佛教内部对此宗多有批判，因此汉地密宗渐渐失传。唐代贞元年间，日本僧人空海大师来唐，学习密宗教义后，传回日本。公元8世纪前后，密宗进入中国西藏地区，后与西藏文化相结合，产生了藏密宗。

在中国所有佛教宗派中，禅宗和净土宗的影响最广、规模最大、持续时间最长。净土宗教义简单易懂，适合所有人修炼；禅宗则最具独特的魅力。当其他宗教在历史上或因政治原因、或因理论原因逐渐消失时，禅宗却依然生机勃勃地活跃在中华大地上。下面就来讲一讲禅宗哲学思想的魅力。

## 慧能：禅宗哲学

据禅宗记载，印度僧人达摩于梁武帝大通元年（527年）从海上乘船来到中国。梁武帝信佛，与达摩面谈不恰，达摩随后流浪到嵩山少林寺，面壁九年，传衣钵于慧可，魏天平三年（536年）死于洛滨，葬在熊耳山。达摩一脉传于慧能时，一花开五叶，自然成结果。禅宗在慧能的手上大放异彩，成为中国最大的佛教宗门。

下面说一说禅宗六祖慧能。慧能，河北范阳人，俗姓卢。慧能从小家境贫寒，三岁没有了父亲，迁居南海，长大后以砍柴为生。因不小心听见有人诵读《金刚经》，心中有所感悟，于是放下镰刀，决心出家学佛。慧能在672年到湖北黄梅参拜弘忍大师，请求收留。二人一见面，弘忍大师就问道：“你从何处来啊？”慧能回答说：“弟子从岭南来，希望能和您学习佛法。”弘忍说：“你是岭南的，那里都是没有开化之人，哪里能做佛？”慧能忍住愤怒，说：“人有南北之分，佛性可没有南北之分。”弘忍听完大吃一惊，对慧能另眼相看，便暂时留下他干些杂活。当时，弘忍手下有700多徒众。慧能入寺八九个月的时候，弘忍让寺中弟子每人呈上一首偈语，实际上这是一场选择继承人的考试。上座和尚神秀写的是“身是菩提树，心如明镜台。时时勤拂拭，莫使有尘埃”，弘忍看了之后默然不语。慧能当时不是真正的僧人，没有资格参加考试，但是他在劳动的时候听见旁人说起神秀的偈语，感到其中有缺陷，于是写下“菩提本无树，明镜亦非台。本来无一物，何处惹尘埃”。

弘忍看见慧能所写后，认为慧能是一个可造之材，但是碍于佛门规矩和照顾神秀的情绪，就暗中为慧能详细解说了《金刚经》，慧能这才大彻大悟。弘忍又把世代相传的法衣交给慧能，慧能就成了禅宗六祖。慧能得法后回到广东老家，潜修十五年，直到唐高宗时才公开露面。仪凤元年（676年），慧能来到广州法性寺，看见两个和尚因是“风动”还是“幡动”

而争论，慧能说：“既非风动，亦非幡动，仁者心动耳。”慧能的说法让僧人们大为惊叹，印宗法师就为他剃度受戒，慧能这才正式成为僧人。第二年，慧能回到韶州曹溪宝林寺传法，一待就是半辈子，通过传教说法度化了大批弟子。唐玄宗先天二年（713 年），慧能圆寂于家乡，享年 76 岁。次年，他的真身迁回曹溪，供奉在灵照塔中，至今尚存。

慧能的弟子有四十多人，其中以南岳怀让、青原行思、南阳慧忠、永嘉玄觉、菏泽神会五人最为有名。此后，禅宗风靡中国，形成五家七宗。临济宗为临济义玄所创，师承希运，希运师承百丈怀海，百丈怀海师承马祖道一，马祖道一师承南岳怀让。到了宋代，临济宗经过七代传承，分化出黄龙、杨岐两派。

青原行思门下有石头希迁，堪称当世二大龙象之一。门下有药山惟俨、丹霞天然、天皇道悟。药山一系创建曹洞宗。天皇道悟传至雪峰义存，义存传于云门文偃，形成了云门宗。雪峰义存的徒孙清凉文益在金陵清凉寺开创法眼宗。到此，禅宗史上的“五家七宗”基本形成。

禅宗的“禅”究竟是什么？“禅”本是梵文“禅那”的简称。有“静虑”“禅定”等含义，是令心专注而不散乱的状态。在古印度，佛教徒称其他宗教为“外道”，而这些“外道”修的就是禅定。

“外道”的禅定，可以逐步达到四禅八定的境界，但是不能脱离三界之外。佛语中的三界指的是欲界、色界、无色界。欲界的上面是色界，色界达到初禅、二禅、三禅、四禅以后，进入无色界，进而逐渐达到空无边处定、识无边处定、无所有处定、非想非非想处定等“四无色定”境界。四禅和四无色定合称为“八等至”，而非想非非想处定是禅定的极致境界。人间、动物界及地狱都属于欲界。色界是远离欲界中淫、食二欲后仍然具有清净状态的生命所居住的世界。色界在欲界之上，属较高级的天界众生。无色界是最高级的天界生命体，属于唯有受、想、行、识而无物质形态的生命体所居住的天界。虽然无色界是最高级的天界，但是佛教认为仍然不能离开生死轮回，其迷苦之领域如大海一样，所以又称为苦海。佛教教化的目标就是要超越三界，脱离苦海而重新涅槃。

## 小乘佛法禅定之学

小乘佛法主要依靠四谛观和十二缘起观的观法来去除思维与观行，从而达到明白缘起性空、缘起无我的道理，去除烦恼执着，不再受业力牵制的目的，最后修成正果脱离三界。所谓的“四谛观”，就是苦（世间有漏之果）、集（时间有漏之因）、灭（出世无漏之果）、道（出世无漏之因）。所谓的“十二缘起观”，亦是大苦阴缘，即缘痴有行，缘行有识，缘识有名色，缘名色有六入，缘六入有触，缘触有受，缘受有爱，缘爱有取，缘取有有，缘有有生，缘生有老死忧悲苦所集。此缘观还有缘生缘灭之说，“此有故彼有，此生故毕生”为缘生，“此无故彼无，此灭故毕灭”为缘灭，等等教义哲学。最后证明可以斩断自身的执着和烦恼，由此脱离三界，证小乘解脱之法。

小乘佛法看重的是“智慧观行”，同时注重“禅定”之学。其认为，可以由先天的智慧（也就是慧根）斩除烦恼业障，然后就可以轻松证得“慧解脱阿罗汉”。只有智慧、禅定相辅相成，在智慧的基础上修行佛法，才可以证道。在对佛法的不断精研中，他们慢慢地了解到，斩断了慧解脱阿罗汉和烦恼后，就可以很快地提升禅定效果。即使不修禅定，也可以达到初禅的境界。但是这种通过外力（智慧之力）增进的禅定还是不够，在境界上低于解脱阿罗汉。

小乘佛法将禅定之学的四禅八定升级为“九次第定”，即在四禅八定的基础上增加了“灭尽定”。认为通过智慧和禅定的相辅相成，可以断除烦恼业障的现形，进而脱离三界，不入生死轮回，即为“灭尽定”。灭尽定既是“禅定”的境界，也是佛教智慧观行的结果。

## 大乘佛法之高深

大乘佛法认为，小乘佛法只能斩断现有的烦恼根源，对于还没有生成的就无能为力了，需要再接再厉，修学大乘般若、唯识要义，才能亲证第八识真心，彻底斩断未来出现的“祸根”来源，成就大乘佛道。

大乘佛法常用“波”与“水”来区分真心与妄心、无分别智与分别智的关系。不管是惊涛骇浪还是平静如水，水是波的根本，波只是表现在水上面的一个不断生灭变异的现象，这个“不变”的水与“有变”的波浪是并存的。水与波，绝不是你死我活的关系。这就是大乘佛法所要阐明的空性真心与五蕴不一不异、烦恼与菩提不一不异的关系。

总之，小乘佛法注重运用第六意识来铲除先行，而大乘佛法强调从自己的真心出发，了解自己的真心与烦恼。通过无有动静、生灭、分别之相的“大禅定”来亲证第八根本识、无分别智的大乘般若禅。

# 第十六章　魏晋玄学与朱熹理学

玄学，又称魏晋玄学，中国魏晋时期出现的一种崇尚老庄学说的思想，是对《老子》《庄子》和《周易》的研究和解说，也可以说是对道家学说一种新的表达方式。主要代表人物有何晏、王弼、阮籍、嵇康、向秀、郭象等。“玄”是《老子》的“玄之又玄，众妙之门”，王弼对玄的解释是“玄，谓之深者也”。“玄”体现了万物变化的作用，它就是“道”。玄学的主旨就是道家的“自然”和“无为”，其探讨的中心问题可归结为“天人关系”问题。玄学主张“祖述老庄”，关注有无、本末、言意、动静、梦觉、自然与名教等具有思辨性的道家概念和原儒学、两汉经学，其诞生极大地推动了中国哲学的发展。

随着东汉王朝的分崩离析，统治思想界数百年的儒家学说渐渐被一种新的思想浪潮所取代，那就是玄学。玄学有自己独有的表达方式，也就是人们用形而上学的哲学思想在一起讨论玄道论辩，当时人们称为“清谈”或“玄谈”。类似于现在的辩论赛，分主客双方，围绕一个抽象论题提出有力的观点。“清谈”的内容可以用“清”“玄”来概括。“清”有着清雅、清逸之意，带有超脱、优雅、从容的特色；“玄”就是谈论的内容，当时的人们以先秦经典《周易》《老子》《庄子》为主，认为这三部书蕴含着深奥浩瀚、雅致玄远的深意。这三部书籍也被尊奉为“三玄”，这也是“清谈”又被叫作“玄谈”的原因。《晋书》上所谓“正始之音”，就是在说魏晋时期出现的清谈风气。据清代赵翼《二十二史札记》记载，清谈之风开始于魏齐帝曹芳正始年间，何晏、王弼可以说是创始人。那是因为他们都是贵族名士，影响甚广，形成了一种非政治性、非抗争性、不关注现实、追求虚幻的风气。

在魏晋玄学的话题中，最具有代表性的是“有”与“无”的关系问题，也称为“有无之辨”。这个问题反映了玄学家对宇宙存在的终极探索。

何晏、王弼主张“贵无”论。何晏是汉末大将军何进的孙子，何晏的父亲早亡，母亲做了曹操的小妾，因而何晏成了曹操的继子。何晏作为魏晋玄学的奠基人之一，指出：如果天下是“有所有”的话，那么“道”就是“无所有”。他从逻辑上探讨“有”和“无”的终极关系，提出了“无所有”的“道”才是天地的根源。他认为“无”是根本，是道家思想里“道”的来源。

王弼继承了何晏的这一主张并将其发扬光大，提出一个完整的“贵无”思想，完成了本体论的建构。王弼英年早逝，只活了 24 岁，但这丝毫不影响他成为玄学的奠基人和他为哲学所带来的贡献，这才是真正的“天纵之材”。王弼的“贵无”思想有一个很大的不同点，就是他第一次引入“本”“末”的概念来解释“有无”的关系。

老子的所谓“有生于无”，是说“本源”和“化生物”的关系。王弼将老子的思想进行了改造，将“有无”的关系解释为“无”为“有”的存在提供“根据”。王弼跳出了“有”和“无”的时间性思维模式，从二者的逻辑关系上探讨“有”“无”本末的问题。“有之所始，以无为本”，指宇宙的存在，“无”是最高根据和终极原因。王弼通过“动静”来举例论证，他认为“动静”中，静为本，为根源；“动”是它的原因和根据。“动”是在“静”的基础上形成的，以“静”为存在的前提。“静”就属于“无”，“动”属于“有”。王弼“以无为本”的主张带有鲜明的本体论色彩。

王弼在论证“无”的本体性与崇高性的过程中，遇到了一个理论难题，那就是如何安排“有无”之辩与“儒”“道”的关系。即，孔子和老子二人，谁才是真正的圣人。

当时面临的情况是：一方面，孔子的“圣人”地位深入人心，不仅得到上层阶级的公认，还在普通百姓心中有着很高的地位，但是据记载，孔子很少谈论虚无缥缈的东西，他大部分时候都是针对现实生活中的事情进行点析，有具体的内容；另一方面，老子喜欢聊一些“虚无”的话题，对“无”谈论得很多、很彻底。从形式上，孔子是探讨“有”，老子是探讨“无”，但是二者的地位正好相反，这样就证明了王弼的“有无”观点是错误的。然而王弼没有被这个问题困住，他另辟蹊径，跳出了这个困境：将“无”的代表从老子替换成孔子。“圣人体无，无又不可以训，故不说也。老子是有者也，故恒言无所不足。”（《三国志·魏书·王弼传》）王弼并没有批判孔子，表面上依然尊孔子为圣人。但实质上，王弼以老子的义理来界定孔子的思想。王弼说，尽管老子的谈论多是关于“无”的话题，但其实他并不是很懂“无”的本意，是在故弄玄虚。而孔子就不一样了，他虽然很少谈关于“无”的事情，但他真正明白“无”的精神，只不过因为“无”太过深奥，无法用语言去表达，所以他才不去谈“无”。王弼的意思是，孔子和老子，对“无”这个宇宙万物的根源，一个是懂而不言，一个是言而不懂。王弼通过巧妙地“偷换概念”，解决了“以无为本”和“孔子老子为圣”之间的矛盾。

“名教”与“自然”的关系，是“有无”之辩在政治领域的体现。所谓“名教”，是社会上等级名分、伦理准则、道德法规、制度典范等的统称；“自然”，指的是人的本能反应或者天地万物的自然性。也就是说，魏晋玄学家讨论的是人性的

“束缚”和“放纵”的关系。王弼从道家的自然哲学立场出发，主张“名教本于自然”，以“自然”为无、本，“名教”为有、末，强调名教应该顺应人的自然本性。下面就以“竹林七贤”中阮籍的性格为例，来阐述名教与自然之间的关系。《世说新语》中记载了一则关于阮籍的小故事：阮籍的邻居是个美丽的女人，这个邻居和阮籍有相同的嗜好——喝酒，于是阮籍没事就去找这个女人喝酒，喝醉了就和女人一起上床睡觉，但是这个女人的丈夫暗地里观察了很多次，都没有发现自己的妻子和阮籍有任何越轨行为。阮籍的这种举动，正体现了阮籍对名教和自然关系的看法。他认为自然为本，名教为末。在阮籍看来，自然是与道同体、与天地同生的，行为高妙，不拘一格，以天地为家。名教是“服有常色，貌有常则，言有常度，行有常式”，尊礼守则。如此鲜明的对比，体现了阮籍崇尚自然、反对名教的自由精神。

与阮籍同为“竹林七贤”的嵇康，提出了“越名教而任自然”的思想主张。嵇康生活的年代，正是司马氏集团利用儒家名教宣传的忠、孝、节、义等规范来维护统治、钳制人心的时候。嵇康对这样的现象深恶痛绝，由于他受到的是道家思想的影响，从感情上不愿意接受名教的规范，所以拒绝了司马氏合作的要求，在《与山巨源绝交书》中提到“必不堪者七，甚不可者二”，而他的“轻贱唐虞而笑大禹”“非汤武而薄周孔”

等大胆主张，更是直击司马氏的统治，因此给他带来了灾祸。他的死，不仅是一个哲学家的死，还是对“自然”和“名教”关系的最终解答。

魏晋玄学是一种逻辑辩证性很强的哲学，它比较注重对一系列哲学概念以及这些概念间的逻辑关系进行探讨。玄学是以老庄（或三玄）思想为骨架，简化两汉烦琐的经学，以此来调和“自然”与“名教”的一种特定的哲学思潮。它讨论的中心问题是“本末有无”问题，即用逻辑辩证的方法讨论关于宇宙万物存在的本源的问题。因此，魏晋玄学使中国哲学的概念及相关概念得到发展，在旧有的思想基础上给出了新的意义。

通常来说，一个时代的思潮达到一定的高度时，总会渐渐地降下来，直到被历史的尘埃所覆盖，就算留下了模糊的足迹，也不会引起人们的关注。而玄学思潮经历几百年，入唐后非但没有彻底消亡，反而迎来了新的“春天”。这是因为唐朝在政治思想上推崇“易老庄”（《易》《老子》《庄子》），与晋朝的“三玄”之学有相似之处。所以，玄学在唐朝得到了很好的发展，达到了一定的高度。不过，玄学至宋朝中叶被宋明朱子理学取代。

朱熹，字元晦或仲晦，号晦庵，世称朱文公，祖籍江南东路徽州府婺源县（今江西省婺源），宋朝著名的理学家、思想家、哲学家、教育家、诗人，闽学派的代表人物，世人尊称为“朱子”，非孔子亲传弟子而享祀孔庙、位列大成殿十二哲者之中。朱熹著述甚多，有《四书章句集注》《太极图说解》《通书解说》《周易读本》《楚辞集注》等。其中，《四书章句集注》成为钦定的教科书和科举考试的标准。他做官清正有为，重建白鹿洞书院和扩建了岳麓书院。朱熹是程颢、程颐的三传弟子李侗的学生，他综合了被称为“北宋五子”的学术精华，使理学更加精密、系统化，所以朱熹也被称为“理学集大成者”。朱熹理学作为元明清时代的官方哲学，长达七百多年。

理气论：朱熹所构建的是以程颢兄弟的理本论为基础，汲取周敦颐的太极说、张载的气本论建立起来的本体宇宙论哲学体系，这个体系的核心就是“理”“气”“太极”。朱熹小的时候就想知道“天”的奥秘。那么，天是什么呢？“天者，理也”（《河南程氏遗书》），这个“天”说的是在阴阳造化上循环的自然运行过程中的理法。世界万物正是根据这样的理法，以阴阳二气之交感、无形之错综的方式孕育出来的。朱熹根据上述理论提出：宇宙万物全是由气和理共同构成的。气是构成万物的材料，理是事物本质和规则；气是不断流动的，气中的混浊之物质凝聚在一起时形成了地，气轻者四处扩散形成了天。气有阴阳之分，进而形成五行之元素充斥在天地间，按照阴阳五行组合的方法形成了各种各样的生物和形形色色的现象。气的清浊，导致生物产生差异，那是具备了天赋的真理。从上面的叙述中，朱熹提出了他的“理先气后”。理是形而上，气是形而下；理气同存，但理于优先并不受气的影响。在朱熹看来，理是天地万物共有的道理，天地万物的变化不是盲目的，而是顺应贯穿于真理的支配，这样，它的正确性才能得到保证。总之，不管现实如何残酷、如何阴暗，其中都会有支持宇宙运行的条理和规范的存在。只有承认了其普遍性，在一定的范围中寻找思考和行动的准则，人伦共同体才有可能存在。

物有万殊，理也有分际。朱熹说，理有个别和共同之分。每一个具体的存在，后面都会有一个理来决定。如何区别公共之理与殊别之理？就要看朱熹怎么来界定“理”了。在朱熹看来，万事万物间都有一个不可抗拒的理存在，这个理还有可能是个别性、限定性的现象存在。如果用这样的理去充当实践主体的行为依据，就不免有些片面或者局限。从而不能正确、全面地了解事物的本质，会很容易被制约性的东西牵制住，走向固定化。要想打破这样的局面，就必须想办法从其中抽出来，达到结构性、纯自律性的根源之理。当这种根源之理被看作宇宙万象的根源时，就可以叫作“太极”；它的形象、无法表述的特质，称为“无极”。那么二者是什么关系呢？朱熹说：“不言无极，则太极同于一物，而不足为万化之根；不言太极，则无极沦于空寂，而不能为万化之根。”（《答陆子美》）太极不是抽象概念，而是具体的事物，可以使其成为可能的普遍者，也可以说是“人人有太极，物物有太极”（《朱子语类》）。朱熹在这里用“水中月”比喻：月亮在天上，那就只有一个；要是月亮照在江湖中，那就会有很多月亮散布各地。一理散为万物，万物归依一理，宇宙间的万物保持在有度的条理之中。作为根源性实在的天，在生生不息的运行中产生了万物，万物作为个体保持自己的位置和意义，互不侵犯，构成协调的世界。这就是朱熹的理气论呈现的世界图像。

心性论：朱熹说的理，不仅是客观的条理，而且是贯穿一切的根源之理。朱熹认为“人物之生，同得天地之理以为性，同得天地之气以为形”（《孟子集注·离娄下》）。这里的性，就是人物生出了天赋带的“理”，这是人的共性。也称为“天地之性”“义理之性”。他认为，作为天命赋予的人性，拥有天理，万事万物之理全部收在其中。因此，人性的本质就是天地共有之理，超越个体之理的普通性权威，人只有顺应了这一权威，就会得到完全的满足。这就是朱熹的“性即理”说。

朱熹的理气论阐述了理气并存的状况。理不是单独存在的，必定与形而下的东西混为一体，才能找到安顿之地。由于气的不同情况、状态，理也会有受到限制的时候。朱熹对于人性中复杂多面的现实加以具体地分析和疏导，认为共同的理人人都具备，然而一旦说到性，气就普遍存在其中，人品的好坏也就产生在其中，同时，善恶的差异也在产生当中。这种优劣差别的原因就在于人的秉性不同，有昏庸和明朗之分，刚强和软弱之分，贤与不贤之分等。这只能说明每个人的秉性都受到不同的“天理”影响，在天理方面都是共同的。朱熹用理表示人的共性，气表示个体的特殊性。当性与气合在一起时，成为人类道德实践的出发点是气质之性，不是天地之性。

朱熹认为，天地所化的人，在理上没有差别，均有太极之道，但是运行于阴阳五行之间就会有差异出现，这就是表现在人心之灵，能够具备性的四德并发出四端；物则因为气偏而导致心被遮掩住，无法发挥全德。对人来说，心是身体的性、行为性的主宰，而心之所以能成为主宰，是源于心的自身结构和功能。心发动之际，以气（身体）为媒介与事物去感应，发挥出来的便是情。例如，人在生活中要懂得感恩父母，这就是性；人要是有孝敬父母的念头，就是心之灵；人在孝敬父母的过程中表达出来的情感，这就是情。总之，人的心是理与气的主宰，有性与情的重合；性是核心，有着绝对的权威；情会被气制约，不一定能和性保持行动上的一致性而有善恶之分。情与性之间有脉络贯通，其证据就是四端的存在。何为四端？即恻隐之心、羞恶之心、辞让之心、是非之心。孟子说乍见孩子掉进井里，人皆有恻隐之心。这是客观存在的，其中的“皆”就代表着一种先天性、普遍性、必然性的含义。通过四端所在之处体验到心体在全体中的条理，向外发出表示，恻隐、羞恶、辞让、是非就能准确地发出。从根源上来说，情本身不知道善恶，只有在发动的时候才会知道善恶的区别，心承担了一种统率性情的责任。这就是朱熹要表达的“心统性情”。

朱子思想是我国继儒家思想以后又一全新的思想领域，它是我国传统文化发展史上的又一次高峰，不仅影响了中华民族的思想文化，还跨越了民族和地域的界线，传播到海外不少国家和地区，对海外思想文化产生了不同程度的影响。

# 第十七章　王守仁与心学的崛起

王守仁，汉族，字伯安，别号阳明。浙江绍兴府余姚县（今属宁波余姚）人，学者尊称为阳明先生，世人亦称王阳明。明代著名的思想家、军事家，心学之集大成者。王守仁经过长期探索，建立起以良知和致良为主的阳明心学（阳明学），是影响明代最深的哲学思想。其学术思想传至亚洲各地，和本地的思想文化相结合，对各地本土文化产生了巨大而深远的影响。王守仁有着不同常人的一生，立功、立德、立言于一身，有着“完美人生”的赞誉。有后人编辑的《王文成公全书》，其中比较著名的是《传习录》和《大学问》。

“心学”中的“心”，是指心理活动的认识能力。如王阳明所说：“身之主宰便是心，心之所发便是意，意之本体便是知，意之所在便是物。”在他看来，心是影响身体的主宰，当心静如水时，身体里的大智慧便会显露出来，正所谓“此心虚灵不昧，众理具而万事出”，一切都是浑然天成、不假思索的。

《王阳明四句教》：“无善无恶心之体，有善有恶意之动，知善知恶是良知，为善去恶是格物。”心的本体是无善无恶的良知，也就是天理，我们追求的境界就是无善无恶，当人们产生了意念（想法）的时候，意念附加在事物上，这就产生了善恶，也可以说是“已发”，事物就有符合天理和不符合天理的区别；良知虽然没有善恶，却下意识地履行着善恶，这是知的本体；一切思想的传播归结到一点，就是要留下善、去除恶，即以良知为标准，按照自己的良知去行动。无法界定良知的对错，也就是意念出现了错误，即不能正确地分辨善和恶，也不能判断良知的对错，从而导致格物误入歧途。为什么会出现这种情况？因为此时的心已经被贪念所蒙蔽了，没有了天理，这时就要反求诸己。只有努力让自己的心回到无善无恶的状态，才能有正确的良知和格物。何为格物致知？在朱熹看来，格物就是要广泛接触事物，无论什么事情都要研究其理达至最深的地方。什么是有理？只要格物致知的程度达到没有私心物欲的心，心中的理其实也就是世间万物的理。所以天理不是靠空谈的，是靠格物致知。靠实践、靠自省 ，即“知行合一”。心中有天理、无私心，就好比世间有规矩、有规律，有规矩就能丈量世间万物的方与圆。很多人认为心学是空谈，但天理其实就在人的心中，举一个简单的例子：孝顺父母这种行为，心中有这个念头不算是真正的行孝，必须在实际行动中有所体现，并且在孝顺的过程让父母感到满意，付出了真心去对待这样的行为才是真的行孝，这就是实践。表面上看，这个实践好像是客观的存在，其实是由自己的心在进行作用，万物皆在本心。这个孝顺父母的天理并不是父母教的，而是通过本心散发出来的，由心灵产生的这样的意念，这是纯粹的、没有私心物欲的良知。

在中国讲究的是名正言顺，思想家们都想争儒家正统的地位。朱熹为了宣扬他的思想，减少反对他的阻力，首先就按自己的意愿篡改《大学》。

王阳明的聪明之处在于，他的心学完全是靠批判朱子之学发展起来的，但是在刚开始，他不能直接和朱熹的思想产生分歧，因为在当时朱子学说是主流，是官方承认的学说流派。为了减少阻力，他写了几本书为自己的学说做一个铺垫，其中就包括《大学古本》，说心学才是儒家的嫡传。《朱子晚年定论》，说朱熹晚年已经逐渐向心学靠拢了，又把儒家按照自己的心学理论进行解释。

王阳明在陆九渊的“吾心即是宇宙，宇宙即是吾心”的理论影响下，开创了他的心学理论。他的心学体系包括：一是心即理，二是知行合一，三是致良知。王阳明的心学，不同于儒家的其他思想，他强调的是心的作用。

## 心即理

正如《明史·儒林传》所指，明朝初期有名的大儒都是信奉朱熹旧说的支流，丝毫没有创新的活力，直到王守仁出现，才彻底打破了这样沉闷的学风，引导儒学有了新的发展。

王守仁早年也是信奉朱熹理学思想的。有一次，他想起朱熹“做圣贤要格天下之物”的提议，便找来朋友一起来实验，但“亭前格竹”的试验没有成功，从此王守仁开始怀疑朱熹学说的真实性，后来王守仁被贬谪龙场，他反复思考如何有效地进行道德修养，达到“彻悟”的境界。龙场之悟，让王守仁发现了解决问题的方向。

在朱熹思想中，格物致知就是客观地看待事物，通过积累的方式，确认和体验贯通万物之理的存在。贯通万物之理的存在是发挥实效之事的前提，朱熹称其为“定理”。朱熹认为，理是超越个体自主性的定理、天理，理限制了心。

在王守仁看来，这种把理放在第一位，把心放在后面的思维已经落后了，需要进行改革。变革的标志就是“心即理”的学说。“心即理”的学说就是全面发挥主体自主性的立场，王守仁用“天下无心外之理”和“心者，天地万物之主也”的命题来阐述自己的心学立场。所谓的“天下无心外之理”“心者，天地万物之主也”，不是说物质由精神产生，心在物理层面创造万物，而是意味着人类的责任都由心来承担，进而影响万物。所谓的“心外无理”，指的是心就是理、理由心生。在王守仁眼中，心不是天理的附加，而是立身行事的依据、判断是非的准绳。

朱熹在解析心与理的关系中指出：心虽然是身体的主宰，但是它在本体层面上的虚灵作用足可以管制理；理虽然包含在万物中，但是理的作用不在心上。王守仁反驳道，朱熹的解析在一分一合间把心和理分成不同的存在是不对的，这样会出现很多弊端。在王守仁看来，没有自由和活力的心，无法获得真正的理。他认为心本来是至善的，拥有着创造善的功能。王守仁说，心不是理和气交错、性情对立的，毋宁说性情未分知浑然一体。进一步说“心即性，性即理”，心和理本来就是一体的存在，这种一体化可以用“理是心之条理”来表达。这种条理发向亲表现为孝，发向君表现为忠，发向朋友表现为信，是千变万化的。理不是心之所对、所知的外在对象，而是在人心中应对事物所发生的自然条理，这些条理就是人的行为准则。因此，人心的条理赋予了人们在现实中的行为，呈现出来的是道德秩序。

## 知行合一

朱子理学不仅局限于内在的意识，它还有很强的社会性质，表现在人类的具体生活当中，实践主体必须在具体的事件中证明一贯的性理，让事物发挥出本然的天理。正是因为这个意义，知行的关系成了朱子学说的主要课题。

在心学没有出现的时候，传统理学中，知行可以分为广义和狭义之说。广义上说，知是人心理活动的统称，行是人的行为统称；狭义上知是道德直觉，行是道德实践。关于知和行的关系，最有影响力的是朱熹的“知先行后”说。在朱熹的思想中，性理对人来说是一种客观的存在，唯有借助“虚幻”的心来认识和把握它，才可以发出情的功能，从而使人的意念和行动理性化。朱熹认为，知与行的关系，以目的而言，行是最终的目标，即“知轻行重”；以逻辑顺序而言，天理为先，即“知先行后”。随着心由于知的不断积累从黑暗转向光明的过程，行的规模和效率才能逐步上升，这是朱熹工夫论的基本点。在王守仁看来，朱熹限制了心创造理的自由和权限，将二者分开，是知行分为二的根本所在。但是知行和心理一样都是不可分离的存在。王守仁在龙场悟道的第二年，就开始倡导“知行合一”的说法了。这是“心即理”和“知行合一”的同一性。在朱熹思想中，格物致知对理的追求，是对天理的敬畏，敬畏天理，就是顺从天理，正是因为敬，所以心主宰的决定性才能成立。在王守仁看来，“心即理”不但意味着心拥有创造的能力，也意味着心本身就有一种不可思议的力量。王守仁称为“知行合一”。

王守仁的“知行合一”不是先有行或者先有知，二者独立存在，然后再合并为一处，他认为二者没有分开过，一直都是一体存在出现的。在本心中，知的规定性就是行的规定性，反之也可。在王守仁看来，由于心体不由着自己跳动，知和行是同时产生，支持它们的是不断呈现的心体自我发展、自我限定。知行不过是同一根源不同层面的体现，也正是因为这个根源，知行才会分开。这就是王守仁所说的“立言宗旨”。如果“立言宗旨”成立，那么知先行后、行先知后、知行并进等说法都可成立。

## 致良知

根据王守仁回忆，他当时已经悟出来“良知”二字的道理，只是缺少学力和洞察力将“良知”点出来。为此，他花费十三年才正式揭出“良知”二字。在这十三年间，王守仁先后提出了“心即理”“知行合一”“克己省察意”等教法。虽然大方向没有变，但是总感觉不如“良知”能够一语中的，简易直接。

王守仁用“良知”来概括“道德本心”，主要是因为在儒家经典中，“良知”最适合用来表示心的先天觉醒。“良知”

最早出自孟子。孟子说，人不必学习就具有的功能，是良能；不必思考就具有的知识，是良知。王守仁认为，他所说的良知就是天命之性、人心自然的本体。“是非之心”是良知的内容，表明良知具有分辨是非的自觉性，是良知的表现形式。从这点看来，良知比“心即理”更为圆润。

王守仁认为，良知在不同的机缘表现出来的是不同的“天理”，表现在亲情上是孝顺，表现在兄身上是悌，表现在君上是忠。孝、悌、忠便是所谓的天理。天理与良知不是相异之物，良知是天理的自觉，天理是良知的表现。既然良知具备主宰性，那么世间的恶又是从哪里来的呢？王守仁解释，那是由于现实中存在的遮挡良知的私欲导致的。私欲又是从何而来？王守仁用妄心照心一体论来说明私欲的由来：照心是心体自觉的呈现，妄心则是被私欲遮挡的表现。王守仁认为，即便是妄心的存在，也不可能代替本心的位置，只不过是一时被蒙蔽而已，在判断时有些迟钝。由此，真心和妄心便成为相印一体的存在。他认为，觉悟是建立在良知的基础上，形成的种种善意；种种恶意的存在都是滋生于良知之上。如何取舍辨别善恶，责任都是良知完全承担和判断，而不是将恶的存在直接判给了气质、情意等上面。正所谓道高一尺、魔高一丈，妄之深度反而把真推到更高的层次上去了，其关键就是良知的统御能力。因此，对于重大责任的良知体质的锻炼必须充分实行。这便是王守仁所说的“事上磨炼”：良知要与现实紧密结合在一起来锻炼自己。通过不断地结合来把握新问题的出现，创造新生命。

实际上，“事上磨炼”正是致良知的内在要求。致是扩充的意思，致良知是使良知中的天理不被私欲所遮挡，从而充分地把它呈现出来。能如此扩充，则实践主体皆是良知天理流行。致表示行动，见于行事。但是如何能致呢？王守仁认为，把良知之天理推致扩充到万事万物上而使其合于“良知天理”之理。正如此，王守仁把“格物”的“格”解释为正。格物就是用良知之理来正物，并不是以实践主体的认知活动来穷究事物之理。王守仁指出，良知具有客观稳妥的规矩和条理，致良知要立足与心体的真诚，真真实实，不能被一点的贪欲所占有，当出现恶的苗头，一定要及时扼杀掉。

王守仁的心学是“心即理”“知行合一”“致良知”三者之间相互联系、相互贯通才构建而成的。王守仁在临终前说“此心光明，亦复何言？”就说我的心是光明的，虽然曾经遭受过他人的误解、排斥，但是这些对我来说又算得了什么？按照他的观点，我们的心如果是光明的，那么整个世界就是光明的，虽然很唯心，但是对一个人的心理有很大的暗示作用，只有一个人的心理是光明的，事物才会显得光明，用一个好的心态去面对生活中的压力，压力越大，心里的承受能力才会越强。我们以什么样的心态去对待自己的生活，对待所处的世界，这个世界就会用什么样的态度来对待我们，因为这一切，都是由我们的“心”自己创造出来的，与其抱怨世界的不公，不如努力调整自身，只要有一个好的心态去面对，就会感觉到世界的美好。

王守仁说：“每个人心中都有一个圣人，只不过是因为没有自信，所以才会显得平庸。”觉得自己成不了圣人的原因，就在于我们自身常常被私欲、贪恋所蒙蔽，人要成为圣人，必须向本心致良知，必须改掉遮挡本心的行为和观念。所以，我们要不断地反思自己的行为是否恰当，想法是否正确。要不断地进行心灵的自我修炼，不断地“致良知”“知行合一”，用良知磨炼、守护本心，用这样的观点来构建自己的心灵世界，我们的生活才会安定幸福，我们的社会才会更加和谐美好。

# 第十八章　　渐进中的革命

“中国近代”指的是鸦片战争到中华人民共和国成立的这段历史。在这段时间里，中国除了经历了一场空前的灾难和巨大的变革以外，还经历了一次中西哲学思想的碰撞，中国在寻找属于自己的发展道路上，不断汲取西方先进的思想来补充中国哲学的不足，希望找寻到一条引领中国走上富强的道路。哲学是服务于人类社会实践的一种关于思维与存在关系展开认识的辩证运动，哲学思想指导社会实践，社会实践又是提供哲学思想产生和发展的源泉。为什么这样说？因为在社会动荡时期，政治思想斗争对哲学的影响要显著一些；而在和平年代，对哲学影响较多的是自然科学的进步。“中国近代”是一个动荡的时期，所以，哲学思想大多体现在政治斗争活动上。

恩格斯说：“每一个时代的哲学作为一个特定的领域，都是由他的先驱者以它作为出发的特定的思想资料作为前提。”所以说，哲学固然服务于社会实践，但它又是一个相对独立的部门，有自己的发展。在我们研究中国近代哲学史的时候，要注意一点，那就是既要考察社会经济是如何通过政治斗争来制约哲学运动的，又要注意哲学相对独立的性质，掌握它对过去和外来思想的判断。只有综合考虑这两点，我们才能正确把握哲学发展的规律。

## 古今中西之争

中国近代社会的主要矛盾是帝国主义和中华民族的矛盾，封建主义和人民大众的矛盾。这两对主要矛盾该怎么通过政治斗争来制约哲学的演变呢？面对这两个主要矛盾，中国该怎么去解决这个问题？未来该往哪个方向去探索？该如何解放灾难深重的民族？一百多年间，无数的有志之士为了这个问题抛头颅洒热血。这个时代的中心问题是中西古今之间的哲学思想的斗争。既然外来的思想我们阻挡不了，那么就应该选择合适中国国情的西方思想与传统优秀的哲学思想相结合，得出救国救民的真理，以便引导中华民族走向自由解放的道路。

外来的哲学思想有马赫主义、实用主义、新实在论、逻辑实证论等实证论流派哲学思潮，尼采、柏格森及存在主义等非理性主义哲学思潮。这么多的思想，中国该如何选择？在中国近代一开始，"师夷长技以制夷"就被魏源首先提出来了，随后还有"中学为体，西学为用”的口号，都是在说要学习西方的先进技术。直到五四运动时期展开的中西文化论战，胡适等人认为走资本主义道路可以富强中国，而反对者认为应该继承中国儒家的传统，即“中体西用”。双方为此发生了激烈争吵，但不管怎么吵都是形而上学的观点，不可取。随着时代的进步，早期的探索者发现了“西”具体指的是马克思主义，因为这是西方文化中最高的成就。如何将马克思主义与中国的革命实践、中国的优良传统相结合，使马克思主义中国化，这就要具体问题具体分析了，汲取西方文化中优秀的精华，摒弃帝国主义思想。如何更好地将马克思主义中国化，就要汲取中国传统文化中科学性、民主性的精华，剔除掉封建主义思想。

中国近代出现了一大批不是哲学家的思想家，他们只是一群爱国革命家，代表了中国的希望，代表着中华民族优秀的传统。他们用自己的热情、意志、思想去解决“中国的未来在哪里”的问题。想要解决这样的问题，首先就应该明白这是政治思想领域中的古今中西之争在制约着哲学的发展。明白这个道理，就能更好的理解为什么有的哲学表现很突出，有的则没有人注意。所谓的中西古今之争，就是要把西方先进的理论与中国的具体实情相结合，以便付诸实践。这里就有一个很重要的认识论问题了，即知与行、主观与客观的关系问题。中国近代史上最伟大的成果就是，马克思主义与中国国情相结合产生了巨大影响，正确地解决了“中国的未来在哪里”的问题。

以上是从哲学和社会实践的角度来阐述的，接着我们来看看哲学相对独立的方面，即从思想来源批判继承的关系。研究中国近代哲学，就要注意它和中国传统哲学、西方近现代哲学的关系。中国传统哲学，包括道家、法家、儒家、理学、心学等哲学思想；西方近现代哲学则包括进化论（属于资产阶级民主主义文化）和马克思主义哲学（属于科学社会主义文化）。进化论的引进标志着中国近代史的开始，从戊戌变法到五四运动前夕，革命者运用的都是进化论的哲学思想。五四运动后，中国找到了马克思主义，以辩证唯物主义和历史唯物主义作为眼睛去观察中国国情，将马克思主义和中国革命实践相结合，走出了一条正确的道路。为什么外来的马克思主义在中国站住了脚？那是因为，外来的哲学理论来到中国，能发挥到什么程度，取决于中国社会的需要。历史证明，马克思主义正是中国近代史需要的哲学理论，同时也是符合中国社会历史条件的。

上面我们一直在讨论西方的哲学给中国带来的影响，但是西方的哲学是要在中国的土地上发展壮大的，这就不能离开中国本土的传统哲学思想。我们不能因为有了西方的先进哲学就割断历史，而是要尊重历史。

首先，先秦诸子百家让思想得到了解放。黄宗羲、顾炎武、王夫之的哲学思想都具有不少民主主义色彩，他们代表的是中国古代的朴素唯物主义辩证法思想。这也是中国为什么能够较快地接受马克思主义哲学的原因。

其次，从形式上看，近代哲学在对经学形式说“不”，不是全盘否定，而是有选择地摒弃。乾嘉学派的治学方法虽然有局限性，但是它与近代实证科学的方法相似。而“公羊三世”说等今文经学讲经世致用，讲微言大义，对龚自珍到康有为都产生了重大影响。所以说，不能单纯地对经学进行否定，近代哲学对经学也要有继承。

最后，陆王心学和程朱理学。前者在戊戌变法的时候，康有为和严复对其持不同的态度，双方因此产生了很大的分歧，虽然都有各自的道理，但是具体情况具体分析，在此不多加评论。而程朱理学因为在封建专制主义中占有统治地位，因此受到了先进人物的全面否定和批判。此外，佛学在一定程度上得到了复兴。谭嗣同、梁启超等人身上有明显的佛学的影子。

上述是中国近代哲学史上的古今中西关系的问题，从哲学本身相对独立发展的角度上看，中国近代哲学是中西相结合的产物，为的是解决中国当时的现实问题。下面，我们将进一步考察哲学的根本问题在中国近代的表现形式。

## 中国近代哲学论争问题

上面我们说过，哲学根源于人类社会实践，是主要围绕思维与存在的问题展开的辩证运动。这里的“主要”不代表一切，说的是哲学这个问题在不同的时代、不同的民族、不同的阶段所表现出来的形式是不同的。那么，中国近代哲学论争的主要问题是什么呢？

了解中国近代的哲学论争，应该把中国传统哲学和西方近现代哲学联系在一起。中国近代哲学的观念是从中国传统哲学中演变过来的，这是具有中国特色的哲学思想。同时，中国近代哲学在一定意义上重复了西方近现代哲学发展史。这里的“重复”不是全部照搬西方的哲学思想，中国有中国的现实，有中国的传统，有中国的特点，不可能只是简单的重复。在中国的传统哲学中，思维与存在的关系问题主要表现在天人之辩、名实之辩、知行之辩和道器之辩这四种哲学论争上。下面一一为大家简单介绍这几个论争的主要问题。

一、天人之辩

中国传统意义上的天人之辩包括的方面很广，这里从人道观的方面简单阐述关于人的自由的问题。按照辩证唯物主义的观点，人的自由有三层意义：从认识论上说，自由是由必然认识对客观世界的改造过程；从道德领域上说，自由是在社会行为中自愿选择并自觉遵守的规范；从美学上说，自由就是直观人的本质能力。此外，不能忘记真善美的统一是理想的、真正自由的人格这个观点。当然，这只是哲学上的自由，与政治上要求的民主自由、民族解放的概念略有不同，但是二者也有联系。关于这一复杂问题，我们无法详细又全面地向大家做陈述，今天就单从伦理学意义上讲述一下自由的问题。

从伦理上说，在中国古代，哲学家就已经提出了以自愿自觉地在行为中遵循规范为自由这样的观点。道德行为要求自觉，就是按照理性上的认识来办事；同时要求自愿，即按照自由意志来选择。自觉是理智的品格，自愿是意志的品格。“理智与意志、自觉与自愿的原则应当统一”这个结论得到了过去中西方大哲学家们在不是严格意义的科学基础上的认可。

尽管东西方哲学家在这个方面有共同的认识，但是中国和西方的传统存在很大的差异。在中国的秦汉以后，独尊儒术的思想贯穿整个封建专制主义，儒家强调德教，认为道德是可以教出来的，道德是出于理性的认识，行为是自觉的。儒家的自觉对民族文化有巨大的积极影响，但是正统派儒学忽视了自愿的原则，根据他们的学说理论，认为道德出于天命、天理，只有服从，不能选择。这是一种宿命论。中国古代也有强调自愿与自觉应当统一的哲学家，如荀子《荀子·天论》中的“制天命而用之”，《荀子·劝学》中的“积善成德”；王夫之认为，人可以“造命”，即强调自愿的重要性，性则是“日生则日成”“习成而性与成”（《尚书引义·太甲二》），这些是具有朴素唯物主义和朴素辩证法思想的哲学家提出的结论。这些结论具有一定的超前意识，但是不利于封建专制的统治，只有“天命论”一直在讲顺命、复性，符合两千多年的封建统治的需求，所以董仲舒和程朱理学那一套理论形态始终占据着统治地位，最后导致中国人有一种听天由命的心理。

西方的情况和中国的不同。西方占统治地位的是基督教，中国是儒学占统治地位。西方信奉上帝是盲目自愿的，中国的遵守礼教是理智但不情愿的。这就是两者之间明显的区别。西方形成了唯意志论的传统，中国古代则是宿命论的传统。中国近代，在政治上要求解放、自由就必须斗争，必须发挥意志的力量，发挥人的主观能动性，这就很容易走向唯意志论。

从培养理想人格的角度说，儒家讲究的是“圣贤”，近代先进人物要求培养“新人”，造就“人才”，正如龚自珍大声呼唤“风雷”，希望“不拘一格降人才”，认为人才是锻炼出来的，这就强调了人的意志力量，具有唯意志论倾向。后来，许多革命者同样具有这样的倾向。中国会产生唯意志论和宿命论的客观基础，是社会上存在的封建余毒和资本主义腐朽思想。

二、名实之辩

中国传统哲学上的名实之辩，其实就是认识论和逻辑学上的问题。中西方哲学在逻辑上有一个明显的差别：中国的是朴素的辩证逻辑思想，西方的是形式逻辑。中国人的形式逻辑在先秦《墨经》中就有了很高的成就，不亚于西方的形式逻辑，只不过没有发展延续下来。在明代中期以前，中国古代大多数科学之所以能处在世界领先地位，都是从朴素的辩证逻辑取得的方法论作为指导的。但是，当西方进入近代，有了培根、笛卡尔、伽利略等制定的实验科学方法，从而促进自然科学迅速发展的时候，中国明显落后了，这是为什么呢？首先是社会原因，封建势力强大，资本主义处于萌芽中，难以成长，不可能促进科学的发展；同时，因为理学占据着统治地位，严重禁锢了人们的思想。还有一个重要原因，就是中国的形式逻辑比不上西方。

中国人一接触西方文化，就意识到自身与其在逻辑思维方式上的差异和弱点。所以，徐光启翻译了《几何原本》，严复翻译了《穆勒名学》，等等，中国近代哲学家为了改变中国人在逻辑上的缺点，付出了很大的心血和努力。可以说，中国近代，将形式逻辑重新重视了起来，而不是像以前一样置之不理。

三、知行之辩

知行之辩，亦称心物之辩，是唐宋以来中国哲学论争的中心之一。它与古今中西之争有着密切的联系，具有了近代的特点。

古代的知行之辩达到了怎样的水平呢？王夫之从唯物主义出

发，认为知行相互依赖，相互作用。他把认识的过程理解为知和行、理性和感性的统一，这在当时具有很高的成就。而古代的哲学家讲的认识论还具有朴素性质，缺乏近代实验科学的论证。王夫之和黄宗羲关于真理展开为过程的思想，表明他们没有真正懂得真理的绝对性和相对性之间的辩证关系，同时缺乏人类对于认识螺旋上升发展运动的概念。

近代开始，魏源重新对知行问题做了考察。他反对理学唯心主义空谈，非常重视实践观察。他说“及之而后知，履之而后艰”，就是在告诉我们，想要获得真正的知识，必须通过亲身实践观察，广泛做调查研究，多听取群众意见。他说的注重“实事实功”，也包括学习西方的技术。很明显，他对知行问题的研究考察，具有了近代的气息。

在此之后，康有为、谭嗣同等人都探讨过知与行的问题。关于这个问题，改良派强调“知”，即开民智；革命派却强调行。无论是改良派还是革命派，都没有真正解决知与行的关系问题。从五四运动到20世纪30年代，资产阶级哲学家还是在各自的领域强调认识论的某一个方面，这就形成了唯心主义。他们都单独夸大了认识论的某一个方面，没有结合认识论的辩证法。只有马克思主义与中国革命实践相结合，产生的辩证唯物主义思想进一步科学地回答了“中国的未来在哪里”这个问题，从而在认识论上科学地解决了知行之辩。辩证唯物主义以实践标准作为认识论的基础，同时把辩证法运用于认识论。这样就反对了资产阶级的经验论、理性主义、直觉主义、实用主义等，克服了革命阵营中的经验主义、教条主义、左右倾向。《新民主主义论》的“能动的革命反映论”极好地体现了辩证唯物主义和历史唯物主义的统一。毛泽东对认识运动的秩序做了新的理论概括，将主观和客观、理论与实践、知与行的具体历史的统一及人对真理的认识，提到了一个更高的程度。这种辩证唯物主义的知行统一观，把认识过程理解为上升螺旋式的运动，阐明了绝对真理和相对真理的关系。

四、道器之辩

古代的道器之辩首先是关于天道观的问题，其次是历史观的问题。到了近代，历史观问题成了主要研究讨论的对象。从历史观说，王夫之把历史看作发展变化的，不同时代有不同的规律。他继承了荀子、柳宗元的观点，认为不能用天命来解释社会的混乱，应当从历史本身寻找答案，具体的时代条件不同，历史的趋势也就不同，进而历史的规律也就不同。但是历史规律到底是什么，却没有人能回答出来。

近代一开始，龚自珍在当时的今文经学的影响下重新提出“公羊三世”说，试图用旧的形式探索历史演变的规律。他的历史观有了近代的影子，预示着中国近代哲学进入了历史观领域。龚自珍讲变易，都是在讲器变道不变。这个观点，是洋务派和改良派的共同观点。

太平天国的领导者洪秀全想建立一个平等、平均的“天国”，虽说是一个空想，但也是以强调变易的历史观作为理论根据的。从戊戌变法到五四运动时期，中国先进人物在历史观上运用的都是进化论。进化论在中国的发展，为中国人接受唯物观打下了基础。中国先进的人物看到进化论没有解决当时中国社会的主要矛盾问题，于是进一步向西方寻求真理。“五四”时期，中国终于迎来了马克思主义。首先由陈独秀等人系统地介绍了唯物史观，通过一系列的论战，唯物史观战胜了当时的资产阶级哲学流派，得到了广泛传播。后来，马克思主义深入群众的革命斗争中去，运用唯物史观的理论具体分析中国的情况，总结中国革命的经验，对中国的社会性质有了清晰的认识，终于找到了科学解决“中国的未来在哪里”这个历史问题的答案。所谓的唯物史观，就是关于社会历史的发展观，它不能脱离一般发展观和宇宙观。

这是中国近代哲学争论的关键问题。由“道器”“本末”关系的考察发展到进化论，再到唯物史观的一般辩证发展观。进化论、唯物史观虽然是“引渡”到中国来的，却与中国的传统和实际融合在一起，显示出中国哲学合乎逻辑的发展结果。

上述四个问题，有的只是理论上的总结，有的由马克思主义革命者做出了科学的总结，无论结果怎么样，这些贡献都是超越前人的，同时有着不同于西方哲学的中国特色，这些都是中国近代哲学革命的积极成果。

从上面讲述的内容，我们可以把中国近代哲学革命分为三个阶段：萌芽阶段、过渡（进化论）阶段、辩证唯物主义阶段。

# 第十九章　近代哲学革命的萌芽

鸦片战争失败以后，西方列强先后侵入中国，虽说打破了中国五千年封建主义统治，但是也导致中国成为一个半殖民地半封建的国家，国家的统一遭到了严重破坏。在国家危难之际，中国究竟要向何处去？这一异常迫切需要解决的问题被提到了中国各阶级的面前，亡国的命运迫使人们从各自的阶层和集团的立场来考虑这个问题。当时的中国，无论是在政治上、经济上，还是在思想文化领域上，人们都无法回答这样的问题。当时在哲学上，中国各阶层和不同的集团面对中国未来走向这个问题，是通过古今中西之争来展开的。从鸦片战争失败到戊戌变法这半个世纪期间，属于中国近代哲学萌芽发展的时期，中国民族资本阶级从无到有、从小到大，最后变成了一股独立的政治力量。在民族资本主义兴起壮大前，中国近代哲学的舞台上经历过地主阶级改革派的哲学思想、太平天国的哲学思想及洋务派中早期改良派的哲学思想。虽然这些思想都不具有近代哲学的形态，但是他们都在为了解决中国未来走向这个问题而探索，希望能改变中国的现状，让中国重新站起来。他们对外反对侵略，对内揭露封建的腐败，求得政治革新，不遗余力地在古今中外各领域中探索真理。他们不畏艰险的探索精神和在哲学领域提出的某些先进思想，都为后来的哲学革命产生了一定的影响，同时为寻找合适的哲学铺下了道路。

## 地主阶级改革派的哲学思想

龚自珍（1792—1841），浙江仁和人。出身官僚世家，自幼从祖父学习文字学和考据学，受当时社会的影响，不愿意专事考据和整理儒家经典的工作。21 岁开始留心清朝掌故，并注意时政的得失，著文《明良论》揭露当时封建专制制度的弊端。24 岁写《尊隐》，用隐晦的语言表达要求进行社会改革的意图。虽身处官宦世家，却多次考试落榜。31—33 岁这几年分别写了《农宗》《论私》《尊史》等，用以阐述他的唯意志论思想和变易历史观。龚自珍与魏源、林则徐是很好的朋友，常聚会议论古今。他作《送钦差大臣侯官林公序》来支持林则徐的禁烟运动，还表示愿意亲自前去协助查禁事宜。

龚自珍是一个富有才华的诗人和叛逆的思想家及爱国者。他一生最爱写诗，现存六百多首。他的诗中最珍贵的就是一个“真”

字，心中怎么想，笔就怎么写。他的诗同时也是史论和政论，对当时社会的尖锐批判就反映在他的诗中。关于龚自珍叛逆的性格，他的好友魏源曾说："其道常主于逆，小者逆谣俗、逆风土、大者逆运会。"他的这种叛逆，表现在对当时一些重大社会问题的看法上敢于坚持自己的观点，不屈服权势和言论的压力。龚自珍的这种批判，其目的还是维护封建地主阶级的长久利益。

龚自珍从政治、经济和官员的精神面貌上，察觉到清王朝存在着严重的"衰世"危机。何为"衰世"？就是指一个王朝从昌盛到灭亡的过渡时期。龚自珍的"先天下之忧而忧"不是简单地抒发情感，他的观察分析是有根据的。他认为太平盛世中，贵族王族讲究排场是民富物足的表现，而在衰世，官员只知道收敛钱财、尽情享乐，这是官场腐败、民穷财尽的象征。他在《西域置行省议》中写"富户变贫户，贫户变饿者"的根本原因，就在于封建剥削的加重、土地高度集中、贫富差距悬殊。如果贫富两极分化继续下去，清王朝就会有灭亡的危险。对于日益腐朽的清王朝，龚自珍站在维护封建地主阶级的立场上认为应该实行改革，更法改制已经势在必行。

他认为，清王朝晚期，土地高度集中，贫富两极分化，导致大量农民没有土地，失去生活来源，给社会的安定带来了严重的威胁。他提出按照封建宗法体系来分配土地，可以缓和"贫富大不相齐"的社会矛盾。虽然他的提议改变不了封建统治的现状，但是他能看到解决土地问题乃是解决当时社会危机的一个根本问题，还是很有远见的。不过，他的按宗授田的改革方案本身就是在维护地主的利益，所以还是反映了他的地主阶级改革派的立场。除了重视土地问题，他还观察分析了当时清王朝的人才培养问题，提出要改善科举制度和以资历升迁的官僚制度。直到他去世的前两年，他仍在呼唤“我劝天公重抖擞，不拘一格降人才”。虽然龚自珍的改革方案无法阻挡封建王朝的覆灭，但是他在当时社会处于内忧外患的条件下发出的悲愤喊声，对后来资产阶级维新派起到了鼓舞作用。

## 魏源的社会改革思想

魏源（1794—1857），字默深，湖南人。早年喜欢王阳明的心学，后师从刘逢禄学习《公羊春秋》，受今文经学派影响。与龚自珍为友，人称“龚魏”。因受当时社会和民族危机的影响，注重经世致用之学。他编辑的《海国图志》介绍了当时世界上一些主要国家的地理、历史和社会情况，并对图强御辱之策发表了一些新的见解。他提出的“师夷长技以制夷”，产生了很长时间的影响。魏源站在地主阶级的立场，当人民起来反对封建统治的时候，他主张镇压；面对外国入侵者时，他又坚决主张抵抗，反对妥协投降。他的身上带有和龚自珍一样的封建爱国思想。他反对在敌强我弱的时候，孤注一掷与敌人拼实力。他提出的“师夷长技以制夷”表明他是一个觉醒了的中国人，懂得学习他人优秀的方面来维护自己国家的安全和统一，但是他的封建思想又限制了他的远见，看不见历史的车轮是在前进的。

鸦片战争的失败和中国受到外国侵略的屈辱，进一步刺激了魏源要求改革的激情。他认为要改变当时的现状，就必须对国家内部进行一系列改革。他提出要向外国学习先进的技术，自己国内要开办军事和民用工业，逐渐将外国的科学技术变成自己的“长技”，以改变本国的落后状况，达到“制夷”的目的。魏源的这一思想，在客观上促进了私人资本主义的发展。他经过一些初步的了解，知道西方的政治制度在某些方面要优越于封建制度，这在当时是很有远见的。魏源认为要改革，就必须培养能够胜任改革的人才。而人才的培养在于改变世道人心，也就是改变封建官僚腐败的精神面貌。他和龚自珍一样，把改革的希望寄托在对人才的重用上。

魏源通过鸦片战争所引起的社会各方面的变化，认为人类社会的历史总是向前发展变化的。他要求改变已经过时的制度，反对守旧和复古，反对颂古非今。“天下无数百年不弊之法，无穷极不变之法”，说明他要求改革的愿望是强烈的。在当时的历史条件下，他要求改革的锋芒针对的是腐朽的清王朝，所以他的历史进化观是进步的，但是也有一定的局限性。他虽然认为历史在不断发展变化，却又坚持封建地主阶级的“道”不会变，这就很矛盾了。

龚自珍和魏源作为地主阶级改革派的代表，抨击和批判了封建社会的腐败现象，对人民的疾苦表示了一定的同情。他们在学术上大力倡导“经世致用”，要求学者担当起社会改革的大任。在哲学思想上，他们注意对历史发展规律的讨论，试图在历史的发展变化中寻找到治国之道。在认识论上，他们强调发挥人的主观能动性，摆脱天命论的束缚，主张睁眼看世界，“师夷长技以制夷”。他们的这些思想，对后来的资产阶级反对封建制度斗争有启蒙的作用。

## 太平天国的哲学思想

洪秀全（1814—1864），原名火秀，后改名秀全，广东花县人，出身农民家庭，早年因为科举多次落榜，看清了清朝科举制度的腐败，觉悟到这条路是走不通的。1836年，洪秀全去广州应试时，偶然间得到了一本梁发编写的《劝世良言》，仔细拜读后大觉大悟，从此走上了信奉独一真神黄上帝的道路，并在家乡成立“拜上帝教”，宣传教义，发展教徒。

洪仁玕（1822—1864）是洪秀全的族弟，与洪秀全的关系十分密切。他多次考试落榜，在洪秀全的影响下，与冯云山一起皈依拜上帝教。二人转信西方基督教，并积极宣传拜上帝教，固然和他们多次落榜，对科举制度彻底失望有关，但更主要的是由于当时社会政局的刺激、社会矛盾的逼迫，促使了他们思想的变化。1840年鸦片战争失败后，清政府签订了《南京条约》，进一步刺激了国内的阶级矛盾。为了保卫祖国，魏源提出了“师夷长技以制夷”的口号，洪秀全则是以改良现实社会为基点，去考虑如何学习西方的技术和思想。他认为，中国之所以会变成这个样子，根源在于孔子“儒家”思想的误导。由此，洪秀全根据《劝世良言》中宣传的思想写成了《原道救世歌》《原道醒世训》等著作。虽然他们的路子走不通，但是通过积极学习西方先进思想，为中国寻找出路的志向，不得不说是他们的一大进步。反对孔教和其他封建迷信，对当时的社会腐朽面做了一定的揭露，也是具有积极意义的。

太平天国定都天京以后，洪秀全颁布了《天朝田亩制度》，描绘了一个以小农经济为基础的社会理想蓝图。作为一个基本纲领，《天朝田亩制度》的核心是解决农民的土地问题，主张按口分田，不论男女，按田的好坏搭配，平均分配土地。这个纲领的发布，反映了农民对土地的迫切需求。除了平均分配土地，《天朝田亩制度》还制定了产品的分配制度，实行军政教合一制，所任命的官员战时上马杀敌，闲时耕种土地，还负责向民众讲解《圣经》。

《天朝田亩制度》的革命性主张，正是我国农民反封建革命思想的集中反映。在我国历史上，随着时代的发展，农民反对封建专制的革命思想也在不断地发展着。唐代以前，农民主要反对徭役和赋税。唐代以后，农民有了要求“平均”的思想。北宋时期，农民起义者提出平均贫富的主张。明末时，出现了“均田免粮”的号召。太平天国提出的“有田同耕，有饭同食，有衣同穿，有钱同使，无处不均匀，无人不饱暖”的纲领，顺应了农民反封建思想合乎逻辑的发展，《天朝田亩制度》的出现，标志着农民反封建革命思想的发展达到了空前的高峰，它要求废除封建制度，建立理想社会，这是在以前的农民思想中没有出现过的。

但是，从另一个方面来说，《天朝田亩制度》具有历史的空想性。其农业表现在公有，反对私有。不仅要求产品公有，还采取绝对的平均分配的办法，农民手里的物资除了用于自家消费外，全部上缴国库，这种做法严重破坏了生产力的发展，导致农民无法扩大生产，不在意自己的生产效益，产生了懒惰的思想。同时，《天朝田亩制度》的实施相当于取消了商品的生产和交换。不利于商品的流通。

总之，《天朝田亩制度》一方面否定了封建土地所有制，极大地调动了群众的积极性，促进了社会生产力的发展；另一方面，在小农经济的基础上实行，又打击了百姓的生产积极性，对社会生产力起到严重的破坏作用。

《资政新篇》是洪仁玕被任命为干王、总理朝纲的时候编写的。当时，洪仁玕面临的是太平天国大内乱的环境，杨秀清、韦昌辉相继被杀，石达开公开分裂，呈现出“国政不能划一”“军民之心散乱”“人心改变，政事不一”的局面。因此，洪仁玕提出的《资政新篇》基于两个方面：一方面是针对太平天国后期的种种问题，提出一系列内外措施来巩固政权，首当其冲的便是从政治外交上进行改革，主要措施包括：1. 建立一个高度集中的民主性质的中央政权；2. 注重立法，加强法治；3. 整顿社会风气；4. 应当准许外国商人来华进行正常贸易通商，主张和西方资本主义国家进行竞争。另一方面是学习西方，发展交通运输和工矿业，如主张采用火车、轮船为交通工具；鼓励私人开办近代化工业，发展近代的采矿业；鼓励富商开办私人银行和邮政；等等。

从《资政新篇》的内容可以看出，洪仁玕的目的是把太平天国建设成为一个全新的社会。它深远的社会意义，还在于提出了合乎时代发展要求的社会经济政策，从根本上纠正了《天朝田亩制度》的农业社会空想，顺应了社会历史的发展潮流。《资政新篇》是在农民革命、推翻封建制度的基础上，提出的实现中国资本主义近代化主张，这一主张为后来的资产阶级革命派所继承并发展。

太平天国之所以会取得历史阶段性的胜利（成立一个暂时的

政权），除了封建统治的腐败和资本主义的侵略外，重要的是其哲学革命引导、团结农民大众一起推翻封建势力，依靠群众来建立一个理想的“天国”。作为分散的小生产者，他们不可能建立起独立完整的哲学体系，但这不妨碍他们有自己的哲学思想。洪秀全、洪仁玕领导的太平天国运动，前期就是依靠着“穷则变”和“物极必反”等变易观及矛盾转化的思想来指导革命的。洪秀全在“创业”初期写过一篇《原道醒世训》，其中有一句话：“乱极则治，暗极则光，天之道也。”他认为清王朝就是一个“暗极”“乱极”的社会，根据“物极必反”的规则，清王朝必然覆灭，一个新的“天国”就要到来，这是宇宙变化发展的规律。起初，洪秀全不打算使用暴力来实现社会变革，但是等到他发动起义准备推翻封建统治时，才发现必须依靠暴力的手段才能彻底击垮封建势力，才能把“地狱”变成“天堂”。不通过暴力“斩邪留正”，人间“天堂”就无法实现。

洪仁玕在太平天国运动后期担负着改革事宜，他将“革故鼎新”这种朴素辩证思想运用到了太平天国的改革事业上去。他在《资政新篇》中依据事物的“常变”“穷通”，主张为政要有远见，“审时度势”才可以争取好的前途。这就是《资政新篇》的主要哲学论据。他的这个理论依据对当时国际形势和太平天国现状的分析，基本符合实际情况。他依据这个理论分析了国内外形势的变化，分析了国内商品经济和资本主义得到一定发展的“时势”，在《资政新篇》中提出了宏伟的改革纲领。他的“革故鼎新”“变通”的思想，比洪秀全的“物极必反”的变易观前进了一大步。

中国近代爱国革命家们为了救中国，都很重视人为因素。洪秀全、洪仁玕领导的太平天国运动，是发动人民群众的力量进行革命斗争、建立新世界的。他们的这种思想包含了革命的世界观，但是还属于潜在的，还没有取得科学的形态。

## 早期资产阶级改良派的哲学思想

随着中国民族资本主义的产生，在19世纪七八十年代，中国社会出现了一股要求进行资本主义改革的新思潮。早期的资产阶级改良派从爱国主义的立场出发，积极探索如何使中国独立富强起来。他们通过中西对比，发现中国确实落后于西方。为此，他们经过多方考察和研究，提出了一系列资产阶级变法主张。

一、采用近代科学技术

自从鸦片战争失败以后，地主阶级中有远见的魏源就提出了向西方学习的口号，但是当时的封建统治阶级仍然坚持“天朝”不能向“番邦”学习的顽固态度。后来的洋务派虽然也提议学习西方的“船坚炮利”，大办洋务，但其目的是维护封建统治。早期改良派从发展中国的经济出发，要求学习西方技术。比如，冯桂芬为了中国的独立富强，提出“制洋器议”，不仅要学习外国的技术，还要超过他们。同时，他批判洋务派处处依赖外国，提出了“自造、自修、自用”的口号，认为这样才能摆脱外国人的控制。

在冯桂芬的思想中，西方先进的地方就是“制器”方面，而精良的制器离不开科学技术，所以他很关注西方的科学技术，主张将有关“制器”的科学技术一并学习过来。自然科学家李善兰、徐寿等人对此有深刻体会，他们认为，中国只有掌握了西方先进的科学技术，发展近代化生产，才可以富强起来。为此，他们呕心沥血地翻译西方科学技术著作。

二、振兴工商业

单纯地重视“制器”并没有给中国带来什么起色，反而在1884年中法战争、1894年甲午战争中都遭到了惨败。那么，到底怎样才能使中国富强起来呢？早期改良派经过一番考察后，认为西方富强的原因在于他们的国家重视并发展了工商业。之所以早期改良派都具有重商的思想，那是因为在他们所处的时代，西方资本主义国家的商品生产得到了高速发展，把大量商品倾销至世界各地的殖民地、半殖民地，中国当时也正在被卷入商品交换之中。

针对西方列强的商品倾销政策，以郑观应为代表的早期改良派主张与西方列强进行“商战”。他认为“习兵战不如习商战”，在商战中获得了胜利，中国就能走上富强的道路。他们在重商的思想下，没有忽略“工”。早期改良派认为，要振兴工农业生产，必须发展机械化工业生产。虽然早期改良派呼吁振兴工商业，认为这是国家富强的根本，符合当时中国社会的发展要求，但实践证明，在清政府的封建统治下，这样的主张是行不通的。

三、改变政治制度

早期改良派通过对比西方国家，发现西方国家富强的重要原因在于国家的政治制度在保护工商业的发展，而中国当时的情况正好相反，清政府一直在剥削、压制工商业的发展。于是，早期的改良派就把注意力转向了西方的议会制度，希望从中找到改革政治的方法。他们的这种转变是向西方学习过程中思想上的一大进步。

早期改良派对西方政治制度进行了全面考察，比较了资产阶级民主制、立宪制和君主制。最后，他们有了用资产阶级君主立宪制来代替中国的君主专制制度的意向，虽说“君民共主”，但是仍给君主留下了很大的权力，这是他们对封建制度的妥协，是他们自身的软弱的体现。

四、兴办学校，培养人才

早期改良派除了重视西方的政治、经济制度，还十分看重造就新人才的问题。他们认为，人才对一个国家的发展极为重要，而中国之所以长期缺乏有用的人才，原因就在于科举制度。这是因为他们亲身经历过科举考试，对科举制度的弊端了解很深。他们认为科举制度使人脱离现实，让人越学越蠢，所以必须对科举制度进行改革。他们考察了西方的学校教育，认为“学校者，人才所由出；人才者，国势所由强”，提倡效法西方，开办学校，将有用的学科作为重要的教学内容和考试科目，这样才能培养出有用的人才。

综合上面这四点，早期改良派看到了世界发展的趋势，所以主张效法西方，改革旧制度。他们的认识是不断前进的，提出的变法改革的具体主张来源于西方资本主义国家。可是，他们依据的哲学论据是从中国传统思想中选取的。他们吸收了古代哲学的变易观和道器论，认为社会历史是变幻无常的。其中，早期改良派的郑观应的变易历史观最具有特色。

郑观应在论及社会历史变易时，特别突出地说到了形上形下的“道器”论。他认为“道”是抽象的，是本；“器”是具体实物，是末。他强调道器必须紧密结合，不能片面强调“道”，忽略“器”。学习西方就是为了变革的需要，这是“道”，是本。但是需要学习什么内容，这是可以选择的，这是“器”，是末。他认为“道”不能变，但是“器”可以变。“器”包括国家的政治、法律、经济制度等。他的道器论其实就是在肯定社会历史是变易的，是进一步提倡效法西方的变法改革论。但是，我们应当看到，早期改良派的变易历史观中的进步思想没有形成理论形态，还没有彻底摆脱循环论的影响。这种变与不变的思想矛盾，是早期改良派历史观的一个主要矛盾。郑观应曾经说：“道为本，器为末；器可变，道不可变。”他的这一论断，明显包含了突破这一层思想矛盾的成分。他的思想与洋务派“中学为体，西学为用”的精神实质不同，洋务派讲的是以中国封建政体为本，用西方技术维护封建专制统治。郑观应则认为中学为主，西学为末，应重点学习西方的政治制度，不能只学些皮毛之末。因此，他讽刺洋务派只重视轮船火炮、洋枪水雷等技艺。他讲西学自身就具备体用、本末的说法。这种说法进一步发展，必然冲破“中体西用”说。到了戊戌变法时期，维新派提出了近代历史进化论，就克服了早期改良派的上述思想矛盾。

## 中国近代哲学革命萌芽时期的特点

中国近代哲学革命在萌芽时期的特点为当时阶级斗争和科学发展所制约。由于当时中国民族资本主义经济发展缓慢，中国的自然科学发展缺乏动力，所以没有进入较深的自然科学革命。在阶级斗争领域，一开始就表现出民族危亡的问题，然而救国与革新的哲学家同时又是爱国者，手里的哲学武器只有“过时”的朴素唯物主义和朴素的辩证法。为了挽救国家存亡，有的人求助于唯意志论，希望用意志唤醒国人来挽救国家存亡；有的人向西方基督教寻求发动群众的武器。他们的共同点，是对阻碍社会进步的思想加以批判，为后来的哲学革命开辟了道路。

在近代哲学萌芽时期，哲学家们在勇于批判腐朽的意识形态的同时，注重和发展中国优秀的传统思想，用学术理论研究各个时期政治实际的传统，即“经世致用”，给后来的学术研究起了一个很好的开端。由于现实斗争的迫切需要，没有时间建立独立完整的哲学体系，所以这个时期的哲学家们试图解决中国社会的发展前途问题和正确认识中西文化体系的交流问题，特别留心历史观和认识论的研究。他们虽然无法解释历史发展的真正规律，但是他们看到了历史在不断地向前发展，这对后来的哲学家产生了积极影响。

# 第二十章　近代哲学革命的过渡阶段

从中日甲午战争到五四运动以前，是中国近代哲学革命的进化论阶段，即资产阶级哲学革命阶段。在这个历史阶段，基本实现了从古代哲学到近代资产阶级哲学的转变。在这个时期，由民族资产阶级产生的维新派和革命派相继走上了历史舞台，先后领导了戊戌变法和辛亥革命。

在甲午战争以前，中国就出现了民族资本主义，但它就像一个婴儿，力量很薄弱，不但遭到中外势力的联合打压，而且受到国内各种形式的束缚和限制，得不到应有的发展。甲午战争失败以后，中国成了半殖民地半封建的国家，在空前严重的民族危机下，民族资产阶级发出了“自救”的呼声，迫使清政府做出了一些让步，使民族资产阶级得到了初步发展。到了 19 世纪末 20 世纪初，中国民族资产阶级已经在本国工业中占有相当的比重了。

中国民族资产阶级面临的有两座“大山”，一座是帝国主义的压迫，帝国主义凭着不平等条约，严重制约着中国民族资产阶级的发展，民族资产阶级的两次高涨发展都被帝国主义强行打压下去了；另外一座“大山”就是本国的封建主义，清政府大肆压迫、欺诈民族资产阶级。在双重的打压下，中国民族资产阶级发展得十分缓慢，自身缺乏真正的机器制造业，没有形成独立的工业体系，对中国近代哲学产生了一定的影响。

民族资产阶级的上层大多数与封建势力和帝国主义有着联系，在封建势力和帝国主义损害到了民族资产阶级的利益时，他们也会进行反抗，反对帝国主义，维护民族利益，主张改革清政府的封建专制制度，实行君主立宪制。

在旧民主主义革命时期，中国民族资产阶级是新兴的生产力，具有一定的进步性，但是对封建势力和帝国主义的和平改良政策，又体现出他们的软弱性、妥协性。不过，随着民族资产阶级的不断壮大，其代表的政治势力相继登上了历史舞台，分别领导了戊戌变法和辛亥革命。

从 1895 年到 1898 年，以康有为为代表的资产阶级维新派进行了维新变法运动。因为《马关条约》的签订，康有为发起了“公车上书”活动，成为维新运动的起点。维新派以“救亡图存”为口号，其主要目的是将封建专制制度改为君主立宪制，发展资本主义的经济和文化，抵御外国资本主义的侵略，以图国家的富强和独立。维新派的做法引起了封建顽固派的反对，维新派就以进化论哲学思想为武器，批判顽固派形而上学的论调，阐明维新变法符合历史进化的发展要求。维新运动反映了新兴民族资产者的要求，是爱国的政治运动，也是中国第一次思想解放运动，具有进步意义。但是，维新派的多数人是出身官僚的知识分子，严重脱离了人民群众，从而导致维新运动缺乏群众基础，是软弱无力的。最后，在1898年9月21日，以慈禧太后为首的顽固派发动政变，将光绪帝软禁瀛台，捕杀了维新派谭嗣同等六人，宣布取消新政。康有为、梁启超逃亡海外，戊戌变法失败了。

资产阶级革命思潮，在1894年到1895年开始兴起，以孙中山为代表的少数民族资产阶级和小资产阶级分子在海外组建兴中会，其口号是“驱除鞑虏，恢复中华，创立合众政府”，之后在广州发动武装起义。虽然起义失败了，但是孙中山没有放弃，继续在海外进行反清革命的宣传。与此同时，广大农民和城市下层人民自发进行反清反帝国的斗争，其中以义和团为主的爱国运动虽然失败了，但是给了帝国主义沉重的打击。

在残酷的现实面前，大多数人终于意识到，必须推翻清政府的统治，建立一个新的政府，才能使中国独立富强。1904年，革命派黄兴、蔡元培等人先后成立了华兴会、光复会。1905年，革命派在日本东京建立中国同盟会，孙中山为总理，创办同盟会的重要刊物《民报》，宣传资产阶级革命。后来，《民报》对同盟会的纲领做了进一步阐述，即三民主义，也称旧三民主义。

革命派遭到了以康有为为代表的改良派的反对，因此两派之间的论战不可避免。最后，革命派取得了重大的胜利。这场大论战扩大了民族民主革命的思想影响，促进了民族民主革命的高涨。在辛亥革命之前，革命派多次举行武装起义，反对清政府的统治。到了1911年5月，清政府将已经批准商办的两条铁路抵借外债，引发了长江中游的保路风潮，最后引发了1911年10月10日的武昌起义，辛亥革命推翻了清政府的统治，结束了中国两千多年的封建专制制度，建立了资产阶级民主共和国。但是，胜利果实被袁世凯窃取了。这一历史证明，软弱的中国资产阶级无力完成中国近代反帝反封建的民主革命的历史任务。

## 改良派与革命派的古今中西之争

戊戌维新时期与辛亥革命时期，围绕着“中国向何处去”的问题在政治思想领域展开了古今中西的论争。这两个历史时期的政治斗争，往往是通过这个古今中西之争对资产阶级哲学革命产生深刻影响的。在戊戌维新时期，维新派和顽固派进行的古今中西之争主要有这么几个问题：1. 中西之优劣与夷夏之辨；2. 古与重今之辩；3. 变法与守旧之争；4. 中学与西学、新学与旧学、学校与科举的论争。

外国资本主义侵略者用鸦片和炮舰打开中国的大门以后，中西比较问题就摆到人们的面前了。到戊戌时期，维新派为了充分阐明学习西方的必要，在各个方面把中国与西方资本主义国家进行比较，指出中西的差别十分明显。在事理上，中国处于保守位置，西方却在开拓疆土；在政治伦理方面，“中国最重三纲，而西人首明平等；中国亲亲，而西人尚贤；中国以孝治天下，而西人以公治天下；中国尊主，而西人隆民……”；在政治制度上，西方的政治理论家认为国家是人民的，各级官员都在为人民服务，而中国把人民当成奴虏。他们从这些比较中，说明了中西优劣、强弱之根源。可是顽固守旧派无视这一切，固执地把西方资本主义国家视为没有智慧、不懂纲常的“野蛮人”，认为中国学习西方是“以夷变夏”。维新派驳斥他们说：“我国不惟好以中国骄人，且又好以夷狄诋人。”维新派认为，中国要向西方学习，走资本主义道路。在这场中西之争和夷夏之辨中，维新派充分揭露了守旧派的愚昧无知，一时间，向西方学习的社会舆论占了上风。与中西之争和夷夏之辨密切相关的，是古今、新旧之争。守旧派认为中国古代先王的治道是最好不过的，后世怎么也赶不上。因此，他们向往古代，对当世的资本主义新事物很看不惯，认为其违反了古道，极力反对。维新派批评他们是“生今反古，则古昔而称先王，有若古之治断非后世之治所可及者，而不知其非事实也”。守旧派所谓今不如古、崇古贱今，根本违背了这一重要的社会规律。古今新旧之争，不仅是一个理论问题，更是一个当时现实的政治问题。维新派认为，西方资本主义已“囊括宙合”“大变地球之局”，这是数千年来所未有过的。总而言之，在当时的局势下，“非变通旧法，无以为治”，守旧无为必然会导致国家和民族的分裂与危亡。他们甚至认为“开新者兴，守旧者灭，开新者强，守旧者弱”是人类社会的普遍规律。可是，中国的守旧派“动辄援古制”，死亡已在眉睫，还不觉悟。

19 世纪末发生的古今中西之争的核心问题，是变法与反变法的斗争。守旧派崇古贱今、因循守旧，面对现实的政治问题时反对变法维新，认为“祖宗之法不可变”。维新派回答说：“变者，古今之公理……上下千岁，无时不变，无事不变。”“故无百年不变之法。”他们认为，西方资本主义国家的兴盛之本“在议院”，变法维新就是要效法它们，这不是“用夷变夏”，而是救亡图存的根本决策。维新派这些充满爱国主义激情的变法议论，给了守旧派有力的回击。戊戌维新时期的古今中西之争的另一个重要方面，是中学与西学之争、新学与旧学之争、学校与科举之争。顽固守旧派为了维护封建专制统治，坚持中国传统旧学和科举八股考试制度，崇奉程朱理学为官方哲学，而把西学视为异端邪说，极力加以排斥。维新派则持相反的态度，他们对维护封建专制统治、不利于进行资产阶级改革的中国传统旧学提出了尖锐的批判，尤其认为八股取士制度严重“破坏人才”，这样下去，非导致国家和民族的危亡不可。

这里需要说明的是，在古今中西之争中，维新派（如康、谭等人）提倡西学、新学，批判中国的旧学，是主张放弃没用的旧学，从传统中吸收有用的部分，如《易传》和《公羊》的变易观、明清之际的“经世致用”与民主思想，把这些成分与西学糅合在一起，构建资产阶级新的理论体系。他们这样做，符合当时中国历史发展的需要，具有进步意义。当然，维新派也表现出了明显的局限性，其思想理论依然受着中国传统经学的束缚，严重影响了当时的思想解放和哲学革命的深度。

20世纪初，随着资产阶级民主革命思潮的兴起，围绕着中国往何处去的问题所展开的古今中西之争，又出现一个新的高潮。这次论争的内容有所不同，主要在革命民主派与改良派之间展开。论争的主要问题是：改造旧中国是实行和平改良，还是实行暴力革命；目标是建立君主立宪制，还是实行资产阶级民主共和制；是尊孔，还是反尊孔；等等。由于中国封建君主专制统治有长久的历史，因此在中国传统思想里，封建皇帝的权力至高无上。康有为等人深受这种旧传统的影响，迷信封建皇权，鼓吹“以君权变法”的政治主张。20世纪初，革命潮流开始升涨以后，他们仍然坚持这一思想，反对进行民主革命。革命派根据中国和外国的经验指出：只依靠君主的权力实现和平改制，脱离群众的支持，是不可能实现的。戊戌变法的惨败，证明光绪皇帝对维新变法是无能为力的。革命派从法国大革命的启示中认识到，革命才是中国唯一的出路。

革命派与改良派的这一分歧与论争，是戊戌变法失败后在新的历史时期发生的古今中西之争的一个突出表现。变革旧中国，是实现君主立宪制，还是建立资产阶级民主共和国，是改良派与革命派论争的另一个重要问题。双方分歧的焦点在于对待封建皇帝的态度，改良派认为，人类社会的进化发展是沿着“三世”的轨道前进的，“凡君主专制、立宪、民主三法，必当一一循序行之，若紊其序，则必大乱”。孙中山批评改良派时指出：今天世界上已有比君主立宪更先进更完备的民主共和的政治制度，我们为何不直截了当地采用，而偏偏“为此不完不备之立宪”呢？“所以吾侪不可谓中国不能共和，如谓不能，是反夫进化之公理也，是不知文明之真价也。”随着民主革命运动的高涨，民主派的这一思想日渐深入人心。此外，和革命派共和、改良立宪之争密切相关的，还有一个国民接受文化程度问题。改良派以中国国民程度太低为由，反对革命共和。在他们看来，一个国家的改革，必须依据国民的程度；而化民之旧俗，提高他们的程度，只能取渐进之法。这是他们主张逐渐改良、反对革命共和的一个重要论据。革命派对改良派的上述看法予以驳斥，陈天华依据卢梭的天赋人权论指出，从历史上看，我国文明开化很早，只是后来“被压制于历来之暴君污吏，稍稍失其本来，然其潜势力固在也”。如今人们在欧风美雨的影响下，已醒悟了。章太炎则根据达尔文的进化论，提出以革命开民智的主张，直接反驳了改良派康有为等人的谬论，强调以革命去旧俗、明公理，在革命实践中开民智，这一见解是很深刻的，有力地批判了改良派反对革命的论调。

20世纪初发生的古今中西之争，还突出地表现在尊孔与批孔的论争上。改良派康有为等人在戊戌维新时期就借孔子的名义搞“托古改制”，把孔子神化为“通天教主”，将自己的维新变法理论挂在孔子名下。戊戌变法失败后，康有为继续制造这种孔教迷信，严重束缚了人们的头脑。革命派从资产阶级民主革命的需要出发，对孔教进行了尖锐的批判。有人在文章中以激烈的言辞写道：“呜呼，孔丘砌专制政府之基以荼毒吾同胞者，二千余年矣。”“吾辈支那人也，请行孔丘之革命，以破支那人之迷信。”革命派在鄙弃孔“圣人”的同时，对卢梭、孟德斯鸠以及华盛顿等资产阶级思想家和革命家却十分崇拜，认为他们是自己学习的榜样。尊孔与批孔的论争，鲜明地反映了当时的古今中西之争。

总之，辛亥革命时期的古今中外之争，是戊戌变法的延续和继承，直接推动了资产阶级哲学革命的发展。但是，这一时期的古今中西之争虽然对中国封建传统的旧思想文化进行了批判，但有些人仍旧没有脱离旧文化思想的束缚，大力提倡所谓“国粹”；有少数人则要否定一切，表现出一种无政府主义倾向。这一切都反映了资产阶级革命派的弱点。

## 近代自然科学对资产阶级哲学革命的影响

这一时期的新学与旧学、西学与中学、学校与科举之争，促进了文化教育的改革，取得了不小的成绩。维新派康有为、梁启超、严复等攻击科举的弊端，其中八股取士是他们攻击的重点。1905 年，随着民主革命形势的高涨，清政府不得不下诏取消科举。在此以前，洋务派、教会早已开办了一些学校。1898 年 7 月，清政府正式成立京师大学堂，它是戊戌变法的“新政”措施之一，也是我国近代开设最早的一所高等学校。以后，学校便如雨后春笋，各省都兴办起来了。学校代替科举，一代新的知识分子成长起来了。20 世纪初，梁启超等倡导“诗界革命”“小说界革命”“史学革命”等，文化的各个领域都发出了要求改革的呼声。这一客观形势不能不影响到哲学，特别是西方近代科学的继续输入，有力地推动了中国的哲学革命。在 19 世纪 60 年代清朝政府兴办洋务运动之后，西方近代自然科学的各个学科陆续有著作被翻译介绍到中国，在当时产生了一定的影响。甲午战争以后至 1898 年，在西方国家自然科学的译介中，在中国思想界影响最大的是达尔文进化论。1895 年，严复在天津《直报》上发表的政论文章《原强》，开篇介绍的就是达尔文的进化论，说《物种起源》一书出版后影响很大：“欧美国家，几乎家家都有进化论等书籍，而泰西之学术政教，一时斐变。”同时对达尔文进化论的基本观点做了介绍。严复所宣传的这些思想，在当时的思想界引起了很大反响。在发表《原强》的同时，严复着手译述赫胥黎的《天演论》，1895年译成，1898年正式出版。《天演论》比较系统地宣传了达尔文进化论，强调“物竞”“天择”是生物进化的主要规律。按照这个进化规律，人类也是“天演中一境，且演且进，来者方将”，没有什么神灵上帝的创造和干预。严复通过译述《天演论》以及所加的大量按语，突出阐明了这样两个思想：一是进化是普遍的，“物竞”“天择”不仅适用于动植物界，也适用于人类社会；二是人们不能任由天演自然，而应当积极奋斗，与天争胜。他在《译〈天演论〉自序》中指出：“赫胥黎氏此书之旨，本就是救亡图存之意，其中所论与吾古人有甚合者，且于自强保种之事，反复三致意焉。”这部书所阐述的这些思想，在激发中国人民奋起救亡图存方面，起到了重要的历史作用，对中国近代哲学革命也产生了深远影响。

戊戌变法失败至辛亥革命前后，忧国忧民的先进人物进一步向西方寻找救国真理，大批知识分子出国留学，他们在国外除了学习西方资产阶级的社会政治学说，还广泛接触了那里的近代自然科学。因此，在这个期间，西方国家近代自然科学的输入又有了新的发展。首先是进一步译介和宣传了达尔文的进化论，如马君武翻译的《达尔文物竞篇》《达尔文天择篇》《物种由来》卷一，着重介绍了达尔文进化论的生存竞争、自然选择说；国民丛书社从日文转译的《动物进化论》阐明了优胜劣败、天演淘汰等道理；李郁译了达尔文自传，以《天演学者达尔文传》为书名出版，使人们具体了解了达尔文的生平；此外，严一著的《进化要论》、鲁迅撰写的《中国地质略论》《人之历史》等论文，都着重介绍了进化论思想。特别是鲁迅的《人之历史》一文，在指出达尔文是进化论的集大成者的同时，系统论述了德国生理学家海克尔的种系发生学，说明“动物进化，与人类胎儿之发达同”“种族发生，为个体发生之反复”，有力地证明了人类是从低等动物进化而来的。值得注意的是，他还根据德国植物学家耐格里“有生始于无生”的学说，肯定了生物是从非生物发展而来的。所有这些，都表明了他在进化思想的宣传上比前人进了一大步，对中国近代进化哲学的发展具有重要意义。1895 年，德国物理学家伦琴发现了 X 射线，在 1898 年出版的《光学摘要》上做了简单介绍，但是内容高深难懂，没有人理解。同年，居里夫人发现了镭，打破了过去原子是构成万物的最小单位的说法，对近代物理学的发展起了重要作用。1903 年，鲁迅发表《说鈤》一文，讲镭的发现，并连带介绍了伦琴射线。除此之外，还有文章提到了能量守恒与能量转化，讲及生物体由细胞构成，细胞由细胞分裂所产生，等等。我们知道，能量守恒与能量转化定律、细胞学说以及达尔文进化论，被恩格斯称为 19 世纪近代自然科学的三大发现。

以上所述的西方国家近代自然科学的输入，对中国近代资产阶级哲学革命无疑产生了直接影响，资产阶级思想家从这些近代自然科学中吸取了不少科学思想，作为自己的新宇宙观的自然科学根据，从而把中国哲学推进到一个新的阶段。但是，中国近代是受帝国主义和封建主义统治的半殖民地半封建社会，民族资本主义经济没有得到很好的发展，近代自然科学主要从西方国家进口。总的来说，是很不完备、不系统的，多半属于普通科学知识，有许多近代自然科学的重大成果并未被完整地介绍过来。就如对达尔文进化论的译介，算是比较多的了，并且掀起了进化论热，但是，达尔文的代表作《物种起源》直至1920年才被译成中文正式出版。而且，由于上述近代自然科学是从西方借来的，缺乏自己的亲身体验，因此中国近代的资产阶级哲学革命缺乏坚实的自然科学基础，我们要注意到这个严重的弱点。

## “三世”说和社会历史进化论

中国近代资产阶级哲学的开拓者康有为，将传统的变易观与西方的一些先进思想结合在一起，形成了“三世”说历史进化论，打破了传统的历史循环论和历史倒退论，真正在近代意义上开始了历史观的革命。但是，康有为的“三世”说历史进化论采取了经学的形式，而且带有神秘的宿命论性质。严复译述《天演论》，把进化论应用到社会历史领域，以“物竞天择、适者生存”的原则阐明社会历史的进化发展，强调通过人为的努力“与天争胜”“自强保种”，这不仅在政治上具有重要的意义，在哲学上对中国近代进化思想的发展也产生了深远影响。严复的进化历史观完全来源于达尔文的进化论，没有经学和宿命论的东西。但是，康有为、严复的进化社会历史观有一个共同点，就是强调社会历史的进化是和平渐变，反对革命的突变和飞跃。梁启超、谭嗣同在戊戌时期都受到了这一思想的影响，不过，谭嗣同是维新派的激进分子，他的进化社会历史观带有暴力革命实现社会历史变革的思想成分。梁启超于 1902 年，在民主革命思潮的影响下，也曾一度鼓吹用革命破坏主义，承认社会变革包含暴力革命的方式。

20 世纪初，当民主革命思潮兴起时，邹容、陈天华、章太炎、孙中山等人都在积极宣传一种包含革命论的社会历史进化论，批判和克服了主张和平渐变、反对革命的庸俗进化观，把近代进化史观推进到一个新的阶段。其中，孙中山的社会历史进化论最有代表性，他从整个世界的历史发展去阐明人类社会历史的进化问题，还提出了革命的“突驾”思想，认为只要顺乎天理、合乎人情，就能促成革命的跃进，使中国赶上和超过当时世界上最先进的国家。但是，孙中山的这种进化史观是唯心主义的。朱执信宣传互助进化论，但他认为社会的阶级和阶级斗争是客观存在的，社会的阶级只有通过阶级斗争才能灭绝，这一点比孙中山前进了一步。

资产阶级思想家以近代进化史观否定传统的历史循环论和复古主义思想，是一个历史的进步。但是，进化史观本质上是一种资产阶级唯心史观，它不能真正科学地说明人类社会历史的进化发展。到了“五四”时期，进化史观开始被唯物史观所代替。

## 科学自然观取代朴素自然观

中国近代思想家从康有为到孙中山，都不同程度地汲取了近代自然科学知识，作为自己的宇宙进化史观的基础。康有为在《诸天讲》一书中描绘了宏观宇宙的图景，认为宇宙的天体有聚有散，变化无穷。他的这种宇宙观基本上是建立在近代自然科学基础上的。《诸天讲》虽然以具有近代意义的新的宇宙观，批判和否定了传统的天地旧说。可是在本体论方面，康有为还没有摆脱传统哲学的束缚。谭嗣同从近代自然科学中汲取了“以太”的概念，把它与中国传统哲学的“仁”结合起来，提出一种以太为体、仁为用的哲学，用以太去说明宇宙万物的起源和相互关系。他的这种宇宙观否定了中国传统的气一元论哲学，比康有为前进了一大步。但谭嗣同受到了佛学和陆王心学的影响，认为“仁为天地万物之源，故唯心，故唯识”“以太亦唯识之相分”，这些都属于传统的旧思想。严复提倡“天演哲学”，系统地宣传了达尔文进化论，他不仅以“物竞、天择”的原则去说明动植物界以至人类社会的进化问题，而且认为宇宙的非生物界也是在不断演化的，其根源在于“质、力相推”，这是用牛顿力学原理去解释宇宙的演化。可以说，严复的整个宇宙观是建立在近代自然科学基础上的，比之康、谭更具有近代化的意义。但是，他对宇宙的本体问题采取了回避的态度，反映出一种不可知论的思想倾向。章太炎也注重近代自然科学，他早年写的《视天论》便是根据约·赫歇耳的《天文学大纲》的思想，融合了中国古代的宣夜说，用以说明太空宇宙。他的《菌说》则主要运用了拉马克的进化观，阐述了生物的进化问题，并批判了谭嗣同以太说中的佛学唯心主义思想，反映出一种自然科学的唯物主义思想倾向。后来，他接受了佛学唯识宗和康德、叔本华的唯心主义思想。孙中山则是完全从进化论观点出发去阐述自己的宇宙观，在他看来，宇宙间以太是最原始的；地球上由无机物进化到生物；生物的进化由简而繁、由低级到高级，以至发展到人类。孙中山这种以进化论为主要特征的自然观，明显地具有唯物主义性质。当然，孙中山的自然观比较体系化，基本上是属于自然科学唯物主义范畴。

## 近代认识论和逻辑方法

为了解决“中国向何处去”的问题，中国近代资产阶级思想家从康有为开始，就比较注意认识论。康有为的认识论，一方面批判地继承了中国传统思想，强调“习学”，重视从感性经验获得知识和社会环境的影响；同时，他对近代实证科学“实测”的认识方法也比较注意，反映出一种唯物主义经验论倾向。但是，康有为用以建立自己理论体系的，是一种先验论的方法。他先是效法欧几里得的几何方法，从一些自然“实理”出发，把自己心目中的资产阶级政治伦理原则推衍出来，用以构造他理想的社会制度。后来，他又借用代数术，把儒家经典《春秋》的文字看作代数符号，从主观上推导出“托古改制”理论。他的这种演绎法本质上是先验主义。谭嗣同对于认识论问题也比较重视，他在反对封建纲常名教时，提倡一种唯名论思想。他对于一切事物，强调不矜其名，而要察其实。他的唯名论承认客观事物的实在性，实质上是一种倾向于唯物主义的经验论思想。另一方面，谭嗣同认为，要认识永恒的真理，唯有靠佛教的“转识成智”，是唯心主义直觉论，是一种先验主义思想。康有为、谭嗣同的认识论思想有共通之处，都包含经验论与先验论的矛盾。严复的思想与康、谭有所不同，他倡导的完全是一种经验论的认识论。他强调“征实”，主张“即物实测”。严复还着重介绍了西方逻辑学的经验归纳法，这与他在认识论上重视经验论的思想是相关的。他认为，逻辑的归纳与演绎两种方法是统一的，但演绎统一于归纳。比之康有为来说，严复是更自觉地提倡科学的逻辑方法，并且偏重于经验归纳法，唯物主义的思想倾向比较突出。但严复也有弱点，他的思想同英国的经验论者相类似，有一种实证论倾向。认为“可知者，止于感觉”，陷入不可知论。章太炎前期提出“革命开民智”的认识论思想具有明确的唯物主义倾向，他把革命进化论应用于认识论，强调革命活动对人的认识发展的意义。在认识论上，章太炎肯定感性认识重视理性抽象思维；在逻辑学上，章太炎注重演绎法，偏重经验归纳法。但是，章太炎受到康德的影响，认为人的思想具有“原型观念”，即康德的先天范畴，是先验主义的东西。梁启超和王国维在治学方面，都比较重视从史实中探究历史实证的科学方法，在其领域取得了不错的成绩。孙中山提出知难行易说，主张行先知后，具有明确的唯物主义倾向。但孙中山主张“知者不必自行，行者不必自知”的分知分行说，这实际上又是把知和行、经验和理论的辩证关系割裂开来了。

## 提倡资产阶级人性论和伦理观

人性论和伦理观是中国近代资产阶级哲学革命中直接为近代社会变革服务的。康有为根据人有魂魄的思想，提出二重性的人性论。一方面，他把人的自然生理欲求看作人性，用这个观点来反对宋明理学“存天理，灭人欲”的封建禁欲主义；另一方面，他鼓吹一种先验主义的人性论，提倡博爱、平等、自由，对封建专制主义和纲常伦理做了一定的批判。谭嗣同基于他的以太为体、仁为用的哲学，也提出了与康有为的思想类似的二重性的人性论。一方面，他认为人的生理需求是合理的，因此提出“尚奢”的主张，批判了道学家的人欲为恶论；另一方面，他认为人们之间应当相通，互相平等。他根据这种伦理观，对封建纲常名教进行了猛烈的抨击。严复则是从进化论出发，否认先验的人性论。他认为，人都有自私、物以类聚的本性，这是长期的物竞、天择的结果。在严复心中，人们求生存、求快乐是道德的基础，他倡导功利主义。章太炎以佛教唯识宗思想解释人性，认为人人都包含善与恶两个方面。因此，他的认识观为“俱分进化论”。章太炎与严复不同，他坚决反对功利主义。在他看来，名利与道德是相反的，为了克服人们的功利思想，必须提倡革命的道德，革命才会成功。这在当时来说，是有一定的积极意义的。严复认为道德责任以意志自由为前提，章太炎则更强调这一点，认为人们要凭自己的意志力来培养道德，并言行一致地坚持下去。但由于他过分强调个人的自由意志，结果走向了唯意志论。孙中山也是从进化论的观点解释人性，认为人类的远祖与禽兽无异，后来“经几许万年之进化，而始长成人性”。他以为，人性的根本是“互助”，与动物“争竞”的兽性有本质的区别。正是这“互助”的人性决定了人类社会国家和伦理道德二者的一致性。

上述情况表明，中国近代资产阶级思想家多半是从近代自然科学去阐明人性问题，提出自己的资产阶级人性论和伦理道德观，批判和否定封建的纲常伦理，反映了资产阶级反封建的要求，具有进步的历史意义。但是，他们所说的人性和伦理道德都是抽象的，没能真正科学地揭示出人性和伦理道德的实质。此外，中国近代资产阶级哲学革命，在美学方面也取得了一定的成就。

总而言之，中国近代资产阶级哲学革命批判了封建传统哲学，使中国哲学思想发展到了一个新的历史阶段——以进化论为主要特征的近代哲学阶段，并为资产阶级的戊戌维新运动和辛亥革命做了理论上的准备。这一哲学革命阶段，是中国从古典哲学过渡到马克思主义哲学的一个必要的中间环节，它在整个中国哲学思想发展上占有重要的历史地位。但是，由于中国近代社会是半殖民地半封建社会，资本主义经济得不到正常发展，科学技术落后，民族资产阶级比较软弱，因此，中国近代资产阶级的唯物主义思想潮流是不够强有力的，资产阶级哲学革命是不彻底的，其中有些资产阶级思想家最后还倒向了旧的传统思想一边。实践证明，中国近代资产阶级哲学不能解决“中国向何处去”的问题。

# 第二十一章　实用主义

实用主义是诞生于19世纪中叶的一个现代哲学派别，是实证论的一个流派，产生于西方自由资本主义向帝国主义过渡的时代。在20世纪成为美国的一种主流思潮，对法律、政治等方面产生了巨大影响，成为美国半官方哲学。其主要代表人物有皮尔士、詹姆斯、杜威等人。关于实用主义，皮尔士认为："思想就是行动""思想的全部功能是要产生行为习惯"。如果我们要把一个信仰或观念弄清楚，只需考虑它可能包含什么样的意义或者结果。上面这些论述就是皮尔士原理，即实用主义的基本原理。

1898年，詹姆斯把实用主义原理发展成为一个比较系统的理论体系。他把实用主义看作解决一切问题的方法，他提出的"有用就是真理"的观点成了实用主义的经典。他的实用主义强调多元化、创造性与变革，赞成思想上的不同，反对思想的唯一性。简言之，实用主义哲学重视实践、目的的多元化。通过他的推动，实用主义成为当时美国最时髦的哲学理论。杜威的出现，进一步完善了实用主义，被美国学术界称为“实用主义哲学家中的巨人”。

## 杜威的实用主义哲学思想

杜威的实用主义包括经验主义和工具主义。他认为，双手的功能是帮助人类对付自然环境，思想的功能是帮助人们实现与现实、环境的沟通，如果一种思想不能与时俱进，不适应时代的变化，就不能帮助人们应对社会环境中出现的实际问题，这样的思想必须要加以改正或者放弃。19 世纪末 20 世纪初，杜威详细阐述了实用主义哲学的基本要点，并将其运用到各种领域进行实践，使它变得通俗易懂。将实用主义运用在教育与社会上，更好地推动了民主建设，使实用主义和社会实践更好地结合，从而将实用主义哲学推向了一个新的高度。

上面说过，杜威的实用主义哲学包括经验主义和工具主义两种。下面为大家简单介绍这两种思想概念：

一、经验主义

杜威称它为“经验的自然主义”。他认为自己的经验自然主义不同于以往的旧的哲学思想，因为它超越了精神和物质，克服了“二元论”，改变了哲学性质的研究范围和方法。所谓“二元论”，就在于它采用了一种“非经验的方法”，把主体和客体、精神和物质相分离，独立开来了，这样就变成了两个根本对立的领域，有的哲学家把精神归结为物质，如唯物主义；有的哲学家否认物质的客观性，把物质归于精神，如唯心主义。在杜威看来，不管是唯心主义还是唯物主义，都是以分裂为前提的，都是“二元论”。他认为，要克服“二元论”，必须使用“经验方法”。所谓的“经验方法”，就是反对把主体和客体、经验和自然分割开来，而是通过确立“经验和自然的连续”，把存在看成一个“统一的整体”，并把这种统一作为哲学的出发点，只有这样才能建立一种新哲学。

二、工具主义

杜威揭露了不少旧的形而上学关于永恒不变的真理概念，但把真理的相对性绝对化了，认为每一个有关真理的命题，到最后实际上都是假设。他否定思想、理论等对客观对象的反映，认为它们不具有客观真理的意义，而只能作为有用的假设。他在《哲学的改造》中提道：“如果观念、意义、概念、学说和体系，对于一定的环境的主动改造，或对于某种特殊的困苦和排除确实一种共性的东西，它们的效能和价值就会系于这个工作的成功。”即有用就是真理，真理一定是善的。

## 胡适眼中的实用主义

在胡适看来，实用主义就是主张从求得一个观念所发生的效果来说明那个观念的意义的一种学说。对于胡适的实用主义的唯心世界观，我们可以从下面几点来分析。

一、实用主义与进化论

胡适说：“我的思想受两个人的影响最大，一个是赫胥黎，一个是杜威先生。”赫胥黎是著名的进化论者，他是第一个提出人类起源问题的学者，胡适对此人高度评价，说他和达尔文的进化论在近代哲学发展史上起到了很重要的作用。胡适认为19世纪这个时期，哲学的主流是实用主义，可以分为两个阶段，一个是赫胥黎，一个是杜威。

胡适不了解实证主义思潮，其中的实用主义是歪曲达尔文和赫胥黎的生物进化论的成果得来的谬论。杜威所说的“经验的自然主义”，是歪曲利用生物进化论关于人和外界环境相互作用的学说，把经验看作人和环境、主体和客体之间的“相互作用”，看成意识和物质、精神和自然界的统一；“工具主义”认识论，是歪曲利用生物适应环境的规律，把人看作适应环境的动物，认为认识是用来适应、对付环境的工具。胡适只看到了进化论对实用主义的影响，没有看清杜威的实用主义对生物进化论的歪曲。

从实用主义的观点出发，胡适认为哲学基本问题可以不了了之。他说："真正的哲学必须变成解决'人的问题'的办法。"他的这个观点来自杜威的"哲学的改造"。在杜威看来，哲学不应该研究物质世界及其规律，不应该研究什么第一性、第二性，什么是真理，因为这些问题最后都会"不了了之"。哲学应该研究人行动的方法，特别是如何摆脱困难获得成功的方法。

二、唯心主义的"经验"

实用主义只不过是用"经验"来掩盖主观唯心主义而已，而"经验"是实用主义哲学的一个基本概念。胡适将杜威关于"经验"的见解做了一个简单概括："经验就是对付环境。""经验不只是知识，还是物与我之间的利用关系。"这样的看法，把人和环境、知与行等概念都统一成了"经验"，以为这样就可以在唯物与唯心之上，其实正好暴露了实用主义哲学的主观唯心主义的本质。胡适、杜威否定经验就是知识，就是在否定反映论；他们在反对"经验是心境"的同时，就给实用主义披上了神秘的面纱。他们所谓的"变换"经验的特性在于一种"投影"，在于"联络未来"，是把经验看成一种意识的存在。从而根本上否定了意识的客观性，否定了认识的现实作用，否定了知识由低级向高级的发展，他们反对外来经验进入联系，其实就是主观感觉的联系，是主观的东西，乃是唯心主义。他们认为经验就是思想，仿佛在强调二者的关系，其实是在否定认识发展的阶段性。不管他们怎么解释，都无法掩盖实用主义的主观唯心主义本质。列宁说过：“我们从哲学史上可以看出来，对经验的概念，使古典唯物主义者和古典唯心主义者划分开来。马赫主义用来建立自己体系的‘经验’其实是掩盖各种唯心主义体系的，现在又被阿芬那留斯之流用来对唯物主义和唯心主义之间相互转化的立场效劳。这个概念的不同‘定义’，只有表现着被恩格斯揭示出的哲学上的两条基本路线。”列宁对马赫等人的批判，对我们评价实用主义的“经验”有指导意义。

三、唯心主义的实在论

实用主义的“创造实在论”的观点似乎反对形而上学，也反对机械论，其实这只是“假象”，客观实在的发展是不会依靠人类的意志而改变的，也不是人能主观“创造”出来的；人通过实践来认识客观世界，运用其规律来改造客观世界，使它符合人的利益和需要，这是以承认物质第一性、精神第二性为其前提的。恩格斯说过，我们对自然界的统治力量在于我们比其他生物提前认识和正确运用自然规律，这是辩证唯物主义关于人和客观实在的关系的基本观点。

实用主义提出的“有用即真理”的真理观，与辩证唯物主义的真理观处于完全对立的位置。第一，辩证唯物主义人为，真理是意识对客观实在的正确反映，而实用主义将真理当作适应环境的工具；第二，唯物主义认为检验真理的标准是社会实践，真理和真理的检验密不可分，但不是同一个概念，而实用主义把二者混为了一谈；第三，二者的实践观在原则上不同，辩证唯物主义的实践是人民群众进行生产斗争、阶级斗争和科学实验活动的社会实践，而实用主义把实践当成生物学的适应环境的活动；第四，辩证唯物主义认为正确的思想引导我们在实践中获得成功，不等于成功了就是真理，失败了就不是真理了，因为真理是和客观实在相符合，不是和成功相符合。

胡适把真理看作适应环境的工具，这是主观唯心主义和相对主义，在理论上就是错误的。不过，我们应该看到胡适在五四运动前后介绍实用主义真理论，意在宣传一个“变”字。他认为19世纪以来，自然科学上有两个大的变迁都和实用主义有关，一个是科学家对科学律例态度上的变迁，另一个就是达尔文的进化论。胡适在理论上的错误是夸大了真理的相对性，否认了真理的绝对性和客观性。但是，他在当时条件下强调真理是“变”的，具有反封建的积极意义。

五四运动作为一次思想解放运动，就是要打破“天不变，道不变”的中国封建统治者拥护的传统精神枷锁。胡适宣传的真理是“变”的观点，在客观上适应了当时的历史潮流，有进步意义。对于胡适的实用主义哲学思想在五四运动前后宣传的两种不同的观点——资产阶级唯心主义哲学和反对封建主义的思想武器，我们要采取实事求是的态度去看待。

胡适对五四运动的贡献，一个是提倡白话文，一个就是他提出了一套方法论。胡适在方法论上将西方的科学方法和中国的传统哲学——乾嘉学派的方法结合起来，运用于具体的科学研究，这就把方法论推进了一步。但胡适是个实用主义者，他的世界观决定了他的方法论不可能是真正科学的方法。因为他不懂辩证法，所以他的方法论就有极大的局限性。

## 实用主义对中国近代哲学革命的影响

在“五四”新文化运动达到高潮的时候，实用主义哲学的到来引起了巨大的反响，一时间主导了中国的思想潮流。虽然实用主义是主观唯心主义思想，但是对当时具有很大的作用。新文化运动的领导者胡适非常推崇杜威的哲学思想，赞誉杜威是影响中国思想界最深的西方人，未来几十年也不会有西方学者对中国的影响比杜威先生还大。约翰·杜威是实用主义的集大成者，他的实用主义成为美国特有的文化现象。杜威强调观念必须在实践中去检验，只有实践能解决的观念才是“有价值的观念”，所以他认为实用主义也可以称为“实验主义”。当时民国时期的一些重要人物，如胡适、陶行知等人，都是杜威的学生。胡适在《新青年》杂志上发表过《实验主义》一文，对其哲学进行了系统评价，“大胆假设，小心求证”就是从实用主义中出来的耳熟能详的名言之一。在杜威讲学的推动下，当时的中国形成了一股实验主义热潮，几乎所有具有影响力的媒体、各种有名望的学校，都在宣传杜威的教育学说。杜威的实用主义成了当时中国政治领域、思想领域和教育领域的主导潮流，推动了民主和科学的传播。杜威的教育思想，影响了当时中国的教育界、思想界。他的教育主张是反对传统的灌输和枯燥的单一训练，强调从实践中学习，这一点影响了蔡元培、晏阳初。虽然实用主义如此优秀，但使美国教育产生了重技能、轻理论的偏差，导致美苏科技发展上的失衡，最终苏联先发了一颗卫星进入太空。

杜威的实用主义对“五四”时期的中国产生了极深的影响，为我国新文化运动的开展起到了积极的推动作用。五四运动之后，中国的马克思主义和实用主义的政治分歧越来越大。20世纪30年代，在苏联的影响下，中国共产党对实用主义进行了全盘否定的政治批判，20世纪50年代时达到高潮，并被视为思想战线上的严重阶级斗争。直到十一届三中全会确立了解放思想、实事求是的思想路线，人们才重新开始评估和研究马克思主义和实用主义等西方思潮。我们应当运用马克思主义的立场、观点和方法深入分析、研究实用主义，取其精华去其糟粕，汲取马克思主义积极的思想，这对真正做到实事求是、解放思想，促进我国改革开放和社会主义现代化建设具有一定的启示意义。

实用主义精神对我国的教育体制改革也起到了指导作用。1920 年，蒋梦麟出任北大总务处处长期间，参照欧美高等学校的治校模式，为北大设计了一整套管理体制。这套管理体制对完善北大的学校治理产生了很大的作用，既坚持了教授治校的原则，又健全了学校的管理。中国南方科技大学作为国家高等教育实验校，承载着探索中国培养创新人才模式、建立与社会主义市场经济相适应的现代化大学制度和高等教育体制的重任，在 2011 年 6 月 8 日将“教授治学、学术自治”作为原则写入《南方科技大学管理暂行办法》总纲，无不体现了蒋梦麟的治校理念。

胡适强调效果的实用主义哲学思想在当代也不应该被全部否定，因为这种重视效果的思维方式可以打破中国几千年来封建社会中所形成的重名轻效果的思想束缚。只有从重名中解放出来，继而转到重效果、重经济效益和社会效益上来，才能在改革开放中坚持实践标准，坚持生产力，以经济建设为中心，推进社会的全面发展与进步。

# 第二十二章　近代哲学辩证唯物论和历史唯物论

中国近代的哲学革命发展到1919年五四运动以后，开始进入无产阶级哲学革命的阶段。这个阶段，马克思主义哲学成了中国哲学思潮的主流。马克思主义哲学在中国人民长期革命斗争实践的过程中，逐步和中国的革命实际相结合，形成了具有中国特色的马克思主义的哲学理论体系。中国人民在它的指引下，夺取了民主革命的胜利，成立了中华人民共和国。

## 无产阶级哲学革命阶段的经济、政治

中国近代的哲学革命，从资产阶级的哲学革命发展成为无产阶级的哲学革命，是有其深刻的社会政治、经济原因的。这些原因既有国际方面的，也有国内方面的。

在国际方面，当第一次世界大战正在激烈地进行的时候，

1917年11月7日（俄历10月25日），俄国发生了十月社会主义革命。俄国人民在布尔什维克的领导下，推翻了地主资产阶级的统治，创建了世界上第一个无产阶级专政的社会主义国家，为人类历史的发展开辟了崭新的道路。十月革命极大地鼓舞了全世界被压迫民族和被压迫人民的革命斗争，改变了人类历史发展的方向，开创了人类历史的新纪元。在欧洲，德国、匈牙利、奥地利、波兰的无产阶级掀起了轰轰烈烈的革命斗争浪潮；在东方，殖民地半殖民地被压迫民族的民族解放斗争也日益高涨。十月革命对中国更有着直接的、重大的影响。首先，在十月革命以后，殖民地半殖民地的民族解放斗争就属于世界无产阶级社会主义革命的范畴。这就是说，中国的资产阶级民主革命由无产阶级来领导，它的前途是社会主义，而不是资本主义。这也就是说，十月革命的胜利给中国革命带来了一个巨大的历史转折，中国革命从此走上了一个新的历史阶段——新民主主义革命阶段。其次，“十月革命一声炮响，给中国送来了马克思列宁主义”，在十月革命的影响下，马克思列宁主义在中国得到了迅速传播和发展，中国的先进分子从这时开始学习和掌握马克思列宁主义，运用马列主义来解决中国革命的问题，探讨中国革命的道路。最后，十月革命给中国以巨大的鼓舞，给中国人民带来了希望，中国人民从十月革命的胜利中看到了人类的光辉前景，看到了中国革命的光明前途，满怀对革命的热忱和对革命胜利的信心和力量，为创造美好的未来而努力拼搏。总之，十月革命对中国人民和中国革命的影响是极其深远的，中国近代的无产阶级哲学革命就是在这样的国际背景下发生的。

在国内方面，在第一次世界大战期间，由于西方帝国主义忙于战争，放松了对中国的侵略，减少了输入中国的商品，因此中国的民族工业，主要是棉纺织业、面粉业，以及火柴、水泥、卷烟、榨油、造纸、制糖、制皂、制烛等轻工业、日用品制造工业，得到了比较迅速的发展，使中国工人阶级队伍得到了进一步成长壮大：中国资产阶级的力量也有所增强，并要求有更大的发展资本主义的机会。中国产业工人在辛亥革命时约有六十万人，到五四运动时就达到了两百万人左右，其中包括民族资本的工厂和外资设立的工厂中的工人。由于工人阶级的成长壮大，中国工人运动便有了显著的发展。据不完全统计，从 1870 年到 1911 年的 40 年中，中国有记载的工人罢工斗争共 105 次，而从 1912 年到 1919 年五四运动前夕的几年中，有记载的罢工斗争达 130 次。有些罢工甚至超出了经济斗争的范围，如 1915 年，上海和其他地方的日本资本家工厂中的工人举行了反对“二十一条”的罢工；1916 年，天津法租界工人罢工反对帝国主义强行扩大租界区。这表明在 1915 年以后，中国工人阶级逐渐走上了政治舞台。日本帝国主义利用第一次世界大战期间，西方资本主义暂时无暇东顾的机会，加紧了对中国经济、政治的侵略，如对袁世凯政府提出“二十一条”、收买控制段祺瑞政府、扩大在华的工厂企业、增加对华的商品输出等，使中国民族资本的发展受到严重阻碍。第一次世界大战结束后，西方帝国主义卷土重来，重新占领了中国市场。东西方帝国主义国家的垄断经济组织的商品输出、资本输出，以及在华开设的工厂企业，控制了中国的国民经济命脉，使中国的民族工商业因受到沉重的打击而纷纷倒闭或破产。在整个新民主主义革命时期，中国民族工商业在帝国主义、封建主义和官僚资本主义的压迫、控制下，发展缓慢，始终没有成为中国社会经济的主要力量，在国民经济中比重不大，而且它们大部分与外国帝国主义和国内封建主义都有或多或少的联系。因此，中国民族资产阶级既有反帝反封建的要求，从而具有参加革命的可能性，又因它们在经济上和政治上的软弱，对帝国主义和封建主义具有妥协性。中国的农村经济在帝国主义和本国封建势力的剥削、压迫下，也呈现出凋敝的景象。帝国主义在中国农村收购原料、倾销消费品，使中国的粮食产量下降，家庭手工业破产。自然经济基础虽然被破坏了，但封建剥削制度依然统治着农村。地主阶级不仅对农民进行残酷的地租剥削，而且同买办资本和高利贷资本的剥削相结合。此外，农民还要缴纳给封建军阀许多苛捐杂税。中国农民处在贫困破产、饥寒交迫的深渊，因此不断反对着帝国主义的侵略和封建制度的剥削，既是革命的主力军，也是工人阶级最可靠的同盟军。

资产阶级即大资产阶级，于 1927 年掌握政权以后，特别是在抗日战争与日本帝国主义投降以后，集中了巨大的财产与生产资料，垄断了全国的经济命脉。他们与外国帝国主义、本国的地主阶级、旧式富农密切结合，不但压迫、剥削工人、农民，而且压迫城市小资产阶级，损害民族资产阶级。个体的农业经济与手工业经济约占国民经济的 90%，近现代工商业，其中包括帝国主义在华的工商业、官僚资本的工商业，以及民族资本的工商业，仅占国民经济的 10%，农民约占全国人口的 80% 以上。中国是一个生产力落后的农业国家，在政治方面，1911 年的辛亥革命虽然推翻了清政府，结束了中国两千多年的封建君主专制统治，促进了中国人民的民主主义觉悟，具有伟大的历史意义。但辛亥革命后，中国不仅仍然是帝国主义和封建主义统治下的半殖民地半封建的国家，而且出现了复辟封建帝制的逆流。袁世凯称帝、张勋复辟虽然都很快失败了，但这表明辛亥革命后的中国，封建势力、封建思想仍然很强大。

在帝国主义列强的操纵、支持下，中国还出现了军阀割据和混战不息的局面。如直皖战争和直奉战争等。军阀统治和混战不息，严重破坏了社会生产，给人民带来了无穷的灾难，给中国造成了难以统计的损失。第一次世界大战结束后召开了所谓“巴黎和会”，这实际上是英、美、法、意、日五个帝国主义国家的分赃会议，不但没有帮助中国收回失地和权益，反而逼迫中国承认被日本帝国主义占有的青岛与山东的主权。消息传来，1919 年 5 月 4 日，北京学生在天安门前举行反对帝国主义和卖国政府的示威游行，提出“外争主权，内除国贼”的口号，主张立即召开国民大会。天津、上海、广州、武汉、济南、长沙、南京、成都，以及其他各地的学生迅速响应，纷纷举行罢课、集会和示威游行，形成了全国规模的反帝爱国运动。到 6 月 3 日以后，以上海为中心，许多地方的工人群众走上斗争前列，显示了中国工人阶级的力量。经过人民群众的斗争，北洋军阀政府被迫宣布“批准”卖国贼曹汝霖、陆宗舆和章宗祥“辞职”，并拒绝在对德和约上签字。经过五四运动，中国无产阶级作为一个独立的阶级登上了政治舞台，先进的知识分子也从五四运动的经验中认识到了中国无产阶级的力量和历史地位。他们到工人群众中去进行宣传与组织工作，从此马克思主义和工人运动相结合，许多地方成立了共产主义小组，为中国共产党的成立做好了准备。

1921 年 7 月，中国共产党诞生了。在中国共产党的领导和推动下，工人运动蓬勃地开展起来，各地纷纷成立了工会组织，并在工会组织的领导下开展反帝反封建的斗争。到 1923 年底，全国共发生大小罢工斗争 100 多次，参加罢工的工人达 30 万人。其中，著名的有香港海员大罢工、安源路矿工人大罢工、京汉铁路工人“二七”大罢工和开滦煤矿工人大罢工等。在工人运动高涨的同时，农民运动也迅速地发展起来。1923 年到 1924 年，广东省的农民运动高涨，湖南和广西的农民运动开始发展。孙中山在中国共产党的帮助下，于 1924 年 1 月召开了国民党第一次全国代表大会，确定了联俄、联共、扶助农工的三大政策，并且对三民主义做了新的解释，将旧三民主义发展成为新三民主义。自此，第一次国共合作宣告形成。1924 年，孙中山与中国共产党合作，创办了黄埔军校，其后平定了广东商团叛乱和陈炯明叛变，成立了广东革命政府，建立了广东革命根据地。1925 年，孙中山逝世。1926 年 7 月，国民革命军开始北伐，节节胜利，扫荡了吴佩孚、孙传芳等军阀势力，沉重地打击了帝国主义和封建军阀。随着广东革命根据地的建立和北伐军的节节胜利，工人运动迅猛地高涨起来。正当国民革命军节节胜利、工农革命运动迅猛发展之际，蒋介石在帝国主义与官僚买办的支持下，在上海发动了 1927 年“四一二”反革命政变，成批的共产党人和革命者被逮捕、监禁和屠杀，第一次大革命被埋葬在血泊之中。在反革命的白色恐怖面前，陈独秀推行了右倾投降主义路线，下令收缴工人、农民的武器，限制工农群众的革命斗争。以蒋介石为代表的国民党南京政府，代表着大地主大资产阶级的利益，对外依附帝国主义，对内实行封建法西斯专政。蒋介石国民党统治下的中国社会，依然是半殖民地半封建的社会。1927年8月1日，周恩来、朱德、贺龙、叶挺、刘伯承等率领北伐军的部分部队，约3万人在南昌起义，同年8月7日，中共中央委员会在汉口召开紧急会议，批判和纠正了陈独秀的右倾投降主义路线，同时决定深入地进行土地革命和发动武装起义，以推翻国民党反动统治。会后，毛泽东到湖南发动秋收起义，又率领秋收起义部队上井冈山，并和南昌起义部队会师，组成中国工农红军，建立了井冈山革命根据地，从此开辟了建立农村根据地，以农村包围城市，武装夺取政权的革命道路。从1927年至1937年的十年间，是土地革命战争时期。中国共产党人在各地建立了革命根据地，在革命根据地内深入发动群众，进行土地革命斗争。国民党惶恐不安，对中央革命根据地进行反革命的“围剿”。从1930年10月到1933年3月，蒋介石先后发动了四次“围剿”，都被中国工农红军粉碎了。1933年10月，蒋介石向中央革命根据地发动了第五次反革命“围剿”，由于王明“左”倾机会主义路线的错误领导，中国工农红军的反“围剿”斗争失利，红军被迫撤出中央苏区，实行战略转移，进行了举世闻名的二万五千里长征。1935年1月，在长征除中，中共中央在遵义举行政治局扩大会议，纠正了王明路线的错误，确立了毛泽东在中央的领导地位。1936年10月，红军胜利地到达了陕北。

1931年，日本帝国主义在沈阳发动九一八事变，开始全面侵华，中国的全面抗战也由此开始。1932年，日本帝国主义又在上海挑起“一·二八”事变，向中国驻军发动进攻。面对日本帝国主义的进攻，国民党南京政府采取了不抵抗政策。日本帝国主义的侵略，给中华民族带来了深重的灾难，民族危机空前严重。1936年12月12日，张学良、杨虎城在西安发动兵变，扣押蒋介石，要求蒋介石停止内战、一致抗日。在中国共产党的调解下，蒋介石答应了停止内战、一致抗日等条件，西安事变和平解决。西安事变后，中国共产党将没收地主土地的政策改为减租减息政策；同时，中国工农红军改编为国民革命军第八路军。至此，抗日民族统一战线宣告成立。1937年7月7日，日本帝国主义发动卢沟桥事变，中国驻军奋起抵抗。中国人民在中国共产党的领导下，经过十四年的浴血奋战，在国际反法西斯战线的配合下，终于夺取了抗日战争的胜利。1945年8月，日寇宣告无条件投降。从1939年底开始，蒋介石集团执行消极抗战、积极反共的方针，先后发动了三次反共高潮，但都被中国共产党和中国人民挫败了。在国民党统治的大后方，社会黑暗，政治腐败，特务横行，官僚资本趁机发国难财，人民群众生活在水深火热之中。1945年8月，日本帝国主义投降后，在美国帝国主义的支持和援助下，蒋介石国民党悍然发动内战，进攻解放区。解放区军民在中国共产党的领导下被迫进行自卫反击。在国民党统治区内，广大人民群众也开辟了反对蒋介石、反对美帝国主义统治和压迫的“第二战场”。经过四年的奋战，中国人民解放军解放了祖国大陆全境，国民党南京政府覆灭。在中国共产党的领导和组织下，中国人民政治协商会议于 1949 年 9 月 21 日在北平举行。会议通过决议成立中华人民共和国和中央人民政府。10 月 1 日，举行开国大典，中华人民共和国宣告成立。中华人民共和国的成立，标志着新民主主义革命基本完成。

综上所述，中国人民的革命斗争在 1919 年五四运动以后，经历了第一次国内革命战争、第二次国内革命战争、抗日战争和第三次国内革命战争四个历史阶段。这些斗争都是在中国共产党的领导之下，在马克思列宁主义的指导下进行的。而每一历史阶段的斗争实践的内容，都较前一历史阶段更广泛、更深刻、更丰富、更生动、更向前发展了。中国近代的无产阶级哲学革命，就是在上述中国人民革命斗争实践的基础上形成并一步步向前发展的。

## 无产阶级哲学革命阶段的古今中西之争

无产阶级哲学革命阶段也同以往的几个时期一样，始终存在着古今中西之争，但是由于历史条件不同，争论的具体内容与问题有所不同。这一阶段的古今中西之争，可以从下面四个方面加以论述。

第一，政治思想领域内围绕着“中国向何处去”的问题，展开了古今中西之争。十月革命和五四运动后，西方传来了马克思列宁主义，并在中国得到了传播；中国工农革命运动逐步开展；十月革命的胜利开辟了人类历史的新纪元；西方资本主义社会的矛盾和弊端日益尖锐。在这样的历史条件下，是维护中国封建旧制度，还是继续面向西方资本主义，走资本主义道路，在中国建立资本主义社会，又或是接受马克思列宁主义，走十月革命的道路，进行新民主主义革命，并向社会主义方向发展，在中国建立社会主义社会，是摆在中国各个阶级、阶层、派别面前的首要问题。为此，中国各个阶级、阶层、派别进行了激烈的争论和斗争。大地主大资产阶级竭力主张维护中国封建旧制度旧秩序，先有袁世凯、张勋的复辟帝制运动，后有大小封建军阀建立统治、混战不息，然后是蒋介石国民党建立了长达二十多年的封建的买办的法西斯专政。另一部分人，主要是民族资产阶级及其代表人物，要求发展资本主义，走资本主义的老路，在中国建立资本主义社会。而广大工农群众和革命分子，要求摆脱帝国主义和封建主义的压迫、剥削、统治，要求独立、解放，既反对维护中国封建旧制度旧秩序，又反对中国走资本主义道路。以毛泽东为代表的中国共产党人，把马克思列宁主义的基本原理与中国的实际相结合，总结了我国近代民主革命，特别是新民主主义革命的经验，正确地提出了中国革命分两步走的策略，第一步进行无产阶级领导的、以工农联盟为基础的、人民大众的反帝反封建的新民主主义革命，第二步使革命向前发展，建立一个社会主义社会，从而科学地解决了“中国向何处去”的问题。中国人民正是在上述中国共产党的政治思想和路线指引下，经过第一次国内革命战争、第二次国内革命战争、抗日战争，以及第三次国内革命战争的艰苦曲折斗争，终于在 1949 年夺取了新民主主义革命的胜利，建立了中华人民共和国，其后又胜利地实现了从新民主主义革命向社会主义革命的转变。

第二，与政治思想领域内的“中国向何处去”之争相适应，“五四”时期发生了尊孔复古与“打倒孔家店”之争，以及“新旧思潮”之争。以袁世凯、段祺瑞为首的封建军阀政府、封建卫道士康有为、陈焕章等以及帝国主义者，竭力宣扬尊孔读经、封建复古。陈独秀、李大钊、鲁迅等新青年派则在民主和科学的旗帜下，提出“打倒孔家店”的战斗口号，对孔子之道与封建礼教进行了猛烈的抨击，同时主张文学革命，反对封建旧文学，提倡新文学，反对文言文，提倡白话文，掀起了中国历史上从来没有过的新文化运动。新文化运动深入发展，引起了封建军阀和封建卫道士的仇视。他们迫害、攻击新文化和新思潮，遭到新文化运动的倡导人和进步人士的反击、批驳，1919 年形成了“新旧思潮”激战的高潮。

第三，与政治思想领域内的“中国向何处去”之争相适应，在理论领域内也发生了激烈的古今中西之争。“五四”时期，以梁漱溟为主要代表的东方文化派，宣扬东方文化、“精神文明”，宣扬变相的“中学为体，西学为用”，宣扬泰州学派的哲学思想，以及柏格森的生命哲学、直觉主义，主张走“中国的路、孔子的路”，反对马克思列宁主义在中国传播，反对新青年派宣传的新文化、新人生观，反对唯物史观。同时，又出现了以胡适为主要代表的全盘西化论，或“充分世界化”论，主张完全接受资本主义文化，走西方资本主义道路，肯定和赞扬资本主义文化和实用主义哲学，反对马克思列宁主义，反对马克思主义哲学，并攻击社会主义文化。东方文化论与全盘西化论，是“五四”时期后期到中华人民共和国成立以前，在文化和哲学领域内古今中西之争中两个最为重要并最有影响的非马克思主义派别。国民党右派以戴季陶、蒋介石、陈立夫为主要代表，宣扬封建道德论，鼓吹恢复和发扬中国传统封建旧文化、旧道德，反对马克思列宁主义。在哲学上，戴季陶于第一次国内革命战争时期，宣扬“民生”哲学、“仁爱”哲学，攻击唯物史观；蒋介石、陈立夫于第二次国内革命战争时期，特别是抗日战争时期，宣扬“唯生论”“诚”的哲学、“力行”哲学，攻击马克思主义哲学。马克思主义者、中国共产党人对戴季陶、蒋介石、陈立夫在政治上展开了坚决斗争，并在理论上进行了有力地批判。1935年1月，陶希圣等人为了配合国民党陈立夫、陈果夫组织控制的“中国文化建设协会”及其刊物《文化建设》发动的封建复古、尊孔读经运动，发表了《中国本位的文化建设宣言》，接着由“中国文化建设协会”各地分会召开了“中国本位的文化建设座谈会”，许多大学校长、教授、文化出版界人士出席座谈并发表文章，其后又出版了数十万言的《中国文化建设讨论集》，恢复和建设中国封建固有文化之声一时间甚嚣尘上。《中国本位的文化建设宣言》强调建设“中国本位的文化”，强调所谓“根据中国本位”，即以中国封建固有的文化为基础，吸取适合当时国民党统治需要的西方文化，主要是当时德意法西斯关于政治、经济、文化的理论和主张。所谓建设“中国本位”，实际上是封建复古与“中学为体，西学为用”。胡适批判了《中国本位的文化建设宣言》，正确地指出了它是“中学为体，西学为用”，但他又从其所谓文化有“惰性”、有“绝大的保守性”“中国本位”无论如何不会毁灭的观点出发，认为中西文化大接触以后，“当然是一个中国本位的文化”。

第二次国内革命战争时期，为了配合对革命根据地和中国工农红军的军事“围剿”，蒋介石在其统治区内对无产阶级领导的革命文化运动实行文化“围剿”，以鲁迅为代表的革命文化工作者粉碎了蒋介石的反革命的文化“围剿”。第二次国内革命战争时期，思想界先后发生了关于中国社会性质、中国社会史以及所谓“唯物辩证法”的论战，马克思主义史学工作者、理论工作者揭露和批判了托派分子、国民党御用文人、资产阶级学者对中国社会性质、中国社会史的歪曲，以及对马克思主义哲学的篡改和进攻，论证了中国是半殖民地半封建社会，中国的革命是反帝反封建的资产阶级民主革命，捍卫了马克思主义关于社会经济形态和社会发展普遍规律的学说，坚持了辩证唯物主义与历史唯物主义的基本原理。抗日战争时期，一些教授宣扬中国封建传统文化和伦理道德，宣扬程朱理学、陆王心学，提倡所谓“新儒家思想”，受到马克思主义学术工作者的严厉批判。

## 中国共产党内的古今中西之争

十月革命和五四运动以后，马克思列宁主义在中国广泛传播。如何认识和处理马克思列宁主义的基本原理与中国革命的具体实践、中国传统、民族特点的关系，是中国共产党与革命者碰到的重要问题。教条主义者脱离中国的社会实际、传统和民族特点，照搬照抄、生吞活剥马克思列宁主义；经验主义者不了解和不重视马克思列宁主义理论对革命实践的重要性，拘守于本身的片断经验；马克思主义者坚持把马克思列宁主义的基本原理与中国革命的具体实践、中国的优秀传统、民族特点相结合，坚持理论联系实际。20 世纪 30 年代，中国共产党内的马克思主义者，对教条主义者和经验主义者，特别是对教条主义者进行了尖锐的批判、斗争。

对于以上哲学上、文化上的古今中西之争，对于中国共产党内的古今中西之争，以毛泽东为主要代表的中国马克思主义者、中国共产党人进行了科学的分析和总结。毛泽东在他的《新民主主义论》《改造我们的学习》《唯心历史观的破产》《论人民民主专政》《实践论》《矛盾论》等文章中阐述了中国近代古今中西之争的发展及其性质，阐明了如何正确对待外国文化、中国古代文化以及中西文化的关系，批判了封建复古论与全盘西化论，科学地论述了马克思列宁主义与中国革命实际、中国传统的关系，用马克思主义哲学的认识论和辩证法批判了教条主义与经验主义的错误，提出了中华民族的新文化是“民族的科学的大众的文化”，其发展方向是社会主义，等等。

以上是无产阶级哲学革命阶段古今中西之争的基本轮廓，它对无产阶级哲学革命起到了推动作用。马克思主义者通过与各派的争论，不断地学习和掌握马克思主义哲学，深入中国社会、历史、现状的实际，总结争论的成果，提高理论思维能力和运用马克思主义基本原理分析中国实际的能力，从而推动无产阶级哲学革命不断深入发展。

## 自然科学和人文科学的发展

中国近代的无产阶级哲学革命不仅有其深厚的国际、国内的政治、经济根源，并受到古今中西之争的深刻影响，而且与近代自然科学、人文科学的发展有密切联系。“五四”时期以前，西方的自然科学、人文科学、哲学虽然已逐步输入中国，但总的来说比较少、比较薄弱。到了“五四”时期，情况发生了变化。

首先，西方自然科学大量输入中国，西方生物进化论、相对论、量子论、放射性学说、科学史等得到了广泛传播。“五四”时期成立了科学社团，大专院校增设了自然科学课程。西方先进自然科学的大量输入，不仅对反对宗教迷信和宣传自然科学唯物论起到了重要作用，而且为辩证唯物论在中国的传播提供了自然科学的根据和材料。

其次，“五四”时期，现代西方资产阶级哲学流派大量涌入中国。美国实用主义哲学家杜威于1919年“五四”前三天到达中国，在华讲学两年又两个月；英国新实在主义、逻辑实证论哲学家罗素于1920年10月来到中国，翌年7月离开；德国新活力论者杜里舒也来华讲学。“五四”时期及其以后，西方现代资产阶级哲学流派，其中包括实用主义、柏格森的生命哲学与直觉主义、马赫主义、新黑格尔主义、新康德主义、新实在论，以及逻辑实证论等都传入了中国。其中，对当时中国影响最大的是实用主义、实证主义和柏格森派生命哲学、直觉主义。对于帝国主义时代的西方现代资产阶级哲学的一些流派，先进的中国人也做过一些介绍。他们之所以宣传这些西方哲学流派的思想，就是为了反对封建主义，争取民族独立和个性解放，而且在当时的历史条件下，这些流派在中国确实也起过一定的积极作用。马克思主义哲学传入中国以后，先进的中国人和革命者转向和信奉马克思主义哲学，并以马克思主义哲学作为理论武器。而另有一些学者仍然宣传现代西方资产阶级哲学流派，并往往把它们与中国固有的封建主义哲学相结合。这时，现代西方资产阶级哲学便与中国封建主义合流，成为某些人反对马克思主义哲学的理论武器。帝国主义时代，西方现代资产阶级哲学的整个体系是唯心主义和形而上学的，符合反对马克思主义哲学的人们的需要。我们要知道，现代西方资产阶级哲学达到了比较高的理论思维水平，有些流派也提出了一些有价值的合理见解，甚至是一些科学的东西，而且它们在启迪人们思考、帮助人们打开眼界等方面不无好处。例如罗素是新实在论者和逻辑实证论者，他的整个体系是唯心论的，但他在数理逻辑方面有划时代的贡献。朱光潜系统地介绍了西方自康德到克罗齐的美学思想，虽然都是唯心论的，但对扩大中国人的眼界、促进中国美学的发展是有意义的。因此，现代西方资产阶级哲学对中国近代哲学的影响，除了消极的一面，还有积极的一面，需要具体分析，不能简单化、绝对化。

最后，“五四”时期以后，中国在社会科学、人文科学和文学艺术方面有了很大的发展，取得了可喜的成就。正如毛泽东曾经指出的：“由于中国政治生力军即中国无产阶级和中国共产党登上了中国的政治舞台，这个文化生力军，就以新的装束和新的武器，联合一切可能的同盟军，摆开了自己的阵势，向着帝国主义文化和封建文化展开了英勇的进攻。”在马克思主义唯物史观的指导下，这支生力军在社会科学领域和文学艺术领域都有了很大发展，我国不少社会科学、人文科学以及文学艺术部门都取得了重大成就。如以鲁迅、茅盾为代表的革命文学工作者，在文学艺术创作、文艺理论、美学等方面取得了重大成绩；以郭沫若为代表的史学工作者，对中国古代史和中国历史分期的研究取得了重大成果：毛泽东、周恩来、刘少奇、朱德等在政治、军事等方面做出了重大贡献。这些不仅丰富了马主义哲学的内容，巩固和扩大了马克思主义的阵地，还推动了中国无产阶级革命的发展。这一时期的唯心主义者中，有些人在学术上、哲学上有比较深的造诣，在各自的研究领域都有不错的成绩，并提出了不少有价值的见解，如杨仁山对佛学的研究、金岳霖对认识论和逻辑学的研究、汤用彤对魏晋玄学和印度哲学的研究、胡适等对先秦名学和中国哲学史的研究、冯友兰对中国哲学史的研究等。他们的成就对中国近代哲学和学术的发展有积极意义的一面，应该加以肯定。

## 无产阶级哲学革命的发展进程

新民主主义革命时期是中国无产阶级哲学思想，即毛泽东哲学思想形成、发展的时期，是马克思主义哲学中国化的时期。与新民主主义革命发展相适应，中国无产阶级哲学革命大体上经历了三个历史阶段。

第一个阶段：五四运动时期

五四运动既是一场反帝反封建的政治革命运动，又是一场思想解放和哲学革命发展运动。就思想文化领域来说，“五四”前期在民主和科学的旗帜下，掀起了反对封建制度和封建思想的启蒙运动。“五四”前期的新文化运动提倡民主主义的新文化、新道德，提倡民主新文学，提倡白话文，猛烈冲击了统治中国两千多年的封建旧思想、旧文化、旧文学，并为不久后马克思列宁主义哲学思想在中国的传播创造了有利的思想条件。“五四”后期，新文化运动从反对封建的思想启蒙运动发展为马克思主义思想运动，许多刊物和社团介绍和宣传社会主义、马克思主义；马克思的一些代表作被翻译成中文出版；许多先进分子先后接受和宣传马克思主义，如李大钊、陈独秀等由宣传进化论转变为宣传唯物史观，马克思主义和唯物史观在中国得到了传播。从1917年起到1923年，先后发生了四次大论战。在四次论战中，科学社会主义和它的重要理论基础之一的唯物史观取得了重大胜利，比较有力地批判了实用主义、柏格森的唯意志论等西方唯心主义思想和中国旧传统哲学，特别是陆王心学。通过论战，马克思主义哲学，特别是唯物史观在中国得到了进一步传播。

第二阶段：两次国内革命战争时期

这一时期，马克思主义者纷纷发表著作，结合中国的具体社会实践系统地传播辩证唯物主义和历史唯物主义。以瞿秋白、陈独秀等为代表的马克思主义者，有力地批判了戴季陶的唯心主义、封建“道统论”等唯心封建思想，并在批判中坚持和宣传了唯物主义。马克思主义者在运用唯物史观研究中国革命问题时，在批判错误思潮方面都取得了重大的胜利。1930 年，发生了中国社会性质的论战。以王学文等为代表的“新思潮派”，运用唯物史观阐明 1928 年党的六大关于中国是半殖民地半封建社会、中国革命仍然是反帝反封建的资产阶级民主革命的正确论断，批判了严灵峰、任曙等人的托陈取消派和国民党陶希圣等人的观点。紧接着，1932—1933 年又发生了中国社会史分歧问题的论战，这实际上是中国社会性质论战的继续和深入，标志着马克思主义史学在中国的诞生。

通过上面两次的论战，唯物史观在中国得到了进一步发展。唯物史观在斗争中取得重大胜利和得到广泛传播的同时，辩证唯物主义也在斗争中取得胜利和传播。20 世纪 30 年代，由于革命斗争的需要，马克思主义经典著作和国内革命者宣传马克思主义的书籍冲破白色恐怖，流行起来。30年代翻译出版了大批马克思主义经典著作，国内马克思主义哲学工作者也发表了不少论文和著作，宣传辩证唯物主义和历史唯物主义，如艾思奇从1933年开始发表一系列通俗哲学论文，到1935年结集出版了《大众哲学》一书。李达经过几年的写作，于1937年5月出版了《社会学大纲》。这两本著作引导不少青少年走上了革命的道路，同时在革命队伍和进步青年中掀起了学习马克思主义的热潮，对促进马克思主义哲学的传播、推动中国哲学的革命、促进马克思主义哲学中国化起到了积极作用。这一切既标志了国民党及其御用文人围攻革命理论的失败，也表明辩证唯物主义在中国得到了广泛的传播。在中国共产党内，还发生了反对教条主义和经验主义的斗争。毛泽东在斗争中把马克思主义哲学与中国革命的优良传统和具体实践结合，先后发表了《农村调查》《反对本本主义》《中国革命战争的战略问题》等。特别是1937年7月、8月发表了哲学专著《实践论》《矛盾论》，用马克思主义的认识论和唯物辩证法，揭露批判了教条主义和经验主义的错误，论证了马列主义真理必须与中国实践情况相结合，阐明了辩证唯物主义的知与行、对立与统一的规律，并对认识运动的秩序做出了马克思主义的新的理论概括，发展了马克思主义哲学。

艾思奇等马克思主义哲学工作者运用唯物辩证法，有力地批判了以张东荪和叶青为代表的现代西方资产阶级哲学与托派哲学。艾思奇等在批判张东荪、叶青的同时，坚持和宣传马克思主义哲学的基本原理。从1930年前后到1936年前后，形成了一次唯物辩证法论战高潮，即唯物辩证法与反唯物辩证法的激烈论战。在论战中，马克思主义者取得了重大胜利，从而使马克思主义哲学在中国进一步成长发展起来。

第三阶段：抗日战争和解放战争时期

这一阶段是毛泽东哲学思想的全面发展和胜利时期。毛泽东在发表的著作中，科学地总结了中国古今中西之争，使马克思主义哲学有了许多重大的发展。毛泽东提出了历史唯物主义和辩证唯物主义的认识论相统一的观点，认识论和群众路线统一的学说，把实践观点和群众观点统一起来，丰富和发展了马克思主义的认识论。毛泽东提出了人民民主专政的学说，丰富和发展了马克思主义国家学说和无产阶级专政理论。毛泽东运用马克思主义的辩证逻辑分析和研究中日战争，丰富和发展了辩证逻辑和军事科学。毛泽东提出的“实事求是”的思想路线和工作方法，不仅把马克思主义哲学和中国优秀思想传统相结合，具有中国民族的特点，而且丰富和发展了马克思主义哲学。抗日战争时期，蒋介石、陈立夫宣传唯心主义的封建“道统论”“唯生论”“诚”的哲学、“力行”哲学，受到了马克思主义者周恩来以及艾思奇等人的深刻批判。革命者在批判蒋介石、陈立夫的哲学思想时，有力地保卫和宣传了马克思主义哲学。郭沫若、杜国庠、侯外庐等运用唯物史观研究中国古代思想史、中国古代哲学史，取得了重大成绩。20 世纪 40 年代以后，他们发表的有关这一领域的专著和论文，标志着唯物史观在这些领域的胜利，并逐步占领了这些领域。以上是对新民主主义革命时期中国无产阶级哲学革命经历的主要概括。

中华人民共和国的成立，是马克思主义顺应人类历史发展潮流的标志。从此以后，中国马克思主义哲学的发展便进入了社会主义的新的历史时期。马克思主义哲学一旦被中国人民所掌握，就产生了巨大的物质力量。中国新民主主义革命的胜利，中国社会翻天覆地的变化，都是中国共产党和中国人民掌握了马克思主义的理论武器的成果。实践证明，只有马克思主义才能科学地解决“中国向何处去”的问题，也只有马克思主义才能救中国。中国无产阶级哲学革命的胜利，对全世界的哲学思想有着重大的历史意义。

# 极简通识历史

## 世界哲学史

○ 极简通识历史编写组　主编

中国出版集团　现 代 出 版 社

**图书在版编目（CIP）数据**

极简通识历史 / 极简通识历史编写组主编． -- 北京：现代出版社，2021.3

ISBN 978-7-5143-9092-6

Ⅰ．①极… Ⅱ．①极… Ⅲ．①哲学—基本知识—中国 ②哲学—基本知识—世界 Ⅳ．①B

中国版本图书馆 CIP 数据核字（2021）第 040756 号

**极简通识历史**

| | |
|---|---|
| **作　　者** | 极简通识历史编写组主编 |
| **责任编辑** | 陈秀香 |
| **特约编辑** | 赵焕霞 |
| **制　　版** | 冰河文化 |
| **出版发行** | 现代出版社 |
| **地　　址** | 北京市安定门外安华里 504 号 |
| **邮政编码** | 100011 |
| **电　　话** | 010-64267325　64245264（传真） |
| **网　　址** | www.1980xd.com |
| **电子邮件** | xiandai@vip.sina.com |
| **印　　刷** | 三河市元兴印务有限公司 |
| **开　　本** | 787mm×1092mm　1/16 |
| **印　　张** | 46 |
| **字　　数** | 700 千字 |
| **版　　次** | 2022 年 1 月第 1 版　2022 年 1 月第 1 次印刷 |
| **书　　号** | ISBN 978-7-5143-9092-6 |
| **定　　价** | 108.00 元（全 2 册） |

# 【前言】

哲学是人通过思想来揭示人们的内心以及一些客观存在的规律等的一种尝试，哲学的历史比我们目前所知的文字记载还要久远。我们对历史的认知可以追溯到大约 3000 年前，而在这之前，人类还经历了一个更为漫长的发展阶段。在那段时间里，人开始学会直立行走，并且因为双手的解放而得到了更为宽泛的自由。人类开始取火，并可以按照自己的意图去制造和使用简单的工具。总之，人类最终从动物王国里脱颖而出，发展成为一种拥有智慧的生物。但是，对这段历史我们知之甚少，并且对人类变成人的过程以及语言和思想的产生也都不甚了解。

在开始叙述人类的思想历史之前，为了事先可以获得一种正确观察问题的视角，我们必须认识到我们已知的人类历史只不过是人类发展过程中一个极其微小的片段。如果与生命的历史相比，与地球的历史相比，甚至是与宇宙的历史相比，那么这个片段就更加微不足道了。

如果我们能够了解某个时期的思想，我们也只能了解这个时期的人类所表达的并被记载下来的思想，而这些思想都出自思想家之手，抑或是出自其学生之手。并且，我们也不能说这些流传下来的思想是不是就是最好的、最有价值的和最深刻的。

哲学史的对象就其研究的范围和难度来说，并不比建造一座桥梁简单。这本书就是为了不了解哲学，却又对哲学感兴趣的读者朋友们而写的。面对那些浩繁的哲学著作，想要通读对大部分人来说都十分困难，再加上晦涩难懂的种种抽象的概念，令许多读者望而却步。所以，这本极简哲学史的出现，就给我们这些普通人提供了一个了解哲学的平台，让我们从中吸取到一些伟大哲学家们的思想和理念，从而起到很好的引导人生的作用。

# 【目录】

# 第一章　　古代印度哲学

印度是南亚次大陆上最大的国家，国土面积达298万平方公里，总人口超过13亿，是一个由100多个民族构成的统一多民族国家。作为四大文明古国之一，印度不仅是很多语言、文化以及宗教的故乡，也是古代人类哲学思想的发源地之一。印度哲学有3000多年的历史，它在发展进程中提出并探讨了世界的起源和发展、物质和精神的本源、灵魂和肉体的关系等一系列问题。

## 一、《吠陀》与《奥义书》

### 1. 吠陀

“吠陀”是“知识”“启示”的意思，是印度最古老的文献资料和文体形式，人们通过日积月累，将其整合为《吠陀》，内容包含诗集、祈祷文和咒语，是古印度哲学、宗教和文学的基本。它提出了“万物为什么会存在”的宇宙生成论问题，而这一理论也和古代世界大多数宇宙生成论的论点类似，都将宇宙人格化，并通过孕育的理解和解释方式来论证。

《吠陀》一共分为4部，包括《梨俱吠陀》《娑摩吠陀》《夜柔吠陀》和《阿达婆吠陀》，其中，《梨俱吠陀》是最早的《吠陀》，其大部分内容形成于公元前2000年左右，全部编成于公元前1000年代初。

《梨俱吠陀》承载了印度雅利安人生活的宗教状况，其宗教观来源于对神的敬畏和对大自然的崇拜。大自然中的天、地、风、火、光、水都被人格化了，它们都有着人所具备的喜怒哀乐，有生命、会说话，也有思想。

由此，古代印度哲学的思想也逐渐萌芽，此时的他们已经提出：在众神的背后是否有一个最终的宇宙本源？整个宇宙是否都诞生于这个本源？

《吠陀》一方面歌颂神灵，一方面也在寻找宇宙的本源。所以，其中很多诗句都包含了一种极端的怀疑精神，即对众神的怀疑。也就是因为如此，人们对众神的怀疑和不满渐渐演变成公开的嘲笑，古时代的吠陀也由此开始衰落。也就是在这个时期，万物整体思想出现了，印度思想进一步发展的条件也在逐渐形成。

## 2. 奥义书

《奥义书》是对《吠陀》的编译和批注，也叫《吠檀多》。《奥义书》的出现，可以说在真正意义上将古印度人的思想系统化，从明确的哲学方向发展了《吠陀》的主题。由于它集中论述了婆罗门的故事，因此印度教文明被称为婆罗门主义，其执行者叫婆罗门，即所谓最高的祭祀种姓，而这种婆罗门的哲学就是吠檀多。

印度的哲学处处离不开自我与人格的发展，很明显地体现出对灵魂与个体之本性的关切。个体灵魂的概念使每个人成为独立的存在，至于生命是否真实，人死后生命是否依然以另一种形式存在，这是印度哲学一直以来争论不休的话题。自我也被指作是灵魂，更宽泛地说，它是所有人存在的基本原理。尽管如此，《吠陀》写道：我们不能认为生命和灵魂是同一个人内部互争高低的两个自我，相反，它就像两只鸟儿，相伴并栖息于自我这同一棵树上。

通过上述你也许会发现，其中存在着许多含糊不清、充满矛盾的理论，其实这正是印度早期哲学的基本内容。这并不是因为它乖张奇异，而是因为它们最终都会趋于同一个观点。这个观点认为，尽管有无限多样的显现，实在（婆罗门）是唯一的。通俗一点就是说：尽管有很多神存在，但这些神其实都是一个神的显现。对很多有神论者来说，这一观点是十分令人困惑的，因为他们认为神性是内在稳定的性质。因此，有人主张实在的单一性和终极合理性，认为它是一种内在不变的存在，而这些人认为印度哲学显然不具备其一致性。但是，婆罗门的不变其实就是在于其不断地变化，甚至连神也会重生。

印度哲学一直对《吠陀》抱有怀疑的态度，但是这种怀疑仅限于婆罗门只靠理性和反思得到的理解和观念，而不是那些知识性的东西。婆罗门的知识来源于经验，而这种经验是统一的经验，包含所有的经验。但是，这种经验不是一般个人能拥有的，个人想要拥有这种经验，就必须彻底研究和理解透彻《吠陀》和《奥义书》，并且要通过冥想和瑜伽这种禁欲的活动来辅助完成。如果拥有婆罗门的经验，就能言行合一。但这并不是指身体上的健康与强壮，而是“自律”，是让人在更深层次中寻求到极乐经验，而这种自律就是精神上的自律。

在古代，这种所谓“极乐经验”其实就是印度哲学的核心。而且，它有不同的名称，达到这种状态的方法也大有不同。佛教将其称为“涅槃”，耆那教将其称为“从苦难中解脱”，印度教则称之为“解脱”。当然，他们对其性质以及重要性都有不同的解释。有人认为我们认为实在的东西都是幻象，婆罗门的经验才让我们第一次认识并感知到了真实的存在；另一些人则认为我们的日常生活很真实，但这种真实只停留于表面。实在有很多的层面和深度，其根本就是婆罗门，而婆罗门就是唯一。所以，那些你所认为的矛盾和冗杂的情形，最后的终极目标就是统一，是从日常生活中超脱出来。

婆罗门的经验也能被当成某种“无我”，这在印度哲学中暗藏深意。虽然冥想让我们感到自在安宁，在那里，一切自我的思想都被系统忽略或者驱赶至意识的边缘，真正处于主导地位的是

“无我”带来的轻松安乐。但是，印度哲学远比你我所想的更加复杂与深刻，它认为自我其实是不真实的幻象。我们不是命，而是灵魂，但这也只是婆罗门中所侧重的一面而已。尽管如此，婆罗门与灵魂之间的关系仍旧是古印度哲学争论的问题之一。在《奥义书》中，最高神将灵魂描述为“摆脱了邪恶的自我、老年的自我、死亡的自我、悲痛的自我、饿与渴的自我，他的欲望是真实的，思想也是真实的。他理解并找到了那个获得所有世界和欲望的自我。”后来的《吠檀多》更多强调的是从世界和欲望中“解放”出来。然而，灵魂仍然与生活中的偶然、转瞬即逝的自我完全不同，它是人的生命原则，它就是生命本身。

## 二、耆那教与佛教

### 1. 耆那教

耆那教是起源于古印度的古老宗教之一，产生于公元前 6 世纪—前 5 世纪，它的兴起几乎与佛教为同一时代。“耆那”的意思是“胜利者”。

**耆那教的创始人**

耆那教的第 24 代世祖筏驮摩那被认为是真正的耆那教创建者，他被人们尊称为摩诃毗罗，即“伟大的英雄”，所以也被称为“大雄”。实际上，在正统耆那教中，大雄只是众多创始人中的一个，在他之前已经有 23 个创建人。大雄从小生活在一个富裕的家庭里，父亲是贝那勒斯一个小王国的君主。婚后的大雄育有一女，但他并不幸福。父亲死后，30 岁的他便出家苦行，想要寻求内心真正的安宁与世界的本质。他先后游历了多地，一路跋山涉水，实为艰辛。时间久了，他的衣服破烂不堪，于是开始裸体行乞。途中，他遇到了末伽黎·拘舍罗，两人结伴同行 5 年左右，随后因为意见分歧而分道扬镳。接着，大雄来到了罗啥，在极端困难的条件下苦行修炼长达 12 年，最后觉悟成道，当时的他已经 42 岁。得道后的他开始宣传教义，进行宗教改革，终年 72 岁。

**耆那教的理念**

耆那教极端否定了婆罗门的主张和《吠陀》的启迪，它认为吠陀并非真知，通过祭祀的手段来杀生只会增加恶果，婆罗门是不学无术的祭司。耆那教主张灵魂解脱、众生平等、业报轮回等，并且认为一切生物都有灵魂，都是神圣的。所以，耆那教主张五戒，即不杀生、不妄言、不偷盗、不奸淫、戒私财。由此可见，耆那教是一种禁欲系宗教，他们不从事以屠宰为生的职业，也不从事农业，而是着重于商业、贸易或工业。耆那教不讲究信神，但崇拜 24 祖。

种种这些理念都反映出社会背景下普通民众的要求，对打破婆罗门独占鳌头的局面起到了极大的正向作用，从而吸引了越来越多的广大群众。但耆那教依然相信灵魂转世、因果报应等，他们认为“业”能决定个体的存在状态，同样也能决定未来，他们将苦行作为寻求解脱的最好途径。

耆那教最初传播于恒河流域，到公元前 3 世纪时开始转向南印度以及西印度地区。之后，耆那教分裂为多个教派，其中最有名的是“白衣教派”和“天衣教派”，之后又相继分裂。白衣教派主张众生平等、僧侣着白袍、允许男女生育等。天衣教派则相对更保守一些，对白衣教派的主张持反对态度。

耆那教不讲究神的理念，但他们崇拜 24 世祖。因此，印度大大小小关于 24 世祖的寺庙多达 4 万多个。耆那教的信徒不仅在寺庙中祭拜祖先，在家中通过诵经、献花、给祖先像沐浴等仪式进行祭拜，而且每年每月都有例行斋月和节日活动，如大雄诞生纪念日、赎罪节等。

虽说耆那教与佛教几乎诞生于同时代，但两者的发展情况大不相同。相比起佛教的大起大落，耆那教是相对稳定的。时至今日，耆那教在斯里兰卡、阿富汗、阿拉伯等地均有一定的影响。

### 2. 佛教

#### 佛教的创始人

佛教是古印度三大宗教中“最新”的宗教，但也是当今世界传播最广的宗教之一。佛陀是佛教的创始人，本名乔达摩·悉达多，出生于公元前560年左右。

佛陀是释迦族人，父亲是喜马拉雅雪山南麓的小国迦毗罗卫的国王——净饭王，母亲是摩耶夫人。摩耶夫人生下悉达多后的第7天便去世了，悉达多便由摩耶夫人的妹妹抚养。作为迦毗罗卫的王子，悉达多7岁便开始学习吠陀、武术等，16岁时娶妻生子。婚后，悉达多个人的外在需求一直处于饱和状态，他对这种奢侈的生活不是很满意，所以开始转向精神层面的自我探索，并久久深陷于生死问题，最终出家。

29岁时，悉达多夜出王宫，脱下衣冠步入沙门。他为了寻求解脱的人生奥秘，各处寻访世间修行之人，由此便开启了他6年的自我探寻生活。期间，悉达多学习禅定，从阿罗陀迦到郁陀兰弗，一步步精进自己的学识，但这些知识始终无法达到他的预期，也不能让他觉悟，反而越来越困惑。所以，悉达多前往尼连禅河畔苦行。苦行主张折磨肉体以达到灵魂的升华和解脱，但是经过几年的自我摧残（悉达多甚至险些为此丧命），他认为这种修行并不能解惑，便放弃了。通过一段时间的恢复，悉达多来到苦行之地不远处的伽耶城的一颗毕钵罗树下静思冥想，最终开悟得道。

### 佛教的理念

经过长时间的苦思冥想，悉达多最终用一种简洁的方式表达了自己的思想成果，也就是后来佛教的基础，即“四圣谛”：

1. 众生皆苦。

2. 苦的根本在于欲望。

3. 欲望可以根除。

4. 通过以下方式可以根除欲望：正见、正思维、正语、正业、正命、正精进、正念、正定（即佛教八正道）。

佛教的目的在于把人们从虚无缥缈的信念中解救出来，而在这些信念中，首当其冲的就是自我，随后便是欲望、挫折、野心、失望、骄傲、耻辱。通过战胜这些信念，最终达到开悟的状态，佛教称其为“涅槃”。

与印度教相比，佛教的理念更倾向于生命的无常，认为实在只是转瞬即逝的存在，根本没有什么永恒的实体，无常也能帮助解释所谓的“众生皆苦”。因为，我们所追求的事物本身其实只是暂时性的，追求的过程本身就是一种苦难。苦难的尽头是欲望的满足，而我们却把这些欲望当成目标，不断地奋力向前，受其奴役。

我们日常认为的自我是具有真实性的，这一观点在佛教徒眼中其实也是一种幻象，就和万物皆是幻象一样。事实上，并没有永久的自我与灵魂，人只不过是身体、情感、意识等的暂时性的复合体。在这之外，没有实体，没有“自我”和灵魂，甚至没有更大一层的永恒的自我，即大我。没有大我，没有自我，有的只是无我。认识到自我和欲望具有短暂性，对我们终结痛苦有着重大无比的作用。然而在犹太教、基督教中，灵魂是基本的自我，而其根本的目的在于追求什么样的欲望。

佛陀在死后的一个世纪之内，人们根据佛陀的口述将其思想整理了出来，并在佛教大会上将其集结为神圣经籍。关于这些经籍的真实性，人们各抒己见，由此佛教就分裂成了许多门派，并在东亚与东南亚传播。

其实，佛教很早就在南北印之间产生过严重分裂。南方佛教徒讲究个人的开悟，他们放弃自身的所有品格与个性，注重于个人的欢喜，相信人的开悟只有在极端痛苦的修行中才能成就，因此，开悟的人自然寥寥无几。北印的佛教徒则更倾向于将个人的欣喜抛掉，着重于怀着慈悲之心来度他人，坚持以同情和尊重他人为首要目的，而那些开悟的人要做的就是帮助处于日常生活中的人摆脱苦难，达到开悟。

但是万变不离其宗，尽管有再多不同的思想、流派，它们的根本都是从自我出发，并获得解脱。

佛陀本人宣布的学说是一切都源于自我，获得解脱的途径只有在自身内部才能找到，并且佛陀拒绝上帝存在的观念。他说：“认为这世间有一个缥缈的第三者来主宰我们的命运，是愚蠢的。不管是谁，不管是当下还是未来，只要以自我为标准，除了自己而不求助任何人，那么他就能达到最高的境界。”

佛陀虽然倡导无神论，但是佛教最开始成为一种教会体系，人们就将佛陀视为神，并以此发展出众多神灵。然后，人们开始向其祈祷、进行祭祀等。

**佛教的哲学性**

如果将佛教作为哲学来深入讨论，人们的第一印象其实是以佛教为基础，经过一大批杰出的思想家逐渐完善，进而形成的一种极其繁多和错综复杂的丰富的理论体系。

佛教学说指出两条获得解脱的途径：第一条是通过正确的逻辑性获得对事物的正确认识，这是一个不断攀升的过程；另一个途径则是坚持不懈地修行。

佛陀认为无明和无知是每个人烦恼的最初原因。无知就是对人生来痛苦这一观念的无知，其根源就是生命的盲目性。从孩童时期的无知，到青年时期对未来的迷茫以及对欲望的追随，都是这种痛苦的不同表现形式。如果我们能从这种无知的状态中抽离出来，就能开悟。

为了尽快使人从这种迷茫而又混沌的状态中走出来，佛教哲学家们提出了一个奇怪的方法，一种否定的逻辑。这种方法来自印度南部的龙树，他被视为佛教哲学家中最伟大的思想家。他的逻辑论述引出4种理论，即：二谛学说、四重推论法、“八不”理论、“中道”。在这4种理论里，否定的逻辑占据主导地位。

二谛学说把谛（真理）分为俗谛和真谛。佛陀在帮助无知的凡夫俗子解惑时，用俗谛，承认世界和众生的真实存在。对那些已经有自我意识并能探究真理的人则用真谛，否认世界和众生的真实性。而人从俗到真、从无知到开明的过程，就是一个阶梯形式的存在，并不断接近更高一级的真理，知晓宇宙的真相，了解事物的本质，最终达到开悟的状态。

四重推论法就是对一个问题不仅能用“是”和“否”来回答，同样也能用“是且否”，或者“既非是又非否”。也就是说，同一个问题，不仅可以认为与我无关，也可以认为我凌驾于这个问题的是非之上。对龙树而言，最高的真实具有既非是又非否的特点。

“八不”即“不生亦不灭、不常亦不新、不一亦不异、不来亦不去”，意思就是真实是隐藏在这一切现象背后的。

“中道”是人能够达到的最高真理的阶段。世间万物相互依存、相互对立，事物的本身并没有独立的实体性。这也就是所谓的“众因缘生法，我说既是空，亦为是假名，亦是中道义”。只有排除一切因缘关系，我们才能获得“中道”。

## 三、六大正统哲学派

古往今来，当一个具有划时代记忆的传统成为哲学的基础，那么与此相关的哲学自然也会通过经典的评论得到发展。在这个过程中，不仅是古代的思想得以发展，与之相伴的，还有新思想的萌发。

在印度人的精神世界中，婆罗门为了维护自身立场，不得不进一步发展《奥义书》的思想。而在这个过程中，佛教也起到了极大的推动作用。在这种情况下，逻辑学、辩证法、求证和辩论都呈现出前所未有的繁荣景象，印度哲学也在这一阶段有了长足的发展，通过《奥义书》、经（即一些简短的格言）、印度民族史诗、《摩奴法典》吸取了各种灵感和根本。

在印度哲学正统体系中，有 6 个最具重要意义的学派，它们在相互影响之中共同发展，并持续达数世纪之久。

这六个重要体系就是：正理派和胜论派、数论派和瑜伽派、弥曼差派和吠檀多派。

### 1. 正理派和胜论派

正理派就如同它的名字一样，以逻辑推理和辩证的方法为思想重点。正理派的经典是乔达摩·悉达多编写的《正理经》，作为印度第一本逻辑学书籍，里面创造了大量哲学术语，并且运用了大量梵语，这是欧洲文化语言无法相比的。

胜论派的创始人是印度伟大的思想家迦那陀。这一学派的思想重点在于解释世界：形而上学和自然哲学。胜论派通过找出世界客体之间存在的差异，形成对世界的清晰认识，而获得认识的前提就是能够区别主体与客体之间的差异。其中，自然哲学的核心理论是原子论。他们认为原子是组成物质最微小的单位，它构成了宏观世界的一切。

两种体系其实在某种程度上相互补充，正理派吸取了胜论派形而上学的成分，胜论派则吸取了正理派中的逻辑学因素。后来，两种学派最终融合成了一个体系，这个体系的核心理念是：人的行为只是一种手段，其最终目的是从生死轮回的痛苦中解脱，达到涅槃的境界。而这，也是印度哲学所追求的终极目标。

## 2. 数论派和瑜伽派

数论派的创始人是迦毗罗，这个学派从开始就与《奥义书》的理念背道而驰。数论派认为世界是由物质和精神两种绝对独立和相对独立的实体构成的，认为世界的本原是“自性”，即物质，它赋予了万物活力，处于永恒的运动中，但它是非精神性的，没有自我意识。另一方面，又存在一种独立的精神实体，即“神我”，一种纯粹的精神原则，它永恒不变，既不创造也不被创造，是一种有灵和有意识的东西。

数论派以痛苦为出发点，他们渴望的并不是一种积极的快乐，而是渴望摆脱痛苦，其目的是通过道德约束和断绝欲望来获得自我的解脱。

瑜伽派也是一种思想体系，通过提供智慧和方法使人们走向解脱，但是瑜伽派更加注重实践，注重实现目的的手段和方法。

瑜伽是“枷锁”的意思，深层解读即为自律、自我约束。而这门学派的思想就是以这样的观念为根据，认为人能够通过某种禁欲修行，经过冥想而获得真知，通过脱离现实达到最终的解脱。而修行是一个漫长且辛苦的过程，经历了这个过程，人才能从生死轮回中解脱。在常年的修行中必须遵循“瑜伽八支行法”：

1. 耶摩：意“克制、持戒”，指不杀生、不妄言、不偷不贪、不邪淫。

2. 尼耶摩：意“劝制”，指五种修行方式：清静，满足，苦行，读诵，念神。

3. 阿沙那姆：意“坐姿”。

4. 普罗纳耶摩：意“调整呼吸”。

5. 普纳蒂耶诃罗：意“控制感官”。

6. 达罗娜：意“执持、守意”，即排除杂念，专注于一个对象上面。

7. 禅那：意“静虑、禅定”。

8. 三摩地：意“等持、三昧”，这是八支行法中的最高境界，精神失去了作为独立个体的自我意识，修行到达一种极度幸福的状态。

### 3. 弥漫差派和吠檀多派

弥曼差派作为印度正统的婆罗门派，一开始打算建立吠陀的权威。因此，最开始的弥曼差派主要解释了吠陀规则。梵书时期，婆罗门的产生，让祭祀被提升到了一个前所未有的高度，当时迫切需要对祭祀做出统一的解释，并且弥曼差派认为有一股神秘的力量支撑着宇宙的所有行为，于是形成了强调律法的弥曼差派。

吠檀多的字面意思为“吠陀的终结”，指的就是吠陀中末尾的部分，即《奥义书》。后来，吠檀多就指专门推行《奥义书》思想的哲学学派。

吠檀多派是如今大多数印度教派的基础，而其最基本的经典就是《奥义书》《薄伽梵歌》和《梵经》。这些经典是对个体自我与梵（唯一的神）之间关系的不同认识，并以此发展出多个吠檀多派。但它们都信仰轮回转世和吠陀的权威，并相信梵是世界的一切本原，而灵魂是本原的动因，所以也是行为后果的接受者。

与其他学派一样，吠檀多派同样旨在将人们从痛苦中解脱出来。而解脱之道其实就是领悟阿特曼，他会把我们带到一个没有束缚的世界，这里没有时间，没有区别，只有和平。

吠檀多派的实用伦理学的主要观念是：

1. 要学会区分永恒的东西与短暂的东西。

2. 学会放弃尘世的报偿。

3. 有六种手段，即：静心，自律，放弃感官享受，承受一切痛苦，专注，虔诚。

4. 学会从个体的存在中解脱出来。

良好的行为也并不是满足这些要求的合适手段，虽然这并非没有价值，但相比起影响，其实更多地是消极的一面。应该像禁欲者一样，为了获得真知，断掉所有的障碍与刺激。获得幸福的手段不是有所为，而是正确的认识，通过虔诚的冥想以及研究吠陀，一步步获得解脱。

吠檀多派的哲学思想仍然影响至今，泰戈尔、奥罗宾多·高斯、薄伽梵·达斯等人都是这个学派的信徒，他们通过社会的不同需求，对吠檀多进行了多角度的解释，提出了“行动的吠檀多”“完整的吠檀多”等理论，并把这种思想传到了欧美各国，在国内外建立了数十个吠檀多研究中心。

## 四、印度哲学的特点

印度的哲学思想高度依赖其传统，他们的哲学思想大部分来自以吠陀为基础而引申出的各种经典。理解这些对印度人来说其实并不是一件坏事，但是这增加了局外人理解它的难度。印度思想并不是简单的解释世界，他们不是为了认识而认识，而是带着一种目标：希望能给人们提供正确的人生引导，并获得解脱，这就是哲学在古印度占据如此重要地位的原因。

与欧洲大多数观念不同，印度的思想家都不愿意进行纯粹的理性思考，他们认为真理是在理性之外的存在，真理是不可言的，只有通过直觉才能把握真理。这些思想家都有一个显著特征，那就是他们都有非凡的宽容性。在一个由僧侣统治的社会中，唯物主义、无神论和怀疑主义等学说都可以并行且不相悖。虽然一些流传下来的经典中提到了他们的争论和辩证，但从来没发生因为争论而引起的诽谤、强制与迫害的情况。

对印度人来说，转世轮回的思想根深蒂固，这与欧洲哲学几乎相悖。关于人死后会发生什么这个问题，我们假设人真的有因果报应，那么只可能有两种回答：一种是永恒的因果报应，因为不同的因缘，或升入天堂获得永恒的幸福，或堕入地狱饱尝无尽的折磨；另一种则是轮回转世的思想。如果简单接受这种轮回转世的思想，就能够让人用简单灵活的方式解释诸多不可否认的事实，即人与生俱来的差异皆由因果报应而起；其次，它还可以解释人在短暂的尘世生活与永恒的来世报应之间可能存在的因果方面的偏差。

# 第二章　古代中国哲学

中国位于亚洲东部，太平洋西岸，是一个以汉族为主体、56个民族共同组成的统一的多民族国家。同样位列四大文明古国，中国几乎在所有文化领域都取得过辉煌的成就，这其中就包括哲学。古代中国哲学大约萌芽于夏、商、周时期，到春秋、战国和秦汉时确立、成型。漫长的历史进程赋予了古代中国哲学多元性和复杂性，犹如一座巨大的哲学宝库，等待着人们去探究，去继承和发扬。

## 一、孔子、孟子与儒家

中国与印度一样，在悠久的历史长河中留下了无比丰富的文化遗产。而以孔子、老子为首的一大批哲学家的出现，奠定了中国可以延续几千年文化的基础。

### 1. 孔子

孔子姓孔名丘，公元前551年生于鲁国，即今中国山东省。他的祖先是宋国贵族，宋国贵族是商朝王室的后代，商朝是周朝的前一个朝代。在孔子出生以前，他的家由于政治纠纷已经失去了贵族地位，迁到了鲁国。

### 孔子的生平

孔子在年轻的时候就在自家设立学堂，不久便云集了不少学生。尽管孔子野心勃勃，想在国家谋求高位，但因为统治者的道德原则与他的理念相悖，所以这些统治者投来的橄榄枝都被他拒绝了。一直到了 50 岁，孔子才获得了一个称心的官职，进入了鲁国政府，后来成了高官。但是，一场政治阴谋逼他下台，他不得不背井离乡。此后 13 年里，他周游列国，希望找到机会实现自己政治、社会改革的理想，可是一无所获。年老后，他回到鲁国，3 年后，即公元前 479 年与世长辞。

孔子是中国第一位私学教师，同时也是“儒家”的创始人。他的弟子将他分散的言论编成集子，就是《论语》。《论语》完善地保存了孔子的思想，是儒家经典之一。孔子还在晚年整理了“六经”，即《易》《诗》《书》《礼》《乐》《春秋》。其中的《乐》已经失传，所以通常称“五经”。

在《论语》中，孔子被描写成一个纯粹的教育家，从某种意义上来说也的确如此。他期望自己的弟子成为对国家、对社会有用的“成人”，所以教给他们以经典为基础的各门知识。在传述传统的制度和观念时，孔子对它们作出的解释，是由他自己的道德观推导出来的。另外，在讲授经典时，孔子会给予它们新的解释。这种以述为作的精神，被后世儒家传之永久，经书代代相传时，他们就写出了无数的注疏。正是因为这样，孔子才成为当时的一位不同寻常的儒，进而成为新学派的创建人。而因为这个学派的人都是学者，同时又是六经的专家，所以这个学派被称为“儒家”。

在孔子的理念中，有两个字贯穿始终，即“仁义”二字，它关于人的德性，特点是仁，义是事之“宜”，即“应该”，是绝对的命令。社会中的每个人都有一定的应该做的事，必须为做而做，因为做这些事在道德上是对的。如果做这些事只出于非道德的考虑，那么即使做了应该做的事，也不是义的行为。用一个常常受孔子和后来儒家蔑视的词来说，就是为“利”。在儒家思想中，义与利是直接对立的。孔子本人就说过：“君子喻于义，小人喻于利。”这里已经有了后来儒家所说的“义利之辨”，他们认为义利之辨在道德学说中是极其重要的。

义的观念是形式的观念，仁的观念就具体多了。人在社会中的义务，其形式的本质就是它们的“应该”，因为这些义务都是他应该做的事。但是，这些义务的具体的本质则是“爱人”，就是“仁”。所以在《论语》中可以看出，有时候孔子用“仁”字，不光是指某一种特殊德性，而且是指一切德性的总和。所以，“仁人”一词与全德之人同义。

### 孔子哲学的特征

孔子哲学的特征其实就是中国哲学思想的基本特征，即对人及其实践生活的世俗关怀。因而，孔子的哲学也就没有形成逻辑学、伦理学和形而上学那样完整的体系。

孔子对哲学学科里的逻辑学是很陌生的，他并不向他的学生传授一般的思维规律，而是通过言传身教让学生们树立正确的价值观以及独立的思想。

同样，孔子的哲学也没有所谓形而上学的理念，他不喜欢发表类似形而上学的建议。当学生向他请教关于神灵和死亡之类的问题时，孔子的回答是：我们连为人效劳都没有弄清楚，又怎能去为神灵效劳呢？同样的，如果我们对生都还一无所知，又怎么会知道死是怎么回事呢？所以，从某种意义上来说，孔子是一个不可知论者，他坚信人类对形而上学和人死后的问题都是一无所知的。

孔子对中国宗教信仰里人们对上天、鬼神以及亡灵的祭拜，其实是持肯定态度的，至少从他教导学生应该遵守祭拜仪式的规定这一方面来说，他是很积极的。但是，我们不能确定他这样做是出于对宗教的虔诚，还是出于一种保守的态度，因为他总是极力维护祖辈留下来的行为规范。

对孔子来说，人是最重要的，因而人的福利也必须是摆在第一位的。所以，孔子的整个学说，说到底就是对人的行为规范和道德准则的汇总。孔子也从来不把人看成孤立的个体，而认为人是存在于家庭、社会以及国家关系中的，这同时也是一种社会学与政治学。

### 孔子的道德理想

与孔子思想特点中的“人文主义”相适应，他的人生理想并不是成为一个逃避尘世和奉行禁欲主义的圣者，而是成为一个可以认识世界和人生，并且能够保持中庸思想的智者。一个高贵的人总是坚持不懈地注重自我修养，在一切事物里保持道德的严肃性，与人交往时恪守正直诚实的原则。他并不鄙视社会地位以及财富，但是，为了不违背自己的道德原则，他随时都可以放弃这一切。

他通过善良来报答善良，通过公正的态度对待卑劣的行径。在塑造自我个性的同时，他也帮助了他人。在他身上，外在和内在达到了和谐的统一。

孔子用“己所不欲，勿施于人”来评价人完美的德行，这与基督教的博爱思想有着相似之处。作为人类行为的金科玉律，这一思想在世界许多民族中都有所反应。

对待自己和他人，孔子都要求持有严格、认真和尊敬的态度，他要求在一切生活处境下都要举止得当。对此，孔子能够做到身体力行和以身作则，所以他给人的印象简直就是一个思想家的完美主义典范。

### 2. 孟子

孟子，名轲，字子舆，邹国人。战国时期哲学家、思想家、政治家、教育家，儒家学派的代表人物之一，与孔子并称“孔孟”。孟子是继承和发展由孔子创立的儒家学说的新儒家代表，是儒家第二大宗师，后世尊号“亚圣”。

孟子是孔子的第四代弟子，他继承并发扬了孔子的思想。孟子曾仿效孔子，带领门徒周游各国，但不被当时的各国统治者所接受，随后退隐与弟子一起著书。孟子与其弟子的言论汇编于《孟子》一书，这是儒家学说的经典著作之一。

孟子的主要思想就是“仁、义、善”，这也是儒家的主要思想。孟子在人性方面主张性善论，即“人之初，性本善”，认为人生来就具备仁、义、礼、智四种品德，人可以通过自我反省不断地完善个人品质。在社会政治方面，孟子主张仁政、王道的理念，他从历史经验中总结出“暴其民甚，则以身弑国亡”，又说夏、商、周三代得天下都是因为仁，由于不仁而失天下。孟子还强调了发展农业的重要性，主张君主要体恤百姓、关注民生。君主如果有什么大的过错，大臣可以提意见，君主如若不听，则可易其位。至于像桀、纣那样的暴君，臣民可以起来诛灭之。

孟子反对霸道，就是反对用战争的方式去征服别的国家；他主张仁政，以此得到百姓们的爱护。这种不战而服的理念，就是“仁者无敌”。

在价值观方面，孟子主张舍生取义：“生，亦我所欲也；义，亦我所欲也。二者不可得兼，舍生而取义者也。”意思就是要以“礼义”来约束自身的言行，不能因为外在的物质条件而抛弃个人的德行。孟子同样把个人的气节看得十分重要：“呼尔而与之，行道之人弗受；蹴尔而与之，乞人不屑也。”

《孟子》如同《论语》一样，都是汇编言论而形成的书籍，这本书由孟子和他的弟子编写而成，其中包含了语言、政治观点等。南宋时期，朱熹将《孟子》与《论语》《大学》《中庸》合在一起称为“四书”。宋、元、明、清以来，人们都把它们当成永垂不朽的经典来学习、传诵。而《孟子》是四书中比重最大的一本，全书共有 3 万 5000 多字。“四书”一直到清末，都是科举考试的重要内容。

### 3. 儒家

孔子创立了儒家，孟子将其发展，荀子则集其之大成。儒家绵延不断，直至今日仍然具有活力。其实，通过对孔子、孟子的介绍，我们已经能大致了解到儒家的基本思想。

儒家，又称儒学、儒教、孔孟思想、孔儒思想。它是起源于中国，并流传至东亚各地区的一种主流思想、哲理和宗教体系。而这种思想绵延了几千年，至今屹立不倒。

儒家强调个人的品格，以及个人在社会中的德行和自我实现，而这必须根据自身对社会和谐的价值来理解，并不是仅仅依靠个人的成就。儒家的核心即德性，其实就是“人道”和“慈悲”，这种观念所包含的就是仁爱和忠恕。用亚里士多德的话来说，德性是真实存在的，是现实的，而不是潜在的，德性需要培养并发展。对孩子来说，德性其实就是通过孝顺父母的行为发展而来的，年轻人则是更加普通的尊老。由此可见，所谓“仁”就是礼。但是这种“礼”不是空洞的，不是靠简单的重复就能做到的，而是要通过专心、发自肺腑才能得到，这是内心与身体上真正的合一。

## 二、老子、庄子与道家

### 1. 老子

老子，姓李名耳，字聃，一字伯阳，春秋末期人。中国古代思想家、哲学家、文学家和史学家，道家学派的创始人和主要代表人物。

老子以博学闻名，春秋末年，天下大乱，老子准备弃官归隐，他骑着青牛到达函谷关时，受关令尹喜之请著《道德经》。

老子思想对中国哲学的发展具有深刻影响，其思想核心是辩证法。在政治上，老子主张无为而治；在权术上，老子讲究物极必反；在修身方面，老子讲究虚心实腹。

老子的哲学主要在于获得智慧的方式，他认为这是人的内在与自然相互调和的过程。孔子强调社会的必要性，老子则强调人类共同体，以及个人顺应天性的自发行为。老子认为最大的德性就是顺应自然和无为，太多的干涉会带来反作用，这种干涉尤其指的是政府和法律过多的限制行为，所以最理想的统治就是不统治。

老子认为世间万物都是相互存在的，善恶、美丑、难易、长短等都是相互依存的。从表象去看，两者看似相互对立，实则却是相互包含、相互渗透的关系。老子的核心思想就是“道”，而道的本性其实就是自然。

老子的著作、思想对世界来说都是极其宝贵的财富，他影响的不只有哲学、宗教、政治学、经济学、社会学、美学、伦理学、文艺学、心理学、教育学、逻辑学等诸多学科，还涉及医药、养生、军事、管理、建筑、园艺等众多领域。

### 2. 庄子

庄子，姓庄，名周，战国时期宋国蒙人。庄子是道家学派的代表人物，庄学的创立者，与老子并称“老庄”。

庄子和老子一样，因为接触到大量的经验和事物存在的矛盾性问题，故而其思想具备辩证的性质。他暴露出事物的矛盾，就是为了揭示其相对性，进而引发出他所提出的“齐物论”。

庄子认为一切事物的功能与属性都是在相互作用下显示出

来的，并且这种相互作用会因为状况的变化而变化。就像大的木材被称为栋梁之材，是相对于建造城楼而言的，如果将其用来补一个小洞，那它就是一堆废料。所以，庄子由此指出，由“此”看物，对方为“彼”；然而从“彼物”自身出发，它就是“此”。这说明，物与物之间这种彼此的区分是相对的，也是不确定的。由此可见，庄子的“齐物论”其实就是“齐同万物”的意思。“齐物论”不仅认为不同的事物之间是“齐同”的，而且认为人对事物的判断和认识也是相对的、不确定的，因为世界上所谓的差别其实就是因为时间和空间的相对观念而产生的。

在庄子看来，人们习惯从个人的视角去观察世界和万物，并定义事物的性质和功能。而事物的功能之所以存在各种差别，就是因为人在观察事物的时候带着极强的主观性。显然，事物的性质与知识是由外在强加给其本身的，所以这也带有极强的不确定性和相对性，并且还是极为主观、极不可靠且没有意义的。

庄子之所以揭示事物存在的相对性和不确定性，就是为了消除人们对各自偏见的执着，消除立场之见的争论，确立以“道”观察事物的原则。由此能够看出，庄子具有十分强烈的批判精神和怀疑精神。庄子对人的认识能力和经验发出挑战，就是为了让人们减少对事物认知的盲目性，告诫人们分析事物要站在综合的视角去解读，从而达到对真理最有意义的追求上去。从认知上升到体验，从小的智慧上升到大的智慧，最后实现对“道”的精微洞察和透彻的把握。

### 3. 道家

道家的哲学思想是中华文化的根基所在，而道家的核心就是“道”。“道”是老子哲学的基本概念，意思就是产生世间万物的规律和法则。其实，在中国较为远古的宗教信仰中，“道”就已经出现了，老子学说由此派生出来的哲学和宗教就称为“道家”和“道教”。虽然儒家和其他学派也引用过“道”的概念，但是并没有把“道”当成学派的中心理念。

“道”是深邃且不可捉摸的世界的本原，是万源之源、万法之法。可以看出，老子从一开始就选择了一条与孔子的方向截然不同的学派，即形而上学。老子认为“道”优先存在于天地，它是万物的原则，具有无穷的潜力和创造力。有了道，才有了万物后续的发展。“道”从古至今都是独立存在的，它周而复始地按照自己的状态发展。想要认识“道”，人的内心必须摆脱会让我们偏离抑或是阻碍我们认识“道”的束缚，这样才能获得内心的彻底解放；其次，就是当我们处在熙熙攘攘的人群之中，沉浸于各种欲望堆积的世界里时，我们依然能保持内心的安宁，并无拘无束地去接纳万物，而这也正是《道德经》

里的伦理学思想。虽然我们不能明确地把握和认识“道”，但是我们能察觉到它的存在，能在宇宙和自然法则中领悟“道”的存在，并将它作为人生准则。

道家所追求的是“自然无为”，道家的哲学思想自始至终都贯穿着一种顺其自然、自然而然的理念。如果一个人认识到“道”以外的东西都没有价值，他就不会产生以行为和功绩为目的的伦理学思想。老子主张的并不是一种完全禁欲和避世的状态，他所追求的是一种中庸之道，而这也是中国人思想的基本特征。也就是说，人必须存在于世俗之中，同时又能在世俗的世界里用一种超脱的视野去看待周围所发生的一切。看到自己喜爱的事物时，不应该沉迷其中，而是要学会淡然处之。

## 三、墨家及其他学派

### 1. 墨家

墨家的创始人是墨子，墨子的哲学思想带有强烈的现实主义特色，因而它也是非教条主义的。在墨子看来，一切哲学理论必须满足 3 个条件：具备坚实的基础；经得起批评；具备实用价值。

对墨子而言，古代圣贤们留下来的经典都可以作为坚实的基础，人的生活经验可以作为一种实际的检验标准。无论什么学说，最终都要接受实践的检验，也就是说，要把其运用到国家的法律和管理中，看其是否能为百姓们谋得福利，是否有利于国家的富庶和百姓的安康。墨子的这一套“认识论”对很多人来说不免有些简单和原始，而这也通常是实用派哲学共有的特点。但是，它们在伦理学方面却有着令人瞩目的光辉。墨子早早地就提出了“兼爱”的思想，认为每个人对待国家都应该像对待自己一样，对待别人和别人的家庭也都应该像对待自己和家人一样。如果人人都能如此，那么世界大同的那一天自然能够到来。

### 2. 名家

尽管名家受到了孔子时代统治者的镇压，但名家思想不可能长时间被压制。墨子死后的几百年里，名家又一次出现在了大众的视野当中，而最为有名的代表就是惠施和公孙龙。他们在逻辑上咬文嚼字，除了玩弄概念游戏以及由此导出的荒谬理论外，还有一大部分是有意识的吹毛求疵。而这，也就是这个学派最鲜明的特点——诡辩。因为一个辩论者在与对手展开辩论时，他必须提出带有挑战性的问题，因此其思想往往大胆泼辣，并且极富现代意味。

### 3. 后期墨家

处于主导地位的儒家、道家、墨家一开始并没有把注意力放在逻辑学上，而是更侧重于生活实践。名家的出现，大大地刺激了这3个学派，它们经常对其进行抨击，其中最甚者就是墨家学派。墨子死后，墨家学派重新开始与名家展开争论，而在争论中，彼此之间也产生了相互影响。慢慢地，后期墨家认识到为了保护自身学派的根基不被破坏和攻击，他们必须在自己的学说基础上吸取逻辑学的因素。

辩论中的常胜将军名家虽然具有一定的破坏性，但从另一个方面来说，它也大大刺激和促进了自身与其他学说的发展，迫使对手们进行反思，进而不断完善自己的理论，开发出一种新的思路。

面对名家的挑战，后期墨家开始涉足逻辑学领域。然而，他们的目的不仅仅是与名家争论，扩大自身学派的影响力，其最终目的还是要回到墨家学派的务实本质上去，通过自身来证明逻辑学同样是为现实服务的，并且是能实践于生活之中的。因为他们始终认为一切认识和行为、研究和学习都是为了解释现实世界，知识的作用就是给人提供便利，帮助人们抉择正确的人生。而这，又回到墨子的思想上去了。

### 4. 法家

法家指的是中国早期哲学里一个思想家群体。孔子等其他思想家倡导依德治国，让统治者为子民树立一个可以效仿的榜样，用传统的风俗来制约百姓们的行为。而法家认为这是全然不够的，他们强调颁布各种法律条文，让百姓以此为准则，这样就能让这种约束更加有力。但其中受益的其实是统治者，而非民众。

法家的基本思想其实和儒家有共同之处，虽然如此，但仍旧避免不了两个学派之间的学术争论。秦始皇是法家的最大拥护者，得宠的法家在秦始皇焚书坑儒的行动中躲过一劫，儒家则受到了严厉的惩罚。尽管如此，很多学者还是冒死保留了许多儒家经典。时间久之，法家逐渐淡出了人们的视野，而儒家愈发兴旺，其影响经久不衰。

## 四、中国哲学的特点

中国哲学思想的主题，简言之就是“中和”二字。不仅仅是在儒家，在众多学派中我们也总能看到“中”“和”“中庸”的概念，这些字眼象征着中国哲学对和谐的平衡的追求。这种愿望是中国所有的哲学学派都具有一种天人合一的思想理念，尤其是在老子这里，这种愿望诞生了人与自然和谐相处的思想。由此，中国人的思想里很少出现片面的、极端的问题，他们对待问题不会是简单的“是”或者“否”等非黑即白的道理，而是处于一种平衡的机制当中，让每一个事物的存在、每一个问题的答案都具有多面性。他们不会站在对立物的面前止步不前，而是能看到两者之间的制约性，从而站在一个更高的维度去看待问题。他们不排斥对立面，而是寻求一种综合的道路去化解矛盾。中国哲学的这种思维模式，与中国人宽容的处事风格有极大关系。

中国人常说“三教为一家”，就是说儒教、道教和佛教能很好地并存。虽然他们之间曾发生过激烈的争论，但他们都很少使用暴力的手段来相互压制，更不会迫使对方改变信仰。之所以如此，是因为中国人不会像欧洲国家那样固守一个信仰，他们会根据自己的需求和个人的价值取向，通过宗教给自身寻求慰藉。就人性而言，中国许多思想家以及民众都赞同孟子所说的“人性本善”，而我们也看到，知足、节制、内心的平静与灵魂的安宁是幸福的前提。这种宽容的处世态度让中国人更着眼于当下，更专注于活在今生今世，因而中国哲学的特点也有其现世性。

中国哲学的人文主义精神与中国人的处世思想有着密切的

关系。在中国的哲学体系中，每一种体系都是把人作为中心位置的，虽然方式不同，但儒家和道家都是以人为本的。他们所倡导的都是人的现世生活以及正确的处世态度。而孔子认为，圆满的人生就是通过自我完善达成的。

中国人几乎从来不把追求纯粹的知识当成自己的人生目标，他们更多的把注意力放在家庭、社会关系和为人处世上面，由此可以看出，中国的哲学本质上是一种伦理学。并且，因为中国的哲学家们不仅仅把其学派的重点放在个体的自然属性中，还会把其放在家庭、社会中加以考量。所以，中国哲学又有一种政治性和社会性。

中国思想和文化有着某种封闭性和自我满足的特点，几千年来，能在中国土地上扎根下的外来文化，或许只有佛教文化一种。而这究竟是与中国与世隔绝的地理位置有关，还是与其亘古不变的个性有关，我们无从知晓。

# 第三章　前苏格拉底哲学

前苏格拉底时期的哲学家们并没有为后世留下太多著作，有的哲学家甚至没有留下只言片语，我们能参考的只有一些断简残篇。尽管如此，这些伟大的哲学家还是对后世甚至是当今世界哲学产生了深远影响，他们为早期西方哲学奠定了厚重的基础，他们的思想是西方思想最初的来源。本章所要讲述的，就是前苏格拉底时期一群开拓先河的哲学家们，他们中最为主流的就是我们所熟悉的“一元论”。此外，也有几位支持“多元论”的哲学家。

## 一、爱奥尼亚哲学家

希腊部落爱奥尼亚人在小亚细亚西岸沿爱琴海岸建立了12个繁荣的城市，这里是亚欧大陆的终点站。在12个爱奥尼亚城市中，米利都位于最南端，是最重要的贸易港口，因此也是当时最富裕的一座城市。在这个多民族、多语言和多宗教共同滋生的城市里诞生了西方世界的科学与哲学。

### 1. 泰利斯

泰利斯是米利都的第一位自然哲学家，于公元前 6 世纪上半叶在希腊开始有了影响。泰利斯不仅是一个善于交际的商人，还是一个政治家。此外，泰利斯也是一个自然研究者，他通过从东方人那里学到的天文知识，曾预言了一次日食现象，这一行为让他在当时名声大噪。同时，泰利斯还研究过磁力，他通过测量光照算出了金字塔的高度。泰利斯还是一个数学家，他发现了一些数学的基本定理，其中一个还以他的名字命名。同时，泰利斯还是一个哲学家，他被认为是古典哲学的鼻祖。

泰利斯是第一个接受、学习东方文化，并对其进行整理，发展出自己的一套哲学理论的希腊人。对希腊人来说，“七位圣贤”之首当属泰利斯。泰利斯不仅拥有渊博的学识，并且对事物都有自己独到的见解。据说，有人曾问泰利斯：世界上最难的问题是什么？泰利斯的回答是：认识自己。又有人问：世界上最容易的事情是什么？泰利斯回答说：“给别人出主意。”泰斯利到底都有哪些哲学理论，我们至今还无从知晓，但“水是万物之源”这句话可以认定是泰利斯自然哲学的基本思想。

### 2. 阿那克西曼德

阿那克西曼德与泰利斯同是米利都人，但他不同于泰利斯的摇摆不定，他有一套把哲学作为独立科学的理论，因此算是哲学的真正创始人。

阿那克西曼德曾把自己的理论写成文字，后人称之为《论自然》，但令人惋惜的是，这些文字没能保存至今。阿那克西曼德认为万物的本源是一种无限的东西，万物都是由此派生而来的。他还认为地球始终悬浮于空中，最初是以液体的形式流动的，地球上的生物是液体慢慢变干之后才形成的，从水里一直进化到陆地。他的这套理论给生物进化论提供了最原始的基础。

### 3. 阿那克西美尼

另一位米利都的自然科学家是与阿那克西曼德同时代的阿那克西美尼，他认为万物的本源是气，但是这种所谓的气并不是我们字面认识的气体，而是具有多角度、多维度的一个概念，就像我们所认为的灵魂在他看来其实也是一种气。他认为，宇宙的起始和终点是以一个循环的方式存在的。

上述哲学家的共同点就是试图用一种最原始的物质来解释万物的本源，世界以这个物质为起始点衍生出一切，也就是我们通常所说的“一元论”。

### 4. 赫拉克利特

公元前 6 世纪的爱奥尼亚诞生了一位神秘的思想家，他是希腊哲学的奠定者之一，名字叫赫拉克利特。他出生于贵族家庭，后世称其为“晦涩哲人”。

赫拉克利特是一个独居者，他逃离人群，蔑视民众与政治。他在思想上独辟蹊径，并将其写成著作，名字也叫《论自然》。他的思想尖锐且独特，风格简洁且晦涩。上了年纪后，他归隐山林，与世隔绝，是西方第一位遁世者。

赫拉克利特藐视纯粹的博学多识，讽刺过比他早的几位思想家。他认为，博学的关键在于找到关于宇宙的最终答案，同时认为世界多样性的背后存在着统一性。但是他并不像巴门尼德斯那样认为存在是稳固不变的，变化和杂多只是一种错觉。赫拉克利特有一句名言：“人不能两次踏入同一条河流。”这充分说明了赫拉克利特的思想，即“万物流变，无物长存”。而赫拉克利特还发现了句名言背后的意义，那就是在不间断的河流背后存在一种统一性，而这种统一性中又有多样性。在赫拉克利特看来，世界的运行是由“逻各斯”所支配的，“逻各斯”不是被创造的，而是永恒存在的。

似乎赫拉克利特也认为存在一种原始的物质，他不像其他哲人那样将其归咎于“水”或者“气”，他称这种原始的物质为“原始火”。根据永恒的宇宙法则，万物都是从火里产生的，并且都消灭而重新归于火。赫拉克利特所说的火并不是字面意义上的火，而是其引申义，即一种原始的能量。对他而言，这种火似乎带有一种神性，居于人的灵魂之内。

## 二、毕达哥拉斯

毕达哥拉斯出生于公元前500年左右的萨默斯岛，相比起他天文学家和哲学家的头衔，他数学家的地位更有影响力，被认为是理论数学的创始者。同时，他也是克罗敦的一个宗教修会的创始人。毕达哥拉斯的一生为了获取知识（据说还是因为受不了当时统治者的压榨），去过东方与埃及。

在数学领域，毕达哥拉斯定理十分著名。然而，毕达哥拉斯不仅仅局限于研究数学本身，而是把它当成是哲学的中心来研究。据说，我们通常所认为的“哲学”二字，其使用的第一人就是毕达哥拉斯。在当时，如果按照通用的方式来称呼自己，毕达哥拉斯应该算是“Sophos”，即智者，但是谦虚的毕达哥拉斯认为这个称呼太过狂妄，于是称自己为“Hilosophos”，即爱好智慧的人。

毕达哥拉斯认为，数字是宇宙奥秘的组成部分。从一到十，每一个数字背后都蕴含着深邃的意义，特别是包罗万象的“十”。毕达哥拉斯是第一个将世界称为“宇宙”的人，他认为，宇宙万物是依照数的关系排列而成的。

前文提及，米利都的哲学家们都试图用一种物质来解释宇宙万物的起源。与他们不同的是，毕达哥拉斯试图在一种原始法则中寻求宇宙的秘密和起源。他认为，这个原始法则就是宇宙组成部分之间的那种恒定不变的数字关系。

毕达哥拉斯关于数的理论其实带有一种浓厚的神秘的宗教色彩，或许这一理论和他接受、学习过东方思想关于灵魂转世的理念有着一定的关系。他们认为，永恒的灵魂是通过不断净化得来的，这需要灵魂转世的不断磨炼才能一步步达到。而转世于动物身上其实也是一种方式，其灵魂依旧是在不断净化的。因此，动物献祭在印度宗教里是绝对不允许存在的。由于认为人生来就是为了净化灵魂，并且笃定人必然会转世投胎，所以毕达哥拉斯的人生伦理也带有一定的印度哲学的特征，即自律、知足和节欲。

## 三、埃利亚哲学家

埃利亚曾经是希腊在意大利的殖民地，位于萨莱诺以南的意大利西海岸。与毕达哥拉斯学派同时，这里也形成了另一个哲学学派，人们根据地理位置将其命名为埃利亚学派。

色诺芬尼是一位歌手和吟游诗人，他游走于希腊10多年，最后在埃利亚定居并成了埃利亚哲学学派的创始人，他所留下来的著作都是一些具有哲理性的教育诗片段。

色诺芬尼通过哲学揭开了抨击古希腊宗教的序幕。他认为在他那个时代，人们对神明太过人性化的行为是极其不尊敬的，并通过自己的教育诗极大地讽刺了那些将神灵人格化的信徒们。色诺芬尼认为神的形象是至高无上的，并且和宇宙是整体一致的，所以将神的形象和思想以人的视角去刻画是很肤浅的。因此，我们也可以将色诺芬尼的学说称为泛神论。

由此可见，色诺芬尼在希腊哲学家中有着极强的理性思维，并且与神秘的宗教时刻斗争。他将至高无上的神和宇宙整体等同，使他成为这个学派的创始人。之后，巴门尼德斯的出现，让这一学说有了系统的发展。

巴门尼德斯和自己的学生芝诺使哲学的侧重点转向了对论证技巧的关注，即所谓的逻辑学。如此一来，巴门尼德斯便从圣贤、冥想者那里接过了哲学，并将其发展成为一门学科。然而，巴门尼德斯把哲学的侧重点引向了新的抽象层面，他的理念充满了悖论，但都基于最基本的范畴内，即存在。

巴门尼德斯的论证基于语言中的“是”，其论证细节极为复杂，且论证的意义至今在学术界都充满了争议。有的人认为，虽然巴门尼德斯其语言、逻辑和形而上学充斥着混乱，但如果用日常的术语来解读，其实是很容易明白的。比如：如果一件事物可以被思考，那它就必然存在。所以，当我们再谈论“无”的时候，就毫无意义了。所以，这种存在是永恒的，既不能消失也不能生成。

由此，巴门尼德斯得出的结论便是：根本没有变化这回事。存在即是存在，没有什么可以无中生有。并且，巴门尼德斯进一步断定时间也不存在，时间只是一种概念，用来衡量空间而已。

尽管巴门尼德斯充满了理性思维，并且始终保持着自身的严格性，但他在自己的哲学诗开头就表明自己的理念源自魔法。他通过诗的形式将自己的思想表现出来，其本身就是一种具有神秘感的意图，而这也和古印度的一些神秘主义作家相契合。巴门尼德斯诗歌的否定性理论与自己所笃定的真理相结合，否定我们可以认识到真实的世界，同时又确信这种否定，这一观点极大地影响了后世的一些哲学家，包括柏拉图与亚里士多德。

## 四、“多元论”哲学家

### 1. 恩培多克勒

恩培多克勒出生于公元前 490 年西西里的阿克拉加，他博学多才，辗转于各个行业，是一个政治家、哲学家，同时又是诗人、宣教师、医生、江湖术士。就哲学而言，他的特点并不在于是一个有着独创性思维的思想家，而是善于将各个哲学门派的思想体系通过自己的理解进行综合，因此人们也叫他折衷主义者。通过他残留下来的著作，我们会发现他将思想糅合进优美的诗句里，这一特征与毕达哥拉斯将古印度思想写进自己的教育诗里并无二致。

赫拉克利特关于宇宙的形成和毁灭的思想，其实有些是恩培多克勒首先提出来的，或者说至少是通过他独特的方式体现出来的，而恩培多克勒在哲学上的意义也就在于此。

米利都学派的自然哲学家们先后认为世界的原始物质是水和气，赫拉克利特则认为是火，而埃利亚哲学家们更倾向于土。恩培多克勒则将他们的观点融为一体，发展出了“四根说”，即火、水、气、土 4 种元素。因此，从某种程度上，可以说恩培多克勒关上了古典哲学“一元论”的大门。

恩培多克勒对这 4 种元素的结合，最后分成了两种元素，即“爱与恨”，也可以称为吸引和排斥。在世界的发展过程中，这两种因素相互交替、结合，当“爱”占上风时，其最终能形成一个完美的统一；当“恨”占上风时，则会分散，形成一种过渡的状态，个体也在这种情况下形成和毁灭。

恩培多克勒还认为，生物的形成遵循着从低级到高级的发展规律，而这一观点在近代生物进化论中得以体现。他还提出了一个基本原则，即外部世界的每一种元素都能在人自身的体内见到。这一观点，是人为宇宙中心这一观念最早的体现。

## 2. 留基伯和德谟克利特的原子论

留基伯是古典哲学里最重要的自然哲学体系的创立者，但后世对其知之甚少。他留下的唯一的一句话的原文是：“没有什么是可以无端发生的，万物皆有理由，且都是必然。”这句话大概就是第一个关于因果律的理论。而关于留基伯的原子论，其弟子德谟克利特都将其囊入其中了。

德谟克利特生于公元前460年，来自阿布德拉。他的一生都是在旅行和学习中度过的，他去过埃及、印度和波斯。他对自己的评价是：“同时代的人中，我的见识最广，研究的范围也最广……”重返故乡后的德谟克利特再没有离开过，他深居简出，专心研究于数学、物理学、天文学、航海学、地理学、解剖学、心理学、生理学、医学及哲学等。他继承了留基伯的理论，并发展出了一套完整的体系。

### 充实与虚空

巴门尼德斯认为，如果不设想存在非存在和空洞的空间，那么变化、生成和毁灭就是无法想象的，因为这种假设根本不存在。因此，他们进而认为世界是永恒不变的存在。德谟克利特一方面认为纯粹的无中生有是难以理解的，再加上其他哲学家彻底否定运动和变化的观点站不住脚，于是他将这两者的矛盾点相结合，得出世界是由充实于空间的实在和非存在的虚空所组成的。

### 原子

存在于空间里的并非是一个东西，它是由无数个细小的粒子所组成的，这些粒子是实在的，没有空隙的。而原子就是世界上最小的粒子，它组成了世间万物。

### 第一性质和第二性质

物质的密度、重量和强度才是其根本性质，因此我们称之为“第一性质”。而物质的颜色、味道、气味等都是通过人的定义而产生的，这是我们强加给物质的特性，具有极强的主观性，因此这种性质被称为“第二性质”。

### 原子的运动

原子是一种永恒的存在，世界最开始的时候，原子就存在，它们通过重力的作用相互碰撞，然后相互纠缠，结合最终形成了我们所看到的物质世界。这个物质世界自古以来就在毁灭与诞生之间循环，人类只是其中的一个阶段，但原子是永恒的存在。

### 人的灵魂

人的肉体和灵魂都是由原子构成的，灵魂也是一种物质性的东西，只不过组成灵魂的原子非常细小而已。

## 3. 阿那克萨戈拉

阿那克萨戈拉出生于公元前500年小亚细亚的克拉佐美尼，他是第一个将哲学引进雅典的人。但是他的这一举动并没有对当地人产生什么大的影响，反而他因为会看天象，并且被当地人认为他不相信神的存在，所以引起了雅典人的敌视，被送上了法庭。他被判处死刑，但在被送往刑场的过程中侥幸逃跑并幸存了下来，最后在流亡途中死去。

阿那克萨戈拉的哲学观点与其他自然哲学家的观点基本一脉相承，但是在万物构成的理念上，他与他们产生了分歧。米利都的自然哲学家们把万物的起源归咎于一种物质，恩培多克勒认为是四种，原子论认为是多种原子，然而到了阿那克萨戈拉这里，他认为原始的本原有无数个，因为材料和质量各异，因此他将其称为万物的“种子”。

阿那克萨戈拉还首次在哲学中提出了“心灵”这一抽象的概念，他认为这是一种存在于世界万物之中的理性的、万能的精神。这就是他与其他哲学家最大的区别，也是他在哲学里的意义所在。

阿那克萨戈拉认为心灵是无限且独立的，它不与任何东西混杂，是万物中最纯粹的存在。心灵具有支配一切物质的力量，也是因为心灵，才促使混沌的宇宙变成了一个整体，而心灵的作用也就仅限于此，这是一种神秘的力量。阿那克萨戈拉将这种神秘的精神称为“第一推动者”，虽然这种精神促成了万物的产生，但它却任由其规律而发展。同样倾向于精神可以支配物质的理念的亚里士多德，在后来对阿那克萨戈拉的评价中说，阿那克萨戈拉认为精神支配物质的理念让他像身处于一群醉汉中的一个清醒者。

# 第四章　希腊哲学的鼎盛时期

公元前6至5世纪，哲学思想逐渐在希腊人生活的周围开始蔓延，这里云集了许多具有高度创造性的思想家，如此壮观的场面对整个世界思想史来说也是空前绝后的，各式各样的自然主义世界观就像一股充满生机的力量向我们迎面扑来。可以毫不夸张地说，哲学历史上那些重要的问题，几乎所有这个时期的希腊哲学家都思考过。当然，西方工业时代产生的涉及整个人类生存的问题是例外。

## 一、智者派

在那样一个思想如此繁盛的时代，恰恰是因为思想的多样性以及它们之间所存在的矛盾，让哲学得以进一步发展。思想体系越来越多，各种可能性也就越来越大，因此，对这些思想上的矛盾进行考察、比较和探究的紧迫性也就越来越大。因为有些哲学家逐渐开始对作为认识工具的人的感官功能的可靠性产生了怀疑，这就很容易导致对人的认识能力产生普遍怀疑，而智者派的任务就在于此。

如果想正确地评价智者学派和他们的功绩，我们就必然要观察和研究当时的哲学状况，而且要顾及那个时期的希腊政治以及社会生活中所发生的改革。希腊人在希波战争中（公元前500—前449年）为了争取和保卫自由，成功逼退了敌人的入侵以后，希腊，尤其是雅典的社会生活就愈发繁盛起来。雅典成了当时的政治与文化中心，社会上层人们的生活富裕且奢侈，所以，接受更高级的教育就成了他们的一种必然需求。民主宪法也愈发鼓励在公众场合下的演讲艺术，在法庭与公众集会上，那些可以使用熟练技巧来阐述自身观点的人具有最为明显的优越性。如果有人想飞黄腾达，那么他首先要做的就是学会和具备一定的良好素养，并成为一个政治家和演说家。

于是，智者派因此诞生了。希腊语中的Sophistai就是“智慧之师”的意思。最初，它仅有这一个意思，智者们就像漫游教师似的开始辗转于各个城市之间，并向当地的学生传授各种技艺，而论辩艺术首当其冲。这些智者可以从中获得一定的报酬，其实他们并不是真正所谓的哲学家，而是实践家。他们和其他真正的实践家一样鄙视理论认识。大多数智者都认为，客观的理解和认识是根本无法实现的，这种观念无疑对当时的哲学现状产生了深厚的影响。另一方面，因为有机会得到教育的社会各阶层在一点点扩大，一些外来民族和他们的风俗、宗教也都随着一起涌入，在他们的冲击下，这里的一些固有的传统观念自然受到了动摇。倘若没有一个客观的标准来衡量某个问题的对错，就会出现这样一种情况：但凡他懂得怎样巧妙地阐述自身的观点，他就有可能被大众认为是正确的。

因为这种理论上所持有的怀疑态度又开始逐步扩展到道德领域，所以在这里同样提倡一种认识，即人的行为就像是与理论争辩，最终起到决定性作用的其实是他的能力或功绩。如此，论辩艺术就开始在智者这里变成了一种可以说服他人的工具，而并不是用来阐述和表达他的某些确定的信念。对他们而言，其实并不存在一种客观的且普遍有效的道德准则，他们认为强者即是公理。智者学派留下来的著作少之又少，我们可以引述柏拉图著作中一个智者谈论雄辩术时所说的话：“倘若某个人知道怎样用语言去说服别人，那么，不管他是在法庭上去说服法官，还是在议会上去说服议员，抑或是在人民大会上说服民众……那么他雄辩的才能就能起到巨大的作用，可以让一个医生成为他的奴仆，让一个体操冠军甘愿效力，还可以让一个银行家为其聚敛钱财且目的并不是为了他自己。”关于正义与法律，这位智者接着又说：“习俗与法律一直以来其实都是为了维护弱者和大众利益的……他们借此来恐吓那些强者，原因就是他们比大众或者弱者更加懂得怎样去获取更多的利益，如此，强者就开始学会自我约束，因为大众与弱者们都认为，意欲更多的利益是不公平并且丑陋的……我想，假如人人能够得以平等，他们自然就会非常高兴了，因为他们本就是劣等之人……但是在我看来，自然本身应该就决定着一切，公平与合理就在于，高贵的人应该比那些低贱的人获取到更多的利益，有才华的人应该比那些低能的人获得更多的利益。很多情况下，无论是在动物界、人类社会，抑或是在国家之内，还是在宗族之中，我们都会看见如下事实：就是强者可以统治弱者都被认为是十分合理的事情……当克塞克斯（Xerxes）跟希腊人打仗的时候，他还能要求些什么权利呢？……对此，我们可以举出许许多多这样的例子来！我认为，这群人都是按照公正的自然原则去行事的，而并不是按照我们所编造的原则来行事的。那些最有能力和最为强壮的人其实都在他们还年少时，就已经像驯养狮子那样被驯服了，我们给他们使用了催眠术，并在其心灵上给予影响。我们认为，如此就会变得人人平等了，这样才是公平且合理的。但是，我觉得，假如一个人拥有了足够的力量可以重获新生，那么他必然会摆脱一切束缚和精神上的枷锁，把我们那些落后、迂腐的陋习、催眠术和心灵麻痹术踩在脚下，而后，奴隶们便会重新站起身来，并向我们说明，他们才是我们的主人，此时，公正就必然会散发出它应有的光芒。”因为智者派否认公正和真理的客观标准的存在，再者，在通常情况下，他们授道解惑也可以得到可观的收入，如此，就使他们带有些许令人怀疑的怪异味道，而且很快就得到了“诡辩派”这个称号，尤其是因为柏拉图曾经试着对他们提出严厉且尖锐的批评，所以，这一名称也就沿用至今了。

## 二、苏格拉底

### 1. 苏格拉底生平

苏格拉底生于约公元前470年的雅典，父亲是雕刻师，母亲是助产婆。苏格拉底除了战争，一生都没有离开过雅典。他相貌平平，既不像一个希腊人，也不像一个哲学家。苏格拉底很早就离开了从父亲那里学会的职业，并离开了他的家庭。他立志于苦心拓展他的教育活动，因为他认为这是一种前无古人的职业。

苏格拉底成日游走在雅典的大街小巷，他衣衫褴褛，周围跟随着众多门徒，其中一些来自当地的名门望族。苏格拉底对他们进行教育，但从来不收取报酬，而一日三餐也都是门徒们为他张罗。他的教育一直都采用对话的形式进行，他不仅喜欢向自己的学生们提出问题，还喜欢向社会各个阶层的路人提出问题，与他们交谈。他常常以善意的方式开场，然后不停地追问，并一步步将问题引申到哲学层面。他对问题的深究，每次都以对方理屈词穷为止，而这也是他谈话的最终目的。

雅典的政治背景是民主的，但是在希腊的民主下，大部分百姓都没有受到法律的保护。他们是富人的奴隶，所以整个社会充斥着一种极端且病态的氛围。那时的人从来没有想到奴隶制的不合理性，他们把它当成一种根深蒂固的从血液里流淌出来的意识，任何人都没有对其产生过怀疑。在这片土地上，宿命论似乎永远都是一种主流意识。

在贵族派眼里，这种形式的政体已经违背了民主的原则。因此，在持续了近 30 年的伯罗奔尼撒战争期间，当雅典各势力联合起来对抗斯巴达时，当时占统治地位的民主派与暗地里主张实行斯巴达式的贵族政治之间产生了一场激烈的党派斗争。虽说苏格拉底没有参与其中，但他被认为是贵族派的代言人，更确切地说，是给贵族派提供思想工具的人。

雅典战败以后，民主派垮台了，苏格拉底则成了这场战争结束后背负责任的那一个，他被推上了法庭，以“亵渎神明”的罪名被处死。但其实，这个罪名根本站不住脚。虽然当时有很多人给苏格拉底申辩，他也完全可以通过逃亡来免去这场死亡审判，但是他并没有选择走上逃亡之路。那时的苏格拉底已经 70 岁，他认为逃亡对自己已经没有了任何意义，并且他也不想逃避死亡，就这样，苏格拉底饮鸩而死。

## 2. 苏格拉底的学说

苏格拉底生前并没有留下任何文字性的东西，想要一探苏格拉底哲学思想的原貌，大概是哲学界最为艰巨的任务之一。关于苏格拉底的记载，大部分来源于柏拉图、色诺芬和亚里士多德的记述，而这些较为可靠的认识，也是通过间接的方式经过推论得出来的。

“他总喜欢与人谈论关于人的事情，他借此和人们探讨何为虔诚，何为亵渎神明，何为耻辱，何为正义；什么是癫狂、勇敢和胆怯；一个国家和政治家，一个政府和君主应该如何作为，以及诸如此类的话题。他坚信一个人对此如果都有了足够的认识，那么这个人必然会成为一个至善且高贵的人。”但是，苏格拉底与学生之间的谈话方式是特别的。通常老师教导学生会自己先论述自己的观点，然后由学生提问。苏格拉底则恰恰相反，他永远都是提出问题的那一个，通过这种方式，苏格拉底将学生们的主观能动性发挥到最大，其目的就是让学生们产生思想。这种方法与智者派有着极为相似之处，但他也并不拒绝和鄙视智者派诡辩的技巧。他与智者派的共同点还在于他们都将重心放在人的身上，而不是自然。并且，“自知自己无知”这句苏格拉底的名言也与智者派的怀疑主义态度没有什么大的区别。

德尔斐的神谕中，自称对一切事物都一无所知的苏格拉底，却被称为希腊人中最有智慧的人，他的出现被视为哲学史上意义最为深远的革命之一。他深深地知道，那些什么也证明不了并且会摧毁一切准则的诡辩是毫无意义的，他认为自己内心深处始终有一个声音在阻止他做出错误的事情，他将这个声音称为“神”。

苏格拉底的思想中也是充斥着矛盾和冲突的。苏格拉底一方面认为人应该敬神，虽然他无从解释心中的那个声音。另一方面，他又认为人如果意识不到什么是真正的善和正义，就不可能去做善事和正义的事情；而当人认识到了什么是正义和善，就不可能不去做善和正义的事情。因为每个人都会去做有利于自己的事情，而合乎道德的善是对每个人都有利的，所以想要人向善，就必须先教导别人什么是善。

把道德与知识合二为一，是苏格拉底的思想创新，他试图通过让人们认识到自己的无知，从而唤醒人们自我反省的能力。

苏格拉底所关注的永远都是那些活生生的人，而不是那些概念化的较为抽象的人。我们必须了解到，苏格拉底是一个对人类充满热情和喜爱的教育者，而不单单是一个普通意义上的所谓教师。他有一种巨大的能量，其人格力量对其周围所有人都产生了巨大的影响，这一点我们能通过柏拉图在《会饮篇》中借苏格拉底的学生阿基比亚德斯之口所说的话得以证明："我们大家已经全然被他的谈话所吸引……我甚至想用发誓来表明所说的话的真实性，这个人的言谈举止令人着迷，并且音容笑貌如今依然深深地浮现在我的脑海中。每当我听他说话时，我的心跳都比跳舞时还要快，为此，我激动得已经热泪盈眶；并且我也看到，在场其他的许多人也都和我一样……"

假如我们再用柏拉图的话语来形容苏格拉底的人物特性，那么我们就必须充分说明一点：在他的对话中，讲话的苏格拉底是否是那个真正的苏格拉底？对此，人们一直争论不休。一些研究学者认为，我们无法也不可能真正地去了解苏格拉底这个人，柏拉图著作中所述的苏格拉底很大概率上只不过是他自己思想的一个传声筒而已。

我们所了解的苏格拉底的真实情况少之又少，这让我们不得不去问：虽说这个鼎鼎大名的人物有着如此高尚的品德，并且他可以为了自己的信念而舍弃生命，虽然我们无法也不可能了解到他最真实的哲学思想，但是，为何一个如此模糊的历史人物会对人类产生如此巨大的影响呢？应该提及的是，正是因为苏格拉底的殉难和《圣经》中经常提到的耶稣之死以及早期基督教殉教者的死亡有着相似之处，所以他才可以如此长久地活在人们的记忆里。不过，对此我们想真正说明的是，苏格拉底之所以能对后世产生极大的影响，主要是因为他那种千百年来经久不衰的独特人格魅力，而并不是因为他的思想。他的人格以及他个人一起被写进了人类的历史中去了，从那以后，就成了一种神秘且影响久远的文化力量，即人们普遍提倡的那种基于自身内部的坚定且独立的高尚的道德品质。而这，就是“苏格拉底的神圣信条”，做一个内心自由的人，为了自己而向善。

## 三、柏拉图

### 1. 柏拉图生平

“年少的我和其他人一样，心中都隐隐地埋着一个志向：一旦我成人，就会立即投身于政界。随着生活一步步向前，经历一点点丰富，我却改变了曾经的志向。我所生活的社会为很多人所不满，于是发生了一场由 51 人领导的革命。但是这 51 个人里面有 30 个都在整个政府里拥有无边的权力，其中也不乏一些我的亲戚朋友。他们设法将我拉入其中，由于当时的我还年少，所以经历的事情也就不足为奇了。那时的我想把整个国家从一种不公平的境遇中拯救出来，从而走上一条正义的道路，所以我开始急切地观察他们的一举一动。于是我看到这些人重蹈覆辙了。他们居然让我与苏格拉底连同其他人处死一个市民，而目的居然是想让苏格拉底与他们沆瀣一气。看到这里面的种种肮脏的勾结，我决定从罪恶的统治中隐退。不久之后，那 30 个政客以及他们的政权被推翻了，我内心里藏匿的政治兴趣又再次生根发芽，可是随后又发生了一件事情，几个有权势的人把我的朋友苏格拉底送上了法庭，他们用最恶毒的手段和罪名指控他，并对他判处了死刑。当我看到这一切，看到当权者们的同志，看到当时的社会氛围，尤其是随着我年龄的增长，我逐渐看透了尘世，更清楚地认识到政治这条路是多么难走。虽然我没有停止过思考这些问题，并希望找到解决之道，还总是对此抱有一份期待，让国家回到正轨。但是，我最终认识到这个国家的现状和制度已经到了无可救药的地步，除非能有一种新的神奇的机构来挽救它。于是，经过我长久以来的思考，我终于得出了一个结论：必须崇尚哲学，因为真正的哲学才能给社会和个人带来正义；必须使哲学家成为政治家，或者让政治家成为哲学家，否则，人类的不幸就永远不会停止脚步。”

这是一段柏拉图的自述，引自他的一封信札。从中我们可以基本了解他的生平和他的哲学、政治思想。柏拉图出生于公元前427年，是雅典贵族的后裔。20岁时，柏拉图成了苏格拉底的弟子，他放弃了自己对文学的探索，转到对哲学的研究。柏拉图做了苏格拉底8年的弟子，苏格拉底被处死一事对柏拉图的影响极大，内心失落的他背井离乡，周游各地。他去过埃及，了解了当地的宗教和丰富的僧侣制度。他还去过东方，了解了印度的智慧。最重要的是，他也在意大利和西西里待过很长时间，并与毕达哥拉斯学派有过亲密接触，这也对他以后的思想产生了一定的影响。

有一段时间，柏拉图曾在叙拉古的专制君主狄奥尼修的宫廷做客，并试图说服其接受自己的政治理念，但未能如愿。公元前387年，柏拉图在家乡创立了一所学校，免费给来自各地的学生授课，这所学校被称为“柏拉图学园”。就这样，柏拉图一直活到80岁才与世长辞。

## 2.理念论

只有具备哲学思想的原动力的人，才能对理念有一定的认识，而这个所谓的原动力，柏拉图将其称为“Eros”（爱欲）。这个词在希腊语中是情爱或性欲的意思，柏拉图将这一词升华了，给了它超凡脱俗的意义。柏拉图认为，Eros就是追求，从感性上升到理性，是人对永生的一种渴望。

说到这里，不得不提起“柏拉图式的爱”，这个概念如今通常被人们称为男女之间摒除了肉欲的纯粹的爱或“友谊”。但是这种说法其实是对柏拉图的误解，他只是说过“那些爱肉体更甚于爱灵魂的庸俗的情侣是不好的”，而这句话并没有禁止肉欲的意思，仅仅是站在相对的角度告诉人们，爱最厚重的地方是两个灵魂的相互依偎，肉体上的欲望只是辅助，用来增进灵魂的交合，而把肉体上的欲望看得重于爱，那样只会本末倒置，丢失了爱的重点。

美是一种直观的感受，但是认识理念的真正工具是抽象思维，柏拉图称之为辩证思维。为了达到目的，就必须将Wros作为原动力。修辞法可以起到说服别人的作用，辩证则是一种艺术，它可以让人在探索中找到方向，进而追寻到真理。

然而，什么又是理念呢？理念原指事物的形象，就是存在物的形状、类型和普遍性。但理念并不是一种纯粹的一般概念，这种概念是通过抛开存在物的特殊性，探索其中的共同性而获得的，它具有绝对的现实性，甚至可以说是唯一真实的现实。个别事物会消亡，但理念会永恒。

到底应不应该给理念赋予比个别事物更高的现实性？或者与之相反，仅仅认为个别事物是真实的，而理念只存在于人的头脑之中？这是一个基本的哲学问题。在柏拉图这里，理念是真正现实的存在，并且晚年的柏拉图把自己对理念的认识和毕达哥拉斯对数的理解联系到了一起。

与苏格拉底不同，柏拉图也将自然纳入自己的思想体系中。由于唯一真实的理念能被纯粹的思想所认识，所以，对柏拉图来说，研究物质仅仅具有次等的意义。以研究物质为目的的自然科学永远不会达到确定性，而只能达到或然性。在这种观念之下，柏拉图在《蒂迈欧篇》中写出了自然科学的文章。

于我们而言，影像世界是如何实现其现实的存在的呢？这是最重要的问题。显而易见，由于美的直观可以通达理念，所以自然存在物是理念的显现。那么，一个更高的精神世界的理念又是如何显现出具体物质的呢？虽然这种显现在人的角度并不能完全体现，但是在理念之外，必然会有另一种东西的存在来体现理念的物质，柏拉图将这个世界称为“虚空”。

所以，我们可以看出柏拉图是肯定并依循了德谟克利特的观点的。

### 3. 人类学与伦理学

柏拉图将人的灵魂划分为思想、意志和欲望 3 个部分。思想存在于人的头部，情感存在于人的胸部，欲望存在于人的下体。其中，思想作为人唯一不朽的部分，在进入人身体的那一刻就与其他部分结合在一起了。

不朽的灵魂既无始也无终，其本质与世界灵魂很相似。我们所有的知识都是对过去事物的回忆，是对灵魂的体现。“既然心灵是不死的，并且已经投生了好多次，既然它已经看到了阳间和阴间的一切东西，因此它获得了所有一切事物的知识。所以人的灵魂能够把它以前所得到的关于美德及其他事物的知识回忆起来，是不足为奇的。因为既然一切东西都是血脉相通的，而灵魂也已经学会了一切，因此就没有理由说我们不能够通过对一件事情的记忆——这个记忆我们称为学习——来发现一切其他的事物，只要我们有足够的勇气并且能够不知疲倦地探求。因为一切探求、一切学习都只不过是回忆罢了。”

这些句子容易让人产生猜测，人们会想：柏拉图可能对古代印度哲学有所了解。在理念的王国中，至善的观念占据最高的地位，它在一定程度上是理念的理念。至善的最高目的就是将自己置于一切之上，这也是世界的最终目的。“我想，你可能会说，太阳不仅赋予可见的东西一种能力，就是让它被看见，而且还赋予可见的东西以生成、成长和获得营养的能力，虽然太阳本身不是生成……同样，你会说，能够被认识的东西不仅从善那里获得其可认识性，还从善那里获得它的实在与本质，因为善本身并不是实在，而是在地位和力量方面高于实在的东西。”

柏拉图的伦理学从至善的观念中得出结论：不死的灵魂是人身上那种能够使人参与到理念世界中去的东西。人的目的就是通过使自己上升到超感觉的世界从而达到至善。肉体和感性是阻碍人们达到至善的桎梏，用柏拉图的话说就是：“Soma, sema.”（肉体是灵魂的坟墓）。

德行是灵魂的状态，在这种状态中，灵魂接近于这个目标。因为可见的东西是不可见的东西的影像，所以，我们可以借助于可见的东西去把握理念，尤其是在艺术中。

就像在苏格拉底那里一样，只有当德行建立在可被认识的基础之上，德行才能真正称其为德行。因此，德行也是可教的。柏拉图发展了苏格拉底的德行理论，他将一般的德行概念分解为 4 种主要德行，它们是智慧、勇敢、审慎和正义感。其中，前面的 3 个与灵魂的组成部分相符合：智慧是理智的德性，勇敢是意志的德性。第 3 个德行，虽然（在德语中）被称为审慎，但是并没有完全表达出柏拉图的原意，希腊语中的Sophrosyne，意思是“平衡”（或内心的平静），也就是说，在享乐与禁欲以及严厉与顺从之间能够保持中庸，在公共场合抛头露面的时候也应表现出高贵的尊严，既不要愚蠢地表现得过分亲密，也不要态度冷淡地拒人于千里之外。最后，正义感包括其他所有德行，它存在于灵魂的3个组成部分及其德行的恰当关系中。

## 4. 理想国

柏拉图是一个未能如愿的政治家，政治问题及国家体制都是他终生为之殚精竭虑的问题。“Polis”，这个柏拉图的国家思想中的中心概念，就是我们今天的“Politik”（政治）一词的雏形，即正确的行为、德性、合乎道德、正义感等等。这些柏拉图本来用在个人身上的概念，如今被放大并放在了国家层面。只有在国家层面中，这些概念才能被理解，也只有在国家中，这些概念才能完全实现其意义。合乎道德的生活的最高形式，就是在一个完善的国家里合乎道德的社会生活。

国家就像人一样，也有不同的国家体制。并且国家也是由各种不同个性的人组成的，而这些人自然会影响到国家。

寡头政治把其侧重点过分集中于财产的多少之上，有钱人拥有政治权力，没钱的人则被排斥在执掌政权之外。在这种体制下，如果人们根据财产的多少来划分权力，那么有能力的穷人必然会遭到流失和埋没；在这种体制下，国家就不是一个人的了，而是两个，一个属于穷人，一个属于富人；在这种体制下，每个人都有机会挥霍掉其全部财产，而后这个国家也将穷途末路。但是，由此必然会产生出一种很能适应这种体制的人，因为凡是受到尊重的东西，人都会去效仿，不受尊重的东西则会被摒弃。这样，人们就会只关注金钱利益和权力，而忽略了智慧与正义，整个国家就充斥在一种极端放纵的欲念丛生的泥淖里。

在以寡头政治为主的国家里，会随着阶级斗争的出现而诞生民主制。民主制的口号就是自由，在这种制度下，整个城邦都沉浸在行动自由、言论自由的氛围里。在这样的国家里，就算你精于权术，你也大可不必被逼迫着去执掌政权；不喜欢服从命令，就可以不服从；不想参战，就不去……诸如此类的行为都是民主制的特征。整个社会处于一种斑驳陆离的无政府状态，而这样的状态下，整个社会会无节制地纵欲，人心普遍涣散，学生也不再服从老师，老师则会在学生面前战战兢兢，因为所有人都享有同样平等的权利。

民主制后面接着就是僭主政治，因为僭主政治是对民主制的一种反动。寡头政治所推崇的至善就是拥有巨大的财富，正是由于对财富的贪得无厌而忽视了对其他事物的追求，因此走向衰落。而民主制的衰落也正是因为对自由的贪得无厌。事实上，物极必反，对每一个公民来说，当自由达到极端的程度时，其结果必然会是极端的奴役。人民通过推举将权力集中于一个人身上，他就会变成至高无上的君主，其代价就是权力过于集中，导致君主忘乎所以。

每个人身上都存在着欲望、意志和理性，当这 3 种处于一种合理的关系时，公道才能得以实现。同样，一个国家也面临着 3 个与生俱来的义务：保障人民的基本营养、保护国家不受外敌侵犯、理性地领导。与此相适应，也存在着 3 种社会阶层：劳动者、战士和统治者。站在国家层面去看，其实就和人一样，只有当三者处在一个合理的关系中时，国家才能实现公道。那如何实现这个目标呢？柏拉图的回答是：通过选择。

柏拉图认为，一个国家，最重要的任务就是为孩子提供平等接受教育的机会，教育的内容则是体育和音乐。因为体育可以锻炼人的体魄，音乐则可以塑造人的灵魂，两者相结合便能塑造出和谐均衡的个性。随后，要学习数学和基本的辩证法，即树立正确的思维。此外，还应该经受疲劳和匮乏的痛苦，或者间接地接受一些诱惑的考验，目的是锻炼其坚强的品格。到了 20 岁，他们应当受到严格的选拔，留下来继续接受 10 年的教育，然后再进行一次筛选。之后，再接受为期 5 年的智力方面的教育。到了 35 岁时，人还缺少一种东西，它对未来的执掌者至关重要，那就是在实际生活中和生存斗争中的经验，在这方面他们还得接受15年的考验。最后等他们到了50岁，这时的他们经过岁月和生活的洗礼，已经拥有了坚强的意志。在理论和实践方面，他们经过精心全面的培养，成了最成熟的人。最后，成为优秀的领导者也就顺理成章了——他们将成为柏拉图理想国中梦寐以求的“哲学王”或君王式哲学家。

可想而知，基于柏拉图的出身以及他和苏格拉底的关系，柏拉图自然会倾向于一种贵族国家的理想。但这又是一种完全民主的制度，因为并不存在世袭的优先权，大家都有同等的机会上升到国家最高的地位。

柏拉图在晚年时，对国家的某些片面的观念已经有所减弱，而他的整个观念也与现实生活非常贴近，他提出的国家体制实际上是各种不同体制的混合体。

## 四、亚里士多德

### 1. 亚里士多德生平

柏拉图最伟大的学生亚里士多德，也是他最大的对手。亚里士多德出生于公元前384年的斯塔吉拉，父亲是一位宫廷医生。亚里士多德于17岁前往雅典学院，从师柏拉图长达20年。

柏拉图60岁时，亚里士多德也过了不惑之年，两人之间就像天才与天才的碰撞一样，思想上也出现了对立。

柏拉图死后，亚里士多德离开雅典学院，去了小亚细亚。他在一位统治者同学的府上逗留了一段时间，并且与他的养女结了婚。后来，用武力统一了希腊的马其顿国王邀请亚里士多德入宫，给其儿子亚历山大当私人教师，这位太子就是后来的亚历山大大帝。

亚历山大继位以后，亚里士多德便回到了雅典，创办了自己的学校，称为吕克昂学园。期间，他开展了许多学术研究和教学活动，并为自己修建了一座规模巨大的图书馆。在亚里士多德领导学院快要满12年之际，他身陷政治困境。一方面，他与亚历山大之间出现了嫌隙；另一方面，雅典人都认为他是亚历山大和马其顿政权的盟友，正是因为他的参与，才让雅典人民失去了自由。亚历山大死后，雅典爆发了一场仇恨“马其顿”的风暴，亚里士多德也因此像苏格拉底一样，被控以“亵渎神明”的罪名判处死刑。虽然他逃脱了这次判决，却还是在次年孤独地死在了流亡的途中。

## 2. 逻辑学

“逻辑学”一词来源于希腊语，亚里士多德虽然创立了这门独立的科学，但他并没有用过这个词语，而是称之为“分析学”。逻辑学是一门关于思维的学问，确切一点是关于正确思维的形式和方法。它并不指导人必须思想什么，而是指导人应该如何思想，以便获得正确的结论。因此，这就使作为形式的逻辑学与科学分离开来。心理学也研究过人的思维，但其区别在于心理学研究的是思维的过程，而逻辑学是引导人如何正确地思维。

**概念**

人理智的思维是在概念中发生的，只有用正确的概念才能获得正确的思维，只有通过定义才能获得清晰的、有益于科学思想的概念。每一种定义都包含两个方面，一是必须把定义的对象列入一个门类，而种类的特征必须与被定义的对象的特征相一致；另一方面，还得指出对象与其他之间的差别。

概念的普遍性也有高低之分，人们可以从一个具有较高普遍性的概念出发，不断地找出其特殊性，从而过渡到狭义的概念，进而继续划分，直至不能划分为止。亚里士多德的概念理论特别重视的一点，就是由一般到特殊的自上而下的划分，或者由特殊到一般的自下而上的划分，并且都不能跨级，而应遵循渐进的原则。

**范畴**

范畴这一术语首次由亚里士多德采用，通过列举出概念，他从中得出了10个范畴，即：实体、数量、性质、关系、地点、姿态、状态、活动、遭受。后来，亚里士多德除去了其中几个。在这之中，前 4 个范畴最为重要，而实体又是重中之重。

**判断**

概念和判断是联系在一起的，在每一个判断中都有两个概念彼此相连。概念是主词，它是被陈述的对象。谓语也就是谓项，它是陈述主词的。

**推论**

判断和推论联系在一起，在亚里士多德的逻辑学中，推论占核心位置。在亚里士多德看来，思维发展到最后就是得出结论。结论就是从另一个判断中推导出新的判断，它是由前提和从前提中推导出的结论。

推论的核心问题就是三段论法，它由 3 部分构成：大前提——凡人都有死；小前提——苏格拉底是人；结论——因此苏格拉底也有死。

**论证**

推论最终又是与论证联系在一起的。论证是借助于不断地推论，从其他定理中推导出有说服力的定律。

**归纳法**

归纳法不是从一般理论中推导出特殊规律，而是从个别现象中得出一般规律。亚里士多德作为自然科学家，明白若想从一般推论出特殊，仅借助于论证永远都不可能获得充分的认识能力。在实践中，我们通常要走一条与之相反的道路，也就是首先进行个别观察，然后再对观察的结果进行对比和归纳，之后才能逐渐地得出一般结论。

亚里士多德非常清楚，想通过观察去掌握所有的个别现象，并利用归纳法证实一个定律，这是不可能的事情。因此，他试图寻找一条能够使归纳法获得更高确定性的道路，而这条道路就是：为了证明某个定律的正确性，他要考察在他之前究竟有多少学者曾经认为定律是正确的，同时还要考虑其权威性。当然，这种方法也有局限性，因为没有谁的观点是完美无缺的。归纳法作为一种科学研究方法，只对那些确信自己的感官经验的人才有价值。亚里士多德对观察事物的细节情有独钟，所以他极力为人的感官认识的确定性做辩护。他甚至说感官永远不会欺骗我们，感官是负责向大脑提供信息的。而错误的根源就在于，在思维过程中对这些信息进行了错误的分析和处理，而这也正好说明了正确的思维（即逻辑学）有多么重要。

### 3. 自然

#### 物理学

亚里士多德所理解的物理学，一部分实际上更多的是一种形而上学，一部分至少是一种理论物理学。他对普通物理学的基本概念做了研究：空间、时间、物质、原因、运动。他为宇宙及其组成部分描绘出了一幅图画。在亚里士多德的自然科学著作中，对其前辈思想家们的观点的陈述和批判占据了很大篇幅，而且亚里士多德在其中的处理方法也常常有失公允。不过，我们无论如何也要感谢亚里士多德做出的贡献，因为他的思想已经成为人类认识的重要组成部分。

我们在这里只想强调亚里士多德的一个基本思想，它对后来的自然科学研究产生了深远影响：通过对自然的观察，我们会发现一个令人惊奇的现象，即大自然都具有一种合目的性。从最大的到最小的，一切都是合乎目的地安排在一起的。由于一切有规律地出现的事物都不是偶然发生的，所以，对大自然中普遍的合目的性，我们可以做这样的解释：事物的真正原因寓于其最终原因或最终目的之内。我们将这样一种对自然的解释称为目的论。

**生物的阶梯王国**

亚里士多德是否写过关于植物的著作，对此我们不甚了解。不过有一点是可以肯定的，即他研究过植物学，而且不管怎么说，他也是（系统和比较）动物学的主要创始人。生物的特征就是具有自我活动的能力。如他在形而上学中所阐述的那样，运动发生的条件就在于运动的物体背后必然还存在一个使之运动的东西，所以，凡是自我运动的东西，它既包含运动的物体本身（被推动者），又包含使之运动的东西（推动者）。如果肉体是被推动者，那么灵魂就是推动者。肉体与灵魂的关系就如同物质与形式的关系，因为肉体是物质，而灵魂是形式。亚里士多德将这种使肉体运动并赋予其形式的灵魂，称为隐德来希（Entelechie）。

就像形式是物质的目的，灵魂也是肉体的目的，并且肉体也是灵魂的工具（希腊语 Organon）。器官（Organ）、有机体（Organimus）和有机的（Organisch）这样一些概念，便是由此而来的。

植物构成了有机物的最低等形式，其生命功能就是营养与繁殖。在动物身上，除此之外还表现为具备感觉和活动的能力，而人除了具备上述所有能力之外，还具有思维的能力。也就是说，存在 3 种形式的灵魂，一种是营养灵魂或植物灵魂，一种是感觉灵魂或动物灵魂，一种是思维灵魂或人的灵魂。若没有较低级的灵魂，较高级的灵魂就不可能存在。现代心理学中的人格划分的思想，在那时就已经产生了。

我们略过亚里士多德的动物学研究所得出的具体结论。一方面，那些结论有些是错误的，并且是不确切的。这当然是可以理解的，因为当时的观察方法非常落后，而且缺乏必要的工具。另一方面，那些结论中有些部分是全新的，而且观点也正确，比如他关于胚胎学方面的思想。总而言之，亚里士多德的思想是后来所有科学研究的基础——这样的功绩本身就足以能够使亚里士多德名垂青史了。

### 4. 形而上学

#### 特殊与一般

特殊的或者一般的，究竟哪个是真实的？柏拉图说只有一般的理念才是真实的，个别事物都只是理念的产物。关于这一点，亚里士多德并没有认同。在他看来，一般事物并不是一种理念的或超越现实的原型。当我们说到某种一般事物时，我们所指的基本上总是存在于时空中的个别事物，我们的所有判断都与此有关。

但是，亚里士多德并没有像中世纪的“唯名论”思想家一样，极力反对柏拉图，他们认为仅仅存在于我们头脑里的一般概念都是从个别事物中抽象出来的，一般概念只是人们用以规定个别对象的名称，因而只有个别的实体存在。与他们不同，亚里士多德在有些观念上还是与柏拉图一致的：一般来说，我们能够把握事物的本质的东西。当我们的头脑中形成“人”的概念时，我们所能感知到的只是人的某些相似的个别特征而非绝对相同的个别特征，面对那些眼花缭乱的个别现象，我们并没有一筹莫展，而是能够把握它们的一些共同点，即能够把握个别特征或个别现象的本质。

### 物质与形式

和柏拉图一样，亚里士多德也认识到有无数个“数”会消失，而作为一般概念的“数”却不受个别现象变化的影响而持久长存。如果我们想知道得更确切一些，就可以说这与个别现象无关，而只与必然的和恒定不变的东西有关。亚里士多德在形式中发现了这种恒定不变的东西。

形式，我们首先必须假定一种为形式所塑造的东西。这是一种尚未被塑造的和不确定的东西，形式借助于它而显现自身，亚里士多德称之为“物质”。物质本身并没有现实性，但它在形式的作用下，有了变为现实的可能性。从形式方面来说，由于它能够帮助物质变为现实，所以它不仅仅是物质的永恒的原型，同时还是物质的目的和能够使原始物质变为现实的力量。不过，对亚里士多德来说，物质也并非只有在形式的作用下才可以获得其现实性的被动的东西，因为亚里士多德教导说：物质会对形式的力量形成阻力。

亚里士多德在处理物质这一问题时充满了矛盾，这其中也隐藏着他的整个思想体系中的不明确性。

亚里士多德讨论物质与形式这一对概念经历了一个思想过程，它对整个西方哲学产生了深远的影响。这里所说的就是关于存在物的 4 个原因的理论，人们沿用了欧洲中世纪经院哲学所采用的拉丁术语，并称之为：1. 物质因；2. 形式因；3. 动力因；4. 目的因或终极因。

**神学**

形式与物质相结合就会产生运动，因为不仅形式的力量会对物质产生影响，而且就其本性而言，它还对至善满怀渴望。又由于形式和物质自始至终相互影响，因而运动是无止境的。但是，因为运动总是需要一个推动者和一个被推动者，所以推动必须首先被一个自身不动的推动者发起，而这只有非物质的纯粹形式才能做到。纯粹形式就是绝对完美之物，而绝对完美之物只能有一个。因此，亚里士多德主张有一个纯粹思维和纯粹精神的神存在，即上帝所想的只是至善和完美之物，并且由于上帝就是完美之物本身，因此上帝思想他自己。一位批评者就亚里士多德的上帝发表了自己的看法：“上帝是绝对完美的，因此上帝毫无所求，故而上帝也无所事事……上帝所能做的唯一的事情就是自我欣赏。亚里士多德的上帝多么可怜啊！他是一个 Roifaineant（无所事事的国王）——‘国王虽在其位，却不谋其政’。英国人如此喜欢亚里士多德，这也毫不奇怪，显而易见，亚里士多德的上帝与英国人的国王简直就像一对孪生兄弟。”

我们在此对亚里士多德的形而上学所作的概述已经简略得不能再简略了，这几乎也是不可避免的，因为亚里士多德的思想始终在发展，因此也在始终发生着变化。另一个困难在于，该如何翻译和解释亚里士多德所使用的希腊概念。譬如，希腊语中的Ousia通常被翻译成拉丁语中的Substanz（实体），尽管在希腊语中，这个词还有拉丁语中的Essentia（本质）之含义。在解释Metaphyi（形而上学）这个词时，我们同样遇到了困难，这里的Meta指的是（物理学）“之后”呢，还是指“超越”（物理学）呢。除此之外，亚里士多德有时还用这个词来指对存在的研究（用以区别对个别存在领域的研究），不过有时他又用这个词来指关于永恒存在物的知识——也就是关于神学的知识。这个概念至今仍然没有完全丧失它的多义性。

### 5. 人类学、伦理学和政治学

#### 人

就人的肉体功能和较低级的精神活动来说，人是属于动物一类的。但是，人又被赋予了较高级的使命，能够灵活地使用手和语言，并且能够直立行走和运用大脑，这就已经说明了上述论点。除了较低级的精神活动之外，人还有心灵（Nous）活动。

我们已经说过，亚里士多德非常相信人的感官知觉。可是人的各个不同的感官只能从不同的侧面感知事物的个别特征：眼睛可以感觉颜色，耳朵可以感觉声音等等。必须将各个感觉器官所提供的信息综合起来，才能形成事物的整体形象，这种能够统辖个别感官的特殊功能，我们或许可以称之为“理性”。亚里士多德认为，理性是位于人心中的。精神是不死的，它不会随着肉体的死亡而消失。但是，纯粹精神在人的生前和死后是如何存在的，并且它在人的肉体里又是如何与人的较低级的生理功能融合到一起的，对此，亚里士多德并没有给出明确的解释。

### 德行

亚里士多德和其他希腊人一样，都深信至善就是人的幸福之所在。对每个人来说，获得至善的途径就在于完善个人修养。由于人首先是理性动物，所以对他来说，至善就是对他的本性的完美培养，这也就在于人对自己的德行的培养。与人的双重本性相一致，亚里士多德也把人的德行划分为两种：在伦理德行中，理性统治着感官欲望；在理性德行中，理性本身能够自我上升和自我完善，后者比前者更为高级。

### 国家

人是社会政治动物（Zoonpiton）。为了维持和完善生命，人需要与他人协作。亚里士多德和柏拉图一样，都认为合乎道德的公民社会是以法律和美德为基础的，因而这也是道德真正的最高形式。政治学与应用伦理学并无二致，德行的考察只是伦理学的准备阶段和理论部分，国家理论则是伦理学的应用和实践部分。

亚里士多德既对现有的国家体制提出了批评，也对理想中的国家体制提出了批评。依照传统的方式，他把国家体制划分为一人统治的君主政体、少数人统治的贵族政体，以及多人统治的“共和”政体。这些形式相对于僭主政治、寡头政治和民主政治来说是一种进步。在这3种形式中，亚里士多德并不认为哪一种更具有绝对的优越性，而是明确指出，国家采用何种体制，必须根据相关的民族特性和时代的具体需要而定。这样通常便会产生一种较为健康的混合形式，也就是将贵族政治和民主政治中最为有益的因素混合在一起，从而形成一种以中间阶级为主体的国家体制。这样的国家体制避免了极端的形式，因而会变得较为牢固持久。亚里士多德并没有最后完成他关于理想国的理论，他在某些方面与柏拉图意见一致，他所能想象的理想国也只局限于一个希腊式的城市国家，根本没有考虑到其他可能的形式。显然，亚里士多德在这一点上并没有认识到他那个时代的特征，即庞大的帝国扩张欲，而是仍然一心向往希腊过去的国家形式，虽然他曾经极力支持马其顿国王。此外，对他来说，奴隶制是自然的制度，在这一点上，他的同乡的大部分也都和他意见一致。他对婚姻、国家和社会都给以很高的评价。他指出，柏拉图要求人们为了国家而牺牲婚姻和私有财产，这不仅在现实中行不通，而且错误地把由单个的人组成的国家看成一个统一体，而事实上，国家这个大集体是由利益各不相同的小集体组成的。

# 第五章　后希腊罗马哲学

亚历山大缔造的帝国瓦解之后，希腊文化依旧在中东地区延续着。希腊文化受到了东方民族的文化洗礼，发展成了当时社会中一种克服了各种民族特性的世界主义的人类文化。雅典的政治虽然被剥夺了，但它依然是当时的文化中心，尤其是在哲学领域。世界各地的人们为了学习哲学，纷纷前来瞻仰苏格拉底、柏拉图、亚里士多德曾经讲学的圣地。除了雅典，新的精神生活中心，即亚历山大里亚也繁荣了起来。

## 一、斯多葛派

### 1. 代表人物

“斯多葛”一词最早来源于一座雅典建筑“彩色柱廊”。芝诺生活于公元前340年至公元前260年之间，他在动荡不安的生活之后创建了斯多葛派。早期的斯多葛主义的另外两名著名代表人物是克雷安德和克吕西普，我们无法确定斯多葛派的主要思想来源于三人中的哪一个，因为对最早的斯多葛派的思想记载只有一些只言片语。

中期斯多葛派的代表人物是波塞冬尼奥，而比较出名的是中晚期的斯多葛派，其代表人物是罗马最多产、思想最丰富的作家卢西乌斯·安纽斯·塞涅卡。公元 65 年，他被皇帝判处死刑，但他通过自杀结束了自己的生命。皇帝马可·奥勒留也是这一派比较出名的人物，他在战场上的漫漫长夜中写下了《沉思录》，而这也成为理解斯多葛主义的绝佳入门书。

马可·奥勒留 12 岁就接触了斯多葛派，并且至死不渝地坚守着这一派的哲学思想。他不仅在个人生活方面，同时在政治方面时刻实践着斯多葛派的理论。他身上融合了斯多葛派那种勇敢、坚定不移和忠于职守的品格，这使他成了一位伟大的统治者。他鄙视奢华和舒适的生活，身着简朴，一生的大部分都在军营里度过。

## 2. 思想体系

斯多葛哲学的重要部分是伦理学，它直接继承了犬儒主义的苏格拉底哲学。但是，犬儒主义里极端偏激的思想在斯多葛这里相对柔和了许多。这种学说更容易被普通大众接受，并且这也为知识腾出了必要的空间。

斯多葛派的思想体系是逻辑学、物理学和伦理学，这种划分对其有着深远的影响。其中，伦理学是重点，逻辑学和物理学则是构成它的基础。

斯多葛派对亚里士多德所创造的逻辑学做了进一步发展，

他们将逻辑学划分为修辞学和辩证法，并以此得出：一切认识必须从对个别事物的感觉出发。因而可以说他们是经验主义者。

斯多葛派的物理学同样可以用几个词语来概括，首先，它是唯物主义的；其次，它是一元论的；再次，他们认为火是宇宙的原始物质，并认为宇宙存在一种严格的内在规律。他们将这种决定内在规律的东西称为逻各斯、奴斯、灵魂、必然性、天命或上帝。最后，他们认为神和宇宙是合二为一的。因此，这种学说也可以称为泛神论。

### 3. 斯多葛派的伦理学

人作为理性动物，重要的就是知道神圣的规律性并合乎规律地去生活。因此，斯多葛派的理念就是顺其自然地生活，认为人唯一的德行就在于此，幸福也在于此。

如此德行是唯一的善，相对应的，恶则是非理性的生活。至于人们高度关注的生命、健康、财富等，以及被厌恶的衰老、疾病、死亡等，对斯多葛派来说既不是善也不是恶，因此也就无关紧要了。所以，重要的是要能够分辨什么是善，什么是恶，什么是无关紧要的。

无论是在认识正确价值方面，还是在努力按照所认识的价值而行动的方面，我们都会受到激情的阻碍。这种激情会使我们丧失理性，让我们将那些无关紧要的恶的东西误认为是具有价值的东西，并追随它。所以，人应该不断地与这种激情做斗争，只有当激情被克服，灵魂摆脱了激情的束缚，德行的目的才能达到，才能恬淡寡欲。如果一个人能达到这种状态，那就一定是一位智者。因为他认识到了事物的必然规律，所以他是自由的、富足的，且是符合规则的和幸福的。

如此看来，斯多葛派其实与犬儒主义伦理学有一定的相近之处。但是，因为斯多葛派受到了罗马的影响，他们觉得有义务将智者与普通人的理想相互调和并一致。这种愿望也因此产生了两种影响，首先是原始的理论方面，即对一切外部事物都无动于衷；其次是对这种理论的进一步发展，认为某些事物是有价值的，另一些事物则是无足轻重的。

另一方面，犬儒主义的本质其实是自私自利的，他们只注重个人的独立和自由，对他人则漠不关心。与犬儒主义不同的是，斯多葛派不仅承认和赞扬智者之间的友谊，还提倡公正和仁爱，并且他们对这两点的认识是前无古人的。他们的这种要求针对的是所有人，也就是说奴隶和野蛮人也包括在内。

## 二、伊壁鸠鲁派

伊壁鸠鲁派的创始人是伊壁鸠鲁，他出生于公元前 341 年的萨默斯，父母是雅典人。伊壁鸠鲁 18 岁搬至雅典生活，之后去过小亚细亚，并受到德谟克利特哲学的影响，因此创建了伊壁鸠鲁派。

伊壁鸠鲁是一个无神论者，他发展了阿瑞斯提普斯的享乐主义。伊壁鸠鲁有纵情享乐之名，但他自己强烈反对这一称号。事实上，伊壁鸠鲁是一个远离群体的独居者，他的学派中的人也都尽量远离激烈的辩论，他们真正追求的是内心的平静。

伊壁鸠鲁虽然是一个无神论者，但他并没有直截了当地否定上帝的存在。在他看来，上帝是存在于宇宙中的，但上帝并不关心人类如何生活。因此，我们也并没有必要去关心诸如此类缥缈的东西。

伊壁鸠鲁继承了德谟克利特的原子论，其目的就在于克服人们内心对鬼神的恐惧，否则人们的心灵永远都会处于一种隐隐的压抑之中。伊壁鸠鲁借此使人得到完全的自由，并享受尘世的生活。

但是，伊壁鸠鲁并不是教导人们毫无节制地贪图享乐，虽然他认为人生活的目的就是追求幸福，并且这种幸福可以被定义为追求快乐、避免痛苦。但是，每一种过度的纵欲都会起到反噬的作用，伴随而来的是更大的痛苦。所以，幸福必须通过节制和理性的引导来获得。理性告诉我们，只有在轻松愉悦的生活中，在精神安宁自在的状态下，我们才能获得真正的幸福。这一点，伊壁鸠鲁派与斯多葛派并无二致。

伊壁鸠鲁还认为，实际的人生智慧比知识更重要。他将肉体上的快乐与精神上的快乐区分开来，因为肉体上的快乐是短暂的，精神上的快乐则可以通过回忆或展望未来获得。谁若是摆脱了对上帝和死亡的恐惧，谁就能获得内心的平静。因为死亡是超出人类的经验范围之外的事情，所以死亡对生命来说也就无关紧要了。

## 三、怀疑派

怀疑派认为人基本不可能获得真正的知识，历史上每一个时代都有这种持怀疑主义的人。怀疑主义在公元前最后一个世纪得到了广泛传播，甚至还发展成为一个独立的学派，这与时代背景有着密切的关系。除了在古希腊罗马时代后期产生的仅凭直觉就去评价事物的“文化厌倦”的情绪，另外在哲学内部也形成了早期与智者派相似的境况。当时产生了形形色色、观点各异的哲学派别，而且它们往往是以不加批判的方式创立起来的。在这种情况下，产生怀疑一切的精神是必然的。

人们将怀疑派划分为 3 个时期。早期怀疑派的创始人是埃利斯的皮浪；中期怀疑派也被称为学院怀疑派，因为柏拉图学园是这一时期他们的主要活动场所，主要代表人物是阿尔凯西劳和卡尔尼阿德；后期怀疑派的创始人是安纳西德姆，他大约生活于基督诞生的时期。另一位代表人物赛克斯图·恩皮里克的著作被最完整地保存了下来，他生活的时期要远远晚于前者，约在公元200年左右。

忒洛彭的理论具有古典时期怀疑主义的特征，人们往往将他的名字与这样一种观点联系起来，即认为真理是不可认识的。安奈西德姆斯就此列举了十个论据：

1. 动物的一般差异（不同种类的动物有不同的感觉）；

2. 人的差异（人的感觉因人而异）；

3. 感官构造的差异（同一个人的不同感官有不同的感觉）；

4. 主观状态的差异（同一个人和同一个感官在不同的心境和情绪下会产生不同的感觉）；

5. 事物由于位置、距离和环境的差异而显现出不同的形状；

6. 与其他事物的混合（一个事物在和不同事物的结合中具有不同的性质）；

7. 同样数量和结构的事物（在不同的媒介里）会产生不同的作用；

8. 一切现象和感觉的相对性；

9. 事物因显现次数的多少而受到不同程度的关注；

10. 教育、习惯、风俗、宗教和哲学观的差异。

此外，怀疑派的另一个特征是，大部分怀疑主义者并不把逻辑和认识论作为自己的研究目的，而是把他们关于一切事物的不可知性的认识以及由此产生的“放弃判断”的态度作为前提，目的是达到一种更为实用的理想，即愉快的和坚不可摧的心灵安宁。因此可以说，他们在伦理学方面与斯多葛派和伊壁鸠鲁派如出一辙。

## 四、折衷主义

### 1. 罗马的折衷主义

无论是斯多葛派、伊壁鸠鲁派，还是柏拉图学院派、怀疑主义，这些都不是由罗马人创立的，而是由希腊人创立的。所以，这些学派在罗马都属于外来派。因此，有教养的罗马人从一开始就喜欢不带任何偏见地审视这些学派，找到他们认为正确的，并综合各种思想体系，这就是折衷主义诞生的渊源。罗马人从来不把哲学思想作为目的本身，而是喜欢将其中的理论实践到生活中去，作为现实生活的正确行为的指南。依循这样一条道路，他们选择了那些适合于自己的东西，从而形成了新的思想体系。

罗马折衷主义的代表是马可·图留斯·西塞罗，他在希腊接受教育，是一位重要的演说家、政治家和作家。他的文章把拉丁文的文体风格发展到了极致，以一种绚丽的语言对较广泛的受过教育的公众阐述他的哲学观点，从老于世故的怀疑主义者的立场出发，将各种学派的思想融合到了一起。

哲学家的任务不仅仅在于独创某种思想体系，也在于将其传达给普通大众，并让他们把思想运用到实际生活中去。因此，我们不能忽视西塞罗的功绩。他的著作在上述几个方面都有显著的体现，我们甚至可以称之为“罗马文化的精神代表”。此外，他的功绩还在于将希腊的哲学术语翻译成了拉丁语。后来，这些拉丁语哲学术语又融入了西方的所有语言中。

### 2. 亚历山大里亚的折衷主义

亚历山大里亚是地中海区域的文化中心，那里有当时最好的图书馆，是自然科学书籍的保管所。罗马的折衷主义将希腊和罗马的思想相互融合，而在亚历山大里亚，他们的思想更多来源于东方，尤其是犹太教的思想。《旧约》被翻译成了希腊语，亚历山大里亚受过教育的犹太教徒，一方面对其传统的宗教信仰保持忠诚，另一方面对希腊文化保持开放的态度。

东方折衷主义的主要代表人物是亚历山大里亚的犹太人斐

洛。虽然其文字性无法与罗马的哲学家们相提并论，但其内容因为受到了宗教观念的洗礼，所以比后者更深一个层次。

对斐洛和其他希腊化犹太思想家来说，有一种内在的困难不容克服，一方面他们坚信真理唯有在《圣经》里才能得以传达，但另一方面，他们又无法否认希腊哲学家，特别是柏拉图、亚里士多德以及斯多葛派也发现了哲学真理。为此，他们为自己找出了一个论据，认为摩西的经书在古代就已经为希腊人所了解，而希腊哲学家们也是从中获取智慧的。除此之外，斐洛还发现了人类认识的第 3 个源泉，而且这也是最重要的一个源泉，即直接来自上帝的内心彻悟。

斐洛的上帝观念与《旧约》里的上帝观念相去甚远。于斐洛而言，上帝是摆脱了一切人的规定性，是一个不确定和无法认识的存在，他在遥不可及的远处主宰着一切。如果说上帝在创造万物时，与物质有接触，那这就与上帝的尊严相互矛盾了。上帝为了实现其意志，会利用与物质相对的特殊力量，即所谓的理念。我们会发现，斐洛这里继承的其实是柏拉图的思想，但理念的整体就是逻各斯，是主宰世界的理性。他在这里或许是继承了斯多葛派的思想，只不过是换了一种说法而已。逻各斯并不等同于上帝，它位于上帝之下，斐洛称其为“上帝之子”。逻各斯就是介于上帝和人之间的媒介，是人在上帝面前的代言人。显而易见，基督教的思想在这里已经预先形成了。

## 五、新柏拉图主义

古典时期的尾声，基督教哲学逐渐开始繁荣起来。在与基督教斗争的过程中，哲学思想又一次发展成为一个包罗万象的体系，在其中，过去的哲学思想不仅以折衷主义的方式，或多或少的被松散地联系在一起，而且按照统一的基本原则被系统地结合到了一起，而这一体系就是新柏拉图主义。

试图以希腊思想为基础来创建宗教哲学，这在新柏拉图主义中达到了登峰造极的地步。柏拉图的体系成为宗教世界观或通神学的构架，这种世界观以独立的精神吸取了其他理论，特别是逍遥学派和斯多葛学派思想中任何有点价值的东西。上帝被认为是万物的源泉和归宿，万物从他而来，又复归于他；他是起点、中点和终点。与神相交或与神合一，是人类努力追求的终极目标，宗教是宇宙的心脏搏动。

普罗提诺是这个学派的思想体系的真正创立者，他于公元205年出生于埃及，经过多年的学习和漫游后，普罗提诺来到罗马创办了一所学校。普罗提诺和其他新柏拉图主义者认为，他们并非一种新体系的创立者，他们只是柏拉图忠实的学生和注释者，他们的目的是将柏拉图被歪曲的思想体系和著作还原。但事实上，他们创立了一个自己的思想体系，虽然他们继承了柏拉图的思想，却与柏拉图的思想体系有着根本的区别。他们认为，世界万物是逐级地从“太一”那里流淌出来，并复归于“太一”。

“如果有一个次于它的实体，但它本身是不动的，那么这个次于它的实体的产生一定不需要‘太一’方面的任何倾向、意志和运动。这是怎样造成的呢？我们应当怎样来想这些围绕着‘太一’的常驻不变的本质的次等实体呢？我们应当把它想成一种从‘太一’发出来的辐射，从常驻不变的‘太一’里发出来，正如围绕太阳的太阳光永远不断地从太阳里产生出来，太阳的实体却毫无改变和运动一样。当万物继续存在的时候，也都必然凭他们自身的力量，从他们自身的本质中产生出一个实体在它们自身之外，并围绕着它们，附着在它们身上，产生出一个形象，就是产生它的原形的形象。火由自身发出热来，雪也并不总是把寒冷保留在自身之内。这种事实的最好证据是发出香气的东西。因为只要这些香的东西存在，便在周围发散出一种东西来，被站在附近的人闻到。一切事物在达到完备程度时，都会产生出别的东西，永远完满的东西则永远产生永恒的东西，不过被产生出来的东西要次于产生者。我们现在对那最完满的东西说些什么呢？从它而来的东西只是它以后最伟大的东西。它以后最伟大的次一等的东西就是心智。”

这一段历史学家关于普罗提诺学说核心的描述，已经清晰地表明了他的基本思想。此外，这种思想也与斐洛的学说相近，并受其影响很深。太一、元一、永恒者、至高无上者、善、超善或普罗提诺所称的上帝都超然于一切对立面和一切可理解性之上，这在普罗提诺那里比在斐洛那里表现得更为明显。如果上帝与物质直接接触，这不仅与上帝的尊严不相符，而且如果他渴望与物质接触或者果然那么做了，那这也是根本不可想象的事情，因为上帝是自我完成和独立自足的。也就是说，世界不可能通过上帝的意志力量被创造，那世界又是如何被创造的呢？“太一是充溢的，流溢出来的东西便形成了别的实体。”太阳辐射出热量，其实质并不会因此受损，世界万物也是这样从“太一”中流射出来的，就仿佛是“太一”的光芒和阴影。

这种流射是分阶段发生的。流射的第一个阶段是精神，这个过程不是按时间顺序进行的，而是按其级别进行的，整个过程是无时间性的。这个精神并不是上帝本身，而超然于上帝之上。这个精神与柏拉图意义上的理念极为相近。流射的第二个阶段是世界灵魂，即灵魂的世界。在灵魂世界与物质世界之间存在一个中间环节，叫个别灵魂。个别灵魂是离上帝最远的表现形式，因而也被认为是阴暗和丑陋的。

普罗提诺所描述的个别灵魂和世界灵魂的关系，与印度哲学里的梵我极为相似。他说全部世界灵魂显现于每个个别灵魂之中，仿佛每个个别灵魂都包含着整个宇宙。因此，灵魂首先会思考，然后创造了一切有生命的东西，并给它们注入了生命的气息，它创造了大地、海洋、空气和苍穹里的神圣天体，它是一种更高级的自然力量，它高于万物，高于它所赋予秩序和赋予生命并使其运动的任何事物。

普罗提诺那种与神融为一体的忘我的神秘主义思想，对希腊哲学来说是陌生的。相反，其本质与印度哲学的思想极为相似。但是，普罗提诺对印度哲学不可能有详尽的了解，根据他的学说记载，普罗提诺曾远征波斯，其目的就是想进一步认识波斯和印度哲学。虽然这次远征以失败告终，普罗提诺只能无功而返，但他的意图已经表明，他对那个精神世界有过耳闻，而且赋予了其很高的价值，以至于甘愿为了认识波斯和印度哲学而冒很大的风险。

这种神秘主义随处可见，它充满了对人的灵魂本质的和神的思想的追寻，在普罗提诺之前有印度人，之后有中世纪的基督教神秘主义者。

# 第六章　教父哲学时期

在公元2-5世纪早期，诞生了一种为基督教教义辩护的宗教唯心主义思想体系，它是护教者们依托《圣经》，并利用古希腊罗马哲学，尤其是柏拉图派、斯多葛派的思想体系建立起来的。这些护教者既写作又辩论，在制订和论证基督教教义方面做出了重要贡献，被称为“教会的父老”，简称“教父”，“教父哲学”因此得名。

## 一、基督教

### 1. 基督教的诞生和理念

希腊文化及思想发展的末期，一种顺应时代潮流的新宗教在犹太教里孕育而生，它就是基督教。由于犹太教不能抵制盛行于大罗马帝国的伦理、政治、社会、宗教和学术的影响，所以基督教的诞生是必然的结果。而诞生的因素有：世界帝国的存在，斯多葛派所宣扬的世界大同的精神，哲学家们所教诲的精神性的概念，希腊的神秘思想和东方宗教里关于不死的学说以及犹太人关于上帝的理想。这种种条件的叠加，唤起了宗教精神。所以，基督教在某种意义上说，是时代的产儿，是罗马文明的产儿。

基督教宣扬慈悲、公正和热爱子民的天父，以此来保证人类可以通过耶稣基督，即上帝的儿子来赎罪。它宣称这个世界没有任何一个人是卑下的，每一个人都能被救赎。首先，基督需要在人间、其次在天上重建天国，但无论在哪里，那都是一个正义和仁爱的王国。它宣称在审判日，所有形式的恶都会被放逐，内心纯净的人则会升往天国。这种将人从悲苦的生活中解脱出来，并通往幸福生活的道路，对一般人起到了极大的慰藉作用，满足了时代的需求。至于解脱的条件，不靠外部因素和具有偶然性的善，而是靠思想上的忏悔，爱上帝、爱人。基督教的创始人赋予了“人”字新的意义，让它变成一种精神上的正义理论。无论你做什么，都要依照爱戴和崇拜上帝的基础而非出于恐惧。在他看来，心地纯净比表面上遵守规定更为有益，内在的精神比外在的形式更有意义和价值。想要得到救赎，就只有一条路可以走，那就是摆脱邪恶的激情、嫉妒、愤怒、憎恨和报复，甚至还要原谅他人的恶。仁爱和宽恕是本质，人要爱邻如己。

基督教宣扬的是一种有神论，一种来世的生活。随着基督教信徒的逐渐增加，它不可忽视地繁荣起来，其背后的哲学概念也大放光彩。

## 2. 古典思想与基督教思想的不同

希腊哲学有各种不同形式的关于一个造物主的概念：赫拉

克利特的神性的火；亚里士多德的“第一推动者”；斯多葛派及其他思想家的泛神论等。对他们而言，上帝和万有是同一的。最后，还有普罗提诺的上帝观，即上帝是唯一真实的存在，其他一切存在物只是上帝的余晖，是出自上帝的流射物。

与这些不同的是，基督教认为上帝是造物主，上帝根据自己的意志造就了世界。上帝之外的万物都是被创造的。造物主与被造物之间有一条无法逾越的鸿沟。这种鸿沟在其他古老宗教中同样存在，它源于古犹太教。基督教的上帝并不是非人格化的上帝，而是一个完完全全人格化的上帝。人在祈祷中与上帝交流，因此基督教赋予个体的灵魂以无上崇高的尊严，而古希腊人对这个思想是陌生的。对古典哲学来说，灵魂是一种非个人的东西。因此，把灵魂和有机生命的概念紧紧相连，这对他们来说是很自然的事情。谈起灵魂，他们会想到世界灵魂，而个体灵魂仅仅是世界灵魂的一部分。

基督教的上帝是仁慈和拯救人类的上帝，这种思想对古典思想来说几乎是一种全新的存在。基督教认为人的本性是有罪的，并且是会死的，虽然很多人能通过自己战胜邪恶，但人不能自我拯救。古希腊哲学家们教导人如何寻找幸福，这是一种傲慢自大的尝试。只有通过上帝的恩赐，与上帝之手的结合，人才能获得拯救。

基督教从一开始就带有一种超越宗族的特征，它不分任何社会等级。基督教所关心的是那些生活困苦的普通人，而其第一批信徒也是来自社会底层的民众。基督教是一种自上而下的思想革命。

斯多葛派和伊壁鸠鲁派哲学家并没有想过脱离现世，去往另一个世界寻求人生的意义，他们的目的是尽可能地过好此生。对柏拉图和新柏拉图主义来说，基督教与他们的理念也相去甚远。基督教将人生的意义放到彼岸世界的上帝那里，把获得拯救作为人生的目的，而这必然会产生逃避现实生活的负面影响，这与印度人的宗教观念有所类似。

在基督教的宗教观念里，人和尘世当权者的关系是绝对的，人们应该臣服于它，因为这是上帝安排的，但是人的目的被置于这个世界的王国里。作为神性仁慈的、自由的行为，上帝化身为基督，这是一个非同寻常的历史事件，但这并不是一个永恒的象征性的神话。对基督教来说，不管尘世的生活多么快乐和充满诱惑，在上帝那里，这种尘世生活都是一次性的。而这也与许多希腊哲学家所述的那种永恒生成和毁灭，以及印度宗教里的灵魂转世全然不同。因此，基督教的思想对个体来说有着无可比拟的说服力，因为它具有绝对的普遍性，因为它涉及人类的救赎。

### 3. 基督教的内部危机和巩固

基督教在最初的几个世纪里形成了许多思想运动，这些运动对基督教的统一和继续存在构成了巨大的威胁。一方面，他们试图从基督教本身的思想中寻找源泉；另一方面，他们试图把基督教和非基督教的因素融合到一起。在这些思想运动中，诺斯替派是思想史上最为变化多端和最难把握的现象之一。

在诺斯替派的思想中，基督教信仰与各种不同来源的思想成分混合在了一起。在此期间，基督教信仰还未形成一个完整的体系，因此它还有一定的开放性。其中既有来自古代东方的宗教观念，主要是来自波斯、叙利亚和犹太地区，也有来自波塞冬尼的哲学思想，还有来自柏拉图和新柏拉图主义、毕达哥拉斯以及斯多葛派的思想。

诺斯替派思想家思考的中心问题就是辩神论问题，即为上帝的存在做辩护，并说明世界上恶的起源和意义，这个问题实际上也是宗教的基本问题。在基督教中，这个问题之所以特别重要，一方面是因为创世主的观念是他们从犹太教那里吸收来的，另一方面是因为他们把这个世界看作是充满不幸和罪恶的地方，只有通过基督才能获得拯救。

诺斯替派的上帝观念造就了他们关于人在世界上的位置及其拯救的特殊概念。人身上的罪恶并非他自己的过错，个人的灵魂只是一个战场。在那里，善与恶会无休止地斗争下去，个人的灵魂会因此丧失掉某些特殊的尊严，但是问题的关键并不在于人要经过一番斗争而重获新生，摆脱掉“旧的亚当”，成为一个改过自新的人；问题在于，人要通过自身观察，认识这充满了世界的善与恶的斗争。因此，在诺斯替派那里，认识逐渐上升到了信仰的高度。

摩尼教派与诺斯替派极为相似，甚至由于它断然拒绝犹太教的思想与基督教的思想结合到一起，因此被视为诺斯替派的异教流派。摩尼教派是由波斯人摩尼创立的，他于公元 215 年出生在波斯王室。

据摩尼遗留下来的微不足道的残篇和一些记载，他从波斯宗教那里吸收了一些观念，认为自古以来就有两个并存的世界，它由黑暗之父及其恶魔主宰。在他看来，耶稣就是从光明世界下凡世间的人类拯救者。

摩尼教的伦理学要求严格的禁欲主义，类似佛教的苦行主义。其信徒又区分为两类，一类是被选出来的“知者”，他们要严格遵守那些戒律；一类是纯粹的“听者”或崇拜者，对这些人的要求就没有那么严格了。

摩尼教教义与基督教教义的根本区别在于：摩尼教摒弃《旧约》，主张两个世界的二元说。而且，它关于人类获得拯救的思想也与基督教不同，在他们看来，拯救是可以靠自己来实现的。摩尼教主要在东方和北非传播，形成了一个独立的宗教派别，时而也对基督教构成威胁，为此基督教极力抵制它。摩尼教派的势力一直保持到中世纪。

在公元1世纪，面对一切外部反抗和内部威胁，罗马教会不断加强自己的对外实力和内部统一性。之所以能够做到这一点，首先得益于教会的两个基本支柱：等级森严的外在秩序和严格的内部戒律，借此来保护神圣不可侵犯的基督教真理，从而避免受异端邪说的威胁而误入歧途。

教会构成了一个独立的社会，在罗马帝国衰落和蛮族大举入侵的时期，教会几乎就是一个国中之国。它拥有自己的内部制度，自己的领导阶层，自己的法律，自己的原则。尤其是教会长老和主教被看作是由基督自己确立的使徒，他们是教会的领袖人物，身上闪耀着超自然的光环，拥有至高无上的决定权。基督教会与这一时期其他所有宗教团体的不同之处，就在于它的组织严密的教会制度，这使它与其他教派相比具有更为旺盛的生命力。

为维护教会的统一性，教父们做出了不懈的努力，其中取得最大成就者是伊里奈乌斯。他来自小亚细亚，后来成为加利安的主教。诺斯替派是他的主要攻击对象，而这也是他的著作《伪知识驳议》的主要内容。他对诺斯替派信徒提出批评，是因为他们妄自尊大地以为人能够通过“静观”认识上帝。在他看来，上帝是不可认识的，对于上帝我们知之甚少，仅有的认识也是通过“天启”得来的。

上帝通过良心的声音向异教徒显灵，通过法律和预言向犹太人显灵，通过基督向基督徒显灵，基督的思想表明了一种纯粹圣徒的传统。诺斯替派将造物主和救世主区分开来，在伊里奈乌斯看来，这是对上帝的亵渎，因而应该坚持予以驳斥。就如同他为了维护基督教思想的纯洁性而做的努力一样，他也全身心地致力于保持教会的一致性和罗马的统治地位，“整个教会，也就是世界各地的全部教民，必须凝聚到一起，因为他们的根源是共同的，教会必须保持一致，这是因为在传布各地教区中，来源于使徒的优秀传统必须保持下去。”

## 二、奥古斯丁

### 1. 奥古斯丁生平

奥古斯丁于公元 354 年生于北非的塔加斯特，父亲是异教徒，母亲是基督徒。奥古斯丁幼年时加入基督教，19 岁在修辞学校读书时成了摩尼教信徒。毕业后，他先后在迦太基城、罗马和米兰教书、演讲。奥古斯丁是一个生活放荡却有着极强的思维敏锐度和求知欲的人，他一度痴迷于柏拉图主义和怀疑派的著作。33 岁时，奥古斯丁放弃摩尼教，改从基督教，至此便放弃了以往放浪的生活方式，并抛弃了自己的未婚妻，过上了清心寡欲的修道士生活。公元 388 年，奥古斯丁返回故居，在省城希波教会执事，后升任主教。任职期间，奥古斯丁抱着极大的精力从事著述、讲经布道、组织修会、反驳异端异教等工作。公元430年，奥古斯丁与世长辞，终年76岁，被教会封为伟大的圣师。

奥古斯丁是早期基督教会最伟大的思想家，他的体系讨论了神学和哲学，两个当代最为重要的问题，并给人们阐述了基督教本身的世界观。这种世界观达到了教父思想的顶峰，被称为后世了解基督教哲学的指南。

### 2. 认识论

奥古斯丁认为最值得拥有的知识是关于上帝和自我的知识，这一观点是基督教时代精神的特征。而关于逻辑学、形而上学和伦理学，他仅仅给我们传达了关于上帝的知识。信仰的合理性就在于充分了解我们所坚信的东西，了解是为了信仰，信仰是为了可以了解。有的事情，我们如果不能了解，那就缺少了相信的根基；还有一些事情，我们必须先相信，然后再去了解。除去自然知识，上帝的启示是了解关于上帝的知识的源泉，需要通过智慧，以了解它所信仰的东西；我们需要通过信仰，来相信它所了解的东西。当信仰领悟了天启，理性才能试图去了解并解释它。虽然我们并不能了解我们所相信的一切，但是我们必须通过接受信仰来了解真理。而信仰就是上帝在人间的代表，即以教会的权威为标准。

我们的思维和存在是实在的东西，并且我们也知道永恒和不变的真理。因为我们的怀疑，所以证明了我们有意识真理的存在。我们称一个判断是真还是假，这个事实本身就说明了真理的世界是真实存在的。奥古斯丁和柏拉图对此都有着同样的理解，他们都认为真理确实存在，人类的思想会本能地去认识和追寻真理。有时候，奥古斯丁说我们因为直觉而产生出神圣的观念，有时候，他又说是因为上帝在我们心中根植了这种观念。但是，不论事实是哪一种情况，真理永远都是客观的，而不是人类精神世界里主观意识下的产物。真理是独立存在的，不论有没有人掌握到真理，它都是永恒存在的。真理世界的源泉是上帝，所以，柏拉图式的理念、形式、原型或本质以至对个别事物的观念，都位于神圣的精神中。

### 3. 神学

关于奥古斯丁神学，其中最激励人心的理念是关于新柏拉图主义中，上帝有其绝对性，并且还有庄严的思想，脱离了上帝的存在都无足轻重。上帝是永恒的、全能的、至高无上的存在，上帝有绝对的统一性、智慧和意志。他是绝对的精神，绝对的自由，而他的决定就和他的本性一样，不容更改。上帝绝对神圣，不可能与邪恶有任何关联，是至善的存在。他希望什么，就干什么，根本不需要存在物和逻各斯的帮助。上帝具有一切事物的形式和理念，所以他合理地创造了世界，每一个事物都因为上帝才有了形式。

上帝通过自己，将一切从无到有，而后创造了世界。而这个世界并不像柏拉图主义者所主张的那样，必然由上帝本身的存在演化而来，是因为他本身的存在超越了他的创造物的性质。他的创造是具有连续性的，否则世界必将支离破碎，世界对上帝也是绝对性的依赖。在上帝创造世界之前，并没有时间和空间的概念，所以我们不能说上帝是在时间和空间中创造的。上帝是在创造世界的同时，一起创造了时间和空间。上帝处于时间与空间之外。然而，上帝的创造并不是永恒的，万物有始有终，所有的创造物也是有限的，也是会变化和消失的。上帝还创造了物质，而物质不能早于形式，尽管其性质是先于形式的。也就是说，我们必须假设物质是形式的基础。上帝既然无所不能，那么所有你能想到的、想不到的东西都会因为上帝的创造而出现在宇宙中。奥古斯丁为了证明上帝无所不能，他不得不肯定上帝是万物因，而要证明这个观点，就必须将邪恶排除在外，抑或是将其化归乌有。创造体现出上帝的至善，出于无限的慈悲与爱，上帝创造了宇宙。但凡不用一种功利的角度去看，每一种存在物就都是有意义的。如果创造前就确定了一切事物，并且也都是绝对善的存在物，那么，上帝必然会让每一种事物都是最好的创造物，甚至于邪恶也具备某种好处。邪恶就像是一幅图画里的阴影，它属于整体，存在于美的范畴内。邪恶不是非黑即白，所以，邪恶的存在也具有其特殊性，其背后也必定有好的一面。邪恶是一种缺陷，是善所遗漏的东西。没有善，就没有邪恶，但没有邪恶，善依然存在。万物的存在，即说明它们都是好的。邪恶是善的匮乏，也就意味着缺乏自然应有的某种东西。道德邪恶并不有损于所创造的美，它是由人的意志而来。邪恶并不是正向的东西，所以意志也是如此。相比意志的邪恶，最坏的邪恶其实是缺乏神性，这背离了上帝或至善，自然不会长久。上帝原本可以从创造物中去掉邪恶，但是，他用邪恶为善服务。宇宙因邪恶的出现而光荣。譬如，上帝能预见人丢弃善而倾向于恶，他容许人这样做，却确定了相应的惩罚。奥古斯丁为了保持上帝的善和无所不能的性质，否定了真正的邪恶，或使它成为相对的，他把邪恶定义为善的匮乏，并且把犯罪的责任转移给人。

### 4. 心理学

人是物质世界里最好的创造物，是灵魂和肉体的结合。这种结合不是犯罪，而是自然而然。肉体不是灵魂的枷锁，也不是邪恶。灵魂只是单纯的精神实体，其本质和肉体完全不同；

它指导并形成了肉体，是肉体存在的基质，是肉体的生命。感觉是一种精神过程，而非物理过程。感官知觉、想象和释放感官的欲望是一种较为低级的灵魂的机能，而记忆、智慧和意志是比较高级的机能，它们是不依赖于肉体而存在的。而这些机能都是一个灵魂的机能，灵魂是一统一体、三位一体，是三位一体的上帝的影像。但凡灵魂有所变化时，都有意志的参与，也可以说除了意志，别无他物。

灵魂并不是上帝的流射物，每一个人都有属于自己的灵魂。至于灵魂如何产生，奥古斯丁并未给出结论。但当时关于灵魂如何产生这个问题，有两种主流的说法：一是上帝为每一个降生的婴儿都创造了一个灵魂，即所谓的灵魂议造说；另一种说法是灵魂就像肉体产生肉体一样，它们以同样的方式由双亲的灵魂所产生，即所谓的灵魂繁殖说。

站在时间的角度，灵魂有其开端，但它不死。奥古斯丁也通过借助柏拉图主义来证明了灵魂的不死。而且，虽然灵魂在存在的层面上来说不死，但它不是站在实现永恒幸福的角度上必然地不死。我们并不能证明灵魂因为神性而享受永恒的幸福，我们对永恒幸福充满希冀，这只不过是一种信仰行为。

### 5. 伦理学

人类能看见上帝，同上帝融合，这是人类最高的目的，也是宗教的理想。这种所谓的融合在匮乏的世界中并不能实现，我们只能把希望寄托于来生，即真实的生活中去。尘世的生活是一个参拜上帝的旅程，和永恒的幸福相比，这并不是生活，而是死亡。这种早期基督教的世界观是典型的悲观主义。而他们对来世，却又是一种轻快的乐观主义，也就是说，他们一方面轻蔑尘世，一方面又爱慕上帝。奥古斯丁试图用没有绝对邪恶的理论来调和上帝与魔鬼之间的二元论，并且想用同样的方式来弥合至善和世俗道德之间关于伦理的二元论。

人类通过爱与上帝相融合，德性最高的属性是爱，爱是所有其他德性的源泉。节制或克己来源于爱，即爱上帝，这与爱尘世对立。爱能产生刚毅的信念，所以我们也可以通过爱来克服痛苦和受难。正直也来源于爱，也就是敬奉上帝；智慧同理，即正确选择。爱上帝的基础，是爱自己和爱他人。所以，通过爱的激发和推动而产生的德性才是真正的德性，否则，都不过是“华丽的恶德”而已。

对上帝的爱来源于内心，是一种神圣的恩惠，这是在上帝的影响下引发的一种神秘的过程。信仰、希望和仁慈是道德转化的 3 个阶段，而爱是最高的。所以，只要爱得正确，信仰和希望无疑也是正确的。没有爱的加持，信仰就不会有所作为，就没有爱，也就没有希望。没有信仰，爱和希望都不会有。这种理念对比原始的基督教，对尘世生活有着更为积极的影响。

但是，自从教会扎根于罗马，变成一种国教的时候，其思想理念必然会跟着变化。因为这是对一群人的主流意识的一种辅助，其直接的结果是动摇于出世和入世之间。奥古斯丁有着中世纪道德学家的态度，他徘徊于苦行和世俗之间。例如，奥古斯丁承认财产权，他认为财产具有一定的非正义性，人人都有同等的财产权，财富是“可恶的掠夺”。他又认为，私人财产都是人灵魂上的障碍物，起不到推动思想发展的作用，清贫则相对比较有益。

奥古斯丁将二元论发展到了极致。他关于婚姻和独身的评价也是二元的，结婚是圣礼，独身则较为高尚。他的国家观念也暴露了二元论，他认为尘世的国家充满了自爱和轻蔑上帝的态度，上帝之城则以爱上帝和轻蔑自己为基础。尘世中的国家是以增进人类在尘世中的幸福感为目的的社团，正义占据了统治地位，但是其目的是相对的，而教会的目的是绝对的。所以，国家跟随教会，教会的权威不会出现偏差，它是上帝王国的显现。总之，奥古斯丁有双重的理想。至善或完善是超验的善，就算是基督徒，也仍然受到肉体欲望的支配，也不能在世俗生活中得到实现。奥古斯丁认为，只有修道院的生活才是基督徒的理想。这种伦理学说突出的特点是唯心主义，认为宇宙间最伟大的存在来源于精神而非物质，人类最伟大的东西同样如此，它不是肉体感觉上的本能体现，精神才是。

## 6. 意志自由

奥古斯丁反对裴拉鸠斯的意志论。亚当作为人类的代表，一开始就有犯罪或不犯罪的自由，上帝创造的亚当不仅是单纯的肉体，还给他加上了超自然的禀赋，即不死、神圣性、正直和超拔顽固欲望的自由。然而，亚当背离了上帝，以至于失去了他原有的神圣的禀赋。他作为第一个人，代表着全人类，把犯罪的本性以及相关的惩罚遗传给了后人，于是这种基因让人不能不犯罪，人们有了犯罪的自由，却没有解除罪恶的自由。亚当的犯罪开了犯罪的先例，而这种先例还具有遗传性。所以，其结果就是全人类天生就带有这种犯罪的自由，这是一种恶的体现。除非上帝仁慈，会给人类额外施予恩惠，否则人类将永远无法解除其应得的惩罚。只有上帝才能拯救堕落的人，而上帝并不因为别人做的善事就决定予以恩惠，因为有罪的人不可能做出善事。“人类意志不是因行动自由而蒙受恩惠，毋宁是因恩惠而取得自由。”也就是说，上帝让人类的灵魂发生了变化，使人类具有像亚当一样对善的喜爱。认识和向往至善或上帝，能让人恢复做善事的能力，从而走上积极的生活道路。换句话说，这种自由的能力是让人类从肉体的禁锢中解放出来。自由的意思是爱善，只有善良的意愿是自由的。

这种学说背后的理念就是一个人应该拥有善的理念，知道它、喜爱它并追随它，否则便会无法挽救。有些人有善良的意愿，还有一些人没有这种概念。奥古斯丁就是要对上述问题进行解释，他认为那是上帝自由赐予的。

上帝为什么会让有的人享受幸福，让有的人永远受罚，这其中的道理是无法捕捉到的。而这种做法并不公道，因为人已经丧失了本来可以要求得救的权利。那么，预定论和命定论由此可以说是不同一的吗？而上帝的抉择又是纯粹随意的吗？预定是上帝一个永恒的决定，无法改变，通过恩赐让某些人享受永恒的生活。预定含有关于选择的先见之明，但这和人的自由没有任何关系。奥古斯丁认为，人本来是有选择永恒生活的自由和权利，然而人并没有做出选择。上帝则认为这种没有做出选择的行为就是不会选择，所以上帝出手，替人做出了选择，而这又是奥古斯丁关于上帝有绝对权力思想的一个例证。他对上帝抱有崇高的态度，上帝在他的认知范围内是无限自由的，并且可以随心所欲地对待人类。自古以来，上帝就确定了每一个人的命运。亚当原本有机会选择，并使用自己的神性，但他滥用了，并且上帝也知道他会滥用。没有人强迫亚当做坏事，如果亚当不是上帝的选民，他就无权抱怨。但如果他真爱上帝，有神圣的意志，他就能赎罪。

上帝通过选择，将得救的人组成上帝之城，将他想要毁灭的人组成尘世之城，也就是罪恶的王国。人类的历史表现出两种王国的斗争，其最后一个阶段是基督创始的时期，这里的基督教起到媒介作用。上帝通过基督施恩于尘世，上帝的王国则借由基督教形成一个完善的王国。所以，基督教教会是尘世间的上帝之城。虽说不是谁都能在教会里得到救赎，但在教会外没有任何一个人可以得救。所以，教会是尘世唯一能通过救赎而看到上帝之城的地方。善恶力量之间的斗争最终都会以正义取得胜利而告终，紧接着就是大安息日，这时，上帝之城里的所有成员便能获得永恒的幸福，罪恶的人及其子孙便堕入地狱，忍受永恒的惩罚。

# 第七章 经院哲学时期

经院哲学始于欧洲的西方和北方，卡尔大帝统治期间。这时，西方世界已经从“黑暗时代”的昏睡中逐渐苏醒过来，走向了光明的时代。从这一时刻起，中世纪文化的生命线就此蔓延开来。虽说这一时期的帝国只存在了较短的时间，但整个欧洲在精神上实现了真正的统一。这个时期的哲学通过寺院僧侣的说教和传授逐渐扩大，其宗旨是服务于宗教。

## 一、早期经院哲学

### 1. 历史背景

经院哲学就是学院理论，和教父哲学一样，也是一种“无条件”的研究，其目的在于将通过信仰所证实的真理整合，让其变得更为通俗易懂。而在整个经院哲学时期，哲学始终是神学的仆人，如果说教父哲学与经院哲学在这一点上相同，那么中世纪的整个基督教哲学其实都属于经院哲学。

教父哲学家通过《圣经》找到了信仰，他们将耶稣及其使徒看作真正的传道者，而其任务就是建立一套完整的世界观和教义体系。经院哲学家则有一个已经完成的教义体系，所以他们的任务是将这个体系变得更有条理性，并通过他们的整理让这一体系通俗易懂，起到教育普通民众的作用，这对这一时期的基督教在中欧和北欧的传布显得尤其重要。

相比教父哲学家，经院哲学家有着更为艰巨的任务。随着时间的推移，中世纪的人们对古典哲学的认识越来越全面，而在经院哲学最初，这种认识还是有限的。在经院哲学初期，人们才刚刚开始了解亚里士多德，到了中期，亚里士多德的影响才达到了顶峰。而经院哲学在这其中所起到的作用，就是整理现有的真理，然后借助合乎理性的思想去建立一种哲学，并试图去解释真理。他们这么做，是希望人们在认识真理的时候有更高的洞见性，从而使人的内心更贴近真理。并且，他们希望利用哲学方法将真理纳入一个有条理且系统的框架之中。

### 2. 共相之争

中世纪早期，普罗提诺的弟子波菲利写过一部关于亚里士多德逻辑学的书，其前言部分说道："对于'神'和'属'的问题，我们先不谈。也不谈它们是否都独立存在，是否都居于我们单纯的理智之中，如果存在，它又是以哪种形成而存在？是有形的还是无形的？以及它们究竟是应该与感性事物分开，还是应该居于感性事物之中，与感性事物一致。这些问题都属于最高级的问题，需要下工夫去研究。”通过这段引述，我们会发现其中讨论的依然是一个古老的问题，这一问题也曾存在于亚里士多德与柏拉图之间，即关于一般或“共相”的，所以也被称为“共相之争”。这一争论贯穿了整个世纪，并且从未停止。而在早期的经院哲学中，这个问题同样突出，它是哲学讨论的主要问题。经过一段时间的沉淀和间歇，后期的经院哲学又一次将这个话题引了出来。

这个争论有对立的两种观点。一种认为，一般比个别事物具有更高的实在性，所以这个思想体系被称为唯实论；另一种观点认为只有个别事物才是真实存在的，对他们来说，一般的概念不是真实存在的，它只是一个存在于我们理智当中的名词而已，所以这一思想被称为唯名论。关于亚里士多德的立场是不明确的，而在这场关于共相的争论中，所有人都无法在亚里士多德那里找到可靠的根据。

总体来说，唯实论更加倾向于柏拉图和新柏拉图主义，唯名论则更加推崇亚里士多德，而后期的经院哲学将这一倾向发挥得更为明显。

### 3. 厄留根纳

约翰内斯·司各脱·厄留根纳出生于爱尔兰，后前往巴黎，在宫廷学校讲学。厄留根纳被称为经院哲学之父，也有人称他为“经院哲学上的卡尔大帝”。之所以如此称呼厄留根纳，是因为他建造了一座思想大厦，这和卡尔大帝缔造了一个君主制的等级森严的帝国如出一辙。厄留根纳为经院哲学后来的发展奠定了基础。

厄留根纳首先提出了经院哲学的基本定理，即真正的宗教就是真正的哲学。并且每一种出于对宗教的怀疑都应当通过哲学来加以驳斥。

就共相问题而言，厄留根纳是一个唯实论者，因此他也信奉柏拉图主义就是经院哲学的试金石。后来，厄留根纳遭到了教会的抵制，但并不是因为上述观点，而是因为其他两种较为特别的观点。其一是，厄留根纳给人的理性以过高的地位，同时代的人称这种观点为异端，他们认为这是对神的不敬；其二是，厄留根纳过分执着于新柏拉图主义。并且，厄留根纳未经教皇允许私自翻译了新柏拉图主义者狄奥尼修斯·阿里奥帕基塔的著作。

厄留根纳认为世界的历史是一个循环，万物都源自上帝，并复归于上帝。这也恰巧证明了他是一个新柏拉图主义者。厄留根纳称上帝是“创造的而非被创造的自然”。“被创造的适的自然”都出自上帝，神的思想、原始观念和一般概念（即柏拉图的理念）也都同样来自上帝，“被创造的而不进行创造活动的自然”（即特殊事物）则是来自上帝的理念。最终，万作为“既不被创造也不创造的自然”复归于上帝。因此，新柏拉图主义的上帝观念就正是厄留根纳的上帝观念。和狄奥尼修斯·阿里奥帕基塔一样，厄留根纳也将肯定的神学和否定的神学区分开来，其中，否定的神学认为上帝是不可认识的，上帝超越一切对象之上。

#### 4. 安瑟尔谟

安瑟尔谟于1033年出生在意大利北部奥斯塔的一个贵族家庭，他的青年时光是在法国的一个修道院里度过的。后来，他又在英国生活了20年，并成为坎特伯雷的大主教。

和厄留根纳相同，安瑟尔谟也认为，哲学中的理性和天启中的信仰是相互紧密联系的。教会却不以为然，并提出异议。关于信仰和理性的关系，安瑟尔谟认为理性必须服从信仰。信仰先行于理性，两者之间是前后承接的关系，这一观点充分代表了经院哲学家们的立场。安瑟尔谟并非贬低理性，恰好相反，他是打算用理性来证明上帝的存在是一个不争的事实。安瑟尔谟著名的“本体论证明”说的就是：“如果有一种只存在于心中的不可设想的无比伟大的东西，那么所有的不可设想和可设想的无比伟大的东西，在这里就是相同的。然而，这又是不可能的东西。因此，某一个不可设想的无与伦比的伟大的东西，不仅存在于心中，同时也存在于现实中。”由此就可以证明，上帝不只存在于人们的心中，他也存在于现实之中。这种假设其实是有一定的矛盾的，所以结论也有可能是错误的。安瑟尔谟运用了“本体论方法”，其本质就是通过事物的概念去推导它的真实存在性，也就是从设想中推导出上帝存在的确定性。安瑟尔谟的这一推论在他活着的时候就遭遇了一个名叫高尼罗僧侣的强烈抨击，他认为如果按照安瑟尔谟的逻辑，那人们同样能推导出亚特兰蒂斯是真实存在的了。

通过安瑟尔谟的思想轨迹，我们可以看出他是一个真正的唯实论者，在他那里，观念具有特别的意义。因此，安瑟尔谟遭到了同时代其他人的攻击，其中最有名的就是唯名论的代表人物洛色林。

### 5. 唯名论：洛色林

早期经院哲学的代表人物——唯名论者约翰内斯・洛色林认为，只有个别事物才具有客观实在性。一般概念其实都是通过人的想象而产生的名词和称谓，它们只不过是人在总结了个别事物类似的特征之后得出来的概念。其中并不存在作为共相的“白色”，而只有具体的白色物品；不存在作为共相的“人类”，而只有具体的个人，依此类推。

洛色林的这种思想本身并不会与教会发生冲突，因为当时也有很多唯名论的基督教徒。洛色林与教会发生冲突的主要原因其实在于，他将唯名论的基本原则运用到了基督教会“三位一体”的教义上去了，他说：“三位一体”只是人通过头脑想象出来的一种概念，并且圣父、圣子、圣灵只能是三个个别实体，不可能是一个实体。因此，“三位一体”的上帝是不存在的，应该是有 3 个神。这种解释极大地破坏了基督教教义的权威性，因此，他的思想被基督教会认为是异端邪说，他们要求洛色林收回自己的言论。洛色林的失败，让唯名论在此后的很长时间里不可能再被公开宣扬。

## 二、经院哲学的鼎盛时期

### 1. 阿拉伯哲学

阿拉伯哲学的发展轨迹与经院哲学有些相似，它们都经历了两个发展时期：第一个时期，阿拉伯哲学主要吸收了柏拉图和新柏拉图主义思想；第二个时期，因为亚里士多德的哲学日益为人所了解，并越来越具有权威性，所以阿拉伯哲学也吸收了亚里士多德的思想。

阿拉伯哲学初期有两位思想家，一个是在巴格达教书的阿尔金荻，一个是阿尔法拉比，活动于巴格达、阿泊和大马士革。两人出现在同一个时代，并且都赫赫有名。阿尔金荻的遗作少之又少，但是他的新柏拉图主义的基本立场是很明显的。阿尔法拉比的思想也同样带有新柏拉图主义的特征，但是，他将这种观念与亚里士多德那种客观并且极具逻辑性的思想结合在了一起。

不同于两位新柏拉图主义者，在阿拉伯哲学与基督教经院哲学的接触方面，有两位更为重要的人物，他们是亚里士多德主义者。其中一位是阿维森纳，他是一个医生和自然科学家，于 980 年出生在突厥斯坦的布哈拉，死于 1037 年，被认为是阿拉伯东方最伟大的哲学家。阿维森纳十分钟爱亚里士多德的著作，在对待上帝与物质之间的关系上，他显示出鲜明的亚里士多德主义的本质。新柏拉图主义者认为万物都是出自上帝的“流射物”，阿维森纳则认为物质和上帝都是永恒存在的，上帝自身是不动的推动者，且物质的形式都来源于上帝。

阿拉伯经院哲学与基督教经院哲学还有一个共同点，就是西方世界里一直在争论的共相问题，但是在解决这个问题上，东方的阿维森纳比西方的阿伯拉尔早。阿维森纳也主张共相有 3 种存在方式：在真主的理性中，共相先于个别事物而存在；作为个别事物的本质，共相存在于个别事物之内；在人的头脑中，共相作为概念存在于个别事物之后。

如果说阿维森纳是东方阿拉伯哲学之父，那么阿威罗伊就是西方的阿拉伯哲学之王，他的出现极大地影响了欧洲哲学。

于他而言，亚里士多德是一位真正意义上的哲学家，他的著作里都极度推崇亚里士多德，并对其著作进行了详细的注解。

关于自然的形成，亚里士多德说过，原始基质并不具有现实性，只具有可能性，当它被赋予了形式，才有了现实性。对此，阿威罗伊解释说："形式并不能直接从物质的外部进入，而原始的基质都包含着一种潜在的形式。所以，物质既不能被创造，也不会被毁灭，是一种永恒的存在。而上帝的存在，并不是创造了世界，而是使这种潜在的形式现实化。"阿威罗伊的这种观点显然与基督教、伊斯兰教和犹太教的观点背道而驰，他们都相信有一个万能的神创造了世界。

阿威罗伊与伊斯兰教教义的矛盾不仅仅体现在上述一点，还否认了个体灵魂的不朽性，认为只有超个体的精神是不朽的，因此苏格拉底和柏拉图并不是不朽的，但是他们的哲学是不朽的。阿威罗伊的这种观点，能够教导人们学会善待自己，享受人生。在阿威罗伊看来，这比起教导人们为了期待来世的报偿或规避惩罚而约束自己的行为更合乎道德。穆罕默德就曾不厌其烦地用丰富的想象力和生动的形式为人们描述一个彼岸世界，那里既有地狱般的惩罚，也有天堂般的欢乐。

阿威罗伊认为，关于宗教和哲学的关系，哲学家所认识到的东西是最纯粹的真理，宗教则是用一种形象的方式把真理表达了出来。所以，宗教可以让人简单清晰地明白真理。

因此，阿威罗伊的哲学受到了伊斯兰教的强烈抨击和激烈抵制。虽说这并没有对他们的哲学产生严重的影响，但是对阿威罗伊学说的审判以及对其本人的流放，标志着阿拉伯哲学鼎盛时期的结束。

### 2. 经院哲学和亚里士多德

亚里士多德之所以受欢迎，是因为思想家们可以利用亚里士多德来巩固经院哲学的思想体系。虽说研究亚里士多德哲学延长了经院哲学的寿命，但这没有使那时期的哲学思想发生很大的变化。

经院哲学家的主要目的就是调和宗教与哲学，而亚里士多德有一套完整的思想体系，这是希腊智慧发展的最高产物。所以，亚里士多德的哲学是一个用来结合的再适合不过的伴侣。这个体系包括了人类的各个知识体系，并具有确定的结论，且用了清晰明确的语言进行表达。同其他思想家一样，经院哲学家们也认为这是一部成熟的充满理性的作品，它满足了经院哲学对辩论术的要求，是指出、赞同和反对每一个重要命题的理由。

亚里士多德学说的内容有许多符合经院哲学的观点，如果发生分歧，经院哲学家就会通过改变其中的一些观点来进行解释。亚里士多德认为有一个纯粹精神的上帝存在，他和宇宙不同，且高于宇宙，但他又是宇宙最初和最终的原因所在，这种神论和二元论思想加强了基督教的观点。亚里士多德还提出了一个彻底的目的论的自然观，这一思想大受欢迎，尤其是对刚刚开始注重研究自然的时代来说，特别有吸引力。亚里士多德的哲学使人类的知识领域变成一个有条理的体系，就像是使由启示而来的知识变成有条理的教义体系一样完善。如此，“知识界的巨擘”很快就变成“自然事物”方面最伟大的权威。因此，经院哲学利用他来维护基督教的世界观是顺理成章的。

亚里士多德的思想体系在很多方面与基督教哲学有很大的分歧，这种分歧在经院哲学史的进程中是很明显的。亚里士多德认为宇宙具有永恒性，基督教则认为是从无变成有的；亚里士多德认为个人的灵魂不是永恒的，基督教却相反；亚里士多德的伦理学属于自然主义,基督教的伦理学则是超自然主义的。但是，只要两者之间出现分歧，经院哲学家们就会对其进行融合、修补和补充，以适应其需要。所以，经院哲学在这一方面有着显著的成就。

### 3. 犹太哲学

中世纪的犹太哲学与基督教哲学和阿拉伯哲学是同时发展且并行的。犹太哲学同样经历了两个时期，第一个时期，其主流思想来源于新柏拉图主义；第二个时期，则是亚里士多德主义占据主流。

第一时期产生了一部神秘的著作《喀巴拉》，其中包含了9至12世纪里犹太教的神秘主义思想。在犹太哲学中，有一位重要的亚里士多德主义者迈蒙尼德，他于1135年出生在西班牙的科尔多瓦，1204年死于埃及的开罗。迈蒙尼德的主要著作是《迷途指津》，最初是用阿拉伯语写成的，后来被翻译成希伯来语和拉丁语。与阿威罗伊一样，迈蒙尼德也是一个深受亚里士多德影响的人。他认为除了先知，没有人能比得上亚里士多德，也没有人能像亚里士多德那样接近真理。但是，在坚持不懈地贯彻亚里士多德的思想的过程中，迈蒙尼德其实并没有像阿威罗伊走得那么远，他还是承认主的存在的。所以，就这一点可以看出，迈蒙尼德并不是很想与那些严格的教会人员发生冲突。

关于信仰与理性认识的关系，迈蒙尼德相信两者是一致的。如果理性和经典之间发生了矛盾，他首先会站在理性的角度，将其摆在优先的位置，然后通过努力解释使两者达成一致。

## 三、托马斯 · 阿奎那

### 1. 托马斯 · 阿奎那简介

托马斯于1225年生于那不勒斯附近古老的城堡，是阿奎那的郎多耳福伯爵的儿子。5 岁时受教于蒙特卡西诺修道院的本尼迪克特教派僧侣。托马斯年轻时，曾不顾父亲的反对加入了多米尼克教团，进而在巴黎和科隆进行研究。学习期满以后，他又在科隆、巴黎、波伦亚、罗马和那不勒斯教授神学和哲学。托马斯一生致力于研究神学与哲学，以及建立一个前所未有的天主教思想体系。他死于 1274 年，同时代的人称他为“天使博士”。

托马斯对许多著作做了注释，其中有亚里士多德的著作；还写了许多哲学和神学论文。他的主要著作有《神学大全》《反异教大全》《论基本政体》（一部分是他的）等。

### 2. 哲学和神学

托马斯思想体系的根本目的在于论证宇宙的合理性为上帝的启示，其纲要与奥古斯丁的形而上学相似。托马斯将教会遗产的学说作为指导原则，但是方法秉承了亚里士多德，自始至终运用亚里士多德的概念，且出现纯粹的推动作用、形式和物质、现实性和潜在性、四种原因以及其他亚里士多德派的解释原则。与此同时，托马斯并不想削弱教义的确定性和原有体系，并且亚里士多德的自然主义也没有妨碍到基督教中的超自然主义，所以对圣托马斯严格的正统性无可非议。

托马斯认为哲学的根本是由事实到上帝，神学则反之，是由上帝到事实。托马斯对理性和信仰的区分，认为像三位一体、化身、原罪、世界在时间中创立的教义并不能用理性来证明，因为这些词汇并不是哲学的对象，而是信仰，是神启的真理。虽然超越理性，但不违反理性。我们虽然无法证明和反对教义，但我们能提出异议。譬如，我们无法证明世界在时间中创建，因为这属于启示的问题，是神学的范畴。但是，只有相信了这些教义，人们才能够理解其中的合理性。如果有人试图通过理论去证明宗教的神秘性，这本身就是在破坏信仰。只相信能够向理性证明的东西，并没有好处。信仰与意志相关，意志命今人接受信仰，而托马斯将这种关系解释成内在的本能，又或者是来自外界，导源于奇迹。

巴黎大学正式承认神学和哲学的区分，宣告“任何哲学教师不能考虑明确属于神学性质的问题。”自此以后，基督教、天主教等都履行了这一项原则。而托马斯对哲学和神学的区分做出了巨大的贡献，这也说明哲学终于将神学排除在外，成了一门独立的学科。而后，托马斯的追随者秉承这一理念，进一步使唯理或自然的神学不受理性的裁判，把一切有关上帝的问题交给信仰。

### 3. 认识论

托马斯在认识论方面，大多遵循亚里士多德的理念，从这里可以理解他对这问题的态度的一部分。托马斯认为概念的知识才是真正的知识，但是，概念是由感觉和知觉触发的，所有智慧能把握的东西都出于感觉。而灵魂具有不同的能力，比如感觉能力、能动智慧的能力以及潜在智慧的能力。通过这些能力，灵魂才能发挥其作用，因为相似者被融合于相似之中。通过感觉并接受事物的摹本，潜在智慧全然脱离肉体，也可以说是超有机体的。潜在智慧想接受并认识可感觉的摹本，摹本就必须摆脱其中的任何物质。能动智慧的作用就在于它从所感觉的摹本中找出了符合智慧性质的因素，并将可感觉的摹本变成一种容易理解的理智的摹本。因为灵魂只能融合与其性质符合的东西。所以，这种被理智所认识的摹本并不占有时间和空间，并不是带有偶然性的个别事物的摹本，而是含有本质的属性。潜在的智慧通过这种认知来把握关于事物的一般概念。如果没有感觉，人心就不能有所认知；如果没有将感觉作为契机而形成概念的自然倾向，那么它就不能有所认知。托马斯在这里阐述了感觉阶段和概念阶段，从个别和一般的两个方面。并且，托马斯还强调人类思维的活动具有自发性，人心事先就有某种活动方式的倾向，也就是所谓的思维。知识存在于人的心中，当某种因素激起了人心的活动时，这种知识也就变得明显起来。

灵魂接受外在因素，然后人通过接受这种知识原料，将其加工成概念的知识。因此，真正的知识或科学都是以感官知觉和经验作为基础的。而人类只能认识有经验的东西，然后科学家将这种知识进行整理，并将经验世界作为解释的出发点，由分析经验找出原理和事物的本质，关于这种存在的科学是形而上学、我们从个别对象中抽出他们共同的性质，或者用一般概念来思维。因此，只有在一般概念成为可能时，只在有了具有共同性质的个别事物时，才有科学。精灵的东西自成一种，我们没有关于这种东西的一般的概念，没有关于这种东西的真正的知识。

### 4. 形而上学

如果科学将一般概念作为对象，那么所谓的一般概念就必须是真实存在的，否则就不会出现真理。但是，按照一般概念脱离个别对象而存在的意义来说，这又并不存在。一般概念就像是众多中之一，作为事物的本质，或者是托马斯所述的事物的实质和本性，存在于个别对象之中。托马斯与亚里士多德有着同样的观念，他们都认为观念或形式或一般概念只存在于上帝的心中，并且这也是从人心上的事物中抽象出来的。形式或一般概念是形而上学中最基本也是最重要的解释原则。但是，仅有形式或一般概念还不能充分解释自然世界。所以，托马斯由此引进了一个第二原则，即物质。他认为世界是由物质和形式两者组成的，而所有存在物的性质和实体都由形式与物质组成。所谓实体，托马斯指的是事物通过其性质在现实世界里的体现，是一种可观测的东西。借助于这两种原则，托马斯不仅企图说明自然中的秩序和目的性，并且解释了个别对象的存在或事物的多样性。有的人认为个别对象的存在取决于形式，形式是个体化的原则，托马斯则认为物质是个体化的原则。同一种类里之所以会出现多样性，是因为他们的组织不同。

除去物质中含有的形式（固有的或物质的形式）以外，还有独立存在的形式，这不需要物质而成为实在的（持续存在的形式）。这当中有纯粹精神的存在物或天使和人类灵魂。他们的实体或性质，即他们所借以形成者，不是物质和形式，而是单纯的形式。他们使自己个体化，因自身而有个体性。

### 5. 神学

于托马斯而言，上帝的存在是可以通过理性来证明的，不过他对坎特伯雷的安瑟尔谟的本体论而推导出来的上帝的存在，是抱着怀疑态度的，因为安瑟尔谟想从上帝的概念本身推导出上帝的存在。托马斯认为，“上帝存在”这句话并非不证自明的真理，它必须首先被证明。托马斯证明上帝的存在，是以亚里士多德、奥古斯丁和阿拉伯哲学家所用的许多论证来解释的。为此，托马斯试图用一种中间态，即介于人格化的上帝观念和新柏拉图主义的上帝观念之间的道路。

人类关于上帝的认识有 3 个特征：第一，这是一种间接的认识，也就是通过上帝对自然界的影响来认识的；第二，它是通过类推的方式，依据造物和被造物之间的关系推论出上帝的存在；第三，这是一种整合的认识，但是人类只能从不同的方向和角度来认识上帝，所以我们永远只能看到上帝的一面。所以，这种认识是残缺的、不完善的。但它毕竟是一种认识，它会教导我们把上帝看成一种以自身为原因的完美存在。

上帝不仅创造了世界，并且万物也都因上帝而存在。上帝的创造是不断的创造，他选择了这个世界，把它看成一切可能的世界中最好的世界。他的意志以善为基础，以善为目的，他只能希望最好的东西。他创造的目的是通过各种方式来显示自己，从而创造了各种等级的东西。

### 6. 心理学

于托马斯而言，人的灵魂是值得深入研究和思考的对象，他的许多著作里都讨论过人的感情、记忆、个体心灵的能力和它们之间的关系，以及人的认识。而这些认识的理论基础都来源于亚里士多德。灵魂是赋予一切生命现象以及形式的基本原则，这个原则运用到人的身上就是思维活动的原则，理性灵魂是人的肉体的本质形式。人的灵魂是非物质的存在，它是非物质的纯粹形式，是一种纯粹精神的不依赖于物质的实体，由此便产生了它的不可摧毁性和不朽性。由于灵魂是不依赖肉体的非物质的存在，所以它不会因为肉体的消亡而消亡，并且作为纯粹的形式，它也不可能自我毁灭。人对永生的渴望并非是纯粹的臆想，对托马斯来说，这正好为灵魂实体的不朽性提供了证据，在这一点上，他与阿威罗伊主义者不同，因为他们只承认超个体的灵魂的不朽性。

在个别灵魂力量或能力的问题上，托马斯依然秉承了亚里士多德的理论。有植物灵魂，它有代谢和繁殖能力；也有动物灵魂，它有感官知觉、欲望和自由活动能力。但是在人那里，除了以上这些能力之外，他还有理智能力，也就是理性。托马斯将人的理性放在最高的地位，并认为理性高于意志。因此可以看出，托马斯主义的灵魂和认识理论是理性主义的。在心理学方面，作为多米尼克教徒，托马斯的观点与同一时期的圣方济修士们的观点是截然对立的。圣方济各修士的神学理论以奥古斯丁和柏拉图的学说为依据，他们强调人的认识的主动性特点。托马斯则以亚里士多德的理论为依据，强调认识的被动和接受的特征。他认识到，认识的主体与被认识的客体之间存在相似性。如果心灵中的形象与现实达成了一致，那么就获得了正确的认识。

至于如何获得这种认识，托马斯认为它并不是通过分享神的观念，而是通过人的感官经验。因此，托马斯也是一个经验主义者。我们所有认识的东西都来自感官，当然，它们还只是材料而已，我们的理智将对这些材料做进一步处理。感官经验只向我们显示个别事物，但是，理智的真正对象是居于个别事物之中的本质。为了认识此种本质，精神必须借助于想象。在这里，康德的认识论就已经以一种特别的方式预先被表达了出来。根据他的理论，认识产生于正在形成中的形象，这些形象是借助于人心灵中的思维和直观形式，并通过感官知觉而获得的现象。剩下的问题只是，“想象”在感性直观的继续发展中是如何进行的，我们认识的哪些部分来自感性，哪些部分来自我们自己心灵的一般形式和特性。

### 7. 政治学

作为坚定的亚里士多德主义者，托马斯非常关注现象世界。在现象世界中，其侧重点是道德世界，即国家。托马斯直接秉承了亚里士多德的国家概念，是西方世界第一位对国家高度重视的哲学家。他将亚里士多德和奥古斯丁的思想相互结合，认为人是一种政治动物、社会动物。因此，国家秩序是非常必要的。如果一个人与许多人共同生活在一起，人与人之间就必须有某种起制约作用的东西。每个人都自私自利，都有自己的利益追求，这种时候就必须出现一个以所有人的共同利益为己任的人来平衡一切。如果没有这样一个人存在，那人类社会必将一片混乱，就像人的肉体或任何一种有生命的动物一样，如果他体内没有一种起主导作用的、能够顾忌到身体各个器官的共同利益的力量，他就不可能存活。因此，社会权威的存在是非常有必要的。由于人在本性上是社会动物，而这种本性是上帝赋予的，所以，如《圣经》所言，上帝也是统治阶层的倡议者。

托马斯遵循亚里士多德的思想，也将国家形式区分为君主政治、贵族政治和“共和”政治，以及与之相对应的僭主政治、寡头政治和民主政治。在这些国家形式中，托马斯更加倾向于君主制。对此，他有一种理想的观念：国王在国家里的地位就像灵魂在身体内和上帝在世界内的地位一样。一个好的和正义的国王的政治，必须以上帝对世界的统治为榜样。“如果一个统治者能够很好地利用手中的权力为国家谋福利，这就是一种至善的行为。反之，如果滥用权力，那就是罪恶。”托马斯认为一切统治形式中最坏的形式就是僭主政治，如果僭主政治成为国家的政体，那么应该建议它的人民忍耐，因为暴力革命往往会带来更为严重的恶果。

托马斯将国家看作一个大的道德实体，认为国家的任务就是要使它的人民过上一种正直且合乎道德的生活，这种生活最重要的前提就是维护和平。第二个重要的条件就是使人民过上富裕的生活。但是，在和平与富裕中合乎道德地生活并不是人生的最终目的，人生的最终目的是获得极乐至福。引导人们获得这种极乐至福，这不是世俗统治者的职责，而是教会的职责，所以世俗世界里的国王要服从于教会的统治，也就是说，托马斯非常明确地认为，只要尘世的事物对人的超尘世的目标起作用，那么世俗权力就必须服从宗教权力。

## 四、后期经院哲学

### 1. 罗吉尔·培根

中期和后期的经院哲学并没有一个明确的时间界限，在中期经院哲学大师还活着的时候，罗吉尔·培根就已经超越了他的时代。他不仅对托马斯主义进行了攻击，还让整个经院哲学的基本原则受到了巨大的震动，从而为中世纪末期的哲学转向近代提供了必要条件。

与其他几位后期经院哲学的主要人物一样，培根也是英国人，并且也加入了方济各会。培根于 1214 年出生在英格兰，先后在牛津大学和巴黎大学接受教育。他学习的专业几乎涉猎所有门类，包括数学、医学、法学、神学和哲学等。

1247 年，培根重返牛津，阅读了罗伯特·格罗塞忒斯特的著作。罗伯特·格罗塞忒斯特是现代自然科学的早期祭奠者之一，在牛津大学从事教学活动。或许是因为受到了格罗塞忒斯特著作的影响，培根开始潜心学习语言和钻研自然科学，还进行了试验，如光学实验等。但是由于资金缺乏和教友的不理解，培根最终放弃了。在培根的思想中，还混合了一些巫术、占星术和炼金术的观念，因而与教会当权者发生了冲突。据称，他的最后岁月是在教会监狱里度过的。

培根曾打算写一本为宗教和教会服务的百科全书，教皇克莱门斯六世对培根心怀善意，并请求培根给他一份副本。当时，这本著作仅仅在培根的计划里，并没有完全付诸行动，于是他先写了一个提纲，名叫《大著作》，紧接着又写了《小著作》和《次小著作》，然后将它们陆续寄给了教皇，并附带寄给教皇一个放大镜片和一幅世界地图，这两样东西都是培根亲手制作的。但是，教皇接到这些东西后不久便离开了人世。

培根著作的内容大多数都是对中期经院哲学家及其哲学的指责，于他而言，在他之前的哲学家中最伟大的只有亚里士多德、阿维森纳和阿威罗伊，虽然这 3 位都被定义为异教徒。培根直言不讳地指责的第一个哲学家托马斯，说他关于亚里士多德写了许多厚厚的书，却根本不懂亚里士多德的语言。因为经院哲学家基本都缺乏上述几个哲学家所使用的语言知识，即希腊语和阿拉伯语知识。培根认为：此前的所有译本，包括《圣经》译本都非常不完善，并且有多种理解上的错误。但是当务之急并不是重视语法和逻辑训练，因为这些都是一个哲学家天赋中所带有的特性，而是去学习希伯来语、希腊语和阿拉伯语，所以之前的那些译本应当统统销毁。

培根针对经院哲学家的第二个指责，是他认为他们缺乏足够的数学知识，因为于培根而言，数学才是所有科学的基础。

第三个指责是针对经院哲学家们运用的科学的方法。因为这些经院哲学家们凡事都以《圣经》、亚里士多德、教父这些权威为依据，并试图用逻辑推理来解决问题。而培根认为所有问题都应该以经验为依据，要通过观察和借助于实验来询问大自然。在他看来，一切真理都来自大自然，没有经验，所有的知识就都没有依据。

培根曾致力于日历的改革，而这种改革最终在几百年后得以实现。他还试图将“农耕”作为一种科学，又预言“船桨会被取代，大的船只最终只需要一个人就能航行，并且人们还能造出在水里行走的机器，甚至还能潜入海底……”

上述一切最直观的感受，是它们与哲学没有什么大的关系，但是往深层次去想，你会发现这些言论都标志着西方思想进入了一个转折时期，中世纪即将终结，现代自然科学的时代即将来临。而这，也是对经院哲学的致命一击。

## 2. 邓斯·司各脱

不同于培根，英国的方济各修会僧侣邓斯·司各脱从另一个方面又给了经院哲学一场沉重的打击，以至于托马斯主义已经达成的神学与哲学之间的和解再次面临破裂。

邓斯·司各脱出生于1270年，于1308年去世。他先在牛津讲授神学，之后又去了巴黎，最后到科隆生活与工作。邓斯·司各脱著述颇丰，并且是一位广受好评的教师，这让他在自己短暂的一生里获得了极高的名声，同时代人称他是“精细博士”。

如果你花精力去读他的著作，就会发现人们对他的称呼恰如其分，并且你也会充分赞同20世纪一位名叫皮尔士的思想家对他的评价，他称邓斯·司各脱是“中世纪最重要的思辨哲学家，是所有时代思想最深邃的形而上学家之一”。

邓斯·司各脱对阿尔伯特和托马斯同样持批判态度，并进行了攻击。然而这两人的贡献同时帮助邓斯深入地了解了亚里士多德，这让他在这方面超越了经院哲学的大师们。但是，邓斯认为，对亚里士多德的精神世界了解得越多，他就越清楚地认识到，在注重世界和自然的异教哲学家与基督教的基本立场之间有一条明显的鸿沟。因此，邓斯认识到神学和亚里士多德哲学不可能达成完美的统一，尽管托马斯一生都致力于将神学与哲学完美地统一起来。邓斯对那些将神学和哲学紧密融合在一起的人进行指责，他说有些东西在哲学层面来说是对的，但是到了神学，可能就是错误的，反之亦然。就整体而言，两个领域并没有完全的对应物，而主要原因就是哲学具有更多的实践特征。他甚至怀疑，神学是否从严格意义上来说，能被称为一种科学。虽说邓斯并不想用一种非基督教的哲学取代基督教信仰，毕竟他是教会的儿子，但是，他在精神上为此后不久发生的神学和哲学的分离做了准备。

对于托马斯的另一个思想，方济各修会的反对派展开过严重的批判，然而邓斯帮助他们实现了思想上的突破。关于理智和意志的关系，托马斯认为理智高于意志，意志从属于理智。邓斯却把这种关系颠倒了过来，在他看来，意志高于理智。因为意志是自由的，人不仅仅是某种消极的东西，人的幸福能通过自由的意志去追求，而不是通过尊崇上帝这么简单。这种观点在认识论里是极为重要的，人的主动性和思想的独立性在邓斯这里尤为突出，对人的上帝观念也产生了影响。

人是被上帝创造出来的，上帝的意志永远是第一性的和占统治地位的。当下的世界是上帝通过自己的意志创造出来的，所以没有自在的或必然的善。善都是通过上帝的意志决定的，无论上帝创造什么，它都是 “好的”。而这也同样适用于人类行为的伦理价值判断。一个行为的善，来源于上帝的意志，但是，如果人完全服从上帝的意志，那么人的意志也是善的。对邓斯来说，上帝的意志与基督教教会的信条是完全一致的。

### 3. 奥卡姆的威廉

奥卡姆的威廉实施的唯名论革新对经院哲学产生了巨大的冲击，这也标志着一个新时代的来临。威廉于1285年生于奥卡姆，同培根一样，威廉也就读于牛津大学和巴黎大学。他在辩论中展现出的机智和灵敏，让他获得了一个称号——“不可战胜的博士”。

早期的唯名论之所以受到教会的强烈谴责，是因为洛色林的唯名论针对的是基督教教义。虽然唯名论对基督教的信仰并没有构成多大的威胁，但是如果它与古典哲学相结合，那么经院哲学的基础必然会受到动摇。因为经院哲学的特点就是他们吸收观念的渠道仅仅是古代的权威，其基本信念已经包含了古代权威的思想，所以，经院哲学的信仰和教义只需要将古人遗留下来的智慧发掘出来就可以。如经院哲学的实在论者所认为的那样，只有当一般是原初的和“实在的”，并且一切个别事物已经完全包含于其中，每一种方法才有意义。

威廉眼中的一般和个别的关系正好与之相反，他认为唯实论哲学家从一般出发推导出个别的做法实属本末倒置。因为个别事物其本身就是实在的，一般则是存在于头脑中的观念和思想，人类对一切的认知都是从认识个别开始的。威廉那些不容易被理解的著作，对共相问题做了详细的阐述和考察，我们只强调他的思想。他还将逻辑学定义为符号的科学，那些被唯实论者给予高度评价的一般概念和共相对威廉来说也都是符号，并且现实中也没有东西与之相对应。即便是上帝，也不会出现共相先于殊相的情况。这种认识是以威廉的神学论证为依据的，他认为上帝从虚无中创世的理念根本站不住脚，因为在这个前提下，共相先于事物而存在了，所以并不存在所谓的“何处性”或“何时性”，只有何处与何时。并且只存在如何与多少，而没有独立存在物的质量与数量。现实中并没有与独立存在物的“关系”，而只有与之相关的事物。这种所谓的关系也仅仅出现于人的大脑之中，并不存在“多样性”，而只有许多事物。在这些事物之外再附加一些关系，等同于画蛇添足，而这也是与逻辑学和科学的原则互相矛盾的。也就是说，如果一种解释就足够了，就不用再做多余的解释了。如果没有解释的必要，就不需要增加实质的看法和论据。这种原则被称为“奥卡姆的剃刀”，它已经成为一种哲学和科学的方法论。

威廉不仅画了一条分明的界限于神学和世俗科学之间，还将其用于实践，也就是应用到宗教政治中去，应用到教会与世俗世界的关系中去。在威廉唯名论的影响下，经院哲学在数百年里建立起来的神学和哲学、信仰和知识之间的纽带终于断裂了，此后，两个领域各自发展。威廉的这一理论影响极为深远，从那时起直至今日，知识、哲学、科学与信仰、宗教、神学两个方面开始并行且不相悖。在很长一段时间里，信仰和知识之间的对话也几近停止，而这种分裂贯穿至今。

# 第八章　文艺复兴和宗教改革时期的哲学

经院哲学发展到后期，显露出重视个体的苗头，这预示着个体意识即将冲破牢笼，开始成为此后欧洲文化发展的基本因素，并让欧洲进入周而复始的社会和精神的混乱状态。后期经院哲学家开始要求对古代语言进行详细研究，这预示着人文主义运动的来临，这一运动使欧洲思想在许多领域内与其古典源头进行了一次崭新的亲密接触。这个时期的哲学在对古代经典进行讨论时，不用顾忌神学责任和目的，人们开始以一种纯粹的理性和经验来看待哲学。

## 一、从中世纪到近代的精神转折

### 1. 三大发明

三大发明是过渡时期影响最大的事件，它们于两个世纪内完成，对世界历史产生了巨大的影响。首先就是指南针的发明，它使得远洋航海成为可能，为地理上的开辟提供了契机；火药的发明动摇了中世纪社会秩序中骑士阶层的统治地位，引起了剧烈的社会改革；最后是印刷术的发明，伴随着十字军东征，过去使用的昂贵的羊皮纸越来越广泛地被廉价纸张所取代，对正在开始的新思想运动产生了剧烈而广泛的影响。

同时期，哥伦布发现了大洋彼岸的新大陆，达伽马发现了通往印度的海路，麦哲伦完成了首次环球航行。这些地理大发现引发了欧洲在地球上大部分领域的扩张，此外，它还导致了经济财富、政治权力和文化中心向环大西洋的西欧附属国的转移。到了现代，这种转移则超出了这个范围。

### 2. 哥白尼、开普勒、伽利略

随着三大发明的出现，欧洲人探索的欲望也逐渐高涨，他们开始向整个地球扩张，其思想的触角也伸向了宇宙空间的最深处。中世纪的宇宙观认为地球是宇宙的中心，并且地球是不动的，而这种观念是在假设的基础上得出来的。古希腊天文学家阿里斯塔古斯则认为太阳是宇宙的中心，但是他这一思想被束之高阁。随后，波兰人尼古拉·哥白尼的出现摧毁了这一思想体系，他提出地球是围绕太阳旋转的天体，并且还围绕自己的轴自传。

起初，基督教会对哥白尼的思想体系并没有过多的重视，反倒是他的两位后继者受到了极大的摧残。因为教会逐渐认识到这种理论对他们的教义构成了极大的威胁，新思想的冲击不断颠覆着传统宗教的教义，让他们的权威开始变得岌岌可危。

约翰尼斯·开普勒是后继者的其中一位，他发现了行星运行的规律，并用数学方式将其表述了出来。此外，开普勒在当时几乎所有的领域都做出了突出贡献，他不仅仅是一个成功的科学研究者，更是一个知识渊博的思想家和哲学家。

开普勒有两个基本思想。其一，开普勒深信，整个宇宙都服从于一种统一的规律性。其二，是与前者联系在一起的，他说："人的心灵天生就能洞悉事物的量的关系，人之所以被创造，就是为了认识这种量的关系。"因而，开普勒首次提出了现代西方自然科学以及方法与古希腊自然科学之间的本质区别，他从中认识到希腊人的错误在于他们试图用质的不同效力来解释自然。开普勒认为自然是一个完全统一的整体，自然中的区别仅仅是量的差异。把质的差异改为量的关系，这是现代科学中最惊艳的秘密。他说："哪里有物质，哪里就有数学。"

哥白尼的另一位后继者伽利略则运用了更为纯粹的数学来表达自然科学的原则。伽利略是意大利人，于 1564 年出生在比萨，因为赞成哥白尼的学说被送上了宗教法庭。他们对伽利略施以酷刑并威胁他，这使得伽利略不得不改变自己的立场。到了 20 世纪，天主教教会才开始较为公正地对待伽利略。伽利略是当今自然科学的真正鼻祖，在他的众多贡献中，最为重要的是为力学奠定了基础。而力学中的最重要的贡献，就是自由落体试验以及由此推导出的规律。以前那种把质作为标准，从事物的“形式”和“本质”出发观察自然的方式，与伽利略以量的标准去观察自然的方式存在着固有的区别，这种区别在自由落体实验中得以体现。通过伽利略的实验和观察，最终得出“自然定律”，并且通过数学公式将其表达了出来。而这个公式并不是解释本质，而是精确地描述过程。

伽利略的理念仅限于考察自然的过程，并探究其是如何发展的，他并不考虑本质和原因。所以，这样的方式让他放弃了一些东西，可就是因为这种放弃，才让后世掌握了大量的自然科学知识。

在伽利略的影响下，欧洲的自然科学开启了史无前例的巨大进程，因而替代了哲学的重要地位，并一直延续至今。自此以后，没有一位哲学家会对自然科学方法和结果视若无睹，他们说，科学研究者才是近代真正的哲学家。此外，至18世纪，几乎所有的重要哲学家同时也是数学家。

### 3. 人文主义和文艺复兴

自古以来，人们在研究哲学时，首先是对古典文化进行研究。从14世纪开始，这种研究方式以一种全新的模式晕染开来，并且其研究的程度也更为深入，这种模式就是人文主义。人文主义将古希腊罗马文化作为标准，引出一种纯粹“人性的”理想，也是一种非神学的文化理想。人文主义并不局限于文学范围，它也包含了精神生活的所有领域。这种影响从意大利迅速扩展到欧洲所有国家。

人文主义没有受经院哲学的影响，它复兴了古希腊罗马的思想体系。然而对亚里士多德来说，所谓的复兴其实并没有什么必要，因为他的著作在经院哲学那里一直备受推崇，从未受过冷落。可是，一些人文主义者始终坚持要给其著作以绝对精确的认识，这也使得亚里士多德主义者感到困难重重，因为他们难以使亚里士多德哲学与基督教保持一致，两者之间最显著的矛盾主要来源于人与永生的话题。当时有两个亚里士多德学派，一个是亚历山大学派，一个是阿维罗伊学派。两个学派之间进行了异常激烈的争论，但争论没有任何宗教色彩，这就使得亚里士多德的哲学问题变得更加明朗化了。15 世纪到来后，作为基督教信仰基础的亚里士多德哲学大势已去，这标志着经院哲学的衰落。

那时候，各种复兴古典思想的运动并没有什么大的创造性，但它们的功绩在于让人们重新审视了希腊和罗马哲学，并且不带有任何偏见。正是由于他们的推动，新的创造性思想才得以诞生。由此产生的文艺复兴运动在欧洲大陆上蔓延开来，文学、医学、法学、建筑学等学科都在这一时期像井喷一样得到了巨大的发展。而在这样一个文化异常繁荣，并且宗教、政治和社会发生着巨大变革的时代，我们尤其不能忽略这个时代伟大的思想家们。

弗朗西斯·培根曾活动于英国宫廷，在那里，莎士比亚的戏剧正在上演；乔丹诺·布鲁诺则处于人生的动荡阶段，于欧洲大陆上颠沛流离。而这一切就发生在那个时代的宗教和政治漩涡中。

米歇尔·德·蒙台涅的著作集中反映了那个时代的精神，虽然他并不在人们所理解的哲学家范畴之内，并且其思想也不成体系。但是通过他的散文，让人不得不承认他是一位一流的独立思想家。米歇尔·德·蒙台涅出生于1533年，经过多年的游历和生活体验，他认识了世界也认识了自己，不过他并没有沉溺于大城市的欲望之中，而是甘愿隐居到位于城堡塔楼的著名书房里。在那里，他将自己的思想写进了《散文》和《旅行日记》，从中能看出他是一位典型的时代之子：他的心灵是完全世俗的，带有批判精神的，充满怀疑的，不带任何偏见的，因此他坚决地鄙视各种巫术迷信。

在他的思想中，人处于中心地带。文艺复兴时期的人冲破了重重障碍，建立了一个属于自己的精神世界，对未来抱有极大的期待。而米歇尔·德·蒙台涅为了认清自身之谜，他看着镜子中的自己思考人是什么，我们的生命是什么。和这个时代出现的大量自画像一样，人的思想也经历了一个类似的自我观察的过程。米歇尔·德·蒙台涅同时还对国家、政治、思想、知识、教育、德性以及勇敢的个性等进行了反思，但最终还是回到了一个主题之上：生与死。因为在他看来，死亡是人的本质的前提及其组成部分，人的存在是生与死的共同财产，人生的事业就是去构筑死亡。

## 4. 宗教改革

人文主义者已经意识到宗教必须接受改革，认识到在文献记载中，宗教充斥着满满的神学色彩。因此，人文主义者除了常常以讽刺的形式出现并批评教会之外，他们还表达出一种宗教改革的愿望。然而，人文主义仅仅是一种学术运动，其理念只有一小部分人理解，而大众的强烈的宗教需求却得不到满足。当一个人的出现，能让这种需求被充分满足的时候，其背后蕴含的力量就是无穷的。

马丁·路德是一个对宗教怀有热情且喜欢意气用事的人，他既不是哲学家，也不是科学家，并且也没有体系化的思想。他首先对教会企图想成为上帝和人之间的代言人提出质疑，并强烈抵制。他的这种思想在赎罪书中表现得尤为突出，而这也是他提出抵制的直接诱因。路德认为，上帝的福音并不是由教会来接受的，而应该是全体教民。也就是说，他为个人赋予了应有的地位。这实际上是一种宗教思想解放运动，与文艺复兴时期追求个性解放的运动同时发生。

“要倾听圣言。”于路德而言，天启真理不容置疑，而这又与理性截然相反。因此，路德对理性抱有鄙夷的态度，称其为“淫荡的娼妙”。“如果我知道，这是上帝的圣言，那么我就不会再追问到底什么是真理，仅仅让我知道上帝之言，我就已经满足了。在神性的事情上，理性是全然盲目的。”路德对哲学的态度便由此而来，他认为人们不应该把上帝之言与理性、神学以及哲学交织在一起，而应该非常理智地将其区分开。因此，路德对亚里士多德提出了强烈的质疑，并且通过自己的著作来表达清理掉亚里士多德的著作和思想的想法。他认为亚里士多德的思想至今没人能理解，为了研究它，人们耗费了大量毫无意义的劳动和金钱，浪费了太多宝贵的时间，说他用虚妄的言词迷惑和欺骗了许多优秀的基督徒。

梅兰克森是路德的同行，是一位人文主义者，同时也是一位提倡爱拉斯谟的学者，他的博学多识与他的新教精神完美地融合在了一起。虽说梅兰克森同样有着出众的天赋，但是他并不像路德那样热情洋溢，他更像是一个平庸且枯燥乏味的学者。当有人让他必须选择一位哲学家时，他似乎除了那个被路德大肆批判的亚里士多德之外，就再也想不出任何更好的答案了。当然，他之所以选择亚里士多德，是因为他是经过人文主义批判而被净化和改良过后的亚里士多德。但是，这就像是一场违背了自然规律的婚姻，在其中，路德信仰所蕴藏的许多原始力量和深刻的神秘主义思想都被舍弃了，抑或是逐渐变得僵化了。

在新教的教义之中，哲学重新成了神学的奴婢，所以在不久之后就形成了一种僵化的教义学，人们也将其称为新教经院哲学，它以中世纪经院哲学为目标，成为不容置疑的一种教条。在与新教正统观念争斗的进程中，路德那个充满活力的信仰力量继续产生着影响，雅各布·波墨（JakobBoehme）的新教神秘主义和后来的虔信主义运动同时也通过一种不同常规的形式复活了。

我们不能说，路德的宗教改革为欧洲的哲学与自由研究，摆脱了神学的束缚，从而开拓了一条全新的道路，路德只不过是促进了对《圣经》的自由研究，除此之外他并没有很重视其他事物。他把哥白尼的理论称为“不过就是一个企图让人改信天文学的傻瓜偶然之间所产生的一种绝顶聪明的念头”。毋宁说，解放精神主要就是通过人文主义和文艺复兴的影响而产生的，这一点在意大利和英国表现得尤其突出。一些批评家（如尼采）甚至把路德的宗教改革看成是历史的一种倒退，它阻碍了欧洲精神正在逐步走向解放的发展道路。

尽管如此，新教教义还是做出了很重要的贡献，它冲破了教会在中世纪所有精神生活领域里的统治地位。在表面上，它让教育机构从教会的统治下脱离出来，变得更具世俗化；在精神上，它给良心的自由提供了理论依据。如果没有路德的思想解放运动，那么康德哲学中关于独立道德人格的理论就不可能出现，德国唯心主义以及德国思想史上的其他很多重大事件也就不可能发生。而且，虽说路德被公认为哲学的敌人，但是就哲学史而言，与同时出现的宗教改革家乌尔里希·兹文格利和约翰内斯·加尔文相比，路德在一定程度上是一个转折点，也是一个里程碑式的存在。路德同样也是德意志民族贡献给全世界的最伟大并且最富于创造性的语言天才，并且，因为他的质朴且伟大的人格魅力，因为他的行为在政治领域所产生的难以估量的影响，他在德国历史上也占据着独一无二的地位。

众所周知，因为受到宗教改革运动的外在影响与威胁，天主教开始自我反省，并且把力量集中于内部清理。伴随着反宗教改革运动的兴起，天主教形成了一股强大的势力，从某种程度上讲，它对宗教改革进行了非常成功的反击。在这一过程中，经院哲学最后又经历了一次辉煌，西班牙的耶稣会会士弗朗西斯科·苏阿雷兹的著作就是一个很好的例证。

## 二、过渡时期的思想家

### 1. 库萨的尼古拉

过渡时期出现了丰富多彩的思想，其中几位伟大哲学家的出现尤为重要，他们的著作一方面是一种精神催化剂，另一方面又是一个时代的缩影。

在那个时代之初，就诞生了一位早期文艺复兴的哲学家，他用自己的思想表达了许多时代发展出来的思想，这些思想后来被一些自然研究者作为精确的理论发表了出来。他的思想中包含了许多近代思想的萌芽，因此他也被称为近代哲学的奠基者。他就是来自德国摩泽尔河畔的尼古拉·克里普福斯。

尼古拉非常喜欢古旧手稿，这种爱好让他能够分辨“君士坦丁的馈赠”的真伪。此外，他对数学和自然科学也充满兴趣。广泛的兴趣、极强的求知欲、优雅的文风，以及他对个体的高度重视，无不表现出文艺复兴的特征。

在天文学方面，他认为宇宙没有中心，地球并非静止不动，否认天体的性质与地球、月亮的性质有所不同。他解释说，宇宙没有边界。关于宇宙中占统治地位的秩序与和谐，尼古拉说，它们表明上帝并不是无计划地创造了世界，而是遵循了一种数学原则。所以，我们要认识宇宙，也应该用数学的原则去认识。此时的尼古拉，委婉地将上帝说成是无限者，万物都囊括其中。关于人的认识能力，他总结出了几个不同阶段：感性阶段，将个别孤立的印象混合在一起；理智阶段，对感性印象进行整理和组合，并对感性材料加以分析，首要任务就是在矛盾律的支配下，使对立物保持它们的区别；理性阶段，将理智所区分开来的东西在一个更高的层面上综合到一起。在理性阶段，存在一种对立面的统一性。

尼古拉拥有一个丰富的世界认知观念，他既有政治家的远见，也有大胆的想象以及深刻的宗教虔诚态度，各种特性融为一体，使得他的精神开阔且独立。而他也努力地想站在更高的层面去看对立物，以达成一种统一。这一切都表现在他对教派和解与宗教和平所做出的努力上。在实践中，尼古拉还试图努力调和两个主要基督教之间的分歧与矛盾，即东西两个教派。在他的思想中，还出现了一种世界大同的理想状态：大家相互包容、相互原谅。他认为，大家应该以不同的方式寻找和崇拜同一个上帝，虽说各地的文化都不一样，但神圣的真理是唯一的。

尼古拉是跨越中世纪和近代的最重要的哲学家之一，他的思想对后世许多人物都产生了极大的影响，并在他们后续的著作中体现出来。

### 2. 乔丹诺·布鲁诺

布鲁诺于1548年出生在那不勒斯附近的诺拉，取名菲利普，乔丹诺是他的教名。15岁那年，布鲁诺进入了多明我修会。由于他天性热爱大自然，向往世俗生活，因此抱着探索时代科学的态度离开了教会，之后就一直过着颠沛流离的生活。他先后去过日内瓦、法国、英国，在牛津大学讲学。布鲁诺辗转各处，却始终没能找到一个使他平静的地方，因为没有一个地方能够让他获得足够的听众，没有人接受他演讲中的新观念，也没有人敢发表、出版他的“异端邪说”。之后，布鲁诺受人之邀回到了家乡，但邀请他的人向宗教法庭告发了他。宗教法庭审判了他，把他押解至罗马，他在地牢里被囚禁了7年之后，于1600年被判火刑，烧死于罗马广场。那些要烧死布鲁诺的人认为，布鲁诺及其思想对神学观有很大的威胁，自己应该保护宗教和道德不受侵害。

布鲁诺是一个立场坚定和忠于信念的人，他树立了一个光辉的典范，他的思想对历史产生了重大的影响，且历史也已经证明了这一点。

哥白尼引发了人类对太阳系的重新思考，尼古拉秉承了哥白尼的观念，并总结和实践出了相关理论。随后，布鲁诺也自觉地接受了哥白尼的天文学思想，但是他的思想比哥白尼更进了一步，并且他的推测后来也被科学证实了。哥白尼说，所有的天体以太阳为中心运动，星系外的恒星却是静止不动的。布鲁诺对这个观点做了进一步引申，认为宇宙具有深不可测的无限性，宇宙中有无数个太阳、无数个星星、无数个宇宙体系，宇宙既没有边界，也没有中心，它永远在运动。布鲁诺关于宇宙无限的理念，其大多来自尼古拉的著作，不过这种借用并不是纯粹地照搬，而是经过合乎逻辑的严谨思考得出来的。所以，他的思想也更具有深刻性和重要性。

布鲁诺将能动的统一性和宇宙的永恒性，与他的宇宙无限性的思想结合到了一起，认为宇宙之所以是永恒的，是因为只有个体遵从变化和消失的规律，而作为整体的宇宙，只具有统一性。整个宇宙构成了一个巨大的生生不息的有机体，它被唯一的原则支配并运动着。

布鲁诺吸收了尼古拉的对立统一原则，将统一一切的原则称为上帝，上帝就是宇宙的总称，它既是最大也是最小，既是无限的，也是不可拆分的。这种观念与尼古拉的上帝观相符合，且与基督教的基本思想协调一致。

描述上帝与世界之间的关系时，布鲁诺所采用的方式与基督教的方式不一致。他认为上帝并非在世界之上或之外，作为一种能够给万物赋予原则的存在，上帝既生活在宇宙中心，又生活在每一部分中。上帝不可能存在于宇宙之外的任何其他地方，这就是所谓的泛神论。

布鲁诺的思想与基督教的教义是完全相对立的，而他也知道这一点，多次声称自己的思想来源于古老的观念。实际上，布鲁诺的许多思想都已经蕴藏在当时很多人的心中，只不过他作为一个思想改革的先驱，成了那第一个出头的人，替所有人挡住了这种新观念所带来的风险。正因如此，布鲁诺拥有特殊的历史地位。在具有较少宗教倾向的思想界，以及在新教教派中，都没有布鲁诺的安身之处，所以，布鲁诺的孤独也是自然而然的。

### 3. 佛朗西斯·培根

佛朗西斯·培根在很多方面都是新思潮的代表，他反对古代权威，反对亚里士多德和希腊哲学，尤其反对空洞肤浅的经院哲学。培根指出，观察事物的思想永远不能没有事物本身，过去的基础认识和结果都是错误的,这种错误让人们困入其中。他认为应该研究事物本身，不要人云亦云、玩弄文字，要以自然科学为基础，学会独立思考，以归纳方法、发明技术为目的，在坚实的基础上重建科学、技术和人类的一切认知。

培根的这些思想有着鲜明的近代思想观念，这体现了培根极大的自信和乐观的精神。培根一贯强调实际，就是为了把找出来的真理用到造福人类上面去。

培根认为过去的科学和哲学之所以没有什么结果，都是因为缺乏正确的方法，所以在研究事物本质的时候，必须清除脑海中存在的一切错误的意见、偏见和幻象，杜绝一切受干扰的因素。必须牢记，目的在于发现原则本身，用工作战胜自然，而不认识自然，就不能达到这个目的。

上述一切的行为，都需要运用正确的方法，这种方法就是归纳法。归纳法不是返出的枚举，人类认识的目的在于发现某种特性和性质的形式，或者了解其中的差异。培根认为的形式不是唯实论里的形式，不是一种抽象的概念。他还指出，我们所关注的对象是物质本身，不是形式。所以，在观察过程中，除去按照固定规律活动的个体物以外，别无他物。在哲学领域发现并研究这个规律，是认识的基础，也是活动的基础。培根称这种规律为形式。因此，科学要发现的最重要的原因或规律是形式，而靠的则是归纳法。

培根认为人类必须重新开始科学工作，在当时，他本人并没有建立一套完善的宇宙论。他的目标是划定场地，指出达成新成就的途径。为此，他写出了巨著《伟大的复兴》，根据自己的各种能力将知识分成历史、诗、哲学，并把它们细分为许多专业部门。

哲学属于理性范畴，研究由感官印象而来的抽象概念。人的哲学包括人类哲学和政治哲学。人类哲学研究肉体和灵魂之间的关系，而政治哲学在于发现正义和公共利益。

广义的哲学是金字塔的顶点，建立在培根所提出的各种课题的正确、纯粹和严格的研究上面。培根的目的不是要提供一个包罗万象的体系，而是要打下坚实的基础，并扩大人类的力量和卓越的界限。

# 第九章　巴洛克时期的三个伟大思想体系

17 世纪的欧洲哲学具有相对的完整性和连贯性，文艺复兴时期就已经日趋成熟的理性主义在这个时代获得了长足发展，数学也成为人类认识的理想。因为数学超越了民族和个体的特殊性，因此，这个时期的哲学和数学密不可分。本章要介绍的 3 位哲学家正是把数学作为认识理想，试图用数学为哲学寻找一种相适应的认识方法，希望通过很少的几个概念创立出一个完善且庞大的哲学体系。

## 一、笛卡尔

### 1. 生平著作

勒奈·笛卡尔，1596 年生于法国都兰省拉哈耶的一个贵族家庭，他在拉弗莱士的耶稣会学校接受教育，并在那里产生了对数学的浓厚兴趣，且对其他学科抱有一种怀疑态度。为了专心研究科学，笛卡尔的一生都过着与世隔绝的隐居生活，但这种生活也会时不时被动荡的冒险生活所打乱。此外，笛卡尔也会参与巴黎的社交生活，这与他所处的社会阶层有关。之后，他就在巴黎的朋友家隐居起来，潜心研究数学。后来，为了更多地了解世界，他参与了“三十年战争”。但是战争中，他并不觉得自己应该为哪一方效力，因此，作为一个天主教徒和法国人，他不仅加入过天主教的巴利苗卡尔亚军队，也加入过荷兰军队。体验了军旅生活后，他又游历了欧洲，之后又隐居起来，这次隐居长达 20 年，收获颇丰。笛卡尔最终定居在荷兰，因为在这里他能找到由内而外的自由，而这也是他多年动荡的生活后最终的归宿。定居期间，只有一位巴黎的朋友和他有书信往来。一次偶然，瑞典女王读到了笛卡尔的大作，于是邀请他前往瑞典，给自己解决一些内心的疑惑。由于不适应瑞典的气候，到达瑞典后的第二年，笛卡尔就去世了。

虽说笛卡尔的思想萌芽可以追溯到他的学生时期，但是他的所有著作都是在荷兰定居期间完成的。他的第一本著作《论世界》快要完成时，伽利略遭到审判的消息传来，为了避免招致灾祸，他亲手毁掉了自己的手稿。之后，他的一部分思想又通过其他著作得以体现。出于谨慎，笛卡尔匿名发布了他的另一部著作《方法论》。4 年之后，他的第一部哲学书《第一哲学沉思集》出版，内容涉及上帝的存在和灵魂不朽之类的话题。后来，笛卡尔将这本书献给了巴黎大学神学系，他这么做并不是为了避免自己受到教会的追责，而是他认为自己的成果在将来会为宗教事务做出贡献。尽管如此，笛卡尔的书还是被列入禁书名单，而新教徒和国家都以类似的方式谴责他。

笛卡尔是史上最伟大的数学家之一，他最著名的成就，就是他在解析几何和坐标几何方面的发明。他对人类世界、对宇宙的认识，都与他的数学有着密不可分的关系。

## 2. 基本思想

笛卡尔的思想有两个最基本的主题，那就是上帝与灵魂。但是与奥古斯丁和中世纪的哲学不同，笛卡尔是通过严格的逻辑分析对这些主题进行讨论的。他想通过这种方式，让哲学变成一种科学数学，经过严密的推理，让一切存在都能通过简单的定理推导出来。笛卡尔认为，科学的作用就是造福人类，促进人类的发展，让人类通过技术手段减轻劳动强度，从而使人人在现世中都能实现自我价值，而哲学就应该为此提供牢固可靠的基础。于笛卡尔而言，想要实现这一切，就必须通过严密的理性的方式，而不是通过信仰之类的东西。为此，他就需要寻找一种绝对确定无误的数学方法。那么，如何才能获得确凿无疑的“第一原理”呢？笛卡尔一开始假定一切都是不可靠的，抱着怀疑的态度想看一看有什么东西经得起怀疑。他不仅怀疑从书本里，以及从与人交往中学到的所有东西，还怀疑世界是否真的存在，是否是人纯粹的幻觉。又或者世界是不是如众所周知的那样，被各种各样的感官错觉所蒙蔽。并且，对看起来最真实可信的东西，即数学的基本原理，笛卡尔同样抱着怀疑的态度。

所以，笛卡尔把以前用来进行证明的理由一律摈弃，认为它们都是虚假的。通过理性的辩证思维，他一步步确立了“上帝必然存在”的结论。

笛卡尔在他的思想中引入上帝的概念，这多少让人觉得有些突然。让人同样感到突然的是，在引入上帝的概念之后，他又摒弃了先前对现实世界的怀疑。完满的本性具有真实性是确立的，如果上帝不是真实的，那他就不是完满的。

可是，由此又产生了一个新问题：如果上帝能让人们认识真理，那么人类又怎么会犯错误呢？继而又引申出一个辨神论的问题，而这个问题也曾被思想家们从伦理学的角度进行讨论，目的是给上帝做辩护。因为世界充满了罪恶，所以人们才会对上帝的存在产生怀疑。如今，笛卡尔又从认识论的角度对这个问题重新加以考察。人们从伦理学的角度认为，上帝是一个至善的存在，创造了一个完善的世界。那这样一个完善的世界就必须给人类自由，但是恰巧，自由又是罪恶的来源，因为人类会滥用自由。笛卡尔对此通过类似的方式进行了回答，他说这其实与意志自由相关。“自由意志让人肯定这种观念，同时又否定另一种观念。而错误的根源就在于意志活动中，而不是观念本身。人类有权自己决定自己的认识是正确还是错误。只有当我们遵循一种无比确凿和清晰的认识标准，并对其他保持一种怀疑态度时，才会避免错误，从而得到一个正确的世界蓝图。”

勾画这样一幅蓝图，就是笛卡尔给自己的下一个任务。经过对人的精神及观念进行观察，笛卡尔首先注意到的是上帝的观念，上帝是无限的，不被创造的实体。紧接着，他又发现了两种被创造的东西，第一种就是精神和思想。在笛卡尔那里，精神和思想是完全非空间的和非物质的，“我可以想象我的思想，但不必再去思考它在空间中的广延性”。第二种就是物质世界，但是我们所认识的物质世界并不能满足笛卡尔对物质世界的标准要求，如色彩、味道、触感等等。和同时代的其他思想家一样，笛卡尔同样鄙视人的感官经验，他认为感觉经验是具有强烈主观性的感性认知，而“思想着的”理智只有用透彻的、理性的、“数学的”概念表达自身，才算是完全有效的认识。物质世界的特点是具有广延性，广延性就是指它的占有空间。所以，空间中的广延性才是物质世界的本质。物质就是空间，空间由物质组成，不存在空洞的空间。

在广延的概念里，其实我们已经能看到它具有运动的可能性——只要存在第一推动者。而第一推动者不可能来自物质本身，只能是来自上帝。上帝赋予了世界运动总量，以此来保持平衡，而这也是首次对能量守恒定理的预言。由此可见，物理学可以用严格的数学方式，以广延、运动和静止来构建自身，而世界万物也都可以用这几个概念去做数学和机械的解释。

于是，笛卡尔开始尝试去发展这样一种物理学，细节部分暂且不论，但有一个结论我们不得不注意，它与动物有关。由于笛卡尔将精神划分到思想中去，因此对他来说，动物是纯粹的机械装置，是不具备精神的。显然，这个观点不能令人接受，但它与后来的唯物主义者得出的结论只有一步之遥，因为在他们那里，人也只不过是一种特别复杂的机器而已。

但是，笛卡尔与唯物主义者不同。于他而言，广延和思想、肉体和精神在人的身上相互融合为一体。但是，如果这两种实体各不相同，那它们如何才能相互结合，并紧密相连于同一个生物体里，甚至能相互影响呢？对于这个问题，笛卡尔并没有给出让人满意的回答。他提出过一种几乎令人难以接受的观点，认为人身上有一个器官（位于大脑最里面的松果体），它在肉体和精神之间起调节作用。不过，笛卡尔倒是更倾向于这两种实体互不相干，就像太阳光线在暴风中仍然不动一样，因为光线与暴风的性质是完全不同的。

## 二、斯宾诺莎

### 1. 生平

巴鲁赫·德·斯宾诺莎自称别涅软特·德·斯宾诺莎，1632 年出生于荷兰阿姆斯特丹的一个犹太家庭，他们举家从葡萄牙移民而来。斯宾诺莎出生时，正值犹太教文化盛行于阿姆斯特丹的时期。在孩童时期，斯宾诺莎就已经展露出骄人的天赋，因此他的父亲决定让他成为一个犹太教经师。斯宾诺莎从小开始学习圣经、犹太教法典以及中世纪犹太哲学，当他学会拉丁文之后，又开始学习中世纪经院哲学，借此又转向希腊哲学，最后转向近代哲学，特别是布鲁诺和笛卡尔的哲学。

涉猎极广的斯宾诺莎由此建立起了一套属于自己的观念，但这种观念不久就与周围的犹太教徒对立起来。24 岁的斯宾诺莎还未发表过自己的文章，但是因为他随时透露出来的口头言论，以及别人口中所谓的异端邪说，让他被逐出了犹太教区。对一个生活在异地的犹太人来说，犹太教区不仅是其宗教依靠，更是其唯一的故乡。因此，这个事件造成的后果伴随了斯宾诺莎的一生，此后的他陷入了无限的孤独之中，好在后来一些人与他有书信往来，才让他的困顿处境稍有缓和。尽管如此，斯宾诺莎并没有屈服，他的内心始终保持着独立和自由的理念，并且不带有任何个人成见，这一点在当时只有很少的人才能做到。

斯宾诺莎的一生并没有多么复杂坎坷的经历。他在荷兰各地过着深居简出的简朴生活，先是在莱茵斯堡，然后在伏尔堡，最后定居于海牙。虽说斯宾诺莎的著作只发表了一部，但是他的声誉传遍了整个欧洲，一方面是因为他与一些代表人物的来往，另一方面是因为他与惠更斯和莱布尼茨这样的名人的书信往来。1673 年，斯宾诺莎被海德堡大学邀请前去讲学，但被他婉拒了。

此外，年轻的斯宾诺莎还学会了磨制光学镜片。他虽然是一个学者，但觉得自己应该掌握一门手艺，以此来维持生计。不过，正是因为这份工作带来的影响，让他过早地离开了人世。斯宾诺莎患有肺结核，再加上他经常吸入玻璃粉尘，导致病情加重，于 1677 年 2 月 21 日去世，年仅 44 岁。

### 2. 神论

上述所说的斯宾诺莎唯一发表的著作，是他匿名发表的《神学政治论》。在今天看来，这本著作中关于宗教的言论并非过分异端和富于革命性，但是在那个人人都为信仰而斗争的年代里，人们满怀激情地捍卫着各自的教义，任何不相融的言论都有可能引发一场风暴，而这也使得斯宾诺莎失去了继续公开发表著作的兴趣。在斯宾诺莎看来，《圣经》并不是只为几个上帝的选民而写的，它是对整个民族或者说是给整个人类的启示。因此，代表着《圣经》的语言必须让大部分人都能接受，让《圣经》能被大部分人所理解。斯宾诺莎认为，如果想让广大群众理解《圣经》，除了理性之外，还应该激发他们的想象力。那些先知和使徒就自觉利用了他们的想象力，通过象征、寓言等方式来让人们理解。但是在斯宾诺莎看来，明智的人会认识到只有遵循规律，人才能透过现象看到上帝的力量和伟大，普通大众则会相信，恰恰是在一般规律被所谓的“奇迹”打破的时候，上帝才会显现。

斯宾诺莎认为，人们应该从两种意义上来理解和解释《圣经》。从某种程度上来说，《圣经》表面上是为普罗大众所准备的，目的是满足他们对带有幻象和奇迹的宗教的要求。而在表面背后，哲学家们发现了各民族伟大的精神领袖和永恒的思想。于哲学家们而言，表面看似包含着许多矛盾和错误，但这两种意义都有其合理性。

### 3. 实体论

斯宾诺莎很多思想的出发点都来源于实体这个概念，所谓的实体并不是人们通常理解的物质，这个词汇在拉丁语中的字面意思是“位于下面的东西”。斯宾诺莎的实体概念其实指的就是太一或无限者，它于万物之下或之后，将一切存在集于一体并包含着一切。实体是永恒的、无限的。如果这样理解，那么实体其实就等同于上帝，而且作为一切存在物的总称——自然，也应该与实体、上帝等同。

与实体相对的概念是“样态”。“样态”是一切被其他事物所规定的东西，也就是通常所说的物质世界，抑或是现象世界。同物所规定的东西，我们也可以称之为广义的物质世界，或（有限的）现象世界，而在语言运用中，我们称之为自然界。斯宾诺莎对此很清楚，所以为了防止出现误会和理解上的偏差，他使用了两个自然的概念：即“创造自然的自然”，意思是指前述第一种所包含的一切自然；“被自然创造的自然”则是对一切有限事物的总称。

每一个有限物都被另一个有限物所规定，如果有限物不是直接来源于上帝，但是万有却来自上帝，那么在上帝与个别样态之间必然会存在一个中间环节。这个中间环节，斯宾诺莎称之为“无限的变态”，它是直接来自上帝的。这样我们就获得了一个三级阶梯：无限实体（= 上帝）；所有样态的全部（= 万有）；个别样态。

无限实体（或曰上帝）有两个属性，即思想和广延。一方面，上帝是无限的广延，另一方面，上帝是无限的思想。因为万物存在于上帝之中，所以个体可以从这两个方向去考察。在思想方面，它显现为观念；在广延方面，它显现为肉体。尽管有两种不同的实体，但是所考察的其实是一个东西。尽管个体由肉体和灵魂两部分组成，但它们只是同一个实体的两个方面，这种观点在现代人这里又得到了进一步发挥。

### 4. 伦理学

人类依循规律来保持自我存在和自我完善的固有本性是什

么？斯宾诺莎的回答是理性。他认为，人在理性的引导下追求自己的利益，这本身就是本性使然。而由于理性努力追求理解，因此“指向理解的努力乃是德性之首先的唯一的基础”。这让我们想起苏格拉底，他也曾将德行与认识联系起来。

人不仅仅是理性动物，我们还受到本能、欲望和激情的控制。那么，理性和激情的关系如何呢？斯宾诺莎对人的本性可谓是了如指掌，因此他对人提出了这样的要求，即理性必须克制和压抑激情。而且他了解得更多，他说“一个情感只有通过一个和他相反的、较强的情感才能被克制或消灭。”

人的激情都有一个特征，那就是通过欲望来自我满足。它不顾人的其他情感，也不顾忌整个人的幸福。在激情中，人会沉醉其中而全然忘记理性的存在，而这种状态并不利于人追求真正的利益。只有当理性超过激情，它才能力挽狂澜，从激情中抽离出来，并帮助我们采取正确的行动。欲望是不可缺少的，是我们的原动力。但是通过理性，我们才能够知道，只有让各种力量相互平衡、协调，才能真正建立起一个完善和谐的人格。没有激情，人就不是人，但是激情必须经过理性的调整和引导。

理性的能力远不止如此，理性本身也可以转化成激情和感情冲动，并能像激情一样对人产生影响。人对善与恶的认识能起到改变情绪的作用，所以理性转化为激情也是有其可能性的，即人能够使他对善与恶的认识成为他行动的准绳。由此，我们为被动的情感所决定而产生的一切行为，也可以不为情感所决定，而为理性所决定。所以说，理性可以通过使自身成为激情，从而战胜激情。

人在欲望和激情中，会将其他身体作为自己的欲望和激情的对象，但是因为其他身体也会对他产生影响，所以他只能获得不适当的理念，这同样适用于身体的其他感官知觉。理性跟欲望和激情全然不同，特别是它的最高级形式，斯宾诺莎称之为“直觉”。理性帮人们获得适当的理念，它不会提供人对杂乱无章的状态下的事物的认识。理性始终将事物放进自己永恒和必然的联系中加以考察。因为理性可以纯粹地把握事物，因此也能在合乎规律的必然性上来理解事物。人所理解的某种事物是必然的，那是因为他认识到的事物只能如此。因此，理解其实就是肯定，而肯定就是意欲。

我们对认识到的东西丝毫没有产生过怀疑，但是当我们面对它时，就不再觉得它是一个从外面向我们靠近的东西，或者它不是我们意欲的东西，抑或说它就是我们自己赞同、肯定和意欲的东西。我们面对它时，不是感到不自由或痛苦，而是感到自主和自由。所以，人能借此达到更高的自由，并且通过认清这一点，在更大程度上摆脱痛苦。

## 三、莱布尼茨

### 1. 生平

“三十年战争”对德国社会的影响是巨大的，根据历史学家的推测，这场战争的影响持续了一个世纪之久，而且这种影响也波及了思想领域。战争年代的德国一片荒芜，思想家的出现只是星星点点，并没有起到什么大的作用。尽管这场战争给德意志民族留下了不可磨灭的印记，但是在思想方面，恢复得还算是快的，而这主要依赖于哥特佛伊德·威廉·莱布尼茨。

战争阴影笼罩下的德国，莱布尼茨的出现就像是黑夜里耀眼的彗星，照亮了天际。他是熠熠生辉的德国近代哲学的奠基者，他的博学多识几乎涵盖了所有知识领域，而这在德国是史无前例的。

莱布尼茨于 1646 年出生在莱比锡，他早年丧父，童年时期接受了广泛的教育。莱布尼兹 15 岁进入大学学习，17 岁时拿到了大学法律硕士文凭，20 岁时获得了博士学位。因为他年纪太小，不适合毕业，所以他的博士学位是在阿尔特多夫大学获得的。随后，大学给他提供了一个教授职位，但是他放弃了。他注重的是政治活动，他前往巴黎试图游说法国国王路易十四，让他把战争的目标转移到其他地方，并且应该与其他国家团结一致对抗非基督教世界，但是莱布尼茨并没有成功。

莱布尼茨在巴黎居住了 4 年，这期间，他在科学方面取得了丰厚的硕果：他研究了笛卡尔，阅读了斯宾诺莎的《伦理学》手稿，以及一大批代表人物的著作，与那个时代许多重要的思想家建立了联系；他还发明了微积分，即数学中的无穷小的算法。虽然此前牛顿曾以另一种并不是很完善的形式发展了这种算法，但是莱布尼茨并不知情。

1676 年，莱布尼茨应召前往汉诺威担任图书馆馆长和宫廷顾问，这里成了莱布尼茨的第二故乡。1700 年，在莱布尼茨的建议下，建立了柏林科学院。在与俄国沙皇彼得大帝的交往中，莱布尼茨多次表示出希望各民族之间进行文化和技术交流的想法。此外，他还对中国的精神世界给出了极高的评价。然而，莱布尼茨许多伟大的思想都没能得到实现。尤其是一个萦绕在他心头的一个最为重要的念想，即希望能使基督教的宗教和信仰统一起来。

经过多年的努力研究和学习，他写出了一本极为丰富的历史著作，它是同时代最好的历史著作之一。与此同时，他还研究了数学与哲学。可以说，莱布尼茨既是哲学家、神学家、外交家和数学家，也是历史学家和图书馆学家。此外，他还研究钟表、风车和液压机，常常在矿山上以地质学者和工程师的身份工作。莱布尼茨的兴趣广泛得令人惊讶，但也正因如此，使他常常不能善始善终地完成一项工作。

暮年时期的莱布尼茨和大多数效力于权贵的人一样，迎来了失宠的那一天。1716 年，他在孤独中愤懑而死。在欧洲思想史上，莱布尼茨是最后一位几乎涉猎所有知识领域的人，但最后被不声不响地埋葬了，只有法兰西科学院给他写了一篇悼词。

莱布尼茨的哲学思想之所以没有得到重视，主要是因为他从来没有完整地表达过自己的哲学体系，他的哲学思想大多只存在于一些小的论文和信件之中，而这些信件和论文有一部分过了几十年才被印刷出来与公众见面。

## 2. 单子论

想要更好地理解莱布尼茨的单子论，我们需要将它与笛卡尔的实体概念联系起来，而且是将笛卡尔的物体的和广延的实体概念联系起来。莱布尼茨从两个方面对笛卡尔进行了批判。

笛卡尔认为，所有的自然现象都可以用广延和运动的概念来解释，并且以“运动守恒”为原则。莱布尼茨则提出了另一种观点，他说如果只从广延的角度去观察物体世界，那么运动就等同于物体向邻近位置的移动，这属于空间中的物体相互间的位移。在这种状态下，显然不可能客观地观察运动。因为运动是一个相对的概念，物体的动与不动完全取决于观察者的角度。莱布尼茨的这种观点，已经初步展现了现代物理学中相对论的概念。莱布尼茨接着说：运动和力的概念是紧密结合的，运动的背后是力的存在，并且力也是运动的原因所在。没有力的运动是无本之木，力是真正现实的东西。莱布尼茨为此解释道：笛卡尔主义者也认识到，运动和静止始终是相互交替存在的。所以，笛卡尔认为的“守恒”就无法解释了。守恒的并不是运动，而是力。所以，所谓的运动守恒原则并不存在，存在的只有力的守恒原则。

莱布尼茨接着从物体的连续性和可分性这一角度批判了笛卡尔广延性的实体观念。他说数学上的空间是一个连续统，且可以无限分割。如果从笛卡尔的纯粹几何学的角度出发，把物体世界看作广延，那么物质就是一种连续统，是可以无限分割的。因此，他发现物质和空间并不是一回事情。连续统只是一种概念，并不具备现实性。所以，用广延性去解释物体固有的性质是不成立的。而现实只能是由真正的部分组成，并且也不能被任意分割。由此可见，莱布尼茨的理念和古代的原子论有一定的关系，但是他并没有完全借鉴。莱布尼茨将机械论的原子概念和亚里士多德的隐得来希(为万物赋予灵魂和形式的力)相结合，得出了单子的概念。从字面意思出发，单子即是“单元”。莱布尼茨通过 4 个方面来理解这一概念：

(1) 单子是点，即存在物的本质是点状实体。它并不存在于一种连续的统一体之中。而显微镜的出现，也为他的观点提出了佐证。

（2）单子是力，是力的中心。一个物体是由逐点的力的中心组成的集合体，这不仅为后来的康德和叔本华的批判哲学所证实，而且尤其为近代自然科学所证实。

（3）单子是灵魂。逐点的原始实体都是有灵魂的，只不过它们有不同的级别，且最低级的单子处于一种混沌无意识的状态。较为高级的单子是人的灵魂，顶级的则是上帝，他具有无限的意识，是全知全能的存在。

（4）单子是个体，不存在两个完全相同的单子。单子所构成的是一个完整的体系，每一个单子都是独一无二且不可替代的，它们用唯一的方式去反映宇宙。每个单子都是潜在的力，它们从各个侧面反映整体。就单子是个体而言，单子也是封闭孤立的系统。在单子身上生的一切都来自单子自身，来自单子的本性，所有单子都来自上帝的原始单子。

### 3. 前定和谐

对笛卡尔来说，存在思维和广延两个实体，但对于两者之间的关系，他很难给予解释，特别是他们在人身上的关系。而莱布尼茨认为存在无限个实体，且每个单子都有自己的观念世界，整个世界就是由单子和观念组合而成的一个和谐的整体。但是，每个单子都有其各自的发展规律，且观念也能相互协调并一致。就像人类共存于世界，并按照一定的规律思想和行动。对此，单子是无法给出合理解释的。而真正想解决这个问题，就必须从单子的本源出发，即所谓的神。

莱布尼茨的“时钟比喻”就很好地解释了这个问题，但是这个发明并不来自莱布尼茨，而是来自格林克斯。我们设想有两个时钟步调一致地运行且没有误差，这种一致性可以从几个方向去解释：其一，两个时钟通过同一个机械装置相互连接，两者相互依赖，因此彼此不会有误差；其二，有一个机械师在时刻关注着两者之间的变化，并通过调整来保证它们之间没有误差；其三，时钟的制作工艺极其精密，因此不可能存在误差。当我们把这个比喻运用到不同的实体上去，就意味着实体之间必然产生相互影响。对此，笛卡尔走到了两难的境地。他既不能否认一个显而易见的事实，即两个实体之间的协调一致，特别是人身上的灵魂与肉体的协调一致；也不能赞成另一种观点，即其中一方会对另一方施加影响，因为他的两种实体从其概念上来说是彼此不同的东西。而偶因论者的第二种假设正好解决了这一问题，他们让上帝担任校准师的角色，使两者可以步调一致。然而，莱布尼茨并不以为然，因为他的单子论是一个闭环的存在，在他看来，偶因论者的理论就像是一种因为意外才出现的救星，而这也帮助他用更自然的方式对此作出了解释。于是，莱布尼茨提出了第三种可能性，也就是上帝在创造单子的时候，预先设定好了每一个单子的发展进程和规律。这种理论就是莱布尼茨提出的前定和谐。

斯宾诺莎则选择了一种更简单的可能性，他认为并不存在两个时钟，即不存在被割裂开的两种实体，只有一种神的实体，如此一来，思维和物体世界之间的发展过程能够保持“和谐一致”，就没有什么好奇怪的了，而且也不需要做更进一步地解释，因为两者本身就是一个实体的两种属性，上帝可以让其展现不同的属性，即思维和广延。

莱布尼茨并没有走上斯宾诺莎的这条路，因为这种理论会把莱布尼茨引向斯宾诺莎的泛神论，也就是上帝既存在于世界之外也存在于世界之内，上帝就是世界。作为基督教的忠实信徒，莱布尼茨认为无论在世界之外还是在世界之内，永远只存在一个上帝。所以，前定和谐的理论对莱布尼茨来说尤为重要。尽管他认为这是一个很了不起的理论，但是与斯宾诺莎的理论比起来还是有些不自然，用他自己的话说：“这个体系的形体就像没有灵魂一样地活着，而灵魂也就像没有形体一样地活着，并且使两者好像彼此相互影响似的活动着。”

### 4. 辨神论

显而易见，莱布尼茨的前定和谐说具有很明显的乐观主义心态和特质，而对他这样一个思想家来说，这种乐观主义不可避免地促使他陷入矛盾之中，因为他不可能对世界上的丑恶视而不见。莱布尼茨坚信，上帝创造的世界一定是一个完美的世界，因为这来源于上帝的本性。如果还存在一个完美的、更好的世界，且上帝并不知道这样一个世界的存在，那就与上帝无所不知的特征相互矛盾了。要么上帝还不存在创造一个更好的世界的能力，要么就是上帝并不愿意创造一个更好的世界，但这两种可能都与上帝至善的能力相矛盾。在这个一切可能的世界中最完善的世界上，为什么存在着如此多的痛苦、不完善和罪孽呢？这就是莱布尼茨的辨神论问题。

莱布尼茨为了更好地回答这个问题，他提出了三种恶的方式，即形而上学的恶、物理上的恶和道德上的恶。形而上学的恶本质在于世界的有限性，在上帝的创造下，这是不可避免的；物理上的恶，就是忍受各种痛苦，这是形而上学上的恶所带来的结果，因为所有被创造的都是有缺陷的，导致感觉都是不完善的，所以痛苦和忍受这些不完善的感觉也就必然存在了；道德上的恶也是如此，一个被创造的不完善的东西必然会有欠缺和罪孽，尤其是当上帝赋予它自由之时。

# 第十章　伊曼努尔·康德

1781 年，德国启蒙运动最重要的批判者莱辛与世长辞。同一年，伊曼努尔·康德发表了自己的第一部著作：《纯粹理性批判》。康德的出现，代表着一个新时代的开端，这一时期的西方哲学因为康德而走向了高潮和转折，很多站在康德对立面的学者也不得不承认这一点，而且这样的情形也是史无前例的。

## 一、生平及著作

伊曼努尔·康德 1724 年 4 月 22 日出生在德国柯尼斯堡，父母都是虔信派教徒，这个教派的主要理念就是情感上的纯粹与真挚，且不拘泥于教义。康德在柯尼斯堡的弗里德里克学校学习了 7 年，然而他始终对此兴趣缺缺，他最感兴趣的领域是自然科学和哲学。1740 年，康德进入柯尼斯堡大学，先后学习了神学、哲学和自然科学。之后，为了维持生计，他在柯尼斯堡附近的贵族家里当了 9 年的家教。在这段时间里，康德不仅学习了很多哲学知识，还通达了人情世故。1755 年，他获得硕士学位，留在大学里做编外讲师。15 年后，康德获得讲授逻辑学和形而上学的教授资格，并担任此职位直至生命的终点。康德在大学担任教授的40年里，除了教授哲学与自然科学，还教授过数学、自然地理学、人类学以及自然神学、伦理学和自然法权。

康德自小体弱多病，且身体有一点畸形。孱弱的他为了保持健康，设定了清晰的人生目标，并且严格地过着极其有规律的生活，这让他能够健康平安且平静地活到高龄。康德每天5点起床，然后立即投入工作；早上7点至9点在大学里讲课；9点至下午1点主要从事个人研究工作，他的大部分科学著作都是在此期间完成的；午餐是康德最喜欢且最放松的时间，一般会持续好几个小时，用来接待客人，他接待的客人中，普通市民多过学者；随后，他便一直工作至下班，然后散步，10点钟准时上床睡觉。康德严格遵守自己设定的日程表，并且据说柯尼斯堡的市民可以根据他的活动来校准时钟。

康德主要著作的问世，让他立即名声大噪，这种名气在他活着的时候就已经超越了德国国界。人们纷纷向他表示敬意，但是许多来自柯尼斯堡之外的聘请都被他一一谢绝了。

## 二、自然科学

《纯粹理性批判》发表以前的时期，是康德思想真正形成的时期，这一阶段被称为其思想发展的“前批判”时期。从发表第一部著作至写出自己的博士论文的几十年时间里，康德的作品主要涉及自然科学问题，包括火、火山、自然地理学、风的理论以及里斯本大地震。牛顿物理学是康德的思想基础，因为对他来说，牛顿物理学是精密自然科学知识的典范。

康德在《自然通史与天体理论》中阐述了一种关于宇宙形成和行星运动的理论假说。牛顿计算出了引力对天体的影响，但没有解决太阳系形成的问题，并说人不可能对此做出自然的解释。在他看来，天体的运动来源于两种力的相互作用，即吸引力和排斥力。牛顿认为，关于这第二种力，只能解释说造物主已经赋予天体这种运动规律，使它们在某种程度上能够逃逸太阳的追赶。

康德提出的假说则认为，这两种力其实都可以利用机械论来给出相应的解释。他假设宇宙存在一种原始状态，并且物质最小的微粒均匀分布于空间之内。因为微粒的密度和引力各不相同，所以，在引力的作用下，密度较大的微粒便将密度较小的微粒吸引过去，形成集团。而在运动的过程中，微粒之间相互碰撞，然后改变自己的运动方向，因此会产生运动方向的偏移。从最初混乱无序的运动中逐渐形成一种运动的均衡，从而达到一种最低程度上的相互制约，这也就形成了圆周运动。那些呈圆周运动的微粒一部分被太阳吸引，并围绕太阳旋转，其他微粒组成了行星，它们离太阳越近，密度就越大，体积就越小。

康德试图用这个假说来说明人类并不需要一种超自然的力量来创造，这一切都可以用物质的吸引和排斥的规律加以解释。但是至于最原始的微粒是如何产生的，这就无法用任何自然来解释，只能假设一个造物主，是他创造了物质，并赋予它们力量，使它们有能力从混沌无序的原初状态中构造出一个有秩序的宇宙来。几十年之后，法国数学家和天文学家比埃尔·拉普拉斯在对康德这个理论毫不知情的情况下提出了同样的理论，因此这种宇宙形成的假说就被称作康德－拉普拉斯理论。

康德的另一部著作《物理单子论》，单从名字就能知道他继承了莱布尼茨的单子论概念。宇宙因为最小微粒的运动而形成，这本书则试图更深一层地去确立这个微粒的本质。他将它们的本质定义为“充满空间的力”。换言之，就是物质具有不可穿透性，且本质就是力。也就是这一观点，大大加快了当代物理学的进程。当代物理学对物质的定义就是一种特殊形式的能量，并且通过实践更加清晰地证明了物质能够转化为能量，反之亦然。

康德的第 3 部自然科学著作《论各种不同的人种》，从自然史的角度来替代自然分类，其中的思想也让他成为进化论思想的开创者之一。“自然史……描述的就是地球上的变迁以及造物之间的变化。这种变化是自然的一种必然过程和结果；此外，它还要描述由这些变化而来的原始物种的原始类型的变异。它也许会把许多看上去并不同的物种归为同一个种属，并将今日描述自然的如此详细的学科分类转化成一种方便理解的自然体系。”

## 三、批判哲学

### 1.纯粹理性批判

《纯粹理性批判》是康德最出名的巨制，这本书主要由两部分组成，即先要素理论和先验方法论。先要素论分为先验美学讨论感性的能力和先验逻辑讨论思维的能力，而逻辑又分为先验分析讨论人的知性和先验辩证讨论人的理性。

康德口中的“批判”并不是我们所认为的常规意义上的批判，而是审查、检验和划定界限。人对一切事物的认识都是从积累经验开始的，如果没有事物触动感官，就不会激发人类的励志活动。但是我们又该如何认识事物？从时间上看，经验先存在于认识，但并不代表一切认识都来源于经验。也有可能，我们所说的经验本身就是某种复合物，是我们的印象和自身添加的某种东西的混合。而批判分析必须将这两种分开，必须考察在我们的经验之前是否存在某种东西，也就是我们是否拥有先天的知识，即没有掺杂任何经验成分的纯粹知识。

我们怎样才能把纯粹知识和经验知识区分开来呢？有两种可靠的特性：严密以及必然的普遍性。经验永远也不可能给出严密的必然性，它仅仅告诉我们某物被创造了，但永远不会告诉我们某个事物必然会如此这般被创造。利用经验，我们永远也不会超越一种相对的普遍性，我们只能说：就我们目前所观察的来看，这个或那个定理还不存在例外。倘若一个定理带有绝对的普遍性与必然性，那么它肯定来自先天的认识。这同样可以适用于以下定理：每种变化必然有其原因。休谟已然了解到，一个必然和普遍的定理不会来自知觉。他说：一个定理并不是普遍也不是必然的，而仅仅是一种习惯的产物。康德接着他的话说：一个定理不是必然且普通的，但它同时也不可能来自经验。

自然科学同样包括先天的综合定理。另外，形而上学至少也是通过这种定理而形成的，因为其目的就是想为人们提供超越经验的认识。这样，我们就需要面对纯粹理性批判的主要问题：先天综合判断是如何变成可能的？因为自然科学、数学与形而上学中包含着这样的定理，因此它又涵盖以下几个问题：

纯粹数学是如何可能的？

纯粹自然科学是如何可能的？

形而上学——只要它还被称作科学——是如何可能的？

解决这些问题是一项特殊的科学任务，康德将这种科学称为“纯粹理性批判”。纯粹理性说的其实是那些可以被先天认识的原则。康德之所以说他的书主要是批判，是因为它不是想提供一种完全纯粹理性的完整体系，而仅仅是想对纯粹理性进行批判和判断，对其根源与界限加以规定。为了更好地理解上述的区分,我们还应该搞清楚康德在其中所应用的概念的意义。康德提到的“先验”一词，指的是一种优先于经验的认识形式，这种形式不同于认识的内容和材料。他说：“我将一切与其说是关注于对象，倒不如说是一般的关注于我们有关对象的、就其应当为先天可能而言的认识方式的知识，叫作先验的。”先验哲学其实就是一切纯粹理性原则的体系,先验的并不是指“超越经验的”或“超出一切可经验的”，而是指“先于经验的”。

区分先验感性论和先验逻辑论是通过以下认识展开的，即人的认识有两种来源：感性理智与直觉。这两者都需要我们进行考察，它们在多大程度上包含先天的因素，并且感性要先于理性。于康德而言，“Aesthetik”一词是通过其本意被使用的，换言之，康德使其含有感性意味的那一部分，并不是我们今天通常所说的“美学”，而是“关于感性的学问”。

## 2. 先验感性论

先验感性论就是对感性能力的考察。感性是人类自身固有的一种能力，受到外部事物的干扰和影响。借助于感性，对象被给予我们，且只有通过感性才能让我们有一种最直观的感受。所以，直观就是个别对象的直接表象。知觉向我们提供感觉，而这只是表象的原材料。除此之外，还存在另一种东西，它会整理我们获知的感觉，并且是通过特有的方式来整理的，即在一种空间和时间的统一性中，个别表现并不是原始材料，而是加工后的材料。

人对空间的概念是天生的，空间就是一种形式，我们的外感官的一切现象都是在其中被表现出来的。空间并不依附于对象本身，而是人类将空间与“物”进行了捆绑。人的感官就是如此被设置的，必须有外部东西的影响，我们才能感受到某种东西的存在。

和空间一样，时间同样是先天被赋予的。它是人类内在感官和感性直观的纯粹形式。时间是条件，如果没有时间，就不可能对一切事物有任何经验。

空间和时间以先验的形式存在于我们之中，数学的可能性就是以此为基础的，因为数学只与空间和时间的规定性有关。

几何学研究空间关系。比如说，几何学教导我们，直线是两点之间的最短距离。这是一个综合定理，因为直线概念分析的结果只能是质量而非大小。我们必须借助于直观，但是不需要等待经验，因为我们从一开始就——先天地——在自身之内拥有空间的观念，这就使得我们有可能形成这个先天的综合判断。这就是说，每个人在其自身之内也都具有相同的空间直观形式，几何定理的普遍性和必然性就是以此为基础的。

算术是用来计算的。但是计算基本上也就是计数，即以时间的先后顺序为基础。由于人在自身之内就拥有作为纯粹感性形式的时间，所以算术也不需要借助经验，就能够纯粹以内在的时间直观为基础而得出具有普遍必然性的定理。

## 3. 先验分析论

### 问题

先验分析论就是对人知性能力的考察，康德认为，一切思想和概念都是通过直观而被施加于对象，因此，没有直观的概念就是空洞的。感性为知性提供了最为直观的基本材料，所以，感性和知性是紧密相连的。如果没有知性，纯粹的直观就是“不可理解的”。如果没有了概念，直观就是盲目的。

因此可以说，知性与感性在人的认识历程中是互相影响的。就像感性是按照先天的形式去整理感觉一样，知性如今也开始继续整理感性提供的材料。知性把这些材料变成概念，并将这些概念相结合，最后变为判断。

知性的这种连接行为，其实就是我们所知道的逻辑的对象，此在其创立者亚里士多德那里就进行过详细阐述。这种普遍逻辑从亚里士多德以来，就几乎没有发生过变化，康德也没有对其做出过多的改变，但是康德一直关心的并不是普遍逻辑的问题，即“我”应该怎样才能将这些概念联系起来，以便“我”可以得到正确的判断等等。康德所思考的问题是：我们的知性究竟是怎样获得概念的？我们的知性能够构成概念，这些概念又与某个特定的对象相关联，并与这个对象相一致，而这一切又是如何实现的呢？这正是“认识”的意义所在，也是康德创立的先验逻辑所讨论的问题。

**范畴**

知性思考抑或是连接、联系知觉，有着不同的形式，这种形式是先验的，并不是来自经验，所以被称为知性的纯粹概念或范畴。知性表现在判断里，事实上，知性说的就是判断能力，思维就是判断。所以，思考的方式就是判断的方式，想要发现这种判断的方式，我们必须对其进行分析判断，检查判断所表现出来的形式。所以，通常逻辑就已然做了这项工作，我们到那里去检阅，这是有帮助的。判断的逻辑表能引导人们去感知和发现范畴，判断表中有多少有可能的判断，就会有多少心灵上的纯粹概念或范畴。论述这一课题的那部分逻辑叫作先验分析论。

**纯粹知性概念的演绎**

我们最应该关注的问题其实是先天的范畴，即优先于一切经验且存在于知性中的范畴怎样才可能与经验的对象相关，以使我们可以借着这些先天的形式去认识对象呢？康德通过他的纯粹知性概念的先验演绎对此进行了回答。

让我们把因果性当成例子。经验论者洛克说：当我们发现事件之间存在着某种因果关系时，我们会在其中认识到一种力量，而这种力量是在“实在的”物的中间发挥作用。怀疑论者休谟说：我们根本不可能发现事物之间的因果关系，我们总是可以发觉相继发生的事件。所以，因果性原则根本没有客观有效性，它只不过是一种习惯性的思维方式而已。康德说：所谓因果性原则并非来源于知觉。休谟对此表示认同。换言之，因果性的原则其实就来自于自知性。并且，这对一切经验都有着其有效性。而这又是怎么变为可能的呢？那是因为一切经验都是这样产生的，即知性把它的思维形式铭刻在感性提供的材料之上，显然，我们在一切经验中也必然会遇到这种形式。

就像范畴对感性的先天形式空间和时间并不相适应一样，范畴对物自体来说也不适用。对显现于我们的“物”来说，范畴有着其普遍且必然的有效性。在我们的经验里，无论什么时候都不会出现跟因果性不一致的情况。因为一切经验首先要借助于范畴，并通过塑造，最终才能实现。

**先验的判断力**

在范畴里，我们知道并了解了先天的形式，知性在整理直观材料时就是利用的这种先天形式。但是，知性又是怎么知道这 12 种范畴中的哪一种可以应用于那些繁杂的材料上去呢？知性有着一种可以让其做出正确选择的能力，康德把这种能力叫作判断力。

材料与范畴之间的联系其实就是：所有直观的各种各样的材料都从属于一种普遍的形式，也就是所谓的时间。所以，每一种范畴都对应着一个时间的图形。当然，这仅仅是表达了判断力的功能。

### 自然科学的可能性

关于批判的第二个基本问题就是：纯粹的自然科学是怎样变为可能的？关于这个问题，我们可以通过先验分析论找到答案。这与纯粹数学能变为可能的一样，纯粹自然科学也是可能的。

我们将现象的贴合规律的秩序叫作自然，把这种规律称为自然规律。但是自然之所以有着贴合规律的合理性，主要是因为人类的知性可以将现象按照蕴涵于其中的规则相互联系在一起，自然规律的制定者是人。因为“制造”（虽然不是“创造”）自然来源于人类的思想，因此可以说，并不是我们的知识去依照对象，而是对象去依照我们的知识。

康德的这种观察结果其实等于一次革新，其作用一点也不亚于哥白尼对天文学的影响。康德自己就以此作为例子，说：“人们向来都认为，我们的所有知识都必须依靠对象，但是通过这种假设，想通过概念去构成这些对象的东西并以此扩展我们知识的一切尝试，最终都以失败告终。因此，我们为什么不去试试，当我们的假定对象必须依靠知识的时候，我们在形而上学的任务里是否会有更好的发展呢？这一假定也许将更好地与所要求的可能性，也就是对对象的先天知识的可能性相一致，这种知识应当在对象被给予我们之间就对对象有所断定。这里的情况与哥白尼最初的观点是同样的，哥白尼在假定全部星体围绕观者旋转时，对天体运动的解释已经无法顺利进行下去了，于是他试着让观察者自己旋转，反倒让星体停留在静止之中，看看这样是否有可能取得好的成绩。”

### 4. 先验辩证论

接着我们开始讨论并尝试回答批判的第 3 个问题，即（作为超越感性的科学的）形而上学是如何可能的？这个问题的答案肯定是否定的，也可以说是具有毁灭性的。作为必然且普通性的知识的科学的界限，也就是可能的经验的界限，我们是被困在现象世界之中的。但是：“人类的理性在知识的某一类里有着一种特殊的命运，就是：它会为一些它并不能摆脱掉的问题所困扰，因为这些问题是通过理性自身的本性向本身提出来的，但是它又无法回答它们，原因就在于这些问题已经超过了人类理性的一切能力。”人的身上有一种无法抑制的欲望，它试着去超越时空中的现象世界。什么是灵魂？什么是世界？什么是上帝？如果我们想得到一种令自己满意的回答，或者是满意的人生观的时候，我们就必须把这些问题撇到一旁。对此，我们的理性又是怎样行为的呢？大自然是不是给了我们在追求东西时永远也填不满的欲望呢？

康德的先验辩证论其实已经非常接近这个问题了（只是接近了这个问题，因为他并没有详尽地回答这个问题，这已经超出了理论理性的范畴）。如果说我们说过，应该把“理性”和知性分开对待，那么现在需要再补充一点，即这里的“理性”只是狭义上的概念，与这部著作的题目中的“理性”有所不同。后者提到的“理性”包括人的一切心灵和精神上的力量，而这里的“理性”仅仅是指“理念的能力”，而两者的区别就在于作为直观能力的感性和作为概念能力的知性。

通过以前阐述过的，我们并不会错误地认为康德与柏拉图口中的“理念”有何不同之处。康德曾确切地表明，柏拉图敢于把自身放在理念的空中楼阁之中，虽说他在那里不再可能找到支撑。

理性在知性与感性之上构造出一个更高的楼阁，根据他们逻辑的应用（首先还将理念排除在外），得出理性是“推断的能力”，知性则生产出概念，并将判断和概念相互联系在一起。理性把判断与结论相互连接，可以从一个或多个原理中推导出一个新的原理。理性的这种连接活动的结果到底是什么呢？这就和知性可以将五花八门的直观材料整理为概念一样，理性也可以将概念和判断的五花八门的材料重新结合起来。换言之，理性可以在我们的知识里建立起一种更为广泛的统一性。

通过理性的这种统一活动，可以产生出一种完完全全的愿望，它不仅仅想把多样性变为相对的统一性，并且还想建立起一个完完全全的统一性。理性将要追求一种绝对物，这种追求是受某种“起主导作用的理性概念”引导的，它就是理念。

康德也称理念为“调节性的原则”，意思就是和知性感召感性一样，理性也有着类似的引导性。两者之间的区别在于理性只赋予了知性应该如何行为的规则，因此它是“调节性的原则”。

那么，都有哪些理念呢？它们又是怎样产生并作用的呢？就像判断形式表所体现的那样，存在 3 种有可能的关系，它们把定律联系到一起，并相互适应。理性也发展出了 3 种理念，通过范畴的绝对联系，发展出一种作为我们一切观念的基础的思维主体的绝对统一，也就是所谓的精神理念，也可以称为心灵理念。

通过假设在有条件的联系中发展出一种愿望，它企图通过有条件的现象的无限系列到达这种所有现象的无条件的统一，也就是到达宇宙理念，抑或是世界理念。通过对立的、排斥的关系发展出一种一切思维对象的绝对统一的理念，一种最高本质的理念，就是所谓的神学的理念，抑或是上帝的理念。关键在于，这些理念只不过是应当如此的原则，它们似乎是在我们的认知中设立了一个非常高远的目标。所谓心理理念，就是应该把一切精神现象相互联系起来，似乎它们建立在一个统一的基础之上。所谓世界理念，就是应该把一系列有条件的现象相互连接在一起，似乎世界就是建立在一个无条件的同一性之上。上帝的理念于“我”而言，应该这样想：似乎一切的存在物都有一个最初的有其必然性的原因，同时也都有一个神性的创世者。通过这 3 条道路，我们应该努力让自己在整个认识里达到一种系统的统一性。

在这个领域里，纯粹理性批判仅仅可以做到这一点。它说明，所谓理念，只不过是在思想上有可能。换言之，它其实并不包括内在的矛盾，抑或说当我们在运用理性时，必然会得出这样的结果，但是我们无论如何也不能将认识与思维混淆，并且也不要认为一种可能的经验可以与它们相符合。

不过，人很容易受到这方面的引诱。假如他屈服于这种诱惑，那么理性自然会陷入无法解决的矛盾之中（二律背反），就会变成“辩证的”甚至是“诡辩的”。康德费尽心思地试着去说明，这样所产生出来的矛盾是根本无法解决的，尤其是当问题进入神学理念之后，以及当神学总是企图重新通过理性去证明上帝存在的时候。但是，我们既不能用理性去否定上帝的存在，也不能用理性去证明上帝的存在。其他理念皆是如此。

那么，我们应该怎样对待形而上学中所获取到的所有知识呢？康德说：“因此我不得不将知识束之高阁，为的就是给信仰腾出足够的空间。”也就是说，康德为理论上我们所说的理性规定了一个界限，而这个界限恰好处在可能的经验知识终止的地方。对于超出这个范围之外的事情，理性就束手无策了。这就是说，理性并不可以证明一般的形而上学的理念，比如自由、不朽和上帝（于康德而言，这一切恰好就是他研究的目的），至于其他一切，都是达到此目的的一种手段而已，但是理性也不能反驳它。因此，这就为信仰留出了地盘。

“但是，人们也会说，这不就是纯粹理性超越经验界限之我们所能看到的所能达到的一切吗？除了这两个信条就没有别的了吗？这些事不需要向哲学家们请教，就连普通知性也做得到的啊！然而，你真的盼望有这样一种涉及一切人类、应当超越普通知性而只由哲学家揭示的知识吗？你所责备的这一点，正好是前述主张的正确性的最好证明，因为这揭示出人们一开始不能预见到的事，即大自然在人们无区别地关切的事情中，并没有在分配他们的禀赋上有什么偏心的过错，而最高的哲学在人类本性的根本目的方面，除了人类本性已赋予哪怕最普通的知性的那种指导作用外，也不能带来更多东西。”

## 四、伦理学

《纯粹理性批判》让康德名声大震，他不仅仅是一个理论家，还是一个真正的哲学家。人是一种有思想的动物，会在理论和实践上利用理性，并付诸实践。而在《道德形而上学的基础》这本书中，康德就对这个问题进行了详尽地探讨。

### 1. 自律与他律

人类的做事标准是什么？我们的意志由什么决定？要么我们的意志深居于我们自身，是由居于我们的理性之中的法则所决定的，这种情况下的理性是自律的；要么意志来源于外在的我们，是由外在于我们的理性的某种东西所决定的，这种情况下我们的意志就是由一种异己的规律所决定的（即他律）。康德认为，如今的哲学都走向了一个误区，即试图将伦理学发展成为一种关于正确行为的学说，却在自身之外去寻求意志的根据。哲学家们将至善作为最高准则，说它是“幸福”，是“完善性”，并试图将人类引向一条至善的道路，而这就是所谓的他律。通过这种方式，我们不可能获得普遍必然的有效原则。至于人如何才能真正追求到至善，这其实是一个关于经验的问题。

### 2. 准则与法则

我们只有通过理性才能获得真正普遍有效的原则。理性能力的批判考察，是通过实践理性批判的，由此我们会发现，我们的理性中存在着不同的基本原则，而这些基本原则是以决定我们的意志为目的的。

康德对准则的定义是：只决定个别人的行为的原则。也就是说，当我们决定做一件事情的时候，这只涉及我们自己，而与他人无关。与此不同的是那些决定每个人意志的原则，康德称之为实践法则。

### 3. 假言命令与绝对命令

理论理性具有一种强迫性质，它会说：理应如此。实践理性则有一种倡导性质，它会说：应该如此。它只是倡导，而不是强迫。它就像是一道命令，我们既可以执行，也可以不予理睬。而康德的实践法则就是命令。

这种命令既可以是有条件的，也可以是无条件的。与之相对的另一种定理，即绝对命令，则是无条件的、绝对的。但是，我们能找到一种绝对的命令吗？一切能够使一个对象成为决定意志的根据的原则，都不可能产生出普遍有效的实践法则。倘若对一个理性动物来说存在普遍的实践法则，那么这种法则也只能是这样的原则，即它所包含决定意志的根据不是由客体或物质对象决定的，而是由纯粹形式决定的。

于是我们就找到了一种伦理学中的基本原则，且普遍有效，即赋予你的意志以普遍立法的形式。如此，就得出了实践理性的基本法则。“要这样行动，使得你意志的准则任何时候都能同时被看作一个普遍立法的原则。”

这一法则因为有着纯粹形式的特点，因而适用于任意一种东西。当我们极度渴望拥有一样东西时，就会犹豫应不应该从别人手中抢过来，这时就要问一下自己：我能够渴望所有人都去偷盗吗？如果是那样，那么每一种私有财产，包括“我”所追求的财产，都是不可能的。当“我”在某种特定的情况下对是否应该说真话感到左右为难时，也只需问一下自己：我能够希望所有人把说谎当成他们的原则吗？

在这里我们必须避免产生一种误解，即康德并不想“独创”或者“设立”一种道德原则，他并不想把绝对命令的要求强加于人，而只是在考察我们的实践理性的工作方式，并且发现这种绝对命令就是一种普遍原则。只要我们能够倾听自己心中的良心的声音，并试图传达良心的纯粹的原则，那么每个人在任何时候都能够和康德一样发现相同的原则。

## 4. 自由

虽说我们不需要遵守普通的道德法则，即绝对命令，但是我们应该遵守它。那么，我们能做到吗？只有当我们自由地、发自内心地去遵循这样的绝对命令时，这种命令才具有意义。如此，实践理性会迫使我们把意志自由看成一种令人信服的东西。

如果说一种法则的纯粹形式并不是感性的对象，那么它也不属于现象世界。如果一种意志可以由这种纯粹形式所决定，那么这种意志必然也会独立于现象世界的法则，独立于因果律。一种可以由这种法则所决定的意志必然是自由的。这听上去让人觉得意志自由似乎是全然贴合逻辑的衍生物，却会因此产生一种后果，那就是它最初看起来可能是矛盾的。举一个实际的例子：一个人去偷盗，盗窃的外在行为属于现象世界，促使盗窃行为产生的意志冲动、动机、情感，同样属于现象世界，它们通过时间的形式显现出来。在现象的范围中，一切都是符合于因果律的，一个时间先于事物是（在时间上先于它的）另一事物的必然结果。因为我们对已消逝的无可奈何，所以对导致某种行为产生的原因同样无可奈何。然而事实上，无论哪种行为，其实都可以通过它外在和内在的精神条件“作解释”，换言之，就是凡事都有前因后果，是必然会发生的。但是道德法则说：我们要放弃盗窃行为。只有当盗窃行为被丢弃，当偷盗者可以自由地选择偷或不偷的时候，这才是有意义的。在自由与自然机械论之间，这种表象的矛盾怎样才可以在同一种行为里得以解决？我们肯定记得康德在《纯粹理性批判》中所言：因果律只对那些受时间决定的事物有效。换言之，就是只对作为现象的事物有效，而这同样适用于行为主体。于物自体而言，因果律其实是无效的，而这也适用于行为主体。如果人也把自身看成一种物自体，他就会把自己的存在看成是不受时间约束并且也不服从于因果律的。换句话说，在我们的道德行为里，我们超越了作为现象的物的范畴，从而来到一种超越感性的世界。在这个世界中，我们是自由的，并且道德律的要求也是正当的。

### 5. 善与恶

人应该怎么做，这其实不属于“善”的范畴，而属于道德律的范畴。道德律会告诉人们应该怎么做，之后才能产生善的东西。善属于道德意志，“它可以毫无节制地被认为是好的，只有好意；除此以外，无论在哪里，不管是在世界以内还是以外，都无法想出什么其他东西来。”这是由个体内心的态度所决定的。一个人帮助另一个人，是因为他喜欢那个人，或者他认为他被期望如此，并且他所为的也是道德所求的，他的行为具有合法性。但是这种行为并不是来自义务，而是出于其他动机，他的行为缺乏道德性。

## 6. 义务与爱好

“义务，你这崇高伟大的威名！”康德在这句名言里对义务给予了极大的赞赏，而这种热情在康德这里是极其少见的。道德律的崇高表现在：我们属于被强迫的，我们的行为并非来源于我们的爱好，抑或说是与我们的爱好相背离的，而我们的行为纯粹来自道德绑架。

## 7. 结论

只有当我们穿越了康德的实践理性与纯粹理性王国以后，我们才可以真正了解到康德在《实践理性批判》的卷尾里的那些话的真正含义。人属于两个世界的公民，在现象世界中，他是什么、做什么，都属于必然关系里整体世界中的细小的组成部分；与此同时，又属于一个超越时空与感性的崇高的自由王国。“有两样东西，人们越是时常在心里对其思索和探寻，内心就越是充满了与日俱增的敬畏与惊奇：我头上的星空以及内心里的道德律……前面那些堆积了无数的景象似乎在取消了短时间的生命力之后，又不得不将其形成那种物质并还回于这个星球。反之，后面的这种景象则将我作为一个理智者的价值，经过我的人格被无限地提升了，在这种人格里，道德律向我展现了一种不依赖于动物性、甚至不依赖于整个感性世界的一种生活。”

# 第十一章 浪漫主义与德国唯心主义

浪漫主义思想运动开始于18世纪末到19世纪中期，属于启蒙运动的对立面。直至今日，这种思想观念依然有着很大的影响。浪漫主义最开始以过分强调理性和其普遍概念来反对启蒙运动，并且推崇情感，主张想象力，有一套属于自己的美学标准。德国的唯心主义虽然在许多方面都站在浪漫主义的对立面，但两者之间也相互影响着。事实上，浪漫主义与唯心主义并不是严格意义上的思想体系，而是一些哲学家的思想倾向或表现。

## 一、费希特

### 1. 生平及著作

费希特说一个人选择什么样的哲学，取决于他是什么样的人。这句话适合每一个人，也适合每一个哲学家，尤其适合费希特本身。同时代的人评价费希特“着魔似的费希特狂热地相信意志的创造力”，费希特本人也不厌其烦地告诉周围人他的价值观。他说他的世界只有一种需要，那就是行动，即在自我超越中发挥自己的创造力。

约翰·高特利普·费希特于1762年出生在德国上劳塞茨的拉门瑙，因为家境贫寒，所以上不起学。幸而一位贵族因为赏识费希特的才华，资助他进了普夫塔学校，后来又资助他去耶拿和莱比锡读大学。这位贵族去世以后，费希特就断了经济来源，于是迫于生计做起了家教，勉强糊口。窘困的生活让费希特一度产生了厚重的绝望感，因而萌生了自杀的念想。但好在有人在这危急时刻给费希特提供了一个在苏黎世工作的机会，于是他立即动身，徒步前往。两年后，重返莱比锡的费希特因为一次偶然的机会，接触到了康德的哲学，于是开始潜心研究其思想。康德哲学让费希特在穷困的生活中找到了人生的光亮，让他觉得自己是这个世上最幸福的人，于是他立即做了一个决定：前往哥尼斯堡见康德。

为了得到康德的青睐，费希特在几天之内写了一篇论文《试论一切天启的批判》。康德看完这篇论文后，十分欣赏费希特的才华，于是帮他发表了这篇论文。因为论文是匿名发表的，导致大家一度以为这篇论文是康德所写，所以康德公布真相以后，人们都很震惊，费希特也就一举成名了，他收到了耶拿大学的聘书。但是，费希特在耶拿大学工作没多久，就因为一篇无神论者的论文《论我们对神圣的世界秩序的信仰的基础》受到了宗教协会的批评和指责。因此，费希特去了柏林，从此开始全心全意地为普鲁士效力。

费希特被认为是历史上最杰出的演说家之一，和其他著名的演说家一样，费希特同样是通过勤奋努力才走上一个个巅峰的。他在柏林举办的演讲一度轰动了全城，当时的奥地利使臣梅特涅侯爵就是他最大的听众。1806 年，普鲁士战败之后，费希特跟随国王去了哥尼斯堡，后来又去了哥本哈根。1807 年，费希特回到柏林，而此时的柏林已经被法国人占领。第二年冬天，费希特在柏林发表了他的著名演说《告德意志民族书》，带着满腔的热血号召全部德意志民族进行一次道德革新。和康德一样，费希特一开始对法国大革命也是热烈欢迎的，并且早在 1793 年就发表了一篇文章《向欧洲各国君主索回他们迄今压制的思想自由》，这已经充分说明了他的这种立场。然而，他演讲大获成功后的果实被戴上皇冠的拿破仑抢走了，并且拿破仑试图称霸整个欧洲，种种行为让费希特失望之极。于是，他在自己的演讲中当着法国监视者的面大声呼吁德意志民族奋起反抗拿破仑的统治。

1809 年，费希特在新创立的柏林大学任教，解放战争开始后，他曾鼓励自己的听众投笔从戎，他自己也一直希望成为一名随军宣传员，却始终未能如愿。不过，年过 50 的他最终还是志愿参加了陆军训练。1814 年，费希特死于伤寒，这个病是在野战医院做护士的妻子传染给他的。

费希特的著作有：《一切启示的批判》（1792）；《论知

识学或所谓的哲学的概念》《全部认识学的基础》（1794）；《天赋人权的基础》（1796）；《伦理学体系》（1798）；《人的使命》（1800）；《达到幸福生活的体系》（1798）；《人的使命》（1800）；《达到幸福生活的途径》（1801）；《对德意志民族的讲演集》（1808）。

### 2. 费希特哲学的基本思想

费希特的哲学体系基本都包含在他1794年发表的《论知识学或所谓的哲学的概念》和《全部知识学的基础》里。“知识学”的概念与康德的“超验哲学”大致相同，而费希特也称赞过康德的“超验哲学”，说它具有划时代的意义。“知识学”的研究对象是具体事物，哲学的研究对象则是知识。所以，哲学是科学的科学、知识的知识，因此叫它“知识学”。

在费希特看来，只存在两种前后一致的哲学体系。哲学所要解释的是对事物的观念，也就是经验的东西。从事物中推导出观念，因而产生一种感觉论或唯物论。相反，从观念中推导出事物，便产生了唯心论。至于一个人会怎么做，取决于他的个性。如果一个人是独立的，且具有极强的实践能力，具有积极主动的进取心，他就会选择唯心论。由此，费希特会选择哪一条，就不言而喻了。

于费希特而言，唯心论属于纯粹理论中唯一一个前后一致的思想体系，即如果我们从事物的存在出发，那就永远也解释不了为什么会存在意识。但如果从思想出发，我们就可以从思想中推导出我们对事物的观念以及我们的经验。

费希特哲学的第一原则和他的知识学的出发点就是思想的主体性，即“自我设定自身”。这就是说：自我是自身的依据，自我设定自身。对费希特而言，世间万物的起始点是有为、是行动。对自身的思考是哲学的开端，由此产生理性，而理性就是具有创造力的行动。

虽说费希特很崇拜康德，但他对康德提出的理论理性和实践理性并不满意。康德称两者都为“理性”，并解释理性本来是个统一体，两者属于同根共生的。特别是在判断力批判中，实践理性优先于理论理性。然而费希特是一个彻底的唯心主义者，他认为理论理性其实也是一种行动。

然而经验又从何而来？费希特认为经验源自自我本身。但是，常人眼中会感受到经验来自一种神秘的力量，而这种感受到的陌生的、外在的、非我的东西就是物自体，这也正是康德的物自体的观点。但是费希特并不认同这一观点，他认为原始的自我表现是一种无意识的自我表现，更确切地说，是一种前意识的、自由的和无理由的过程。如此，自我就在我们的内部创造了一个非我，一个陌生的对立物。但是何以至此呢？自我又为什么不能孑然一身呢？对于这个问题，回答的方向必须只能从理论着手，而非从实践上依据传统观念予以回答。自我内在最本质的东西就是纯粹且无休止的行动，这是最开始就有的。只有当自我遭遇阻碍，它才能充分展现出自己的能力。由于在它自身之外再无其他东西存在，所以必须创造出一个可以体现自身价值的对象。自我内心所设立的障碍，是为了让我们自身从上面跨过去，并以此来体现价值。非我是被设定的，以便于使工作和斗争成为可能。

费希特最开始仅仅是想弄懂康德的哲学，但当他真正把这个事情搞懂的时候，却已经开始走上了另外一条路了。如果说费希特是一个康德主义者，那么他肯定属于最特殊的那一个了。

## 二、谢林

### 1. 生平及著作

弗里德里希·威廉·约瑟夫·谢林于 1775 年出生在德国莱昂堡，他的父亲是一个牧师，心智早熟的谢林在 15 岁时进入图宾根大学神学院学习，并结识了同乡荷尔德林和黑格尔，他们一起研究神学和古希腊罗马文化。除了康德以外，费希特也成了年轻的谢林很是关注的一位哲学家。费希特发表《知识学基础》的时候，20 岁的谢林也写出了几篇类似的文章，并且他的文章比费希特的更加完善。其实，那时的谢林已经和费希特发生了思想上的分歧，因为相比起费希特，他更钦佩的是斯宾诺莎的思想。

谢林在莱比锡逗留了较长时间，在这里，他对自然科学的认识突飞猛进，而这也成了他与费希特彻底决裂的导火索，因为费希特对自然科学几乎没有太多的认识。谢林迅速学习了化学、电学、生物学和医学等方面的知识，并将这些自然科学融入自然哲学体系之中，写出了《关于自然哲学的一些观念》和《论宇宙精神》，这两本著作引起了歌德的注意。23 岁时，谢林被聘为耶拿大学的副教授。

在耶拿，谢林与浪漫派诗人和思想家组成的小圈子交往甚密，其核心人物是弗里德里希·施勒格尔和奥古斯特·施勒格尔两兄弟、蒂克和诺瓦利斯。谢林和比自己大 12 岁的离过婚的卡罗琳娜·施勒格尔结了婚，之后便热情参与到这个组织里进行精神上的交流。他既是一个倾听者、学习者，又是一个慷慨的授予者。因此，谢林甚至可以被看成是德国真正的浪漫派哲学家。在耶拿，谢林发表了《自然哲学体系草案》《先验唯心主义体系》《我的整个哲学体系的阐述》和《论学术研究方法讲演集》。通过这些著作，可以看出谢林深受自然科学和浪漫主义的影响，并且他已经彻底地背离了费希特，形成了个人的世界观。对哲学史来说，他关于自然哲学的思想仍然是他全部著作中最为重要的部分。

从沃尔茨堡到埃尔朗根，再到最后的慕尼黑，谢林在思想上已经离他最开始接触的康德和斯宾诺莎越来越远，但是他的大学同学黑格尔对他极为赞赏。第一任妻子离世后，谢林就逐渐远离了以前的社交圈，这一时期对谢林影响最为深刻的是天主教思想家弗朗茨·封·巴德尔。

巴德尔是一个医生，也是地质学家、哲学家和神学家，他是精神运动的领袖人物，康德的主要对手之一。他们反对启蒙运动，反对康德割裂知识和信仰，倡导神学与哲学的融合，并要求无条件地向基督教信仰回归。从巴德尔的著作中，可以看出他并不是纯粹简单地主张宗教的复归，并不是让宗教重新取代科学，让哲学再次回到神学奴仆的身份。对他来说，科学知识的进步会对宗教产生威胁的观念是错误的，同样，那种认为离开宗教教义就能获得真正的哲学的观点也是一个巨大的误区。真正的道德并不是通过人的独立自主而建立的，思想和道德法则必须以上帝的法则为基本准则，人的思想和知识仅仅是上帝的思想和知识的一部分。因此，在政治上，巴德尔坚决反对法国大革命。他的理想就是一种普遍的，即天主教的、跨国界的、教会国家的大同社会。这样，巴德尔在政治上就与欧洲的保守势力站到了同一条战线上，他们极力反对革命，反对社会变革。

谢林所沉迷的精神世界是法国人路易·克罗德·德·圣马丁的具有浓厚宗教色彩和神秘主义倾向的精神世界，通过他，谢林又接触到了雅各布布·波墨的著作。谢林的《关于人的自由的本质的哲学研究》和《宇宙年龄》都带有神秘的宗教色彩，这也成为后来谢林思想的主要特征。他后期的哲学则是一种“神秘和启示的哲学”。

1841 年，弗里德里希·威廉四世作为一个浪漫主义者，将年迈的谢林以被上帝选中的被赋予历史使命的哲学家的身份请进了王宫，想通过谢林的智慧、经验和人格魅力来提升自己。换句话说，他想让谢林与当时在柏林思想界占统治地位的黑格尔相抗衡，但结果不尽人意。最后，谢林失望地离开了讲坛。

因为谢林的思想具有多面性，所以许多截然不同的思想流派都能在谢林这里找到某种理论和根据，例如生命哲学、存在主义以及马克思主义等。因而，人们常常称他为自己的思想鼻祖。

### 2. 思想体系

耶拿时期谢林的思想体系被称为同一哲学，这种思想是费希特和谢林之后与黑格尔之间的一种纽带。在完全丢弃了康德“自在之物”的费希特那里，“自然”不是完全独立的，它只是自我的产物，自然之所以会存在，是因为我们需要一个可以实现自我的对象。谢林则将这种关系颠倒了过来。在他看来，不是自然是精神的产物，而是精神是自然的产物。

哲学的任务是求知，是解释客体与主体之间的同一问题。而自我和精神是如何在自然中成为可能的？那唯一的可能性就是自然原本就是精神，是我们精神的精神，现实和理想。而这从某种意义上来说就是统一的。

我们如果想从自然的角度去解释精神和一切生命的存在这个问题，就必然不能把自然看作是一种机械的东西，一种仅仅是原子的聚合物，而是应该将其看成一个整体，其内在的本质就是一种充满活力的原始力量。

自然是一种永恒的活动。所谓的原始力量显现在个别现象之中，其表现形式分为两种，即客体与现实占据优势和主体与理想占据优势。通俗来说，就是狭义的自然和精神与历史。狭义的自然其最终结局必然是僵死的物质，而精神和历史最后的结局则是神在艺术和哲学中的自我实现。因为这两者不存在对立的关系，而是同一的，所以任何个别现象中都会出现不止一种情况，区别只在于这些情况的多少。

在德国的精神历史上，谢林不只对自然科学领域，对艺术领域的思想都产生了极大地、积极地推动作用。当然，这种思想成就并不只来源于谢林，它也可以追溯到斯宾诺莎身上。

谢林在美学方面的思想，更加能够凸显出他富于浪漫主义精神的思想。对谢林而言，艺术可以更好地融合世界和自我、现实与理想、自然的无意识和有意识之间的关系。我们无法只依靠理论就认识到这种和谐，这种精神与自然的和谐统一我们最多只能通过理智的直观去领悟。但艺术作品是由人的意识创造出来的，是一种自然的无意识的创造冲动的结果，所以能够完美地表达出这种和谐的统一，同时也证明了同一哲学的基本思想。

因此，艺术是哲学真正和永恒的工具，并且也是哲学的证明材料，它会不停地提供哲学所不能提供的证据，即通过有意识的创造来表现出无意识的自然的同一性。

艺术是哲学家所能达到的最高境界，因为艺术彰显了其至高无上的魅力。如果自然是一首美妙且神秘的诗，那么我们想读懂它，就必须经历精神上的艰难险阻，因为它总是行踪诡异，逃避追踪。通过感性世界观察我们梦寐以求的幻想世界，也就只能如同通过知觉语言或通过扑朔迷离的雾霭观察世界一样。

## 三、黑格尔

### 1. 生平及著作

乔治·威廉·弗里德里希·黑格尔于 1770 年生在德国斯图加特，与谢林、荷尔德林一样，同是施瓦本人。3 人都学习哲学，尤其是古希腊罗马哲学，并且都对法国大革命抱有极大的热情，因此在图宾根大学神学院成为盟友。黑格尔对古希腊文化的热爱占据了他的一生，相比起年轻且很有天赋的谢林，黑格尔一开始并没有那么引人注目，但是持之以恒且刻苦钻研的性格让他一步步走上了神坛。通过很长时间的学习，黑格尔才认为自己的思想已经成熟，并且可以公开发表了。总的来说，黑格尔著作中的基本思想，比谢林的反复无常平稳且统一得多。

黑格尔在法兰克福和伯尔尼当了几年家庭教师，直到父亲去世后给他留下了一笔遗产，他才有能力去追求自己的人生目标。通过谢林的推荐，他在耶拿大学取得了大学执教资格。与此同时，席勒在耶拿当历史学教授，费希特和谢林讲授哲学，浪漫主义的主要人物蒂克、诺瓦利斯、施勒格尔也都以耶拿为活动中心。换句话说，耶拿就是当时德国的文化中心。不过没多久，随着柏林大学的崛起，耶拿大学便逐渐褪去了它往日的光彩。

黑格尔于 1801 年到 1806 年期间在耶拿大学执教，与谢林的关系十分密切。1806 年，普鲁士在耶拿战役中战败，那时的黑格尔刚刚完成了著作《精神现象学》。为了躲避战乱，他离开了耶拿。

此后，黑格尔做了一段时间的编辑，然后在纽伦堡做过一段时间的中学校长。期间完成了他的第二部著作《逻辑学》，赢得了海德堡大学的哲学教席。在海德堡，黑格尔写出了《哲学全书》。

几年之后，黑格尔应邀前往柏林。普鲁士早就吸引了黑格尔，在就职演说中，黑格尔就强调普鲁士可以通过自己在精神方面的优势，与其他各国列强分庭抗礼。黑格尔在柏林获得了很高的威望并产生了广泛的影响，虽然他的讲座并不那么完美和顺畅，但是国家的首脑们还是被他深深地吸引了，黑格尔成了“普鲁士的国家哲学家”和公认的德国哲学领袖。

黑格尔不仅讲授哲学的基本原理，还讲授法哲学、艺术哲学、宗教哲学、历史哲学和哲学史。黑格尔的著作有：《精神现象学》（1807）；《大逻辑》（1812—1816）；《哲学全书》（1817）；《法哲学原理》（1821）。

### 2. 思想体系

黑格尔哲学的一般特征就是辩证法，他不仅把辩证法看成是一种逻辑学，一种思维形式，还把辩证法看成是一种本体论和形而上学，看成是现实世界的自我运动的真正形式。

黑格尔在青年时期写出了《费希特和谢林思想体系的区别》，其中就孕育了他哲学的萌芽。他将费希特以主体出发的哲学看成是主观唯心主义，将谢林在自我中见到自然、在自然中见到无意识的创造精神的同一哲学看作是客观唯心主义。而黑格尔本人并没有遵循两人各自的观点，而是寻找一种和谐的中间态，走一条综合之道。继主观唯心主义和客观唯心主义之后，黑格尔提出了绝对唯心主义，认为在主观精神和客观精神之上高高站立着绝对精神。

其实，谢林也曾经以为自己能够达到一种“绝对”的观念。对此，黑格尔通过两方面对谢林进行了指责。他认为，谢林只满足于天才拥有的理智的直观概念的基础之上引入绝对物，而并没有说明精神是如何根据辩证的原则一步步走上绝对位置的。在谢林关于自然和精神对立的思想体系中，黑格尔显然更偏重于谢林的精神层面。于黑格尔而言，整个世界的进程是精神的自我发展，而哲学的任务就是在思考中观察这个自我发展的过程。

通过辩证法的原则，这种自我发展有 3 个阶段，而哲学的结构正是由此决定的：第一阶段，世界精神处于一种“自在的”状态，其哲学原则是逻辑学；第二阶段，世界精神处于“自我显现的”“自我异化的”和“他在的”状态，其哲学原则是自然哲学；第三阶段，也就是最后阶段，精神又从自我显现中返回到自身，精神处于一种“自在自为的”状态，与此相适应的就是哲学的第 3 级，精神哲学。

### 3. 逻辑学

黑格尔在他的《逻辑学》中表示，这本书的内容是对上帝的阐述，表达出上帝在创造自然的过程中，永恒的本质是怎样的。黑格尔所说的逻辑学和传统概念里的逻辑是截然不同的，作为思维的形式和规律的逻辑学仅仅在黑格尔的逻辑学里占据了一部分，而作为整体的逻辑学并不是单纯地考察人类思想的形成，它是为了考察精神、理念和无限而存在的。

概念、逻辑原则、范畴不只是思维法则，还是客观实体，它不仅包含了思维结构，还包含了宇宙的逻辑结构。然而这也只是一种结构框架，因为它们只是要表达出宇宙的本质，只是作为一种思维的东西。但是，当我们从一个概念中推导出另一个概念时，我们并不是从自身中构建出这个概念，我们仿佛只是旁观者，只是跟随着这个概念的自我发展，就如同一个研究自然的科学家只是客观地旁观自然形态的自我发展，或者一个历史学家只是客观地考察历史进程的自我发展。

黑格尔以前后一致的原则作为出发点，严格且细致地发展出了他的逻辑学。这种逻辑的出发点是最普通的，同时也是最为空洞的概念，那就是“存有”。“存有”是什么？目光所及，皆为特定的存有。然而，一种能消除一切规定性的存有从根本上说就是虚无。它不是一种真实的东西，而只是一种一般的思想，也就是“无”。从“有”到“无”，黑格尔走得更深、更远，并发展出一套属于自己的完整的概念，直至最高的概念，即所谓的“绝对精神”。

### 4. 自然哲学

天性使然，黑格尔不会走向外在的自然世界，通过他的研究方向以及个人的理念可以看出，他更关注的是精神层面的研究，对人类本身及其社会和历史的探索。换句话说，黑格尔所侧重的好似今天所称的与自然科学相区别的人文科学或文化学。而康德不同，他会沉浸在绝美的自然风光和灿烂的星空下冥想，表现出一种对大自然极为崇敬的态度。

所以，自然哲学成为黑格尔最为薄弱的一面。在这里，他仍然承袭了谢林的思想。虽说谢林并不是一个经验主义的自然研究者，但是因为他在自然科学方面有着相当渊博的知识，因此在某些结论上，谢林都会保持着一种严谨的态度。此外，黑格尔还是一个非常喜欢建立体系的人，他总是试图从一个原则出发推导出一切。所以，毫不奇怪，当经验现实与他预先设定的体系不相符合的时候，黑格尔就不惜削足适履了。而且，他还站在自己的哲学立场的高度，甚至居高临下地蔑视那些拘泥于经验现实的人。

尽管如此，自然哲学在黑格尔的思想体系中仍然不可或缺。自然是与“自在存在”相对的一个“他在”的世界。所谓自在，是逻辑学或者数学的一个概念，它是一种绝对的、无条件的、无限和永恒的东西。而所谓的“他在”，是观察一个处在空间中的点本身，是毫无意义的。而当从这个点出发去观察其他时，它与这些点并没有什么区别。唯一能确定的就是它的处境，即它与其他点的关系。而这就是它的意义所在，即“他在”。

## 5. 精神哲学

高于自然的精神世界的精神哲学也被划分为 3 个阶段，即主观精神、客观精神和绝对精神。

主观精神主要研究的人的生活，只有在人的身上，精神才能意识到自己，而动物并不具备这种能力。一般概念中认为是思想的东西，其实都是人通过放入自己的意识中而得到的。而在黑格尔这里，精神就是学会和自己相处，也就是“自为”，精神开始从“出离自己的存在”状态过渡到“自为存在的”状态。之所以说它开始，是因为精神在个体的人那里还不是真实的和完全“自为的”。人是自为的存在者，就是说，“他”是一个特定的、不可混淆的个体，“他”的确定性并不仅仅因为他的“他在性”，但是，人同时又是一种种属生物，是作为一个种属的样本被考察的，“他”属于自然的一部分并且被“他”的“他在性”所决定。

客观精神其实就是一个精神产物，比如一个思想体系、一种理论、一部著作。这种客观精神不仅仅是“心灵的”东西，不仅仅包含在创造它的人的心灵之内，或仅仅包含在另一个正在专注于它的人的心灵之内。它更应该被看成是一种能够脱离个体心灵而单独存在的“客观的”精神产物。这个观念虽然最开始是通过黑格尔引申出来的，但意思完全背离了黑格尔的本意。对黑格尔来说，客观精神也可被称为伦理学，客观精神的世界就是家庭、社会和国家的世界，也是历史的世界。在家庭、社会和国家中，个体的主观精神进入了一个更高的客观秩序领域，因而也进入了超个体原则的范围之内，也就是进入了伦理学的范畴。

绝对精神处于主观精神和客观精神之上。只有在这一阶段，精神才从“他在”回归本身，精神才是“自在自为的”。绝对精神的世界又被分为3个等级：艺术、宗教和哲学。

驱动历史发展的原动力就在客观精神的范围内。在艺术作品中，自我和解的精神是最重要也是最核心的地方，因为在这里，主体与客体存在一种完全和谐的状态，绝对理念以纯粹的形式呈现出来。而这也是黑格尔对艺术的深刻理解，为后来的美学进行了铺垫。比如，后来弗里德里希·提奥多·菲舍尔的美学思想就是完全建立在黑格尔的美学思想之上的。

宗教处于艺术之上，艺术是在外在感性形式中显露出和谐，宗教则是在人的内心显露出和谐。至于第3种形式的哲学，也是最高的形式，绝对精神就存在于其中。因为，即使在宗教中，绝对物仍然没有思想的纯粹概念的形态，它仍然被感情和观念所羁绊。而哲学将艺术中最直观的东西以及宗教中的观念和情感转化为思想最纯粹的形式，精神完全回归了本身。

# 第十二章　实证主义、唯物主义、马克思主义

19世纪上半叶，法国各派势力为争夺革命果实展开较量。期间，在政治上形成了右派、左派和中间派3大势力。而在哲学思想中，也存在着与之相对应的3种倾向：右派势力与法国的浪漫派相对应，主要代表人物是约瑟夫·德·梅斯特里；弗朗索瓦·皮埃尔·梅因·德·比朗代表哲学思想上的中间派；左派势力的空想社会主义则是与卡尔·马克思创立的科学社会主义相对而言的。

## 一、法国实证主义

这一时期法国最重要的思想家首先是圣西门伯爵的一个学生——奥古斯特·孔德。孔德的思想出发点属于左派势力，但是他经历了一个思想发展的过程，在某些方面是站在社会的中间阵线上的。不管怎么说，他的思想出发点是与德国唯心主义的精神世界截然不同的。

### 1. 孔德的生平和著作

奥古斯特·孔德生于1798年，他的家庭是一个正统的天

主教职员家庭。20岁时，孔德就已经对自己未来的人生有了清晰的规划。他草拟并发表了《为重新组织社会的必要的科学工作计划》，但是因为外部社会因素的打扰，使这一计划的实施变得极为困难。1824年，年轻的孔德将他详尽的思想体系通过《实证哲学体系》公之于众，但这时的孔德因为精神方面的疾病不得不进入精神病院进行治疗，期间甚至一度想要自杀。康复后，孔德开始在私人圈子里讲授他的思想体系。之后，他在巴黎综合技术学校得到了一个教书的职位，但没过多久就失职了。此后直到他1857年去世，都是通过教师这个职业来维持生计的。在这样艰难的条件下，孔德依旧坚持创作，于1830至1842年间创作了六卷本著作《实证哲学教程》。完成了这项工作之后，孔德的精神状况再次陷入危机，与妻子的关系也已经破裂。之后，孔德遇到了一位名叫克罗蒂孔德尔德·封·沃克斯的女人，她把他从这种悲惨的境地中拯救了出来。不过，与她的相识让孔德的思想发生了很大的变化，往日那个理性的孔德发现了心灵和情感的力量，这一点反映在他此后的著作《关于建立人类宗教的社会学论文》和《实证主义的基督教教义问答》中。

### 2. 实证主义原则

通过“实证主义”这个名词，我们就可以看出孔德是摒弃了形而上学的。实证主义的原则就是从实在的、确实的和“实证的”东西出发，排斥一切虚无缥缈、无用且不确定的东西。何为“实证的”？就是“现象”二字。实证主义将哲学和一切科学都囊括于现象世界之中。而我们能做的，首先就是必须接受以现象的形式而存在的既定的现实；其次，要遵循原则对既定的事实加以整理；再次，通过认识到的规律去预测未来，并将其当成一个指标来行动。为了预见而求知，是所有科学研究的目的和意义。孔德将佛朗西斯·培根当成自己伟大的导师，就是因为他也持有这种观念。

一个事物的本质和原因其实是没有任何意义的，我们只能接受事实与事实之间的关系，并且考察之。人们试着去确定某个事实产生的条件，并根据类推将两个事实联系起来。前者，我们称其为概念，后者则称之为规律。

那么，“解释”一词究竟意味着什么呢？孔德提出了这一问题。比如说，重力是什么？“尽管人们试图确切地知道，宇宙间的这种引力以及地球上物体的重力究竟为何物，但是，即使是那些伟大的人物也只能用一个东西去解释另一个东西，他们要么说，引力只是一种普遍的重力，要么说，重力只是地球的引力。我们所能做的也只是这样的权衡……没有人要求再往前走一步。”

这是一种令人沮丧的结论，他把从洛克到康德的所有认识论理论家们的努力无情地否定了。“Positiv”这个词在德语和法语中都可以做各种不同的解释，我们称实在的东西是Positiv，其反面是非实在的；我们也称有益的和有用的东西是Positiv，其反面是无益的和无用的。此外，确凿无疑的确定的东西也称为Postiv。如孔德自己所指出的那样，以上3种含义对实证主义来说都是适合的。实证主义不仅遵循实在的既定事实，遵循社会的实用性原则，还遵循毋庸置疑的确定性原则，它与以往形而上学的那种无休止的争吵是格格不入的。

### 3. 思想发展的三阶段论

孔德的三阶段论是实证主义赋予哲学的新内容，他认为人类思想的发展要经过3个阶段，即神学阶段、形而上学阶段和科学阶段。这3个阶段不仅包括个人，还包括整个人类的思想。

神学阶段，人类试图去探索世间万物的本性、最初的原因和最后的目的。简言之，就是人们相信可以获得关于绝对的知识，于是人们开始追求和探索，并且以为能够获得它。但这种探索并不是根据逻辑推理等原则来解释事物变化的过程，而是通过自身的逻辑，并且认为事物的每个过程背后都有一个神秘的不为人类所知的更高级的存在。

神学阶段也可以细分为3个阶段。最开始，人们认为每一个客体都是有生命和灵魂的；接着，人们把万物的变化归咎到某一种神秘力量上去，因此就产生了各种不同的神灵，他们主宰着各自的领域；最后，人们将所有的神灵都归结为一个统一的神，由此就产生了神论。

所谓形而上学，只不过就是神学阶段的另一个说法而已。人们通过抽象和概念去总结和替代神的存在，让它看起来似神非神、似科学又非科学。这是一种模棱两可的态度，是神论的最高阶段。

到了第 3 个阶段，也就是所谓的实证阶段，人们认识到想获得一切绝对的知识都是徒劳的。于是他们不再探究宇宙的起源，不再追求事物背后的内在原因，取而代之的是通过观察和思考，去认识存在于既定现实中的内在规律性。实证阶段的“解释”就意味着从个别现象中推导出来的规律。

这 3 个阶段适用于整个人类的思想发展，也适用于个体思想的发展。此外，它还适用于个别科学门类。所有的科学一开始都被神学所统治，然后慢慢地被形而上学所指导，最后便达到了成熟的实证科学阶段。

## 二、英国实证哲学

### 1. 达尔文与进化论

19 世纪中期，黑格尔的出现让一种普遍进化的思想开始蔓延，这种思想对个别科学产生了重大影响，其中不仅包括生物学，还有地质学等。不过，相比起地质学，生物学的发展对哲学以及一般的社会意识具有更加重要的意义。19 世纪下半期，哲学的理论背景来源于生物学，一大批重要的思想家都在很大程度上受到了生物学的影响，其中就包括斯宾塞和尼采，这就像前一个世纪心理学对英国的经验主义者和穆勒产生影响一样，也像数学对笛卡尔、莱布尼茨以及其他思想家产生影响一样。英国人查尔斯·达尔文是第一位将生物进化的思想运用于生命科学研究的人，他的主要著作是《物种起源》和《人类的由来》。

达尔文的进化论是将生物的可变性、遗传和繁衍后代等事实作为科学依据而提出的。生物之间为了繁衍，有了“生存的竞争”，那些在竞争中不完善且低劣的种类和特征一点点灭绝，最后只剩下“适者”生存。在这个漫长的演化过程中，在自然选择的条件下，生物的种、属、科也就形成了，生物和人都是从最开始较为低级的形式一步步发展到如今高级的形式的。

即便这种理论只是一种或然性的假设，但它的意义依旧是极为重要的，并且也远远超出了生物科学的领域。进化论的提出与上帝从虚无中创造万物的宗教学说截然相反，所以，进化论对哲学的重要意义在于，它为人们开拓了一条全新的探索思路和观察角度，自然的合目的性也可以通过因果机械论的方式加以解释。

进化论的出现及其传播无疑是19世纪后期最为重要的事件，它打破了以往人所总结出来的世界观，以一种全新的世界观，揭开了所有难解之谜。达尔文不仅提出了进化理论，还把实际的生物进化过程用非常直观的形式表达了出来。就是这样，进化论思想开始像一场期待已久的暴雨，覆盖各地。之后，各种萌芽在这场洗礼下滋生。进化论的思想还左右了自然科学和人文科学的发展，并且使各个科学相互连接了起来。

达尔文最著名的学生是德国的恩斯特·海克尔，他的普及性哲学著作《宇宙之谜》赢得了众多读者。海克尔在书中对“二元论”的基督教世界观提出了尖锐的批评，认为他们在自然与神之间、在物质与意识之间树立起了一道屏障；他信奉的是一元论，认为人并不是与自然对立的或优于自然的，而是自然的一部分，上帝和世界是一回事，因此他的这种思想也被称为泛神论。他试图用真、善、美的理想取代上帝、自由和永生的理念。

今日流行的所谓生物发生基本规律这个概念，就是从海克尔那里来的：个体发生是对种系发生的一种简要表达，也就是说，单个生物从胚细胞到一个完整个体的进化过程，就是它的祖先从原初进化至今的整个过程的缩影。

### 2. 斯宾塞的生平和著作

赫伯特·斯宾塞于1820年出生在德比郡，他是19世纪英国最具影响力的哲学家。然而，在30岁之前，斯宾塞都没有接触过哲学。他做过钟表设计师、铁路及桥梁工程师，还有无数的发明。斯宾塞具有非凡的洞察力，在实践过程中逐渐积累了大量经验。此外，斯宾塞还做过记者和《经济学家》杂志的编辑，这两项工作让他时刻与时代保持着紧密的联系和接触。

斯宾塞的《人口论》和《进化假说》，早于达尔文就提出了进化的思想，并对后来达尔文闻名于世的“物竞天择，适者生存”有着很大的影响。在《心理学原理》中，斯宾塞就把进化原理运用到了人的精神发展方面（这同样早于达尔文）。他指出，人的直觉形式及其思想范畴，是人在适应周围环境的进化过程中产生的。因此，他与创立于20世纪的“进化认识论”中的思想非常接近。随后，他又写了一篇论文《进步的规律及其原因》，再将进化的思想提升为一种普遍的历史发展原则。

1858年，斯宾塞发表了自己的即兴之作后，脑海中那些原则的统一性逐渐清晰了，并且了解到了达尔文的理论，于是决定写一系列著作，将进化的理论思想运用到所有科学中去，不仅包括生物学，还包括天文学、地理学、社会和政治学以及伦理学和美学。斯宾塞打算阐述人类从原始到文明的演化过程，许多听到这个消息的人纷纷表示想要斯宾塞的书，还给了定金。但是当他的第一部著作完成时，一切都没能如愿，所谓的著作也都无人问津。就是这样，许多商家撤回了自己的预定，斯宾塞也因为穷困潦倒和失去了信心而一蹶不振。好在约翰·斯图亚特·穆勒的慷慨解囊，使斯宾塞重新振作了起来。后来，他还受到了美国朋友的帮助。就这样，斯宾塞重拾勇气。最后，他终于完成了10卷本的重要著作《综合哲学体系》，一经发表，便立马取得了巨大的成功。这一系列书被翻译成各种语言，并开始有了经济效益。斯宾塞本人则在经历了无人问津的低谷和声誉鹊起的巅峰后，于1903年去世。

在斯宾塞的著作中，我们能够感受到他的基本性格特征：他不喜欢社交，过着独身的生活；他的身上看不到一点儿诗意，也没有英国人的幽默感；除了几个朋友之外，他很少与外界接触；面对前来采访的记者时，斯宾塞都是塞着耳塞静静地听。斯宾塞对事物的理解都和他偏执的原则相联系，他只能接受与自己的思想相通的理论，并且很少去阅读他人的著作。

在政治上，斯宾塞是一个典型的英国式的“持不同政见者”，是一个无党派人士，在表达自身观点的同时，他还会去抨击其他党派。

由于斯宾塞无师自通，因而他的著作有一种非凡的能力，他可以把复杂的关系通过自己的梳理变得简单明朗，而这正是他如此成功的原因之一。另一个原因则是他在某个时期是整个时代的代言人，是一个具有时代精神的哲学家，能够轻松把握时代的脉搏。

### 3. 进化的规律

斯宾塞在他的综合哲学中解释了他思想体系的基础，其中首先就是对实证哲学的解释。斯宾塞说，宗教和形而上学一直处在一种不可调和的矛盾之中。宇宙是如何诞生的？无神论者认为宇宙是无始无终、没有尽头也没有原因的；有神论者则认为宇宙是神创造的。这两种答案都无法让人接受。什么是“物质”？物质是否可以被任意分割？我们对物质的“实质”能了解多少？我们的思想来源于我们与既有的现象世界打交道的过程，因此不可能超越现象世界而获得最终的绝对真理。所以，我们应该放弃那些不可能认识到的东西，而去认识我们能够认识的，也就是所谓的现象世界。

这是对实证哲学最有力的说明，但是这种观点引发了神学家和形而上学家的强烈不满。因此，斯宾塞的书一经发表，就遭到了他们的强烈抨击和抵制。

为了系统地完善对世界的认识，哲学需要一种统一的原则。物理学的一般原理，如能量守恒定律、运动的持续性、自然规律的恒定性，以及在自然中随处可见的运动的节奏等等，这一切都可以追溯到力的守恒这个一般原理上。但是，这是一种静力学原理，它解释不了自然中的生成和消失的永恒变化。进化规律就是现实的动力学原理，斯宾塞对进化下的定义是：“进化是物质的集结，在这种集结的同时伴随着无休止的运动；在这个过程中，物质由相对不确定的、分散的同质状态过渡到相对确定的、凝聚的异质状态，而其间所消耗的运动也经历了相应的转化。”

### 4. 人类社会

斯宾塞对社会科学做出的贡献丝毫不逊色于孔德。那些故事性很强的带有叙述的概念的历史著作，只能给人类社会的科学研究提供历史的某些原材料，而这种科学研究必须找出历史发展的一般规律及其内在联系。所以，这种社会科学所面临的问题并不比其他科学少，甚至可以说困难得多，因为人类社会在一切现象中是最为复杂的。斯宾塞在写他的社会学著作之前，就已经搜集了大量资料作为依据，之后他也将这些资料公开发表了。

斯宾塞把社会比作一个有机体，他认为一般的进化原则同样适用于这个有机体。之后，斯宾塞又转到人类的精神领域，尤其是宗教，认为根据聚合的原则，人们最开始相信各种不同的鬼神，到最后还是统一化了，将所有信仰融合成了一种统一的神教信仰。

宗教之所以能在人类的心中占据很大一部分，主要是外部环境的不适造成的。战乱、欺骗、虐杀等让人长久以来处在一种不安的情绪之中，缺乏正常的生活秩序。国家强有力的绝对统治、明显的阶级划分、父系社会中的长老权威，以及女性地位的低下等等，都是默武主义社会的表现形式。不管是民主制还是贵族统治等一系列国家体制的更迭，其实并不是社会发展过程中的关键因素。真正的问题在于，应该用和平的和工业化的社会形态逐渐取代暴力的和战争的野蛮社会形态。专制制度应该剔除，社会限制应该松动，个人自由和民主应该占据统治地位，妇女应该获得解放。如此，人类的兴趣才能逐步脱离宗教的束缚，从而转向世俗生活。

斯宾塞认为英国的社会发展进程已经走到了其他国家的前列。当英国开始将公用资金用于工业和商业的时候，法国和德国依然深陷于军国主义和专制主义的深渊之中。另一方面，他对自己所称赞的英国社会中存在的明显的社会弊端也不是熟视无睹的，所以斯宾塞试图在自由和社会计划的必要性之间寻找一种中庸之道，也就是在相互协作的基础之上进行自由组合。如此，所有人才能有决定权。在此基础上，不再是个人利益完全服从于国家利益，而是国家利益应该服从于个人利益，并且人们将不再是为了工作而生活，而是为了生活而工作。

斯宾塞用大量事实证明了伦理学中的道德概念并不是一成不变的，所谓道德标准在不同的时代和不同的体制下，也各有不同。比如在军国主义社会中，好战是一种值得赞扬的品行；但是在工业社会中，这种品行是卑鄙无耻的。因为在这样的社会下，百姓的福利不是通过枪杀掠夺得来的，而是依靠社会生产获得的。

在这样的社会中，国家的职责就是保障社会公正。斯宾塞从来不会疏忽自己的自由权利，他觉得每一项法律都到了令人无法容忍的地步，因此他从来不把自己的手稿托付给邮局，而是亲自送去印刷。强调个人自由与斯宾塞在伦理学方面所倡导的神圣利己主义是相一致的，他认为个体追求自己的幸福必须以全体的幸福为先决条件。

## 三、德国唯物主义

### 1. 精神现状

黑格尔的辩证的历史哲学不仅有其保守的一面，同时也有其革命的一面。黑格尔所处的时代，哲学已经发展到了顶峰，这就从侧面反映出自拿破仑战争结束以来，德国社会已经到了停滞不前甚至倒退的地步。在这种情况下，那些暂时被遏制的社会矛盾最终可能会重新爆发出来，同样，看似最终会走向统一的哲学也会因为新的矛盾而再次被分割、打破。

此外，个别科学的迅猛发展——不管是人文科学领域，还是黑格尔不能驾轻就熟的自然科学领域——迫切要求人们对近乎一统天下的黑格尔哲学加以修正。最终便出现了这样一个局面：个别科学开始强烈地对抗来自黑格尔以及哲学本身的精神压制。

黑格尔的反对派来自历史学家和浪漫主义者，他们被称为“右翼反对派”。历史学派的代表人物主要是法学家萨韦尼和历史学家兰克，他们反对黑格尔把一切历史现象，即社会、法律、国家都看作是一个辩证发展的过程。兰克说：“历史中的每个时代都是直接面向上帝的。”这种观点与浪漫主义的观念不谋而合，于他们而言，所有民族和时代都是面对上帝的一种表达形式。历史学家们认为黑格尔对待历史事实的态度非常轻率，因为黑格尔认为历史并没有多少内在价值，他认为一切都应该服从目的论的框架，并且整个历史都会走向一个最终目的。

黑格尔学派中也出现了右翼，即保守的老年黑格尔学派。这些人极力维护唯心主义哲学体系中保守和落后的一面，并且为历史在政治和宗教领域中的地位辩护。

黑格尔的另一个反对群体来自左翼，这些左翼主要有两个出发点。一个是精密的自然科学。因为实证主义的自然研究得到了极大地发展，这让人们越来越重视纯粹的事实，同时越来越轻视哲学的和宗教的抽象推论。另一个出发点就是历史和社会状况。两种因素最终合到一起，唯物主义成为左派哲学。

黑格尔学派内部也形成了一个“左翼”，他们远远地偏离了黑格尔，在这一点上与右翼相似。但与右翼不同的是，左翼保留了黑格尔辩证法原则中的合理成分，这毫不奇怪，因为左翼代表着推动历史前进的力量。

### 2. 施特劳斯和费尔巴哈

围绕宗教问题展开的矛盾冲突，首先通过两个人的著作公开化了，他们是大卫·弗里德里希·施特劳斯和路德维希·费尔巴哈。这两位思想家的个人命运也极其相似：他们因为各自的思想被学术界排斥，都独自过着贫困的生活；他们都将黑格尔作为自己思想的基础。不同的是，施特劳斯终其一生并没有完全与黑格尔决裂，在政治观点上他甚至更倾向于黑格尔右派，而费尔巴哈从一开始就与黑格尔彻底决裂了。

两人的著作在德国学术界引起了一场激烈的争论，波及面非常广，这对德国国内的意识形态产生了一定的影响。这场争论之所以一触即发，就是因为他们的思想体系给宗教带去了极大的冲击。但是其不同点在于，首先，德国时至今日才开始发动一场姗姗来迟的革命，因此这场冲突也被推迟了；其次，用来攻击宗教的思想武器在这个科学知识的进步时期变得更加犀利了。

大卫·弗里德里希·施特劳斯是一位神学家，因著《耶稣传》而出名，利用批判的论据对基督教展开攻击。他说，基督教的福音书没有多少真实性的东西，它们是神话也是文学创作，所以其象征性的意义并不大。施特劳斯的第 2 部著作《发展中的基督教信仰及其与现代科学的斗争》秉承第一部的理念，同样对基督教教义的细节展开了批判。第 3 部《新旧信仰》则极力主张一种泛神论。

路德维希·费尔巴哈是一个著名法学家的儿子，他利用心理学对宗教进行了批判。他的主要著作是《基督教的本质》《宗教本质讲演录》《神谱》。这些著作的理念就是通过人的本性，以人的利己主义和追求幸福出发，来说明宗教的起源。“人之所以信仰上帝，不仅是人具有这方面的幻想力以及情感，还有人类对于追求幸福的理念。因为通过自身实现不了这一种状态，所以就把自己的希望寄托在上帝身上。从根本上来说，上帝就是人真实愿望的变相表达。如果没人有这种追求，即便他有着充足的想象力和情感，也不可能有宗教和神灵的存在。人有多少愿望，就会有多少神灵存在。”

大自然对人类的愿望设下了重重障碍，人为了自我满足，就在盲目的自然本性上设想一种来爱护人类的人格化的东西。但是，把希望寄托在人幻想出来的东西上，只能说明人类的天真。人必须从中醒悟过来，通过现实中的努力来实现自身的愿望。这是一种美好的、幸福的、摆脱了自然的野蛮和盲目的偶然性的自由状态。实现这个目的的手段，就是通过修养和文化制服自然。

## 四、马克思（辩证）

### 1. 生平和著作

卡尔·马克思出生于1818年的德国特利尔，父亲是一个犹太教的律师。马克思小的时候，全家改信了新教。年轻的马克思先后在波恩大学和柏林大学学习法律，期间因为偶然接触到了黑格尔哲学，所以他的博士论文充斥着后亚里士多德哲学。这个主题在当时的社会背景下具有一定的现实意义，因为在哲学大师黑格尔死后，德国哲学的境况与亚里士多德死后的希腊哲学非常相似。哲学发展到这样一个最高的且看似已经到达终结的阶段，接下来会怎么样呢？在这篇博士论文中，马克思后来的思想发展已经初露端倪。

因为马克思当时非常明显地倾向于黑格尔左派，导致他根本无法潜心研究个人的学术，所以他非常向往的学术生涯的大门向他关闭了。自从弗里德里希·威廉四世上台执政以后，德国出现了一种反黑格尔主义的苗头。这时的马克思成了一名记者，并在1842年成为科隆一家资产阶级民主刊物《莱茵报》的主编。由于当局不断地审查该报，马克思便辞去了这一职位，决心去流亡。而在此之前，马克思已经和他的女朋友燕妮·封·维斯特法伦结了婚，她出身于普鲁士贵族家庭，她的哥哥后来成了普鲁士的内政部长。

马克思首先来到巴黎，在这里出版了《德法年鉴》。在该刊的第一期上，马克思发表了《黑格尔法哲学批判》。在巴黎，马克思结识了弗里德里希·恩格斯，两人之间的友情一直持续到他们生命的终点，两人还成了并肩战斗的同盟者。弗里德里希·恩格斯是一个纺织厂厂主的儿子，他起初和马克思一样，都是黑格尔主义者，后来成了马克思最亲密的合作者。也就是在恩格斯的支持下，马克思在几十年的流亡生活中得以继续他的学术工作。

马克思因为受到普鲁士政府的追逼，不得不离开巴黎，前往布鲁塞尔。在这里，马克思和恩格斯合作出版了《德意志意识形态》。这本书的第 1 部分主要是讨论费尔巴哈的学说，马克思和恩格斯两人合并了费尔巴哈对宗教的批判思想；第 3 部分主要讨论德国思想家马克斯·施蒂纳的学说。施蒂纳在他的《唯一者及其所有物》中极力为一种极端个人主义做辩解。此外，马克思还在布鲁塞尔与法国的空想社会主义者蒲鲁东展开辩论，用《哲学的贫困》讽刺性地回应蒲鲁东的《贫困的哲学》。但是在此期间，马克思和恩格斯主要还是更积极地投身于国际政治运动，他们加入了“共产主义者同盟”，受其委托共同撰写了《共产党宣言》，后来成为马克思主义的社会主义的“福音书”。

1848 年，德国爆发战争，马克思和恩格斯为了领导革命，迁往科隆，在《新莱茵报》当了一年的主编。革命失败后，马克思被送上了法庭，后又获释，但是遭到驱逐。此后他又返回巴黎，但是继续遭到驱逐，于是不得不前往伦敦，在那里生活到去世。

记者生涯和现实政治把马克思带到了活生生的社会现实之中，于是，他开始系统地研究国民经济学。1859 年，马克思发表了他在这方面研究的第一项伟大成果《政治经济学批判》，这本书的思想内容后来又写进了马克思的主要著作《资本论》第 1 卷，该书于 1867 年出版。在此期间，第一国际成立了，马克思是这一组织的精神领袖。第一国际的组织工作以及日益恶化的健康状况，使马克思不可能再继续完成《资本论》另外两卷的写作。1883 年，马克思在伦敦去世，恩格斯分别于 1885 年和 1894 年出版了《资本论》的第 2 卷和第 3 卷。

### 2. 辩证唯物主义

马克思的哲学思想是基于黑格尔的哲学体系的，后来，这个体系经过与费尔巴哈的哲学、法国空想主义和英国古典国民经济学的相互融合，一同并入了马克思的体系之中。

虽说马克思保留了黑格尔的辩证法，但他还是在其中补充了一些与黑格尔完全相反的内容，这是因为马克思在其中发现了革命的原则。他认为世界不是一个完整的集合体，而是一个不断变化的过程，并没有最终的和绝对的东西，只有不断地生成和消亡。马克思最伟大的学生列宁将这个辩证思维的发展过程描述为："发展似乎就是在重复以前的阶段，但它又是以另一种方式重复的，是在更高的基础上重复，发展是按照螺旋式，而不是按照直线式进行的；发展是飞跃式的、剧变式的、革命的；'渐进过程的中断'；量转化为质；发展的内因来自某一物体或现象范围内或某一社会内部发生作用的各种力量和趋势的矛盾或冲突；每种现象的一切方面相互依存，极其密切而不可分割地联系在一起，这种联系形成统一的、有规律的世界运动过程。"

这种辩证思维过程虽说是从黑格尔那里搬过来的，但是马克思并没有以一种理想主义的世界观去解释这个辩证发展的过程，而是用一种唯物主义的世界观去解释它。

### 3. 自我异化与自我实现

马克思哲学认为人应该被看作是具体的生物，而非抽象的东西。也就是说，人是社会环境里的生物，并且是劳动的生物，是自我生产的动物。黑格尔其实早先就观察到了这一点，他还将劳动视为人的本质。但是，因为黑格尔的出发点是理想主义，一切理念都是自我活动，因而劳动对他来说只是一种抽象的思维活动，并不是感性对象意义上的活动。在这个意义上，劳动恰恰是使人"自我异化"的东西。在劳动中，人创造出一种异己的东西，并将自己的本质对象化。这种东西不仅独立存在，还能控制人去完成其真正的使命，这个使命其实就是自由，而这最先表现在国家层面。国家如今已经成为一种当然目的，但这与人类的理想是矛盾的。因为国家不应该是一种与人相对立的陌生的官僚机构，而应该帮助人实现其自我价值并成为一个真正的公民，马克思称之为“真正的民主”。

上述思想构成了马克思所有著作的基础，它分为三个辩证发展阶段，即认识、批判和行动。所谓认识，就是认识到全人类的理想所在，通过人类集体理想和真正使命去衡量现实；批判的任务则在于指出现实中存在的矛盾，并试着去克服它来使社会进步；行动就是说理想与现实必须一致，将理想融入现实，马克思称之为“通过实现理想而扬弃哲学”。这就是说，在黑格尔那里，理想被抛弃之后又重新回归本身，但与此同时还残留了一些被理想抛弃的现实。自我异化的扬弃并非在“理想”中实现，而是在现实中实现。如果这个扬弃得以实现，那么与现实相脱离的哲学也就变得多余了。所以，哲学通过理想的实现将会被扬弃，并在这种扬弃中实现自我。

马克思在3个思想阶段中，不仅吸收了黑格尔的辩证法，还隐藏了其他一些理念。和黑格尔一样，马克思也认为整个世界历史是由一种统一的原则支配的，是不断地走向一个最终目标的发展过程。在这个发展过程中，真正变为现实的东西自然也是合理的，它是整个过程中必然的发展阶段。虽说马克思是用现实主义的和唯物主义的观点认识现实世界的，但是，就如同两位社会主义的马克思研究者所说的那样，马克思还心怀“一种理想的信仰，他相信理想和现实以及理性和现实最终会达到真正的和完全的统一”。

### 4. 历史唯物主义

列宁说：“既然唯物主义总是用存在解释意识，而不是相反，那么当它被运用到人类社会时，唯物主义就要求用社会存在来解释社会意识。”对唯物主义来说，人的思想意识只不过是物质世界的反应。同样，在社会生活中，社会存在就是唯一的现实。社会意识是社会现实的映射。如果我们想认识到其中起促进作用的力量，那就应该抛弃那些观念和理论，因为那都是虚幻的存在，是意识形态的上层建筑。我们必须寻找社会生活的物质基础，因为人的思维方式是由人的生活方式决定的。而所谓的物质基础就是地理条件、人口密度等属于社会生活的基础，但是这些并不能起到决定性作用。它们还不足以解释在一个特定的国家的某个特定时期，为什么恰好是这种特定的社会形式占主导地位。

能起到决定性作用的其实是物质财富的生产方式。而在这种生产方式的过程中，物质的生产力影响着其发展，其中包括原材料、生产工具、劳动者的技能和经验。马克思关于生产力的思想涉及自然力以及所需的工具，其实就是人与他的生产的自然条件的关系。

人类在改造自然的过程中，并不是个体发挥作用，而是相互协作。简言之，就是人与人之间的关系，即生产关系。这在很大程度上与财产占有关系是相一致的。

就整体而言，生产方式不是静止且保持不变的，生产方式的改变取决于生产力的发展和生产资料的开发，尤其是新的生产工具的发明。同时，生产力的改变也总是需要劳动的社会结构的改变，即生产关系的改变。生产关系会适应生产力状况，这只是时间问题。否则，生产过程将会受到阻碍，出现危机。通过历史长河去看，正是生产力的不断发展，才让人类一步步走到了今天。其中所经历的阶段也都是必然的阶段，后者也永远比前者更进一步。但是，在整个体系当中，有一点是共同的，那就是生产关系的独裁性，就是说在每一个生产阶段中，生产力、土地等因素都会被社会的个人或者团体所占有。在奴隶社会中，奴隶主掌握着奴隶们的命运，任意剥削他们；在封建社会里，地主拥有土地权，并且以农奴制度的形式来占有劳动者的使用权。农业和手工业生产力的进步需要社会关系的相互平衡，因为复杂的生产过程也需要某种智力，并且劳动者也必须对生产本身有一定的兴趣。在资本主义的社会制度下，制造者占有物质的生产资料，雇佣的劳动者是“自由的”，但是这里的“自由”其实有着双重含义：他的人身虽然独立，但是并没有占有生产资料，因此他能做的就是为了生活而输出个人的劳动力。工业的发展需要一群有智慧的自由雇佣劳动者，但是这里面仍然存在着剥削。

由此可以看出，整个人类的历史其实就是一部阶级斗争的历史——如《共产党宣言》的篇首所言。

在人类社会中，除去这种生产方式，其他一切的东西，如政治、法律、观念、理论、艺术、哲学、宗教等，都属于意识形态的上层建筑，都会随着社会发展程度和经济基础的改变而改变。因此，每个阶级都有每个阶级的意识形态，理论斗争只是社会阶级斗争的反映。处于上升时期时，阶级的进步的意识形态会与统治阶级的反动的意识形态展开斗争。

### 5. 资本论

为了认识社会发展的规律并试图预见未来，马克思观察了他所在时代的社会秩序。为此，他深入研究了资本主义社会的经济基础和生产方式，并把研究结果写进了《资本论》。

对马克思来说，阶级斗争的现象似乎有些简单化了，他认为只存在两个相互对立的阶级：占有生产资料的资产阶级和只拥有劳动力并被资本家剥削的无产阶级。而所谓的剥削也是通过剩余的价值来体现的。工人通过劳动创造剩余价值，并拿到有限的工资。他所得到的工资也就刚好是资本家用来雇佣他们的费用。所以，剩余价值最后都流入了资本家的腰包。

资本主义生产方式为新的社会秩序提供了必要的条件。资本家与生产力之间的矛盾，体现在资本主义经济中周期性出现的经济危机。快速增长的劳动力和落后的生产关系之间形成落差，矛盾也就随之而来。在资本主义社会中，工人们聚集在企业内部，这其中也带有社会化特征，因而会危及基础。

生产过程的社会化特征要求生产资料的社会化与之相适应，生产力和生产关系的统一必须通过生产资料的社会化和剥夺私有财产来实现。在此之前，生产资料归资本家所有，现在它应该归社会所有。而无产阶级的使命就是将生产资料社会化，所以，在无产阶级完成这项任务后，就不会再出现一种新的阶级斗争来替代之前的阶级斗争了，因为生产资料归全体社会所有，社会主义社会中将不再存在阶级斗争和剥削。而未来，也将会是一个没有阶级存在的社会。

无产阶级革命的任务就在于此，所以马克思认为，他的理论和实践就是要组织和促进这场革命的发生，联合和教育无产阶级为实现这一目标而奋斗。

# 第十三章　叔本华、克尔凯郭尔、尼采

越接近现代，对各个哲学流派之间的划分就越复杂。一个在科学社会主义理论中找到了精神家园的人，会将马克思看成是19世纪哲学的重点；有的人则可能将叔本华和尼采看作是19世纪哲学的中心人物；而对康德主义者来说，康德之后所有的哲学都已经偏离了轨道。在这里，我们通过这些具有代表性的观点，对这个时代的哲学进行划分，就如下文所提到的叔本华、克尔凯郭尔和尼采。

## 一、叔本华

### 1. 生平及著作

叔本华生于1788年，死于1860年。他于30岁发表了自己的主要作品，但其思想到了1850年前后才逐渐被人们认识并产生影响。叔本华不像是浪漫主义者与黑格尔，或者是唯物主义者与马克思一样，被看成是某一特定社会阵营的代表人物，但也有人曾将叔本华归列为德国小资产阶级哲学的代表人物，不过他的哲学与这一归类并不相符。

尽管叔本华与德国唯心主义接触颇多，尽管他与康德有着紧密的联系，但叔本华的精神世界是完完全全自成一派的。如果想对叔本华的哲学有一个清晰的了解，我们必须考虑两个方面的因素，即他的性格特征以及他受到的古代印度哲学的影响。

费希特说，一个人选择什么样的哲学，取决于他是什么样的人，这句话同样适用于叔本华。亚瑟·叔本华是但泽的一位富商的儿子，5 岁时，其父携家迁往汉堡。几年的时间里，叔本华就精通了法语，并且几乎把母语忘得一干二净。按照父亲的愿望，16 岁的叔本华在汉堡学习商业理论，尽管这完全违背他的意愿，因为那时他对科学已经表现出了浓厚的兴趣。

父亲去世后，叔本华和母亲迁居魏玛，之后他就放弃了原本的专业，进入魏玛的私人学校学习古典语言知识，并先后前往哥根廷大学和柏林大学学习。通过他保存的笔记，可以知道他除了哲学和语文之外，还修读了化学、物理学、植物学、解剖学、生理学、地理学和天文学。在他的笔记中，我们还可以看出其为人的优越感，他毫不避讳地带着嘲讽的语气对一些哲学家进行批评。比如，他评论费希特的知识学时，认为称其为空洞的知识或许更为恰当。

1813 年，叔本华完成了论文《论充足理由的四重根》，顺利拿到了博士学位。解放战争爆发后，叔本华回到魏玛，与歌德的联系逐渐亲密起来，两人一起研究色彩理论。叔本华还在这里通过一位东方学者第一次接触到了古代印度文化。同时，叔本华对母亲自由放任的生活十分不满，没过多久就彻底和母亲决裂，离开了家，从此再也没有和母亲见过面。

叔本华离开魏玛，去了德累斯顿。在那里，他用 4 年时间写出了《论视觉与色彩》《作为意志和表象的世界》两本著作。之后，叔本华先后前往罗马、维努斯等地。1820 年，叔本华获得了柏林大学的执教资格，但是几年后，柏林发生暴乱，他于是迁居美因河畔法兰克福，直至死去。得益于父亲留下来的遗产，以及自身的善于理财，叔本华一生都衣食无忧。

除了《作为意志和表象的世界》一书以外，叔本华出版的著作其实并不多。他先后出版了《论自然中的意志》（1836）；《伦理学的两个基本问题》（1841）；《附录和补遗》（1851）。

## 2. 世界作为意志和表象

年轻的叔本华将自己的所有思想都写进了《作为意志和表象的世界》这本书里，此后他的作品都是对这本著作的评论和扩充。这本著作其实只包含了一个思想，即“尽管我费尽心力，可是，除了用这整部书以外，我还是发现不了有什么捷径来传达这一思想”。“这一思想”，在迄今为止所有时代的著作里都很难找到，人们通过研究与总结，把“这一思想”理解为形而上学、伦理，但它是一个有机的整体。

## 世界作为表象

“世界是我的表象”是《作为意志和表象的世界》一书的开场白。如果真的存在某种先验真理的话，那它就是了。这一命题的第一部分其实与康德的学说并无二致，在康德看来，世界万物对我们来说只是现象，而这也是让叔本华走进哲学大门的一个引子。康德的哲学就是让世人学会睁眼看世界，他区分开了现象和物自体，这和柏拉图所表达的基本上也是同一个真理，即显现于感官的世界并非真实的存在。与此相近的还有印度吠陀哲学里的真理，既我们所见的世界是一个空洞的现象。简而言之，就是摩耶（Maya，虚幻）。

尽管叔本华强调了康德的贡献，但他还是大量地批判了康德的哲学，并把这些批判汇集成册，写进了《康德哲学批判》。而叔本华对康德哲学的批判，都是建立在叔本华自身的观点和他所架构出来的结构上，并以此展开的。我们先不去谈论叔本华与康德的认识理论相背离的东西，而是着重于两人之间的不同之处。这个问题起到了承上启下的作用，由此也引出了叔本华基本命题的第二部分。

这个问题就是“物自体”。康德通过因果推论出物自体，所谓的因果其实就是范畴学。对此，叔本华也抱有同样的态度。但是这种推论只限于现象世界，并且这种因果推论也是无条件的。叔本华认为，因果性是除了空间和时间形式之外的另一种形式，而康德的所有范畴也都能追寻到那里去。但是，从世界作为表象来出发，不可能超出表象而达到物自体。

尽管世界是表象的这一说法我们无从辩驳，但是仅仅把世界当成表象，其实是片面的。而这也表现在，如果我们要求一个人去相信这个世界只不过是他的想象，那他肯定会毫不犹豫地表示反对。

在康德看来，并不存在所谓的形而上学。他认为形而上学只不过是我们超过经验范围之外的科学的教条主义哲学。但是，形而上学无论如何是不可能将经验作为依据的，他们的基本原则也绝对不可能是从外在或内在的经验中得来的。但是，我们不能因此就毫无根据地堵死问题的出口，只有透彻地了解了世界本身，我们才有可能找到问题的答案。而我们要做的，就是将外在的和内在的经验联系在某一个恰当的点上去分析，这就是叔本华的方法。这种方法既不属于康德那种教条主义的方法，也不像他对形而上学的全然否定，他走的是一条折衷的道路。然而，这个所谓的“恰当的点”又是什么呢？

### 世界作为意志

我们不可能通过外部把握事物的本质，无论怎么探寻，最后也只能得到一些概念和名字。这就像一个站在屋外看屋内的人，永远只能看到墙体，而看不到内部。进入世界内部的唯一途径，就存在于我们自身内部，存在于个体之内。个体又以两种不同的形式存在，一种是作为表象，处于一切现象的因果关系中，是客体中的客体，以一种理智的直观形象而存在；另一种则是我们每个人都熟悉的意志。

意志和肉体的行为并不是因果关系，它们其实就是一种东西，也可以说是一种东西的两个方面。肉体的行为只是意志的客体化，简言之，就是意志是肉体的行为的直接表达，肉体的行为是在空间和时间中客体化了的意志。

这个认识是一切认识中最为直接的认识，它不源于其他认识，而属于真正的哲学真理。这个真理首先适用于人，而人的本质并不在于思想、意识和理性，意识只不过是人本质的表面。不过，我们也只能清楚地认识意识，而我们的判断也并不是单单通过逻辑原则而形成的推论，即使我们总喜欢通过这一说法来说服自己和他人。我们的判断是发生在黑暗的意识深处的，它几乎是在无意识中发生的。人是被无意识的意志所驱动的，而意志本身是不可改变的，它以所有的表象为基础。

人的性格也是通过人的意志来决定的，意志可以塑造人的性格和肉体。因此，一切宗教都喜欢预言一种对人心的优越性，而非对人脑的优越性，即对善良的意志的彼岸报答，而非对卓越的理智的彼岸报答。

人所有的感官功能都会感受到疲劳，并且都需要休息。但只有意志是永不停歇的。就像人的心跳和呼吸一样，这些无意识的活动永远都不会感受到疲劳。睡眠只是夺取了我们有意识的生命，是一段我们暂时租借来的死亡。不仅人的本质是一种意志，存在于空间和时间里所有现象的本质其实都是意志的客体化。有机生物具有意志，无机的自然现象背后同样存在着意志。比如，推动行星的力、相互吸引和排斥的力等等都属于一种无意识的世界意志。

生命意志最强烈的表现形式就是繁殖的欲望，这种欲望可以超过生死。在这里，人的意志几乎是独立于认识而存在的。如果说人的认识能力存在于大脑之中，那么人的性欲、真正的意志中心以及大脑的对立原则都是存在于人的生殖器官里的。

叔本华在《性爱的形而上学》中所谈论的，大都是从古至今都不厌其烦被歌颂的东西。叔本华认为，两个不同性别的个体之间那种不可抗拒的相互吸引的力量来源于种族生存的生命意志，而并非爱情。他认为爱情只不过是一种自然的假象，种族意志才是其真正的目的。叔本华认为，每个人所喜欢和追求的东西其实都是他所缺少的，所有的性行为也都具有一定的片面性，因为个体的差别也在于不同雄性和雌性的强度。因此，只有当某一个男性的雄性强度和某一个女性的雌性强度相吻合时，两人才能达到一种最佳的和谐状态。

情欲是从人的幻想中产生出来的，在这种幻想中，个体把种群保存的重要性误认为是个人需要，所以当种群保存的目的达到后，个体的幻想就会随之消失。女性的美貌是诱导她达到种群保存的目的的重要手段，一旦目的达到，这种美貌就会消失。个体会发现，美貌是一种对种族意志的欺骗。

个体的性爱被看成是种族延续的工具，这同样也是个体的本质所在。因为一切超越时空的意志在时空中的客体化显现，也只能通过个体才能表达出来。个体只不过是一种不断变化的物质形式，物自体就是意志。

这种认识同样被用于解释历史。隐藏于万物背后的世界意志是不可改变的，虽说世界上有不同的种族、不同的习俗等，但归其根本就是同一种人类。历史也如人一样，是同一种历史，历史的循环是事件发生的象征。那么，意志是自由的吗？处于整体的世界意志是自由的，但个体的意志不是自由的，因为它受限于世界意志。

### 3. 人生即痛苦

叔本华和青年佛陀一样，都饱受痛苦的折磨，因此也被痛苦深深地触动了。意志是无限的，而意志的满足是有限的，人一旦沉溺于欲望和愿望之中无法自拔，就永远不会感受到持久的幸福和灵魂的安宁。欲望会随着一个个的满足而消退，随之而来的是新的要去满足的欲望，而追求欲望的过程是痛苦的。所以，从根本上来说，人的真正现实就是痛苦，而快乐与幸福都是消极的。

困乏是伴随人生大部分时光的一种痛苦，当这种痛苦消散以后，随之而来的另一种痛苦就是无聊。因此，人不可避免的命运最终还是孤独，临了，都是孑然一身。

人生就是争斗、战争、残酷的灭绝、吞噬以及被吞噬。不管是人，还是动物界，都是如此。那么，究竟有什么方法可以逃离痛苦呢？出路并非认识能力，恰好相反，生命的等级能力越高，其痛苦也就越强烈和显著。所以，对人来说，认识到的东西越多、越清晰，痛苦就越大。因此，天才所忍受的痛苦，是最大的。

当痛苦超过了我们的承受能力，失去了理智的癫狂似乎也不失为一种解脱。自杀看似是一种出路，但它只不过是消灭了意志的个体化现象，并没有消灭意志本身。那么，痛苦的出路就只有这两条极端的路可以走吗？其实并不是的。叔本华认为痛苦是有出路的，那就是美学和伦理学，前者只是一种短暂的解脱，后者则是持久的解脱。

## 二、克尔凯郭尔

### 1. 生平

索伦·克尔凯郭尔于 1813 年出生在丹麦哥本哈根的一个

富商家庭，17 岁那年进入哥本哈根大学，经过 10 年的学习才完成了神学考试。之后不久，克尔凯郭尔便以文章《论苏格拉底的讽刺概念》进行博士学位论文答辩，这个题目体现了他的两个相互纠缠的思想体系，即信奉苏格拉底和讽刺。

父亲一直是克尔凯郭尔生命里的重要角色。克尔凯郭尔的母亲以及五个兄妹的相继离世，让他的父亲深感绝望，最终于 1838 年郁郁而终。父亲的情绪对克尔凯郭尔的影响很大，使他的童年始终被绝望和压抑的气氛笼罩着。父亲死后，克尔凯郭尔得到了一大笔财产，但是他不会理财，过起了纨绔子弟的生活：常常整个晚上在大街上闲逛，也时常去剧院看戏或参加社交晚会。在外人看来，克尔凯郭尔就是一个有钱且无所事事的人。

在克尔凯郭尔的第一部作品发表之前，他与比自己年轻 10 岁的雷吉娜·奥丁森订了婚。一年之后，克尔凯郭尔无缘无故解除了婚约，然后前往柏林学习，他为了完成这项任务而放弃了爱情和婚姻。

1843 年，克尔凯郭尔的第一部作品《或此或彼》发表了。之后，他又相继出版了《恐惧的概念》《恐惧与颤栗》（1844）；《人生道路的诸阶段》（1845）；《哲学片段的非科学的最后附言》（1846）；《致死之痼疾》（1849）和《基督教训练》（1850）。印刷这些作品让他很快就花光了积蓄。1855 年，

42 岁的克尔凯郭尔依旧无所事事，并且他的精神斗争也达到了一个高潮。这种情绪下的他有一天忽然在大街上昏倒，之后很快便离开了人世。

说起他精神上的斗争，其中最多的就是他对爱情的遗憾和不舍。为了给雷吉娜·奥丁森营造自己庸碌无为且不值得托付的假象，他的作品几乎都用了假名，并在作品中不时隐藏起自身的不舍。然而，真实的克尔凯郭尔始终对雷吉娜·奥丁森忠贞不渝。最终，克尔凯郭尔带着这种压抑和克制结束了一生。

### 2. 存在思想家和基督徒

克尔凯郭尔是一位诗人，也是一位思想家和一位具有极强创作力的天才作家。在柏拉图与尼采之间，只有屈指可数的几位哲学家配得上这样的称号。他有一本著作的副标题是“辩证的抒情诗”，而这个标题同样适用于柏拉图的那些精彩对话。但是，柏拉图是用交谈的方式和抒情的文字来表达自身的思想，而当读者去看克尔凯郭尔的作品时，他会怀疑自己看的到底是不是一本哲学著作。克尔凯郭尔所讨论的根本就不是通常所说的道德问题，在他的《或此或彼》中，他就像一位诗人一样说话。他所探讨的问题其实都属于个人问题，属于一些特定的个体之间的特定问题。显而易见，克尔凯郭尔在表达自身思想的时候，就像一个诗人一样。他对抽象的事物以及概念永远都抱着一种怀疑的态度，认为所有的哲学家都有一个相同的特征，那就是他们永远只会讨论带有普遍性的大问题，比如追寻人生的意义、探索真理以及普遍有效的行为原则等等。康德就认为，伦理学的本质就是要求伦理学原则拥有绝对的普遍有效性。当我们在讨论此类普遍性问题的时候，自然就会被认为比讨论这个或那个人的实际生活问题重要得多。人们以为，只要获得了普遍有效的原则，个别问题自然会迎刃而解，因为每个人都可以在这些原则里找到属于自己的结论。

但是，克尔凯郭尔发现，生活里的种种现实问题永远都是实际的个别问题。问题并不是人应该如何做，而是人在某种特定的情况下应该怎么做，这种问题就属于“存在”问题，哲学只有关注此类问题才有意义。客观的思想对主体及其存在的问题并不是很关心，但是作为存在者的思想主体的确很关注他的思想，因为他本身存在于思想之中，只有真正面对存在的认识才是根本的认识。

在此意义上，存在和人们通过事物、收入以及职业而实现的外在生存保障没有关系，存在更多的是个体的不可思议的最内在的本质，就像一位神秘主义者所说的，是“自我”。引用克尔凯郭尔《致死之痼疾》里的话说，自我其实就是一种与自身发生关系的关系，换言之，就是在他所处的关系中，他与他自己发生了关系。克尔凯郭尔在其他地方对这一思想进一步发挥，并把人的个体存在看成是一个变化的过程，属于瞬间的存在，而人的一生就是由不计其数的瞬间组成的变化的过程，其可能性既是无限的也是有限的。所以，人的存在其实就是一种历史性的存在，自我的紧张状态与时间性是人的基本特征，直至个体死亡才宣告结束。

以此，我们掌握了克尔凯郭尔思想体系中的一部分，这一部分可以称为克尔凯郭尔的人类学，至于他思想的另一部分，则存在于他所信仰的基督教里。如果说克尔凯郭尔隐姓埋名，过着一种传统的贪图于当下的美好生活，那么他就是想以此来表明人远离人群之后会重新变成一个独立的个体，但不是自为的个体，而是“上帝面前的个体”。克尔凯郭尔最为反感的就是他所处的时代，几乎人人都是基督徒，但没有一个真正意义上的基督徒，这是他极为憎恨和反对的一种极不诚实的状况。上帝通过耶稣基督显现在人类的信仰里，这种尘世之上的信仰与温和浅薄的小市民的教会世界有什么相干？在这个教会的世界观里，尽管那些循规蹈矩的市民们洗礼和坚信礼，并在教堂里举行婚礼，但是他们内心对神明并没有真正意义上的感动。成为基督徒就意味着要和父母以及尘世的一切断绝，他是被挑选出来过那种极端生活的人。为了使真正的基督徒成为可能，就必须震撼并揭露当下这个肤浅的基督教世界。

克尔凯郭尔最后用一种非常冷酷严肃的态度对基督教界进行了严厉的抨击与斗争，在他生命的最后两年里，他通过报刊以及传单对基督教发起了猛烈攻击，并给这些文章冠名为《瞬间》。“假如你不去参加照例的礼拜仪式，如此你便会不断减少你的罪恶：因为你并没有参与那种愚弄上帝的活动，事实而言，那一切只不过是假冒的基督教的信仰。”他虽然用这样的语气说话，但是他从来不敢说自己是为了基督教信仰而战斗的，抑或称自己是一名基督教信徒。基督教于他而言是何等的高不可攀，以至于他从来不敢自诩为基督教真理的见证人或殉教者。“如果我是一个牺牲品，那么我也不会是基督教的牺牲品，我只不过想当一个诚实且正直的人。我不应该也不能称自己是基督徒，我想要的只有诚实正直，我愿意为此去冒险。”这个为了上帝而苦思冥想并且去斗争的怀疑主义者，最终怀着这样坚定的信念离开了人世。他到死都没有改变自己的立场，也没有在垂危的病榻前祈求来自教会的安抚。他活着的时候为了避免误解，似乎永远带着一副面具并尽量远离周遭。他似乎是在慷慨地与人们分享他的思想与意见，他也试图去避开后世对他的误解和非议。在一篇题为“忧郁”的日记里，他说道：“在某一诗篇中曾经这样写过一个富豪，他花费了一生的力气攒了一笔巨大的财富，但是，他并不知道该把这笔财富遗赠给谁，而我，作为一个有才智的人，将要遗留下一笔数目不小的财富，哎，我知道，如果谁想继承我的遗产，那么他们就是令我极其讨厌的人，时至今日，他们在这个世界上永远都是去继承了一些较好的东西，今天如此，往后依然也会如此，我说的是那些讲师和教授们。”

在一篇附言里，克尔凯郭尔紧接着又补充道：“即便这位‘教授’读了我写的这些东西，依然不能让他善罢甘休，他也不会受到良心的谴责，不，不会的，他依旧会把我拿到课堂上去讲授……”

## 三、尼采

### 1. 生平及主要著作

虽说叔本华可以被看成是康德的后继者或学生，但他形成了一套与康德的哲学完全对立的哲学体系。如果以这种关系来看待，那么尼采与叔本华的关系其实就等同于叔本华与康德的关系。不过，尼采与叔本华的共同点在于，两人都与理性哲学背道而驰，他们的哲学都属于一种意志哲学。

弗里德里希·威廉·尼采于 1844 年出生在德国吕肯的一个新教牧师的家庭里。尼采 5 岁时，父亲就去世了。因此，尼采在一个完全由女性组成的宗教家庭里长大，这就养成了尼采敏感脆弱的性格。但是，那时的尼采已经试图通过自我克制和磨炼来克服自己这种性格上的弱点。

在著名的普夫塔寄宿学校里，尼采喜欢上了古希腊文化，这为他以后的哲学生涯奠定了基础。此后，尼采先后前往波恩和莱比锡学习古典语文学。在莱比锡，尼采认识并结交了著名的语文学家艾尔温·洛德，还遇到除了家庭和古典文化之外，对他的一生产生巨大影响的第3种精神力量，那就是叔本华的思想。

尼采在一家旧书店里偶然发现了叔本华的代表作，他一口气读完了这本书，并深深被他的天才所折服。而在这之前，尼采就已经接触过散发着叔本华精神气息的理查德·瓦格纳的作品。尼采还十分喜欢音乐，懂得如何在钢琴旁通过长时间的自由幻想深入而持久地打动听者的心。因此，尼采在莱比锡还遇见了瓦格纳，并成了他热情的崇拜者。

尼采在大学学业结束之前发表了几篇语文学类的小文章，经过老师的推荐，巴塞尔大学邀请他出任古典语文学副教授。在瑞士期间，尼采遇见了历史学家雅各布·布克哈特、神学家弗朗茨·奥沃贝克，并重新见到了理查德·瓦格纳，他当时正住在特里布森的湖畔别墅里。

在巴塞尔教书的生活是简单而平静的，但是这样的生活没有持续多久，就被战争打破了。尼采作为卫生员参加了战争，但是因为患上痢疾，不久便离开了军队。自那以后，尼采就再也没有完全健康地生活过。

1870 年，尼采的《源自音乐精神的悲剧的诞生》发表了。书中，尼采发现了古希腊的生活与艺术创作中两种极端对立的力量，他将它们称为狄奥尼斯精神和阿波罗精神。狄奥尼斯精神是一种心醉神迷的状态，是一种无形的原始意志；阿波罗精神则是一种节制的、和谐的力量。

1870 年之后，尼采有了一种带着忧虑的批判态度。在《不合时宜的观察》中，尼采阐述了他对时势的看法，这是对德国“知识庸人”的典型人物大维·弗里德里希·施特劳斯的一种清算。他在第 2 部著作《历史对于人生的利弊》中，揭露了历史知识的大量堆积，造成了真正的人的生活面临着窒息的危险。在第 3 部观察《教育者叔本华》和第四部观察《理查德·瓦格纳在拜罗伊特》中，尼采把自己崇拜的大师赞誉为高贵文化的教育者。

尼采赞扬瓦格纳后不久，瓦格纳就在《帕西法尔》中向否定基督教的理想屈服了，两人的关系因此破裂，这标志着尼采的思想开始从第 1 阶段过渡到第 2 阶段。这一时期的尼采对艺术和形而上学抱有一种批判的态度，他想通过科学的手段去找寻解脱，并试图接近一种自然主义的实证论。但是在这期间，尼采的身体状况出现了崩溃的征兆。

身体复原以后，尼采又写了《朝霞》（1881 年）和《快乐的科学》（1882 年）。

在《查拉图斯特拉如是说》一书中，尼采阐述了人自我发展的 3 个阶段，即从对权威和大师的依赖，到摆脱他们为自由而战，再到最后转向自己的价值观和终极目的。在创作这本书期间，尼采产生了用一部 4 卷本的作品对其进行详细阐述的想法，并且认为这部作品的名字应该是《权力意志，重估一切价值的尝试》。1886 年，尼采发表的《善恶的彼岸，未来哲学的序奏》算是这部作品的引言。但是尼采最终没能完成这部作品，在他死后，后人通过整理他的笔记出版了它。

这段时间算得上是尼采最孤独的几年，因为早年的朋友中几乎没人愿意追随他的思想，并且他的书也无人问津。自《查拉图斯特拉》的最后部分开始，再也没有一个出版社愿意与他合作，所以，他不得不自费出书。这种孤寂让尼采变得越来越孤高自傲，其语调也变得更加激烈和高昂。

1888 年，尼采的创作生涯进入到一个新的发展期。他的性格致使他写出了《瓦格纳事件》《偶像的黄昏》《反基督者》和个人自传《瞧这个人》，这些作品的发表让尼采逐渐开始有了名声，但这对他来说太迟了。为“重估一切价值”而付出的旷日持久的、孤独的努力使尼采在肉体上和精神上都已经精疲力竭，他几乎完全失明，最后几年里的所有作品都是他以一种异乎寻常的顽强毅力，在和病魔作斗争的过程中完成的。1889年初，尼采在都灵麻痹性休克，从两天的昏迷中醒来之后，他给不同的朋友和身居高位的要人寄去信件，内容既杂乱无章又离奇古怪，这使得他的朋友奥沃贝克匆忙赶来，看他究竟发生了什么事情。后来，奥沃贝克以感人的笔触描述了他重新见到尼采时的那一刻以及尼采令人震惊的状况。

尼采先是被送往巴塞尔，后又被送至耶拿的诊所进行治疗。在他的母亲，以及他那富于牺牲精神的妹妹伊丽莎白·弗斯特·尼采的悉心照料下，尼采在神志不清的状态下又活了12年，最后在1900年获得了解脱。

### 2. 叔本华与尼采

尼采的时代，人人都宣扬理性，并且着眼于现实和物质生活，认为只有理性与科技才能让人得到所追求的幸福。叔本华的出现让这种盲目的乐观主义开始瓦解，因为叔本华是一个纯粹的悲观主义者，他认为痛苦是人生来的宿命，快乐与幸福都是消极的思想观念。他认为从痛苦中解脱出来的方式，不是死亡就是癫狂，这种极端的悲观主义深深地影响了一大批人。

尼采第一次接触到叔本华的思想时，便对其天才深深地折服了。因为受到了叔本华的影响，所以他的哲学也是悲观的，他将这种哲学称为积极的虚无主义。所谓积极的虚无主义，是在丧失信仰、一切价值观崩塌后，依然抱有积极的心态，起身反抗。这种精神在尼采的思想中被称为高扬生命力的酒精精神和权力意志。与之相对的是消极的虚无主义，即人们否定了现有的世界观和价值观之后，表现出一种自我沉沦和自我堕落的状态，信仰的丧失让人们变得无所适从，悲观的情绪充斥着一切，致使其荒度一生。

尼采的积极的虚无主义让他认识到了人生来就笼罩着悲剧色彩这一本质，而且人运用理性的思维去认识世界和生命的能力是有限的，这就使人不得不承认其悲剧性。但正是因为有了理性思维，且个体受控于世界意志，所以人在面对悲剧的时候，可以运用顽强的意志来掌控自己的人生，这一根本理念正是尼采与叔本华的最大区别。由此可以看出，尼采和叔本华虽然都肯定虚无主义的存在，但尼采是积极的，叔本华则反之。

### 3. 尼采对理性的批判

尼采对理性的批判，首先针对的是苏格拉底和柏拉图。苏格拉底提出“知识即美德，无知即罪恶”，里面所说的知识其实就是理性。也因为这句话，使苏格拉底之后，理性主义在欧洲大陆上蔓延开来。苏格拉底认为只有通过理性的判断和认识，并将其进行整理和总结，才能得出对人类有贡献的知识。所以，没有理性的人都是罪恶的人、缺乏善的人。因此，在苏格拉底看来，理性和本能是相互对立的。但是尼采认为正是理性破坏了人的本能，削弱了人生命力的基础，想要解放人的生命力就必须反对理性，提倡意志呼唤本能。

柏拉图认为现实的世界并不是永恒的，它是造物主通过善的理念，将理念世界作为模型而创造出来的。因此，这个世界是不完善的。所以，柏拉图在这个基础之上，提出了理想国的概念，即一套完整的、理想的政治制度。柏拉图认为，理想国中的国王都是哲学家，因为学会了哲学，就必然是善的。进而，这个带着善的国王会通过拿捏好权力的分寸来使这个国家走向始终和谐、平衡的状态。然而，尼采认为柏拉图的一切理念都是以否定当下世界的态度为前提的，而这种缥缈的理想化是应该坚决抵制的。

尼采把这种将希望寄托于彼岸世界的悲观态度归咎于理性使然，因为理性在感官前有着绝对地位，所以人接触到的一切都是幻象，进而让人们坚信背后存在一个真实的世界，从而忽略当下的现实世界。这种态度对人来说，是起不到任何积极和指导作用的。

尼采对理性的批判让他的哲学思想进入了一种非理性的生命哲学的状态。人们因为坚信有一个充斥着幸福的美好的彼岸世界存在，因而忘记了当下的现实生活，这种对待生命的态度是极为错误的。尼采的生命哲学就是希望通过自己的引导，唤醒人们对现实生活的热爱，而不是把所有的希望都寄托在一个不确定的缥缈虚幻的彼岸世界。人只有具备高昂的意志和健康的身体，才能战胜生来痛苦的这种悲剧性。因此，尼采用酒神精神和权力意志作为自己生存哲学的核心。

## 4. 酒神精神及权力意志

权力意志由酒神精神而来。尼采的酒神精神具有本体和终极的意义，指的是人沉迷于艺术等一种着迷的状态。这种状态来源于对艺术的沉醉和自我肯定，包含了某种充沛的力量。酒神精神一词来源于古希腊，指的是人们在丰收之时尽情狂欢、放纵情欲，达到一种释放天性与本能的状态，这时的他们与天地融为一体。尼采的思想就在于此，旨在让人们摆脱理性的束缚，去追求本能，去打破一切规则。而权力意志是万物的本源，对任何人和事物来说，它都是本质所在。因此，两者实际上是同一的。权力意志的目的是让人学会自我肯定，并通过意志来克服一切悲剧，从而走上一条积极乐观的生活道路。

权力意志的本体论意义在于，它对外部事物的支配力量不仅来自外部，还来自自身。因此，生命才会不断地强大，生命力消退的说法也会不攻自破。但同时，尼采又认为权力意志存在着剥削的意味，因为战胜一切并使本身强大，就必定会有别的人被征服、被奴役。而这类人就是软弱的代表，他们没有价值，所以被征服、被奴役是理所应当的。凡是有生命的东西都有权力意志，权力意志能揭示最终事实，它是感情的基础，一切情感因它而展开。生命的本质就是掠夺、占领、伤害，尼采认为那些不属于自己的东西和欲望所引申出来的权力构成了人生的本质。伟大的生命不断地创造和毁灭，迭代更新。生成和毁灭则永恒存在，永不停歇。肯定每一个自由独立的意志，并学会抓住每一次机会去实现自身的自由意志。

### 5. 永恒轮回

虽说尼采是一个悲观主义者，但他还是为了打破迂腐的价值观而宣扬生命意志的权力意志精神。他承认暴力、残忍、虚伪等，即使拥有强大的生命力，但总归有终结的那一天。为了自圆其说，尼采又提出了永恒轮回的观念，试图将我们短暂的生命和永恒的灵魂、永恒的权力意志相联系。永恒轮回这个概念很早就出现了，从古印度哲学到“晦涩哲人”赫拉克利特都持有这种观念。赫拉克利特说世界是一团永不熄灭的火，在一个地方燃烧，在一个地方熄灭，这里所说的永恒和火就代表了循环往复的生命力。

但是尼采并不是单纯地陈述前人的思想，他的生死轮回说包含了一些新的思想。他认为生死轮回是为了克服虚无主义，我们每一次短暂的人生经历都在过去发生过千百次，没有新的发生，只有不断地重复。但是，这种思想难道不会让人陷入更深的虚无主义吗？他试图用生命的循环来减少这种短暂生命的悲剧性，但一次次的循环难道不是又一次悲剧吗？既然一切都是既定的，那奋斗、拼搏的意义又何在？尼采本想通过永恒轮回来逃避虚无，却陷入了更深的虚无。所以，他只能肯定虚无，努力战胜颓废的精神，让充满悲剧色彩的人生平添一份乐观的态度。

尼采本想通过权力意志和酒神精神来战胜虚无和怯懦，可最后，生死轮回的提出让原本可以超越一切，追求最终极的幸福的机会被禁锢在生命里。而这，让尼采不得不去承认悲剧，面对悲剧，热爱悲剧，尽管无法战胜悲剧。

### 6. 超人哲学

尼采的梦想便是超人，这是尼采为了克服虚无主义而设下的一个目标。在这个普遍价值缺失的时代，尼采不仅要解构形而上学，还要以重建形而上学为己任。尼采的权力意志与酒神精神都有着形而上学的意义，而所谓超人，其实代表了建立在权力意志和酒神精神之上的属于尼采的价值观。尼采其实并不愿意相信有一种适用于整个世界的普遍价值，他觉得是意志确立了价值。每一个普通人都需要按照自由意志去确立自身的价值，并按照这种价值去行动。而这就是尼采所认为的超人应该具有的能力，但是并没有人能达到这种要求。超人仅仅存在于尼采的理论里，它是尼采理想中人的形象，而不是一种新的种族或人进化后的结果。尼采认为这种超人其实就存在于人的最深处，潜伏于每一个人的心里。我们每一个人其实都是未经雕琢的美玉，借助尼采的手，我们就可以将自己内部的那个超人形象显示出来。生命的超越性原本是自给自足的，只是因为当下的人类已经用颓废和得过且过的心理盖过了一切。超人不会被传统迂腐的道德体系所束缚，他可以为自身立法，并且具有强大的创造力、独特的个性以及旺盛的好奇心，会为了自己所设立的远大目标而积极奋斗。但是，超人不是神仙，尼采反对将其神化，同时反对一切英雄主义，他认为每一个英雄的周围必然都会有一群愚昧无知的人。

尼采把与超人相反的人称为 “末人”，“末人”的特点体现在当今社会每一个人的身上，胆小、平庸、自甘堕落且自以为是都是这种人的特征。尼采憎恨且厌恶这样的人，因此试图通过建立一个超人的形象，确立一个正确的价值取向，把末人往超人的方向去引导。无论末人最终能不能变成超人，这都是尼采的希冀，他希望每一个人都可以积极奋进。

尼采既认为通过人的自我超越能够达到超人的目标，又否认现在、过去、未来会出现超人，超人始终是一个不可能达到的理想。而超人最大的现实意义，就是人们越来越多地开始谈论人的超越性，敦促着人不断地超越自身，以达到更加完善的形象。

# 第十四章　　新康德主义

叔本华用他纯粹的理性判断批评了沉溺于教条主义的世界，从那时起，直到今日，批判哲学一直处于霸主地位。1859年之后，进化论又开始独占鳌头，一直到19世纪末，尼采那令人耳目一新的反偶像崇拜的独特思想占据了哲学的舞台。但是，这一切都是表象，在这些表象后面是康德主义的暗流涌动。

## 一、对康德的批判性思考

### 1. 概论

康德之后的哲学是纯粹的表面思想活动这一说法，虽然有些过于夸张，但的确是对从19世纪末到20世纪初哲学发展的大致方向的一个总结。人们开始认识到，虽然费希特、谢林、黑格尔等体系构建者，以及赫尔巴特、弗里斯、实证主义者、叔本华都是以康德哲学为基础的，但这个基础并不是很牢固，并且哲学也远远地偏离了康德的批判立场。

于唯心主义者而言，康德哲学那些关于自我的自发性思想，关于创造性的思想，让人们在实践经验中只看到了创造性的自我，但他们并没有看到这样一个事实，那就是我们的感官和内在，以及那个所谓“既有的”现实世界其实并不是通过自我创造的。相反，实证主义与唯物主义只不过是把握住了“既有的”现实世界，而忽略了康德先超验论考察的结果。叔本华的形而上学把意志看成我们的自我的最内部的本质，并且通过这个用意志为整个既有的世界去做解释。在这里，叔本华就很好地利用了康德的物自体的概念，而且毫无疑问滥用了它。

回到康德的思想运动最开始是通过 3 个人发起的。第一位是自然科学领域最重要的学者海尔曼·封·赫姆霍尔茨，他特别指出，自然科学需要自己的基本概念，他觉得康德哲学完全可以胜任这个任务。第二位是弗里德利希·艾伯特·朗格，他的《唯物论史》最为出名，这本书分为两个部分，分别讨论了康德之前与之后的唯物主义。朗格试着去证明，“唯物主义”作为自然科学研究的原则，是一点也不能缺失的。但是，倘若要在这上面建立一种形而上学或认识事物深层的本质，那么唯物主义并不合适，这是在它的能力范围之外的。朗格认为，“物质”本身只不过是人类的理性中的一个概念而已。最后一位是奥托·李普曼，他在自己的《康德及其追随者》（1865 年）一书中倡导我们回归到康德那里，站在康德批判哲学的立场，对康德以后所出现的主要哲学思想进行了严密地逐个考察。在每一章的最后，他都会用“必须回到康德那里去”作为结尾。

在这3个人之后，欧洲大陆的许多国家慢慢开始出现了康德主义的繁荣复兴，关于康德研究的文献也层出不穷。虽说新康德主义不久之后就分裂成了很多不同的“学派”，但是这些不同的学派之间还是有几个共同特征的：

（1）“了解康德其实就说明是要超越康德”，新康德主义者文德尔班说的这句话，或多或少地能适用于几乎所有的新康德主义者。没有人只满足于将康德的学说拿出来为自己说话，所有的新康德主义者都企图在某一个方向上发展出新的康德的思想。

（2）新康德主义者对康德提出的批评几乎都集中于他的物自体上，于李普曼而言，康德关于外在时空的物自体的概念纯粹是无稽之谈，而这也是康德之后的哲学让人误入歧途和引起误解的主要根源所在。

（3）倘若我们只把康德看成是一位认识论理论学家，那自然是不公平的，因为康德的目标是成为一名实践家和伦理学家。然而，很多新康德主义者的格局太小，视野也过于狭窄，他们的目光只会注视康德的认识论的问题，以及与此相关的康德的功绩。

## 2. 马堡学派

新康德主义下那些许多具有独创性的头脑和著作，我们不可能一个一个地列举出来，自然也就不可能对他们的功绩进行评判了。前面提到的 3 个人物主要是提出了回归康德的号召，但是他们并没有提出详细且系统的思想。新康德主义的真正创始人其实是海尔曼·柯亨，在他的 3 部著作《康德的经验理论》《康德对伦理学的论证》和《康德对美学的论证》里，他最先开始考察康德批判哲学的 3 个主要部分，然后和这 3 个主题相对应，分别用 3 部著作《纯粹认识的逻辑》《纯粹意志的伦理学》和《纯粹感情的美学》发展出了新的康德思想，这种发展的基本理念其实就是取消物自体这个概念。柯亨丢弃了物自体与现象的二元论，也丢弃了作为两种平等并列的认识形式的直观和思维的二元论。他认为直观也是一种思维方式，并不存在这样一种“既有的”原材料，因为每种直觉与感觉也都是一种思想性的东西。

认识是一个可以无穷无尽发展的过程，在人类的行为和欲望里，也存在一个无穷发展的过程，其目的就是克服主观自我，在一个完美的法治国家里不断地实现客观道德理性。柯亨也认识到，在艺术的发展进程里，人们也是努力地去追求一种纯粹客观的感觉的规律性。

后来被称作马堡学派的思想家们，与在马堡生活并产生影响的柯亨是一脉相承的。保尔·纳托普以他通俗易懂的叙述方式，成了马堡学派的真正代言人。纳托普的观点和柯亨基本一致，尤其是他继承了康德的认识论，致力于批判性地考察自然科学、心理学和教育学的基础，这成了后来一系列对个别科学进行批判性基础研究的出发点。一般来说，哲学家们对这些基础研究领域的兴趣比科学家们的都大。有些人说，随着胡尔和海德格尔的出现，新的康德主义走到了它的末尾，但是另一种说法也是对的，即新康德主义是通过国家社会主义而宣告结束的，或者干脆说，新康德主义的代表人物要么已经去世，要么遭到了犹太人的抵制，如果他们在 1933 年还有职位，也都被从德国驱逐出去了。马堡学派的最后一位杰出思想家恩斯待·卡西尔的命运就是这样，他于 1874 年出生，是柯亨在马堡的学生，先是在柏林任教，然后前往汉堡当教授，之后被迫离开德国逃亡，紧接着先后去了牛津大学和哥德堡大学，最后来到纽约教书，并于 1945 年去世。卡西尔的主要著作有《近代哲学和科学中的认识问题》和《符号形式的哲学》，其著作中充斥着大量经过加工的历史数据，观察角度也远远超过了许多专业哲学的范畴，他尤其重视对自然科学的研究，为其奠定了认识论的基础，即使是晦涩难懂的思想，他也可以用最通俗易懂的方式表达出来。

卡西尔的新康德主义老师与康德之间的关系，在一些方面和卡西尔自身与柯亨以及纳托普之间的关系很相似。于他们而言，认识与科学认识在本质上是一样的。另外，卡西尔还对文化学与人文科学进行了研究；他也将宗教思想、语言和神话以及艺术直觉纳入了哲学研究的范围，并将其看成是与科学相对的另一个完全独立的世界。

卡西尔的思想是通过新康德主义发展而来的，其最繁盛的时期大概是在 1870 年至 1930 年之间。关于符号的概念可以被看成是卡西尔的中心理念，在卡西尔看来，我们永远无法直接去重现或把握真实的东西，而始终需要一种象征或符号的体系作为中介。卡西尔的这种思想已经非常接近现代符号学。

符号学一词是由希腊语 Sma（符号）引申过来的，我们今天所了解的符号学是一个一般的符号体系理论，这里的一般是指，这个理论不只包含自然形成的语言，还包含人造语言，以及用于计算机的图像符号、程序语言、宗教和艺术中的象征符号，最后还有动物王国里用来沟通和交流的语言体系。语义学是符号学的一个分支，它是专门研究符号与所指对象之间的关系的。应该注意的是，当我们用文字这种“语言符号”来表达事物时，语词与它们所指称的对象之间并不是一种直接的关系，这种关系其实更多是通过概念去传达的。

了解上述以后，我们就能理解卡西尔为什么要把自己批判工作的中心从认识与意识问题转移到语言问题上。卡西尔的思想在时间上和本质上都属于 20 世纪，而他的理论依据就是 20 世纪初——特别是通过瑞士人菲南特·德·索绪尔的研究——才开始作为精密科学出现的语言学。

### 3. 西南德意志学派

西南德意志学派是新康德主义的第二个重要的学派，它从最开始就和马堡学派不同。这个学派的主要活动地在海德堡，两位代表人物分别是威廉·文德尔班及其学生海因利希·李凯尔特。如果将文德尔班看成是这个学派里起决定作用的推动者，那么李凯尔特就是这个体系的创立者。李凯尔特的主要著作是《自然科学概念形成的界限》《文化科学与自然科学》和《哲学体系》。

就像李凯尔特所著的标题中注明的那样，这个学派并不把纯粹自然科学作为研究对象。他们关注的其实是人文科学以及该怎样独立地去建立人文科学和自然科学之间的界限。于文德尔班而言，自然科学与人文科学的主要区别在于，自然科学研究的是一般规律，人文科学研究的则是个别的、唯一的事物，二者在研究方法上是不同的。

这个学派的另一个特点和他们的兴趣转向文化与文化学紧密相连。如果文化学要探索和描述特殊的事物，那么其必要的前提条件就是必须在大量的个别现象之间进行选择，而这种选择同样需要遵循一个标准，这个标准的根据必须是对象的价值。哲学上运用价值这个概念最先是通过鲁道夫海尔曼·洛采实现的，他和古斯塔夫·提奥多·费希纳一样，在转到哲学研究之前是一个自然科学家。从洛采开始，价值这个概念在哲学中就处于中心地位，它不仅仅是人文科学研究不能缺少的，而且也是一切人类行为和认识的基础。它有超验价值，并不是来源于人既有的经验，中间包括了应当如此的成分，它属于真理道德和美的范畴之内的理想原则。如果一个判断“真正”符合价值原则，那么它必然是正确的，如果一个行为“真正”符合价值原则，那么这个行为就是好的。这样的价值是超越时代的，它们不依赖于任何既定经验，普遍适合于任何时代。这样的价值既没有精神也没有肉体的存在，在精神的行为中，我们只专注于那些既有的价值，它们的存在就是“价值”。价值就是通过人类精神的客体化得以自我实现的：宗教、艺术、国家、法律、科学。李凯尔特将价值的范围进行了较为细致的划分，于他而言，逻辑学具有很高的价值，其次是伦理学（善、德性、人的集体意识）、性爱（幸福、爱的合一、献身精神）、宗教（神圣、虔诚）、美学（美）和神秘主义（神圣、万有），只有把这些价值联系到一起，才能拥有完美的人生。如果一个人只从中选取一种价值并将这种价值看成主导人生的唯一标准，那么他的世界观就只能是片面的。

## 二、相近的思潮——俄国哲学一瞥

新康德主义作为批判性的哲学思考，不仅是对唯心主义抽象思辨的反动，还是对唯物主义的自然科学世界观的反动。并且，新康德主义也是对 19 世纪的欧洲，特别是德国思想界中所表现出的较为普遍的“历史主义”倾向的表述。与那个时代的艺术为了复兴过去时代的艺术风格而进行的种种尝试一样，在哲学方面，先是人们对哲学史再次产生了浓厚的兴趣，其次人们也热衷于复兴以前的思想体系，抑或是直接继承这些思想体系。在这些尝试中，最重要的流派当属新康德主义，此外，还有新弗利斯主义、新黑格尔主义、新费希特主义，以及扎根于天主教土壤并直接继承了 1879 年罗马教皇通谕的新托马斯主义。新康德主义除了德国，主要还在法国等地盛行，其主要代表人物是查尔斯·雷诺维叶。在意大利和英国，出现了新唯心主义学派，除了康德以外，他们还继承了黑格尔与柏拉图的思想体系。英国的代表人物是伯纳德·鲍桑葵和弗兰西斯·赫伯特·布拉德雷；意大利的主要人物是贝内蒂托·克罗齐，他最出名的一本著作叫《精神哲学》，另外，他写的关于历史哲学和美学的著作也十分有名。克罗齐是一个博学多识的思想家，他不只研究哲学，在历史、艺术史、政治学、文学批评以及国民经济学等方面都有很深的造诣。自 1903 年以后，克罗齐就开始经常在他自己创办的刊物《批评》上发表言论。他的哲学是对黑格尔思想、实用主义和实证主义的融合，而黑格尔的思想算是构成他的思想的基础。

意大利新黑格尔主义的另一位主要人物是乔凡尼·金蒂雷。在法国，能与克罗齐平起平坐且影响较大的新唯心主义思想家是莱昂·布隆施韦克，他的主要著作有《判断的方式》《理性与宗教》《数学哲学的阶段》《西方哲学中意识的进步》和《精神生活导论》。

当然，这里不能不提到弗拉基米尔·索洛维耶夫，他是俄国重要的一位思想家，他的思想对俄国有着巨大的贡献。在德国，他之所以能名声大震，主要是因为他那天才的作品《反基督者的自白》以及他精湛的语言艺术，其基督教哲学思想将俄罗斯的宗教信仰和形式上的西方思想做了相互融合。

当我们提到俄国思想家的时候，细心的读者可能会提出这样一个问题：为什么本书中很少提到俄国思想界的发展情况？这其实并不是因为俄国思想的发展历史不属于欧洲思想史的范围。毫无疑问，在文学和音乐领域，俄国人做出了极大贡献，并且他们在自然科学、数学等方面也有着较为突出的成就。而且从彼得大帝以后，俄国向欧洲敞开了大门，并且欧洲的一系列重要的思想运动，如启蒙运动、德国唯心主义、浪漫主义、唯物主义、马克思主义都蔓延到了俄国并对他们产生了影响。但是，我们几乎找不到一种俄国哲学思想方面的反向输入。

在西方，自康德时期以后，那些比较著名的思想家大多都是大学教授，而俄国的大学持续受到国家监护，因而独立思想在这里并不能自由发展。甚至在很长一段时间里，康德的著作都是禁书。因此，那些伟大的文学家，如陀思妥耶夫斯基和托尔斯泰，以及那些评论学家有关人和世界的深刻思想，只有在文学作品或报刊中才有表达的可能性。

18 世纪俄国的一位杰出思想家格利高尔·斯考沃拉达精通希腊语、拉丁语和德语，他很快就与教会的权威结下了梁子，在他活着的时候，他的大部分著作都没能公开发表。曾经在莱比锡大学上学的哲学家和自然科学家 A.N. 拉迪契夫也一度遭到过俄国的驱逐，甚至被当时的君主卡特琳娜二世判处了死刑（后又被赦免）。这样的例子比比皆是。

俄国作家的大部分作品不是在俄国而是在国外发表的，这其实并不用讶异，因为这些作者都是在流亡中生活的。俄国沙皇统治时期的社会氛围就是如此。大约自 1960 年开始，一些西方思想家，如莱布尼茨、休谟、洛克、斯宾诺莎、维特根斯坦、尼古拉·哈特曼和伯特兰·罗素的大量著作第一次有了俄文译本。

# 第十五章　二十世纪上半叶的思想家和流派

19世纪后期，西方文明逐渐确立了它在世界范围内的统领地位，并在政治、经济、科技和思想等方面都有了长足的发展。然而进入20世纪后，西方文明没能坚守自身的统治地位，其意识形态也随着实用主义、存在主义、历史主义等一系列新哲学理念的出现而发生了巨大的变化。在这之中，最重要的就是生命科学的全面发展，让人们逐渐开始专注于现实社会，思考到底如何才能过好当下，而不再将目光放在一些缥缈的概念上去。

## 一、生命哲学和历史主义

### 1. 概述

人们以前将尼采和叔本华的哲学称为“生命哲学”，就像现代哲学家乔治·施摩尔所说，叔本华和尼采将19世纪的启蒙主义理性从神坛上推了下来。

现代生命哲学是针对运动和理性主义的一场大规模的逆反运动，是对浪漫主义的延续。生命哲学家们认为，我们不可能借助纯粹的思想和理论把握好现实和生命。理性一方面服务于哲学，一方面又站在哲学的对立面。

所有现代生命哲学家的共同之处在于，他们都表示过叔本华和尼采对其的影响，并且他们之间都有一些共同的思想和基本特征：他们都是“能动主义者”，于他们而言，运动、变化和发展比一成不变更有价值和意义；他们都以生物学为出发点，都认为世界是有机的；他们都喜欢非理性，爱直觉、直观、凭感觉领悟多过那些概念、逻辑原则和先验的形态；在认识论方面，他们都属于非主观主义者，认为世界并不仅仅存在于我们的头脑中，还存在一个独立的客观的现实世界；他们也都是多元论者，不接受一种唯一的基本原则。

### 2. 柏格森

法国人亨利·柏格森是现代生命哲学的推动者，其主要著作有《论意识的直接材料》（1889）；《物质与记忆》（1902）；《创造进化论》（1907）；《道德和宗教的两个来源》（1932）。柏格森之所以能取得非凡的成就，是因为他的著作里以牢固的自然科学为基础。

康德认为空间和时间从本质上来说都是我们直觉体验中的形态，两者同等重要。然而柏格森认为两者具有本质上的区别。柏格森认为空间是均质的，是一种同类点的整体，我们可以从一点任意转移到另一点。而时间不是均质的，它是一种一去不复返的序列，我们不可能在时间内从一点任意转移到另一点，每一刻都是不可重复的、一次性的，时间是一种独一无二且不可分割的流变，这与自然科学里的时间有着根本的区别。所以，空间是一种不变的存在，而时间是变动的。

空间与时间相适应，在人身上也存在两种不同的认识能力。我们可以把理智并入空间，因为理智的对象是那些不变的和空间中的东西，也就是所谓的物质。在这个范畴之内，理智具有认识能力，因为它与物质的本质是相连的。理智是人和生物的感觉器官，但是理智并不能理解时间。当理智转向思考时，它会把从空间中认识到的观念转接到时间身上。理智可以将时间碎片化，把它分为数得清的、可以计算的单位。因此，理智远离时间的真正本质。

人们已经太习惯用理智，以至于被理智所束缚，所以无法用最纯粹、最直观的感觉去感受时间的生生不息。与之相反，这种直觉不是用来服务人的实践活动的，它是观察和认识世界的感觉器官。

因为理智服务于实践，所以哲学思考必须通过直觉进行，而这必然会产生一种必要的逻辑证据的匮乏。哲学家们可以通过直觉把认识到的事物生动地表达出来，但是他们并没有能力让其他人和他们一样拥有同样的直觉力。

哲学家们通过沉思，认识到一切现实都是一个变化的过程。就其根本而言，只存在变化、活动和行动。而这种运动能分为两类，一类是生命的上升运动，一类是物质的下降运动。这是两种截然不同的世界，试图用理性去解释世界和生命的本质都是毫无意义的。

生命是在物理和化学的相互作用下形成并发展的，其发展轨迹曲折复杂。意识也并不依赖于肉体，哪里有生命，哪里就有意识。但是，只有人才有直觉，才能够认识自己的生命并自我沉思。

在柏格森的道德和宗教哲学中，同样存在两种类似且对立的因素。道德分为开放和封闭两种，封闭的道德因为社会的压力而产生，不涉及个人，与之相适应的行为都是无意识且凭直觉的，其目的是维护社会风气，所以它涉及某个特定的团体；而开放的道德是关于个体的，它独立于社会，且具有创造性。只有在英雄和某些杰出人物的身上才会体现出这种道德，它源自对生命根本的直接领悟，并通过爱包容整个生命。

宗教同样也分为两种。人作为社会动物，本身缺乏一种维系社会关系的本能直觉，并且因为人的理性对维系社会关系起到相反的作用，所以大自然就用理性的“臆想”来帮助人类去维系他们的社会关系。人类通过想象创造出神和传说，其目的就是把人和神连接在一起。人通过理性又认识到，自己是会死的，如果想实现其目的，就必须跨越重重阻碍，而大自然会帮助他们来承受这一份痛苦。这种“静态”宗教在人生活中的功能和本能直觉与动物是相似的，它起到一种制约和慰藉的作用。

与“静态”宗教全然不同，“动态”的宗教即所谓的神秘教，最先发展于希腊人。在古印度那里，它以沉思冥想的形式出现，在基督教神秘主义那里得以完成。这种动态宗教起源于人类对难以企及的东西的预感，起源于向生命之流的回溯，而只有那些拥有非凡才能的人才具有这方面的能力。如果神秘主义通过那些让人难以理解的个人经验来定论，生命归附于上帝，上帝就是爱神、是一切。即使哲学对此无法加以证明，但是人仍然对此表现出一种敬畏之感。因为，只有人才具备这种神秘通灵的能力，只有万物之灵长具有这样的天赋。

### 3. 活力论

德国新活力论的代表人物是汉斯·德里石，之所以把德里石也纳入生命哲学，主要是因为他首先是以生命作为出发点的；其次，德里石的哲学是一种有机的哲学。所以，他的思想更接近于那个时代的形而上学，即客观存在的哲学。

在观察生命的进程中，机械论与活力论早前就在希腊文化里展开了。德谟克利特试图用原子论的机械原理来解释宇宙，亚里士多德则用一种生命之力来解释生命现象。在近代哲学中，从笛卡尔到拉美特利的“机器人”，机械主义的世界观仍然占据主流。而康德试图划清两种界限，并认为一种目的论的世界观是必不可少的。浪漫主义是一种活力论，浪漫主义思想是充满活力的和有机的。19 世纪的自然科学伴随着达尔文的进化论以及有机化学领域内取得的突出成就，而重新倾向于一种机械论的世界观。

在德国，汉斯·德里石以活力论的代表而闻名，他的主要著作有《有机哲学》《秩序学》《现实理论》《形而上学》和《心理玄学》。

德里石在海胆上面所作的动物学试验促使他思想的产生，这些试验表明，一个被分割的胚胎并不是形成生命体的一部分器官，而是形成多个完整的生命体，即使微小的生物也是如此。对德里石来说，从部分中形成整体的生物再生能力是不可能用机械论的观点加以解释的，整体因果性是生命所特有的。

德里石用亚里士多德的“隐德来希”来称呼这种不可见的、无法把握的力量。但他并不满足于此，为了对生物学做哲学的解释，他创立了一套思想体系，内容涉及逻辑学、伦理学和形而上学。

德里石伦理学的首要前提就是对生命的肯定，他认为生命是有机的，并且是精神生活的工具。由此必然会得出结论：生物之间的行为规范就是互不伤害和厮杀。在国家中，在人类的发展过程中，在道德意识的事实中，也有类似有机生物中的那种整体特征。尽管并不十分确定，但是这也接近了这样一个结论，即在现象世界的背后存在着一种“隐德来希”，一种宇宙整体的灵魂。

### 4. 德国的生命哲学和历史主义

德国的生命哲学并不关心生物学问题，而关心历史问题。自黑格尔和浪漫主义以来，德国历史科学的发展为历史主义的出现起到了推波助澜的作用。所以，这里的哲学中心就是历史。当人们了解到所有事物的形成与消亡都是在特定的历史条件下发生的，就会导致人们在面对要必须做的事情时表现出一种优柔寡断的态度。因此，尼采对这种令人倍感压抑的知识的堆砌进行了强烈的批评。

这里把德国生命哲学家和历史主义思想家放到一起讨论。路德维希·克拉格斯属于以诗人斯蒂文·乔治为中心的文人圈子，他的贡献在于对笔迹学和性格学的研究，并且他在这方面的成就比他在哲学上的更大，影响也更为深远。克拉格斯将人的肉体看作灵魂的外在现象，把灵魂看作肉体的知觉，因此灵魂和肉体之间是一种知觉和表达的关系。克拉格斯的主要灵感来源于他的老师麦奇奥·帕拉基。帕拉基在爱因斯坦的《狭义相对论》发表之前，就写出了论文《时间与空间的新理论》，里面表达了相对论的基本思想。克拉格斯对他的“间歇性意识”的理念很是赞同。

克拉格斯在他的主要著作《作为灵魂的敌人的精神》中明确表达了自己的立场。他说肉体和灵魂属于密不可分的两极，精神由外而内，穿插其中，意欲则使肉体和灵魂一分为二并将生命扼杀掉。那些尚未被精神侵略的灵魂所感受到的世界只是一连串的图像，它被赋予了灵魂的形象。而精神把这个图像搞得支离破碎，并将灵魂分为彼此分离的对象。科学，尤其是机械主义的自然科学，它们最为凶猛地击碎了这些图像。精神对生命有着一种神秘的超时空力量，这是对生命的侵犯。而在这场博弈中，克拉格斯站在了灵魂的一边，站在了生动的无意识的生命一边，以此来抵抗灵魂的敌人，对抗精神、心灵、感情、直觉、头脑、理性以及智力。有意识的行为就是精神的结果，这种行为都是对生命的谋杀。因此，克拉格斯提出的口号是：回到自然的无意识的生命中去。

海尔曼·凯瑟林伯爵是一个古老德国家庭的后裔，他来自波罗的海东岸。这个家族闻名于世的冒险精神在凯瑟琳身上同样具备，而他也自称“雇佣兵”，“喜欢非同寻常的、多彩的、变化多端的和富于挑战性的生活”。凯瑟琳喜欢旅行，几乎走遍了整个世界，在《一个哲学家的旅行日记》中，他描述了自己游历印度、中国、南太平洋和美洲的见闻，这是当时那个时代最为生动的哲学著作之一。

与克拉格斯一样，凯瑟林也反对理性主义，他是一个看重直觉的人，但他不反对精神。他试图将精神与灵魂完美地结合在一起，并指出一条完美的道路。从这一点来看，他想赋予哲学更多的东西，即“智慧人生”。

乔治·西默尔同样是一位博学多才和修养很高的作家，他的生命哲学的中心问题是生命之间形成的张力。西默尔认为，虽然客观存在的文化，如法律、道德、科学、艺术等都有各自的规定性，并且也有站在生命对立面的可能，但它们都是从生命自身中产生出来的。因为生命总能赋予比生命本身更多的内容。

历史哲学家奥斯瓦尔德·斯宾格勒通过发表著作《西方的没落》而闻名于世，并且他的名气比西默尔高很多。同柏格森一样，他也坚信空间和时间具有本质上的区别，即有一种空间逻辑和一种时间逻辑。空间逻辑的原则是因果律，它是自然科学研究的范围；时间逻辑是一种有机逻辑，一种命运逻辑，它教导人们从历史中把握世界。

斯宾格勒具有极强的观察能力，他能通过历史的发展摸清楚其中的内在联系。于他而言，历史并不是一个持续发展的过程，而是各自独立的文明的排列。每一种文明都是一个有机体，是一种最高级别的生物体，是一种特殊的精神表达。文明和生物一样会成长、繁荣和衰老。通过比较形态学，我们可以清晰地看到一个文明的生命历程。

威廉·狄尔泰相比之前的几位生命哲学家，属于较老的一代人，但是他的影响一直延续至今。狄尔泰的思想以实证主义为出发点，到最后，这种哲学发展成了一种对生命的非理性认识。因为现实就是生命，只有将现实看成是从生命到生命的运动，才能理解现实，仅仅依靠理性是做不到的。此外，我们还需要通过情感的力量来了解现实。人文科学，特别是作为人的自我反思的历史科学，对认识现实世界是极其重要的。“人只有通过历史才能了解人是什么。”狄尔泰还强调了人文科学在逻辑学和认识论上的意义，并且指出了人文科学相对于自然科学的独立性和特殊性，他在这方面做出了巨大的贡献。但是，狄尔泰的历史主义不可避免地把他引向了相对主义，他认为“人的观念的相对性就是历史世界观的最后结论，一切都是在过程中流动的，无物长存。”

## 二、实用主义

### 1. 威廉·詹姆斯

威廉·詹姆斯是美国第一位哲学方面的发声者，美国实用主义的创立者，也是第一位具有世界意义的哲学家。威廉·詹姆斯生于1842年的纽约，他的弟弟是作家亨利·詹姆斯。根据记载，兄弟两人对人的内心世界尤为了解，并且两人都写得一手好文章。威廉·詹姆斯在法国读大学，之后于1872年在哈佛大学教授解剖学和心理学，直到1910年去世。詹姆斯于1890年发表了他最有名的著作《心理学原理》，之后他的兴趣转向了哲学，著有《信仰意志》《宗教经验的区别》《多元的宇宙》和《真理的意义》。

詹姆斯的哲学特征是“实用主义”。“实用主义”一词来源于希腊语Pragma，意思是行动、行为，引申到我们今天所使用的“实践”“实用”的意思。詹姆斯对实用主义的理解是：“这是一种不考虑第一事物、原则、范畴和假定的必然性的态度，它所关心的是最后事物、结果和事实。”实用主义的特征来源于它特殊的真理概念，它不像经院哲学和形而上学那样关心事物的最终本质和最初起源，它只把目光投向前面。从实用主义的字面意思，就可以知道其基本理念，在詹姆斯的著作中，美国的那些利润、用处、功劳等典型的表达方式随处可见。“能经受住实践结果的考验就是真理。”而对于真理的观念，詹姆斯都是从美国人查尔斯·皮尔士的一篇论文中获得灵感的。所以，我们也可以把皮尔士看作是詹姆斯的先驱。

詹姆斯的思想恰好体现了美国人讲求实际的生活态度。所以，在美国人眼中，哲学即便再有说服力或者合乎逻辑，但是如果它不能满足人宝贵的愿望抑或是让他失望，如果哲学与他们内心所期盼的不符，如果哲学在实际生活中经受不住考验，那么，人就永远不会接受这种哲学。这也适用于宗教，如果人们始终相信有一种宗教可以让人过上更好的生活，那这种宗教就是好的，但前提是这种信仰没有与他人的利益和性命相冲突。由此可见，实用主义的观念与西方的传统观念是相互矛盾的，与康德的哲学真理观也是不一致的。

在詹姆斯的思想中，抛开实用主义的因素，还有另外 3 个重要特征：

第一个特征可以称为“物力论”。宇宙不是静态的，而是不断变化的。我们的思想也是一样，是一种永恒的流变，一个相互关联的体系。

第二个特征是詹姆斯自己所称的“多元论”。我们不可能只用一种原理就能单纯地解释世界，我们所处的现实世界是由多个独立的体系组合而成的。同理，宇宙也是一个多元的宇宙。我们所处世界就是各种对立力量相互争斗的战场，人类的意志和力量具有极大的作用力，所以我们每个人都必须参与进来。古代民族的多神信仰就是世界多元化特征的体现，多元论和多神教比任何一种一元论和一神教都更为合理。

第三个特征就是典型的具有强烈美国色彩的怀疑主义。没有人敢断言他所认识的世界和一切都是正确的。“我本人坚决否认这样一种信仰，即认为我们人类的经验是宇宙中的最高形式。我倒是更倾向于这样一种观念，即我们与整个世界的关系几乎和我们的宠物狗、宠物猫与我们的关系一样，它们是我们的起居室和书房里的成员，它们也参与到一个连它们自己也不知其所以然的场景里来。在神奇的历史进程中，它们都只是匆匆过客……在万物的轮回流转中，我们也只是匆匆过客……”

## 2. 约翰·杜威

美国实用主义的第二位伟大代表是约翰·杜威。从某种意义上说，他的哲学比詹姆斯的哲学更具美国特色。约翰·杜威首先是一个教育学的社会改革家，他的著作《民主与教育》（1916年）曾被翻译成德语，这本书至今仍然对美国的教育事业有着极大影响。杜威最主要的哲学著作有《理论逻辑研究》《伦理学》《创造的智慧》《哲学的改造》和《人的本性和人的行为》。

较为特别的是，杜威生命里的重要时期并不是在更为欧洲化的美国东部度过的，而是长期住在美国的中西部。与杜威相比，詹姆斯是一个虔诚的基督教徒，虽说他的哲学带有实用主义倾向，但还是有人觉得他是在为哲学和宗教作辩护。杜威则不同，他只关心自然科学和实际经验，因此，他丢弃了一切超越自然科学和实际经验的东西。杜威将思想看成是行为的工具，且只具有工具的价值。因此，他的哲学也被称为工具主义。

杜威世界观的关键词是成长和发展，而这同样是伦理学的标准。人生的目的不是达到一种完美的境界，而是在一个持续永恒的过程中不断地去接近完美。

### 3. 欧洲的实用主义

在欧洲大陆，实用主义主要产生广泛影响的是英国。斐迪南·席勒就是这片土地上实用主义的代表人物，他的主要贡献在逻辑学领域。通过斐迪南的著作《人道主义》和《形式逻辑》，我们会发现，如果以欧洲哲学为衡量标准，那么美国的实用主义并没有什么新的东西产生。因为在尼采、恩斯特马赫、维特根斯坦、维也纳学派以及鲁道夫·卡尔纳售那里，我们同样能发现与实用主义相近的思想。

实用主义认为认识的目的并不是找寻真理，而是获得现实的成功，被看作是新康德主义者的思想家汉斯·魏欣格尔也完全可以被划归实用主义者的行列。事实上，在他对《纯粹理性批判》所做的评论中就可以看出，他的确是一个对康德十分了解的人。而在新康德主义运动中，他在期刊上出版的《康德研究》对复兴康德思想是立下了很大的功劳的。

魏欣格尔最重要的著作叫《或然哲学，人类的理论、实用和宗教的虚构体系》。他写这本书的时候只有 25 岁，而这本书真正公布于世是在 10 年之后，也就是他 35 岁的时候。正如这本书的题目一样，魏欣格尔哲学思想的中心就是虚构，虚构的字面意义就是“杜撰、编造、假设”。在科学中，人们把虚构看成一种假设，而其中的或然性和不可能性是尽人皆知的。尽管如此，人们还是把它当成一种辅助概念，而且它也的确起到了一定的作用。但是，我们不可以将虚构和假说混为一谈。假说虽说也是一种假设，它最终的真正价值并不是我们要确信的，但我们可以期望这个假设最终会被证实是正确的，抑或是错误的。虚构则不同，我们不会有这样的期许，因为我们一开始就知道它是假的或矛盾的，尽管如此，我们却依然会使用它，并且会非常成功。

魏欣格尔发现，人在思想和行动中，始终会把这个方法运用到各种不同的领域中去，尽管如此，它还是构成了我们的道德和法律秩序的基础，这在宗教中同样存在。我们仍然保留着那些虚假的和得不到证实的假设，就是因为我们觉得这些假设是实用且必不可少的。

于是，魏欣格尔说，思想具有合目的性的有机功能，其最初只不过是为了生存而斗争的工具，为生我的自我保护做嫁衣。所以，思想并不是为了思想本身而存在的。在思想的进化过程中，它最终演变成一种为思想存在而存在的理论，其目的也是纯粹的认识。

思想是一种艺术，思想的艺术理论就是逻辑学。除了逻辑学的正规方法和技巧规则之外，还有“艺术概念”，它是一种非常规的思想方法，我们也可以将其看作是诀窍。在生存斗争中，这些诀窍被证明是合目的性的，其中最重要的诀窍就是虚构。

虚构的世界逐渐变成一个不现实的自在自为的世界，虽说它是不现实的，但它是有价值的。对人类的精神生活，如宗教、伦理、美学、科学等来说，这种非现实的“虚构的”世界甚至比“现实的”世界更为重要。魏欣格尔因此得出一种完全改变了的真理概念，“真理”就是可预言性，就是一种经验的可预测性。所以，我们有了希望，并根据它来调节我们的行为。当虚构的实现了它在现实世界中的目的，那么，它对我们来说就是现实的。真理就是对生活的实用性，根本就不存在另一种衡量真理的“客观”标准。因此，我们在这里可以格外清晰地认识到魏欣格尔与美国实用主义之间的共同之处。

20 世纪末的“时代精神”具有非常强烈的现实主义观念，而这并不仅限于美国，还包括欧洲大陆。由此可见，实用主义显然在我们的生活中得到了验证，这对真正实用主义哲学来说是极其有价值的。

## 三、新本体论和新形而上学

### 1. 新旧本体论

20 世纪的哲学思想运动并没有时间上的先后顺序，它们是并列发展的。因此，20 世纪的哲学也是一种“多声部世界”

里的哲学。从1890年到1950年的这段时期，尼古拉·哈特曼虽说不是思想运动的发起人，但他的著作突出代表了这个流派的思想特征。

尼古拉·哈特曼于1882年出生在里加，曾于马堡、柏林和阿根廷教书，是一位备受尊敬的教师。哈特曼最开始是一个新康德主义者，后来他自立门户、另辟蹊径，并且对所有哲学门派进行研究，其中也包括现象学。

哈特曼的主要著作是：《认识的形而上学纲要》《伦理学》《精神存在问题》《本体论基础》《可能性与现实性》《实在世界的接受》等等。上述著作中的后三部构成了哈特曼本体论哲学的体系。

亚里士多德与经院哲学的旧本体论都认为，决定事物内在本性的是一种普遍有效的东西，我们可称之为共相实在论。处于康德发展顶峰的批判认识论彻底摧毁了本体论的基础，而结果是一种新的本体论必须是批判本体论。也就是说，新本体论不能从先验的概念和方法出发，存在的范畴不能被先验地认识。

存在的范畴是否真的来源于我们的认识范畴？答案是否定的，因为我们并不知道认识范畴在多大程度上与存在范畴相一致。并且，我们对认识范畴的直接认识还知之甚少。人对自然的认识是面对自然对象的，虽说认识范畴的基础来自直接面对自然，但是认识范畴并不是最先而是最后被认识的。

与此相反，本体论是自然认识的延续，所以就不存在对范畴的先验认识。

我们必须走一条从内容中推断出结论的方法，或者说是以通过科学认识的成果和人在其他领域的全部经验为依据，并凭借分析法从中剖析出存在的范畴。这种方法就叫作范畴分析。但是，现实性概念中有几个基本错误我们需要有确切地认识，即不要混淆现实性和物质性。人的命运、历史事件以及其他许多事情都不属于物质性，但它们依然存在现实性，它们的存在对人类来说具有强烈的现实意义。其次，我们也不能将现实与呆板相对等，因为现实处于不断运动的状态，想要确定存在，就必须确定变化中的存在方式。另外，我们还必须清楚地认识到每一种范畴里都存在非理性的认识，即便是那些众所周知的因果性原则，我们也不可能对它最内在的本质一览无遗。最后，我们也不要混淆范畴与其构成物及其多样性，物质的东西是一个由低等到高等的存在，但是这每一种构成物本身也已经包含了不同的存在等级，我们首先需要对其进行剖析。

哈特曼的“批判本体论”认识世界的方式与以前本体论的方式存在两处区别，首先是对哈特曼来说，实在世界既能被认识也不能被完全认识，也就是说，它只可以在某种限度内被认识，抑或是，它不被认识的程度比它被认识的程度更大一些。其次，哈特曼试图避免哲学中存在的一个普遍性错误，即某个哲学原理在某个领域被证实以后，人们就会不加思考地将其运用到其他领域中去。

## 2. 新形而上学

除去哈特曼以外，新形而上学的思想家们都有以下一些共同特征：

（1）形而上学不应被理解为是超脱物理学抑或是自然和经验之上的，也不应该被认为是背离经验并醉心于空洞的抽象思辨。虽说过去的形而上学都试图超越自然科学和物理学，但如今的形而上学家们都是实实在在的经验主义者，他们拒绝先验的知识，而是以实际经验出发。与实证主义不同的是，他们并不局限于外在的感官经验，他们还承认一种理智的经验。

（2）他们不靠直觉，而是通过理性、理智得出结论。

（3）这种形而上学的目的在于从根本上把握存在。他们不关注纯粹的现象，所以现象背后的所有他们会全部丢弃，并且他们不关注发展过程。他们所关注的不是本质，不是客观实体。他们是本体论，是存在哲学。他们试图直接地把握存在，因而他们在整个思想方向上是属于现实主义的和注重具体事物的思想运动。

（4）从历史角度去看，新形而上学包含了几乎大部分哲学及其思想。康德的批判主义也并不被看作是复兴形而上学道路上的绊脚石。这种形而上学是经由康德的，当然也会超越他。其次，新的形而上学之所以包罗万象，还因为它试图囊括全部存在及其最终原则。有关现存事物发展阶段的报道既不会被忽略也不会被过分强调，人们试图避免以前的那种片面的绝对化。

有3个人物应得到较为详尽地评价，他们中一个是德国人，一个是澳大利亚人，还有一个是英国人。

德国人爱德华·冯·哈特曼死后，声誉经久不衰，这主要归功于他青年时期就发表的《无意识哲学》，这本书的核心与谢林提出的无意识如出一辙。哈特曼认为无意识是存在的最后根据，是存在于物质与意识背后的一种东西，并且它们同等重要。无意识是世界本质的基础、根源和具有决定性意义的统一性。

哈特曼认为自己的著作是对黑格尔和叔本华思想的综合，且黑格尔思想占据主要部分。哈特曼的无意识中包含了黑格尔的世界精神和叔本华的意志，这个概念在哈特曼所处的时代已经非常流行，而其流行也是通过谢林的学说而逐渐扩大的。西格蒙特·弗洛伊德及其后继者在无意识的世界里发现了一个神奇的新大陆，因此，哈特曼应该被看作这一思想运动的先驱。

哈特曼在完成《无意识哲学》之后，又潜心研究了几乎所有哲学。从认识论、宗教哲学、伦理学、美学到自然哲学、心理学以及语言哲学，还发表了一系列著作。哈特曼反复强调“无意识哲学”并不是他思想体系中唯一的基石，如果想要认识并了解他整个的思想体系，就必须了解他的全部著作。然而，哈特曼在世之时，没有任何一部作品能达到《无意识哲学》带来的影响。他去世以后，他的其他著作的影响才开始慢慢扩大。近代人很少把哈特曼看作是一位形而上学家，更多将其看成是认识论思想家。他的与此相关的主要著作《先验实在论的批判基础》《认识论的基本问题》《范畴学》，为他的《批判实在论》奠定了基础。20 世纪的批判实在论得到了充足的发展，从某种程度上来说，是一种处在单纯的实在论和康德的超验唯心论之间的理论。批判实在论与单纯的实在论之不同在于，被感知的只是意识里的东西，并不是“实在”；其次，它将现象世界和自在世界区分开来。但不同的是，它是实在论，并不认为实在的外在世界是不可认识的。由此，爱德华·哈特曼与其同名者尼古拉·哈特曼应该获得同样的荣誉。

萨缪尔·亚历山大于 1859 年出生在澳大利亚，成年后一直在英国生活并讲学。他的《空间、时间与上帝》于 1920 年发表，其哲学体系吸收了不同学派的精华。亚历山大的哲学除了上述新形而上学的特征之外，还有两种概念较为深刻，即时间和空间。亚历山大认为宇宙最基本的要素是空间和时间，而这也是他的形而上学的基本概念。空间与时间是一个统一的整体，把它们分开是一种概念化。实在是由空间和时间组成的，并且它们也形成了其他所有东西的材料。亚历山大的这一思想与相对论极为相似，因为于相对论而言，空间和时间是一个“四维的连续统一体”，物质和万有引力与空间的弯曲是有联系的。

阿尔弗雷德·诺特·怀特海是一位数学教授，他将这份工作一直做到了 63 岁。他与罗素两人发表了《数学原理》，且罗素是阿尔弗雷德的学生。阿尔弗雷德于晚年开始学习哲学，他的著作是迄今为止对自然科学的成果所做的最完美的哲学处理，他的《科学与近代世界》《过程与现实》两部著作则为形而上学奠定了基础。

## 四、现象学

### 1. 现象学的产生

20 世纪的哲学似乎有抛弃康德主义的倾向，这与生命哲学和实用主义一样。而此时的现象学同样如此。抛弃康德就等于抛弃了他以前的思想家，如经院哲学家、斯宾诺莎和莱布尼茨的复归。虽说现象学的创始人胡塞尔并没有受到新康德主义的影响，但他还是受到了弗兰茨·布伦塔诺的指引。布伦塔诺最开始是一位天主教牧师，离开教会以后依然与经院哲学派和亚里士多德保持着联系，并且这种联系是十分紧密的。因为很多思想家都秉承了布伦塔诺的思想体系，所以他成了 19 世纪最有影响的哲学家之一。不仅胡塞尔从布伦塔诺这里发现了现象学是存在主义的土壤，并且与现象学有着密切联系的阿莱克修斯·梅农的“对象理论”同样也是从布伦塔诺那里激发出了灵感。

另一位思想家伯恩哈特·波尔扎诺既是哲学家和数学家，也是康德主义的反对者。他在数学界产生影响比布伦塔诺早一些，另外，他在学术界被认同和了解，也是通过胡塞尔。胡塞尔特别强调过他的一个基本思想，即逻辑学不依赖于心理学。逻辑规律与思维意识的过程是不一样的，它更多的是一种超越时空的真理，是一种自在原理。现象学所关注的就是这种观念的客观实体，所以现象学也是一种本质哲学。

### 2. 艾德蒙德·胡塞尔

埃德蒙德·胡塞尔于 1859 年出生在普洛斯尼茨，他是 20 世纪一位有影响力的哲学家。他先后在哈勒与哥廷根教书，直到 1928 年退休。因为胡塞尔有着犹太民族的血统，因此在晚年时期，他受到了诸多恶意诽谤。虽说在青年时期，他就已经改信新教，但这对他并没有什么帮助。胡塞尔死于 1938 年，因此没有遭到纳粹的迫害。胡塞尔曾经给著名数学家 K. Th. 魏尔施特拉斯当助手，他写的第一本书《算数哲学》遭到了哥特卢普·弗雷格的强烈批判，他不认同胡塞尔的“心理主义”，说他既模糊了逻辑学和数学之间的界限，又模糊了逻辑学和心理学之间的界限。胡塞尔的第一部重要著作《逻辑胡塞尔研究》经常被人们拿来与普朗克、爱因斯坦和弗洛伊德等人的里程碑式著作放在一起。胡塞尔的核心思想十分明确，他拒绝逻辑学中的心理主义。威廉·狄尔泰称这部著作是“自康德以来哲学的第一次伟大进步”。

胡塞尔于 1923 年出版了《哲学与现象学研究年鉴》，其中的第一篇《纯粹现象学和现象学哲学的观念》被认为是整个体系中的基础性著作。这本书共分为 3 个部分，第一部分题为《现象学导论》。第 2 和第 3 部分后来通过胡塞尔的助理，于 1952 年整理发表。1929 年，胡塞尔发表了《形式逻辑和先验逻辑——试评逻辑理性》。

希特勒统治的时代对胡塞尔是十分不利的，它让胡塞尔不得不在流亡途中进行学术研究，其著作《欧洲科学的危机和先验现象学》里约三分之二的篇幅就是在这个过程中完成的，剩下的部分直到他死后才得以发表。在写作这两本著作期间，胡塞尔又撰写了《笛卡尔的沉思》。

胡塞尔对哲学研究有着高度的使命感，他努力追求一种科学认识，这种认识应该建立在严密的科学基础之上。因为胡塞尔始终对科学保持一种负责任的态度，所以他总会不厌其烦地研究并随时更正错误。因此，他自称为“永远的新手”。胡塞尔的思想始终在变化，这一点在他 1950 年出版完他的著作全集之后变得尤为明显。胡塞尔的著作全集是哲学史上一个里程碑式的存在，当然这个全集并没有那么容易读懂，这不仅是因为他的思想容易变化，还因为他始终追求科学的严谨性以及极度精确的科学态度。为此，他留下了 45000 页速记手稿。

现象学一词最早从希腊语 Phaeshai（自我显现，彰显）引申而来，其分词“Phainomenon”就是“自我显现的东西”的意思。而在哲学史上，自古以来它就与“显现于感官和意识的东西”意思相同。

胡塞尔在他的《观念》的导言中解释说，他想建立的现象学并不是一种事实的科学，而是一种本质的科学。我们为了认识本质，就需要一种特别的态度，即必须将习以为常的认识态度束之高阁，而将整个为我们而存在的自然世界“加括号”。这个步骤就是要抛开整个存在的现实世界，然后进入一种“纯粹意识”的世界。

很多人都期待胡塞尔能够在他的著作中列举实例，并展示如何运用方法。但是在胡塞尔那里，我们几乎找不到令人信服的例子，但胡塞尔的学生马克斯·舍勒做到了这一点。他认真贯彻并响应胡塞尔“回到事物本身去”的号召，但是放弃了他“先验地”提出来的方法，“现象学”对他们来说就是一种没有偏见和方法精确的实事求是的思维方式。

### 3. 马克斯·舍勒

马克斯·舍勒深刻地受到了胡塞尔思想体系的影响，他于1874年出生在德国慕尼黑，其博士论文导师是鲁道夫·奥铿，他在第一次世界大战期间颇有名声，并于1908年获得诺贝尔文学奖，拥有很高的声望。他先后任教于耶草、嘉尼黑和科隆，最后又接到了法兰克福大学的聘请。可惜他还没有动身就因故去世了，这对德国哲学界来说是一个巨大的损失。

舍勒的主要著作《伦理学中的形式主义和唯物论的价值伦理》完成于柏林，那时的他作为一个自由潇洒的作家生活在柏林。第一次世界大战期间，舍勒作为一个爱国主义者，表现得极为热情，并且偶尔也会接到一些具有外交性质的任务。但是在战争后期，由于看遍了生离死别以及各种冷酷血腥，他逐渐变成了一个反战者，放弃了新教而改信天主教。他于1921年出版的《论人的永恒》就体现了他在那个时期的内心转变。在科隆期间，他把目标逐渐转向了社会学，并发表了《知识的形式与社会》（1924年）一书。在去世的前几年，舍勒远离了基督教信仰，开始接受泛神论，同时潜心研究自然科学，研究成果都展现在篇幅精炼的《人在宇宙中的位置》（1928年）之中。

博学多才的舍勒认为自己与尼采、柏格森和狄尔泰在精神上有着某种共性，而至于他的工作方法，是借鉴和采用了胡塞尔的现象学。并且这种工作方法因为舍勒的使用被发扬光大，开始流传于国内外。

舍勒对伦理学的贡献极为重要，这主要体现在他不仅把“洞察本质”的现象学方法运用到了认识论领域，还把它运用到了伦理学中，运用到了价值领域。价值有着独立存在的定位，我们把握价值并不是通过理性，而是通过感性的驱使。价值的本质是无法改变的，它有等级之分。最低等的价值是感官上的愉悦，较高一层则是生命感、高贵和平庸，更高一级则是精神价值、认识、真、美、正义，而最高一级的价值是宗教和神圣。

舍勒的“唯物论的价值伦理”与康德是相互背离的，他认为康德主义中的伦理学都是“形式主义”，还把感觉从伦理学中排除了出去。

在社会学中，舍勒考察了社会状况与知识和科学发展的关系，将其划分为功能知识、教育知识和幸福知识。他认识到社会状况与主导地位的思维方式有着密切的关系，但他否认了马克思和恩格斯关于只有社会存在才决定社会意识的观念。

舍勒对人类情感生活的考察和研究，特别是对同情与爱恨的考察，就是运用了现象学的方法。他的考察主要有 3 个领域：一是同情，他将同情细分为相互同情，情绪的相互感染，“感情合一”；其次是关于爱和恨，在这里，人的精神之爱、自我的灵魂之爱和激情之爱是不同的；第三，“异己的我”，这里主要考察了儿童在自我观念形成的过程中，“你”所扮演的角色。

在舍勒生命的最后几年里，他又开始对人类学进行研究，撰写了一本篇幅较小的著作，从哲学角度思考人的本质以及在宇宙中的位置，但最后并没有完成。

## 五、存在主义

### 1. 概述

第二次世界大战之后，存在主义在很长一段时间里被认为是时代的哲学，然而这个时代已然成为历史。如果说要回溯存在主义的源头，那就不得不回到克尔凯郭尔那里去。

克尔凯郭尔对人和具体境遇极为关注，这也是存在主义的共同特点。克尔凯郭尔认为恐惧是存在的基本状况，人是孤独的，而人的存在就是一种无法避免的悲剧。

上述思想其实都来源于克尔凯郭尔的宗教经验，于他而言，这种基本的宗教经验在逻辑学上是没有办法把握的，它仅仅是一种“飞跃”。人通过这种飞跃获得信仰，并成为基督教徒。这种飞跃超越了理性，它是向荒谬和悖论的飞跃。

克尔凯郭尔是第一个存在主义哲学的先驱，而他的几个思想是存在主义哲学家所共同具备的，即以下 7 点：

（1）存在始终是人的存在，是特殊存在方式的人的存在。从这个意义上来说，一切存在主义哲学都是“人道主义的”，人处于中心位置。

（2）存在始终是个体的存在，是以特殊方式存在的个人的存在。从这个意义上来说，所有存在主义哲学都是“主体的”。个体的存在是不可延伸的，并非如柏格森所说是超个体的“生命之流”的一个环节。存在主义哲学与生命哲学的主要区别就在于此。

（3）存在主义哲学不用物的标准来衡量人，带有特性的物具备一种固定的本质属性，但人的本质是不固定的。因此，我们不能把人归到物的范畴来理解和做解释。

（4）关于方法，存在主义者或多或少都是现象学者，他们同样试图直接地把握存在。尽管如此，在出发点和目的上，他们与胡塞尔还是相去甚远。胡塞尔试图探究的本质是一种普遍的、永恒的和客观的本质和属性，但具体的存在恰恰是胡塞尔想用“加括号”的方式加以摒弃的。

（5）存在主义哲学具有能动性，存在不是不可改变的存在，而是根据其本质受时间和时间性的约束，存在是在时间中的存在。因此，时间和时间问题在存在主义哲学中占据着突出地位。

（6）虽然存在主义哲学关注个体的人，但是存在主义所理解的个体不是孤立的个体。恰恰相反，由于他们总是在一个具体的境遇中考察人，并且始终把人看成是与世界和他人紧密相连的，因此，对他们来说，人永远都不是孤立的。人的存在始终是在世界之中的存在，始终是与他人共在。

（7）由于存在主义哲学思想总是与具体的生活经历有关，所以当生活中一个特殊的和令人难忘的事件发生时，便会促进存在主义的哲学方向的思考。所以，他们的思想也都受到了个人生活经历的影响。

### 2. 卡尔·雅斯贝尔斯

卡尔·雅斯贝尔斯是一个心理学家，他创造了一个博大的思想体系。1919 年，卡尔发表了《世界观的心理学》，这是从心理学向哲学的一个过渡。1932 年，他又创作了《哲学》，这对他所构建的雅斯贝尔斯的思想体系是至关重要的。而 1931 年发表的《时代的精神状况》主要阐述了他个人的思想特点。

雅斯贝尔斯的思想如同其他存在主义哲学家一样，都来源于克尔凯郭尔。在谢林的后期著作中，雅斯贝尔斯同样发现了存在主义哲学思想的萌芽。此外，普罗提诺、乔丹诺布鲁诺、斯宾诺莎和尼采对他的影响也尤为重要。但是在雅斯贝尔斯心中，真正的哲学家还是康德。在这里，我们将对卡尔·雅斯贝尔斯的主要思想的特点进行简要的汇总，让读者更为全面地认识他的思想体系。

**大全**

何为存在？我们如何才能在思想上把握它？首先，我们应该将其作为对象来思考，所谓对象也就是某种特定的存在。但是，特定的存在是涉及他人和自身的存在，是我们面前的存在。特定的存在属于被限定了的存在，不是存在的所有部分，不算是存在的全部。它依然处于一种无所不包的存在之中，一切企图通过一种特定的范围去把握存在的尝试——作为物质，作为能量，作为生命，作为精神——都干脆地将出现在眼前的存在的某种特定方式看成存在本身，这是一种绝对化。但是，存在本身是不可把握的，我能够认识的所有存在并不是全部存在。

对象将我们纳入一个封闭的世界，它将我们包围起来，就像是被地平线包围一样，无论我们去向何处，它永远存在，也总是出现在我们面前，进而成为一个新的界限。我们永远都无法站在一个更高的点，抑或是以一种总揽全局的状态，从地平线跳脱出来去观察，所以这始终是一种封闭的状态。

雅斯贝尔斯将上述这种特定的存在称为“大全”，它永远不会自我显现，而只能被当成是一种界限被感知，而哲学的意义就是为了超越一切特定的存在，从而接近大全。在哲学思考的过程中，我们试图超越一切，从而去了解和认识存在到底是什么，我们自己又是什么，而这种行为就是哲学的基本任务。

**生存**

人们能通过各种科学来理解人的存在，而雅斯贝尔斯认为它们分别是社会学、心理学和人类学。所有这些科学可以认识人，但理解不了本身。这种认识是片面的，也是有局限的。但是，人对其他事物的了解要比自身多得多，作为“自发的可能性”的人反对仅把自己看成是可认识的力量和相互联系的纯粹结果。很多科学领域的专业知识其实并不全面，人只有开始认识并学会利用这些知识，它们才有意义。存在哲学使人意识到，它比人们客观意识到的要丰富许多，它唤起了人作为存在或作为自我存在的意识。存在并不能以一种封闭体系里的概念加以描述，但存在能被照亮，并借助自身的范畴，这些范畴主要是自由、交往和历史性。

（1）自由。生存是面对整个世界的存在，这是一种神秘的基础，来源于我们自身最内在的存在，也就是哲学及神话语言中的“魂灵”。真正说来，生存不是存在，而是能存在，它始终处于选择与决定之中，既可以自我保持也能自我失落，所以它是自由的。它不能在思想中实现自我，而只能在行动中实现自我。生存的自由是一种完全不可捉摸的存在，它总是处于一种决定和非决定的中间态。究其根本，就是一种叠加态，如今用量子力学可以完美地解释这种状态，就如同“薛定谔的猫”。

（2）交往。人不可能在孤独中达到极度的幸福，更不能通过独处来达到目的。生存的条件是建立在交往和关系之上的，但是这种关系和交往不等同于社交、讨论、交谈，而且爱也不是交往。没有真正交往的爱是有问题的，但爱又是交往的源泉。交往是“爱的斗争”，是生存状态下一种为他人的自我开放。

（3）历史性。生存始终是在“处境”中的存在，它具有历史性。一个人会成为什么样的人，取决于他所处的环境和他所接触的人，还取决于唤起他的信仰的各种可能性。但是，我们不能从整体上去把握这种东西，因为我们的处境总是已经认识过的，因此它也是改变过了的处境。我们必须认识世界，不能拒绝，必须在“历史的沉思中”把握历史时刻的必然性。但是，历史性并非时间性，它具有双重意义，也就是说我们既在时间中，同时自身又不具有时间性。历史性是时间和永恒的统一。

**超越**

人对宇宙整体和人存在的认识的程度都是极少的，所有对宇宙的认识都有界限，宇宙的整体并不能被把握。我们随处都可能遇到最终的不可把握性，会碰到康德认为的二律背反。其实并不存在最终极的一个认识范围，只有彻彻底底的开放性，准备开始接受更新一层的经验。宇宙及其内部的所有事物都被一个最终极的绝对的大全包围着，雅斯贝尔斯把它称为原本意义上的超越。超越其实就是大全，是所有大全的大全。

世界所存在的对象其实是透明的，它们其实是“代码”，是一种象征符号，超越在这里面也变得明朗起来。人之存在是此在，存在之整体是纯粹的“世界存在”，两者是相符的；生存与超越同样如此，因为超越本身只为生存彰显自己。超越是非对象性的，它干脆就是隐藏起来的。它不能被思想，只可以在象征里被把握，所有的一切都可以是超越的代码和象征符号。

**临界处境和最后的失败**

最终的处境，它不能被改变，也不可以去回避，这就是所谓的临界处境：罪责、死亡、斗争、痛苦。所有生存只有在其中才可进行自我实现。我们只能睁开眼睛进入这样的处境，然后才能真正成就自己。

关于这样的“代码”，超越在其中开始变得特别清晰并且可以直接向我们诉说，而最关键的代码就是失败里的存在。我们等待的最终结局就是失败，只有在真正的失败里，存在才有可能被我们全然领悟。真正的失败可以变成真正存在的代码。我们看到，雅斯贝尔斯的哲学有着非常强烈的悲观主义色彩，这与海德格尔和萨特的哲学类似。但是，雅斯贝尔斯的悲观主义和他们有着不同之处，因为在雅斯贝尔斯那里，一切以失败告终的关于超越的存在的措辞都是不合适的。

### 3. 法国的存在主义

法国的存在主义在存在主义哲学中算是一个独立的存在，其代表人物是让－保罗·萨特。法国的存在主义不同于雅斯贝尔斯的哲学，雅斯贝尔斯认为存在主义违背了本来的存在哲学的初衷，他认为这是一种退化了的哲学。因为，尽管法国的存在主义受到过海德格尔的影响，但它后来却走了一条自己的路。法国存在主义的代表人物萨特有着非同寻常的作家天赋，并且喜欢通过话剧和小说来表达自己的哲学观点。与别人不同的是，存在哲学在这里始终关注的是具体的存在。

萨特的理论性著作《存在与虚无》发表于 1943 年，这个时期正值法国被德国占领，但这也对萨特的哲学没有什么大的影响。1940 年左右的世界以及人类的理想和信念正处于崩溃的边缘，人们开始愤恨和怀疑其法国的社会秩序。但另一方面，当地人也都同样抱有将入侵者逼退的思想。他们怀疑一切，且明确的知道自己的任务就是反抗。而萨特的哲学就是将这两种想法结合到了一起，即人们需要一种能将消极思想和积极行动相结合的思想体系。

就某些方面而言，萨特被人们当成海德格尔的学生，主要是因为他对海德格尔了如指掌。但尽管如此，关于一些基本问题，萨特和海德格尔还是存在着矛盾点的，于萨特而言，存在就是一种简单的、纯粹的和赤裸的存在，是自在，“自在是，自在是自身，自在是其所是。”两人的共同点则在于他们都认为人的存在并不是预先设定好的，人不是某种直接存在的东西，而是一种虚无的存在，然后再从虚无中创造出自己，是“被判决为自由的”。因此，萨特也被认为是虚无主义者。

人是自由的。在这里，萨特哲学过渡到其第二个任务，即“积极的行动”。人可以投入到世界事务中去，并从中找到自身的价值。而人的自我实现来源于自由谋划，并从中自我提升。这种自由无时无刻面临着危险，他随时都可能回到纯粹的状态去。“虚无自我虚无化”——萨特为这个海德格尔的概念创造了一个新的法语动词“Neantiser”（虚无化）。

显然，于萨特而言，不管我们是否追求它，价值并不是一个独立存在的个体，且是有时效性的。“我的自由本身就是价值的根据。”萨特因此赋予了人一种特别的责任，让人通过自我提升来摆脱虚无并抵御它带给人的威胁。人的责任只能独自承担，且没有任何人能代替，包括上帝。这种责任同样包括对他人的责任。作为无神论者，萨特认为“我”与“他”的关系处于一种复杂的关系网之中，且互为主体性。而他的伦理学也来源自这种理念，并通过戏剧将其表达了出来。正因如此，他从一开始就致力于对社会和政治生活的认识和改造。

# 第十六章 当今哲学思考的主题和问题范围

最开始的哲学囊括了当时所有的知识领域，然而从古希腊罗马时代到18、19世纪，不断有学科从哲学中独立出来，如法学、数学、生物学、物理学等。如今，哲学家们依然在思考与研究各种问题。但是，专门科学与哲学是可以展开比较丰富且成果颇丰的讨论的，而这对哲学家们来说意义重大，这能让他们更加关注一些具体问题，并经常修正或改变一些自己过去的观点。在20世纪的哲学家里，丢弃了自己过去的思想并重新开始的哲学家比比皆是，维特根斯坦与卡尔纳普就是最典型的两个例子。

## 一、人的概念（哲学人类学）

### 1. 概念与历史

所谓哲学人类学，思考的是人、人的本质以及人在宇宙中的位置。这个主题由来已久，自哲学诞生以来，它一直处于哲学话题的中心位置。康德所说的哲学需要回答的3个问题，归根结底就是一个问题：人是什么？

到20世纪，哲学人类学才开始作为一门独立的科学来发展。之所以如此，并不是因为哲学本身的问题，而是因为在这个时期涌现出了一批思想家，他们吸收了生物学、心理学、社会学等关于人类的个别学科的知识，并将这些知识综合到一起，从中总结出一个新的结论。人们以前把人看成是上帝的造物或理性动物，但是如今通过各种知识的综合得出，人类只不过是这颗行星上的居民，是地球生命进化的产物。

如果我们用哲学的眼光去观察人类，就会发现人自身在两个神秘的领域是永远不可穷尽的：一个是当人刚刚出现，紧接着就出现了宗教和神话的思想；一个是一些伟大的文学及艺术创作中对人的阐述，比哲学谈论人的本质更加透彻。

早期的人类社会，人作为存在物的较高阶段的思想体，并不是自然而然发生的。此外，把人看作是同一种人类的成员也不是自然而然的事情。对古希腊、古埃及等一些民族来说，“人”这个词只不过是针对本民族成员来说的，就像希腊人称非希腊人是野蛮人一样。时至今日，这个词仍然保留着它的含义。

从公元前 5 世纪开始，所谓的“民族中心论”随着思想的发展已经被逐渐克服，并消除了人类由于种族不同所带有的偏见。到了智者派那里，人人平等的观念才一点点被接受。而这其中不仅涉及不同种族之间的事情，也包括人和奴隶之间的关系。但是，偏见永远存在，即便在今天，人类现实社会距离真正人人平等的理想还非常遥远。

“人类学”并不是一个新词，它最早来自希腊语Anthropos（人）。而最先在文字中使用这个词语的，是新教人文主义学者卡斯曼。18、19世纪时，人类学被当成生物学的分支，其主要任务是对人种的描述、研究和区分。因此，其研究范围与当今的民族学和种族学相近。随着19世纪进化论的提出，人们开始将研究人类的起源和发展作为一个新课题。至于今天我们所指的人类学家，也同样是在这个领域从事研究的学者。

很多科学都将人作为自己的研究对象，所以我们通常称自然科学内研究人类的科学是物理人类学或生物人类学，然后通过其专业范围，进一步将其划分为医学人类学、心理人类学、教育人类学等。

康德将人类学划分为“生理的人类学”和“实用的人类学”。生理的人类学是研究自然在人身上产生的东西，实用的人类学则是人作为可以自由行动的生物，由自身做出的东西，或能够和应该做出的东西。由此，我们就能很清晰地看出两者之间的关系和区别。

赫尔德关于人的思考都体现在他的《人类历史哲学的观念》和《论语言的起源》中，这两本著作中的思想对当代人产生了很大的影响。他主要采用对比的方式，对人和动物的体力、速度、感觉、直觉等进行分析和思考。通过这些对比，他发现人相比起动物其实是有缺陷的，所以作为高级动物的人，自然赋予我们的能力并不是完美的。与此同时，他又受到召唤，要他从自己的缺陷中走出来，成为他想成为的东西。为此，他被赋予了理性和自由。

至于卡尔·马克思和查尔斯·达尔文，他们颠覆了以往我们对人类的认知，也改变了人的概念，由此也改变了人的科学和哲学观念以及大众的意识形态。马克思认为人的本质就是劳动，通过自身的劳动以及与社会关系的相互配合的劳动，才创造了各自的世界，最终创造了自己。

达尔文通过科学研究得出，生命是从一个漫长的过程中进化而来的，并且这种进化是一种从低级向着高级进化的过程。人类就是这种进化的产物，人的祖先就是从动物进化而来的。

在此基础上，西格蒙特·弗洛伊德更进一步地去推论，他认为人的欲望结构和无意识的心灵生活中也存在着动物性，虽说人们对弗洛依德的某些说法提出了很多质疑，但是他的学说仍然改变了人的概念，并且延续至今。

### 2. 舍勒的推动

“人是什么？人在宇宙中的地位是怎样的？自从我的哲学

意识觉醒以来，这些问题就成为我冥思苦索的中心问题，在我看来，这些问题比任何其他哲学问题都更为重要。我从所有可能的角度对这些问题进行了长久地思索，自1922年起，我就把我思索的结果写进了我的一本较大部头的著作中……”

上述这段话来自马克斯·舍勒的《人在宇宙中的地位》一书的前言，虽说因为各种原因这本书没能按计划出版，但这薄薄的几百页长篇论文却成了他关于人类学思想的唯一表达，这对后世的影响极大，它的发表标志着哲学人类学的诞生。

舍勒勇于面对具体问题的态度对我们来说是幸运的，他坚信自己作为一个思想家，必须引导人们开始接受一门“探索人的本质的基础科学”，这无论是对他还是对所有人来说都是迫切的。于舍勒而言，人的概念是他思想的基本范畴；并且，如他在自己的著作中所透露的那样，他以一种特别的方式始终在观察着自己和周围的同类；他认为哲学的思想就是去认识人的本质。他面对着一种精神状况，在这种精神状况中，哲学家对长久以来成为哲学的主要兴趣的认识论感到不满，他不再关心认识论问题，而是关注人本身。于舍勒而言，哲学的任务不只是观察人的认识功能，而是应该从整体去把握，把人的感觉、痛苦等都用来观察。就像达尔文的生物学、弗洛伊德的心理学、狄尔泰的历史学，还有诸如社会学等都为我们提供了大量人的知识，并让我们从中去综合分析和阐释。

舍勒认为，在受过教育的欧洲人眼里，“人”这个词具有3种含义。第一种就是犹太基督教中传统观念里的人，人是上帝的创造物，是按照神的形象被创造的，是生来有罪的。第二种来源于古希腊人的传统观念，他们把人看成一种理性动物。第三种则是进化论里的人。

舍勒试图从人和动物的关系出发，重新定义人的本质和人在形而上学中的特殊地位。他从人的精神力量出发，将无意识、无感觉、无观念划分为最低级的精神力量，这种精神人和动植物都具备。其次，较高一层是本能，它是生物与生俱来合乎目的的自然反应，而不是始终变化的特殊环境的反应。

从本能出发，又会产生两种新的行为方式，一个是“习惯性的”，一个是“智能的”。其中，智能更接近本能和感官的范围。随后，动物学家克勒尔在第一次世界大战期间对类人的试验得出结论，他说这种与人类非常近似的动物也是具有“智能行为的”。对于这个实验结论，我们难免会产生疑问：动物和人之间难道有什么本质的区别吗？难道它们之间不只是一种等级的差别吗？对于这两个问题，舍勒回答说：人的身上有着远高于动物的东西，它就是精神，而人是精神在其中显现自身的行为中心。

人作为精神生物，不需要受到欲望和世界的束缚，也不需要依赖。因此，人对世界是开放的。人并不是生活在周围中，而是拥有世界。自我意识属于人的另一个本质上的特征，它可以让人超越欲望和周围世界所带来的刺激，从而引发情感冲动，让人拥有“意志”，使人不需要受到情绪的影响，从而坚定地走一条实现个人目标的道路。从这个意义上说，人是“能够承诺的动物”。

通过上述观察，舍勒得出一种新的关于人和生活的认识：只有人才拥有知觉和经历的空间，也只有人才会发展出一个抽象的空间概念。通过这个基础，舍勒提出设问：如果精神可以让人与生命疏远，抑或是让人的生命屈服于自己，那么，精神就会是一种强大的超越生命的力量吗？对此，舍勒干脆地回答道：不是。世上最为强大的东西是无机物的盲目的能量，人类的文明十分脆弱且易逝，它的出现只不过是一个偶然事件。世界的进程取决于原本软弱的精神和盲目力量之间的相互作用和渗透。

对人来说，这有什么意义？人看上去就像一个蕴含着生命和精神的矛盾体，同时，人又被赋予使命。他应该参与到精神与原始冲动的相互冲突中去，他是上帝的盟友，应该参与创造世界历史。因此，人的生成同样是神的生成。

### 3. 普莱斯纳

除了舍勒以外，赫尔穆特·普莱斯纳也是20世纪哲学人类学的创始人之一。虽说他比舍勒小 18 岁，但他的著作《有机物和人类的诸阶段》在 1928 年就出版了，与舍勒的《人在宇宙中的地位》同时。

不同于“半个犹太人”舍勒的幸免于难，普莱斯纳最终成了纳粹统治的牺牲品。他的父亲是威斯巴登一位有名的犹太人医生，因此，普莱斯纳自然成了纳粹的目标。他丢掉了在科隆大学的教授职位，被迫流亡，最终又在格罗宁根获得了一个教授职位。但是德国占领了荷兰以后，普莱斯纳不得不隐姓埋名。1945 年之后，普莱斯纳重返德国，在哥廷根大学继续执教。

普莱斯纳跟随几位老师学习了哲学与动物学，现代行为科学创始人之一的雅各布·封·于克斯奎尔就深深地影响了普莱斯纳，因而普莱斯纳经常引用他的话。普莱斯纳的《有机物和人类的诸阶段》主要是讨论有机生命的一种哲学，最后才逐渐转向人类学的研究。普莱斯纳真正的人类学思想，是一种在动植物的背景下对“人的条件”的分析。

所有生命都与环境有关系，植物依赖于其生物圈，动物则相对比较自由。但是，动物只生活在当下。“动物在圈子里来回活动，但它并不是以自我为中心而活。它在周围环境里经历着一些独特且陌生的内容，它也能够自我控制并形成一种自我反射的系统，但是它并不经历着自身。”

在人类身上实现了一个较为高级的阶段，虽说人从本质上来说也是活在当下的，但是人都把自己当成中心，并且已经意识到了这种自我中心的态度，他拥有自身，这是人可以自我察觉的。因此，人可以自我疏离，在自己和自己的经历之间挖出一道不可逾越的鸿沟。在这个鸿沟的两边，一边是肉体，一边是灵魂，两者同时受到时间和空间的束缚，便成了人。

除此之外，人“生活和经历的不是自身，而是经历着他的经历。”普莱斯纳把人这种独特的地位称为“偏离中心的地位。”

人拥有外在世界、内在世界以及自己的同类。外在世界包括空间与时间中的对象；内在世界就是他的“心灵”和经历；同类指的则是与他的同时代人。“人被置入虚无之中，既无地点，也无时间，人的本质就是不断地自我实现，永远不可能走回头路，在他的历史命运的安排下，他总是会遇到新鲜的东西，并且永无止境。”

### 4. 吉伦

现代哲学人类学的另一部重要著作是阿诺尔德·吉伦的《人——人的本质以及他在世界中的地位》，这本书发表于1940年。吉伦从舍勒出发，并借鉴普莱斯纳的分析法，且以动物学家奥托·施托希的研究成果为科学依据，通过施托希将动物和人进行比较，最终得出动物的运动机制基本不变的结论，而人的会学习的运动技能则能无限变化与发展。另外，吉伦也参考了解剖学家波尔克的研究成果，他认为人的器官特征可以被描述为“生长延迟”，这种特征会伴随一生，就像胎儿一样。比如身体缺乏毛发、牙齿短小等等。人与大猩猩相比，在很大程度上是不健全的状态，因为人需要很长时间的教育和培养，并且性成熟较晚。所以，这种时期在很大程度上并不受自然的影响，而是受人工环境的影响。此外，吉伦同样受到行为科学的启发，动物学家泼特曼发现，人的学习能力十分强大，这就像是自然的计划一样。人类的学习能力可以达到很高的年龄，泼特曼将人类生命的第一阶段称为在母体外渡过的胎儿期。至于一些较为重要的身体机能，则是通过有目的的学习而获得的，例如感官知觉及其相互配合、运动机能等。

至于吉伦自身，他的思想在方法上是独有的，因为他努力让自己的研究不受到那些历史无法证明的问题的干扰。吉伦受到杜威的实用主义的启发，将人看成行为动物，把行为看成人类真正的关键问题，从而避免了思想上的二元论。就如舍勒的二元论：人类行为的目的就是改造自然，人类的行为是以自己为目的而服务的。

虽然吉伦与舍勒在方法上有着本质的区别，但从另一方面来说，吉伦保留了从实际出发的思想作风，他通过把人和动物进行比较得出结论：每种动物因为受到天性本能的限制，最终不得不存在于某个特定的范围之内。它的知觉、行为和活动必须与周围的环境相适应。而在这个确定的范围内，它可以正确地行动，却无法逾越这个范围。相反，人是一种有缺陷的东西，其与生俱来的技能都是不完善的。无论是感觉能力、自卫能力还是生存能力，人都无法和动物相比。所以，人在一种纯粹的自然环境下是没有任何生存能力的。因此，人所得到的“补偿”就是对世界的开放性。就是因为这种开放性，我们的感觉能力和学习能力才不会受到环境的限制。人的直立行走可以让视野更开阔，人手的形成以及运动技能的适应性都构成一个完整的体系，使得人能够通过有计划的共同的行动去改变外在的与自身相对立的自然，使自己能够在自然环境中生存下去。换句话说：被人类的意识改造过的自然已经不是原来的自然，而是人类的作品。所以，从本质上来说，人是一种可以创造文明的生物，并且人为了生存，也必须创造文明。相反，这种创造出来的文明同样会影响到人类本身。因而，就产生出一种更加宽泛的文明的概念，这种文明既包括“原始人”创造的武器、工具和屋舍，也包括社会中出现的法律、经济和社会秩序。所以，人类社会中几乎没有什么东西是自然的。因为群居、家庭、财产等一切在我们看来再自然不过的东西，都是人类的创造物。事实上，如今的人种学里的许多观点也表明，在不同的时代和不同的文化圈子里，人类的信念和制度是各种各样、无所不有的。

人在缺少许多本能的情况下依然可以生存。人是脆弱的，所以才会努力追求一种共同的生活。这种共同的生活有秩序、法律、机构、行为规范等等，这就是所谓的社会组织。只有通过社会组织，人才可以适应危险的环境，才能建造一个有利于生存的共同生活的社会。相对于个体的人来说，社会组织就像衣服外在的铠甲，作用是保护脆弱的个体。因此，我们也可以将整个文明看成是人类为自己创造的巢穴。

## 二、认识与知识

### 1. 新实证主义

广义上的实证主义并不是一个特定的哲学理论或学派，它属于哲学或科学理论的基本立场。这类哲学家仅仅把观察获得的实证作为认识事物的源泉，于他们而言，客观真实的外部世界是不存在的，因为它在感觉中不能得到证明。

奥古斯特·孔德将实证主义一词引入哲学时，虽然它对哲学来说是新的词语，但它代表的是旧的事物。实证主义一词最先是从克罗德·亨利·格拉夫·圣西门那里借用来的，他是一位工业社会和私有财产的批判者，还是马克思的重要思想先驱。哲学中的实证主义，其特征是很明显的：它反对所有认为在可知觉东西的背后还存在着某种本质、形式或法则的观点。而且，它们也是可以被我们所认识的。这就是说，实证主义拒绝形而上学，因此，对实证主义来说，应当抛弃唯物主义和唯心主义，因为这两者都试图超越本质去表达普遍真理，是不可靠的。

在这里，一些读者大概会提出问题：人的认识是通过感官经验而来，这不是经验主义的特征吗？我们不是把具有这种思想特征的人称为经验主义者吗？难道实证主义和经验主义是完全相同的概念吗？诸如此类的问题，答案都是“不”。现在通过举例来阐述它们之间的区别。

尼古拉·哈特曼在某些科学中完全从经验出发，所以，不管从哪个角度去看，他都应该是一个经验主义者。他的“批判实在论”主张存在实在的东西、客体和过程等，这些都是我们可以认识到的。换言之，就是在这种范围内，一个客观的、不依赖于被感知而独立存在的实在会与我们的知觉相对应。但是，当我们站在实证主义的角度去看，这种主张就会变成形而上学。这就像康德说：在我们的经验之外，还存在着超出我们认识范围的“物自体”。两者的论点都是不可靠的，也都是没有意义的。

我们还可以将大卫·休谟当成实证主义思想的先驱和古典创始人，因为他认为除了观念和感官印象以外，我们什么都不知道。观念来自感官印象，并且只是淡化了的记忆中的感官印象。除此之外，在法国的百科全书派那里，我们也能找到实证主义的理念，奥古斯特·孔德自然是一位实证主义者，但是这对哲学来说并不是新出现的东西。此外，他还特别注重他的学说的实用性，也就是把它用来改造人类社会。

总而言之，新实证主义这个名字指的是一个哲学学派，其代表人物生活在19世纪初至20世纪中期，它还被称为“逻辑实证主义”或“逻辑经验主义”，这个称呼与新实证主义意义相同，只是特别表明了逻辑在这个学派所有思想家那里的重要性。

至此，我们已经可以推想，被概括地称为新实证主义的理论有哪些共同的原则：

（1）自然科学，或者说每一门科学的任务，都应该局限于对观察到的现象进行可靠地、精确地和尽可能无矛盾地描述。如果从中得出科学定律，那么这些定律并不是用来操纵现实自然进程的，它们只不过是人类的发明，是思想有意义的构造物，能够使我们的描述更加简单和理性。

（2）如果说新实证主义对所有的形而上学都极为排斥，那这只不过是事情不利的一面。但是为了弄清楚为什么这种对形而上学的谴责在极端性上超过了过去的任何时候，我们就必须接着去认识迄今仍未触及的一种思想发展趋势：在新实证主义哲学家的圈子里，或者说在哲学学派的相互协作中，逻辑所占的比重是很大的。

### 2. 新逻辑

如今的自然科学都以计算和测量为基础，并且在数学里发现了适宜的认识工具。因此，逻辑学的地位逐渐变得尴尬起来。它被认为是一种没有什么用，只喜欢钻牛角尖的形式主义。

到了 20 世纪，通过历史研究，亚里士多德的功绩和伟大之处再次被人们引了出来。特别是哲学，再次将逻辑学带到了大众面前，并打破了上述的那些评价，让逻辑学找到了属于它自己的位置。埃德蒙特·胡塞尔对克服逻辑学中的“心理主义”做出了巨大贡献，为此，他于 1900 年写出了《纯粹逻辑导言》这本著作。这本书与格蒙特·弗洛伊德的《释梦》以及马克斯·普朗克的《量子论》有着同样非凡的重要性。胡塞尔首先指出：关于思想过程和行为的真实过程的研究属于心理学范畴，它通过各种原则将彼此联系起来。关于思想内容之间的联系则是另一个完全不同的领域，这里所说的思想内容，指的其实是那些“有意向的东西”，它们彼此之间处于一种严格、合乎规律的逻辑的关系之中。为什么这种思想内容与“心理的”思想过程全然不同呢？胡塞尔说思想的内容是永恒、无限且独立的意义单位，即便人永远不去思考它，它自身也依然是永恒存在的。因此，胡塞尔将逻辑学从心理学的束缚中拯救了出来，但是这么做的代价是他必须承认永恒的、无限的，抑或是柏拉图式的意义单位以及与之相应的规律的存在。新逻辑放弃了这一思想，是因为它认识到虽然每个人的每个思想过程都有其独特的逻辑规律性，但这种规律永远不可能存在于人的一切思想之外，而这种观点是以亚里士多德为依据的。

### 3. 解释学

解释学一词来源于希腊语的Hermeneuein，它的意思是宣告、解释和翻译。这个词与古希腊的赫尔墨斯神有关。赫尔墨斯作为众神的信使，他的职责是将神的意思告知人类，并解释其中的意义。因此，这个词就包含了解释的意思。古典时期和中世纪，解释学主要涉及神学、经典著作和法律文章的解释。1654年，J. 丹豪瑟发表了一本名为《解释学》的书，将神学哲学里的解释学与法学中的解释学区分开来。

众所周知，每一个开始研读哲学著作的人，在某种程度上都具备解释和理解的才能，因此，这个概念在哲学史上已经有了一个古老的传统。

但是，对哲学家和人文学者来说，解释学难道只是一种辅助工具吗？还是它真的必不可少？抑或是它已经在哲学上发展成了一个独立的学派？其实，它的意义是随着时间的变迁而变化着的。古典时期，解释学只不过是一个辅助工具，并且这种辅助工具必不可少。到了20世纪，解释学就变成了一个独立的哲学学派，而德国哲学家汉斯·乔治·伽达默尔在这之中功不可没。他曾经是马丁·海德格尔和尼古拉·哈特曼的学生，对造型艺术和诗歌颇有研究，主要著作有《真理与方法》（1960年）；《科学时代的理性》（1976年）和《美的现实性》（1977年）。

伽达默尔认为解释学是一种极为普遍的现象，因为它对人理解古典名著或其他的精神类作品有着极大的作用，并且必不可少。而且，它对理解人类的一切知识也都是最为基本的，因为理解是存在的基本模式，每种知识都必须以“预先理解”为基础。他的这种思想灵感主要来自海德格尔。

因此，对许多当代哲学家来说，语言是最主要的问题。因为我们对世界的认识都是通过语言来表述和记录的，人类关于世界的认识同样如此，只有借助语言才能正确地表达和记录。人对世界的第一个认识是在学习语言的过程中完成的。

另外，对世界的解释是通过人完成的，理解则是一种完全的创造性过程，它不是固定且静止的，而是不断变化的。因为随着对事物的认识越来越全面，我们就得相应地去做出调整和修改。就是因为这个过程，人对世界的认识才会不断地完善、全面。

### 4. 进化认识论

进化认识论是当代哲学的重中之重，因为它证明了现代的理论和认识是在哲学和科学的相互影响和指导下形成的，是彼此之间进行讨论与合作的结果，并且这种证明是令人信服的。进化认识论并不是个人的思想结晶，它是由许多学科共同协作与探索而得出的。

让我们先简要地了解一下进化认识论的基本论点。我们的生活、行为与思想只不过是周围世界的一部分，而在这个世界里，充斥着秩序、等级、规律和规则。难免，我们是否会因为把自己的思维中独有的推论方式、结构和范畴应用到周围的世界中，从而获得对真实世界的认识？如果答案是肯定的，是不是就表明我们的认识系统适合于正确地反映现实？又或者说，是我们的认识系统将规律、秩序和规则强加到了世界的身上？如果现实世界与我们对其的认识并不一致，那就很难解释我们为什么能够在冗长的岁月里坚持存活下来。因此，之所以我们的认识系统与实在世界能够相互配合，主要是因为我们的感官、大脑、思维在世界的进程中可以不断进化并适应这个周围的世界。

上述论点对现代人来说很容易理解，但是这个思想对康德没有产生任何影响，原因就是达尔文与进化论都是在康德去世后的几十年里才问世的。由此可见，达尔文的进化论和他的思想对人类社会的影响是何等地巨大，他的思想彻底改变了我们对周围世界、对生命和对自身的认识。进化论对传统世界观是一个非常大的挑战，尤其是对教会的巨大挑战，当然其中也包括自然科学和人文科学。就像理查德·T·亚历山大所言，进化论影响的波及范围包括“音乐、造型艺术、美学、文学、宗教、意识、良心、痛苦、幽默、自杀、抑郁、收养、同性恋，禁欲……”

人的认识结构是由其生物因素决定的，这种思想很早就在许多生物学家、物理学家、心理学家、哲学家、人类学家以及语言学家那里出现了。他们虽然有这种思想，但对其的认识并不是特别充分，也不是特别细致。通过物理学家亨利·彭加勒、百科全书式的自然科学家伯恩哈特·巴芬克、生物学家路德维希·冯·博塔兰菲、哲学家伯特兰·罗素以及生物学家雅克·莫诺德的引述，我们知道格尔哈待·弗尔梅尔是较为明确地提出这一理论的人。

进化认识论的创始人是康拉德·洛伦茨，他是行为科学的代表人物，也是先驱，因为自身所著的通俗读物举世闻名。他说过：实在世界与我们的认识之间的关系就像是马和草原、鱼和水的关系，并且原因也是一样的。

除了洛伦茨之外，我们还应提及动物学家伯恩哈特·伦石和鲁泼尔特·黎德尔，以及心理学家让·皮亚杰。皮亚杰对人的空间、时间、速度和数的概念是如何逐渐形成的这个问题进行的研究，是通过观察自己孩子的成长历程来完成的。而对黎德尔来说，整个进化过程就是一个不断获得认识的过程，甚至可以把动物也看成“假说的现实主义者”，它们同样会通过不断地摸索去认识自己周围的世界。就像康德所认为的空间和时间的形式同样是人类及其祖先进化的产物，这不仅说明了人的创造能力，也说明了人能力的限度。关于物质的基本粒子或宇宙的整体结构等问题，进化的目的并不是让我们去解决这些问题，在进化过程中，这样的问题对个体以及种群的保存并不是性命攸关的。

进化认识论的思想家们的观点基本上都是统一的，我们可以称之为“假说的现实主义”。这也符合卡尔·波普所推崇的观念，即人永远不可能获得最终的知识，因为人及其认识能力都是有缺陷的。这个结论同样适用于整个科学领域。

对科学认识来说，下面的假设是适用的，这些假设有其必要性，尽管它们的有效性并没有得到最终证实：

(1) 有一个实在世界，它独立于我们的知觉和意识。

(2) 这个世界是有结构和秩序的。

(3) 在实在世界的所有范围之间存在着一种持续地(或似是持续的)联系。

(4) 人和动物个体具有感官印象和意识。

(5) 我们的感觉器官会受到实在世界的刺激。

(6) 思想和意识是大脑(即一个自然器官的)功能。

(7) 科学陈述应该客观，主观陈述没有科学效用。

(8) 科学假说应该能够促进科学研究，而不是阻碍它。

(9) 经验现实的事实可以被分析，可以通过“自然规律”被描述和解释。

(10) 应该避免不必要的假说。

## 5. 认识的边界

如果说以前的哲学家们在思考问题的时候，都喜欢首先考虑怎么去获得确切的认识以及如何使用正确的方法，那么，自第二次世界大战以来的20世纪，哲学家们则把重心放在认识的界限以及科学的意义和目的上面去了。简言之，人们更加关心的是无节制的科学进步的意义、目的及其正当性，还有应用技术相关的问题。

通过上述，首先应该提到的就是核能或核武器以及基因技术。除此之外，许多其他关于思想上的事件同样促使人们开始逐渐关注起科学的界限以及其动因。下面将简要地提及其中的几个重要思想事件。

数学家库尔特·哥德尔于1930年在维也纳科学院做了一次报告，第二年，这份报告以《论数学原理及其相近体系的不确定性》为题在一份杂志上发表。对于哥德尔的论点，我们应该把数学中的基础危机这样一个历史背景囊括进来。同样，在这样的历史背景下，罗素和怀特海写成了《数学原理》。哥德尔认识到，关于自然数理论，《数学原理》中提及的公理体系所包含的原理虽然是真的，但是它在体系的范围内得不到证实。

上升到一个更为宽泛的意义，我们发现把所认识到的编入一个公理体系中去，这在原则上是不可能的。而对那些不怎么懂数学的人来说，哥德尔的理论就比较难以理解。但即便是这样，他的理论还是对"我们的认识原则上是有限度的"起到了极大地推动作用。哥德尔的"不完全性定理"认为，科学根本不可能精确完整地去描述实在世界。

1927年，维尔纳·海森伯格在量子理论的基础上提出了"测不准原理"，这一理论对现代科学的认识来说是一个里程碑式的存在。他指出，在原子（微观物理）范围内，并没有一个精确的界限。粒子和动量不能同时被测量出来，对其中一个参数测量得越准，因为测量的干扰，另一个参数就会越不准。简单来说，就是我们不可能准确地测量出粒子的行动轨迹。

我们应该认识到，上述问题不仅仅是我们认识的界限，而是更多地涉及了自然变化过程本身所蕴含的不确定性。因此，因果性这个概念就被相对化了，完美无缺的决定论自然就是站不住脚的。

上述观点毕竟只适用于微观物理世界，对宏观物理（比如天体物理）世界来说，一种严格的决定论仍然能够被认可，正如天文学家拉普拉斯在他著名的《魔鬼》一书中所说："如果一个东西能够在某一个时刻认识宇宙所有微粒的位置和速度，那肯定也能够认识宇宙的整个未来。"我们还要补充上一句：倘若这个魔鬼还具备有关自然规律的所有知识，在这种情况下，它不仅能够预测宇宙未来的状态，还能测算出宇宙过去每一时刻的状态。

爱因斯坦的相对论使得上述论点失去了根基，当今的物理学也知道，对未来发展进程做出精确预言的可能性是有条件的。譬如，决定太阳系天体运行的规律是众所周知的。在这里，我们把外星系对太阳系产生干扰的可能性排除在外了。在这个前提下，只要我们能够对现在的太阳系在某一特定时刻的状况做出精确地计算，那么我们或许也能够精确地计算出它的未来发展。但是即便如此，一种不确定性也是不能排除的，因为微小的计算错误是难免的，从长远来看，这种微小的计算错误可能导致对整个发展过程的预测错误。这样看来，我们决不可以把太阳系的运行与一个精确时钟的运行相提并论，而更应该把它看成一个不精确的时钟，起初的一点细微的干扰都有可能造成巨大的误差，对太阳系来说，甚至会导致“决定性的混乱”。另一个精确测算（或可预言性）的原则上的界限是由波兰数学家贝诺伊特·蒙德勒伯洛特发现的，他是碎片几何的创始人之一，蒙德勒伯洛特集也是以他的名字命名的。

关于碎片现象，蒙德勒伯洛特做了如下解释：波罗的海的海岸线有多长？对此我们只能大约给出一个数据（比如以公里为单位）。能不能更精确些呢，比如用米来表示，或者用毫米呢？是不是应该把那些不规则的构造也计算在内呢？不管我们选择哪一种标准，总还是会存在一些细微的无法把握的不规则碎片，它们无法被考虑在内。蒙德勒伯洛特试图发展出一种应对这种现象的数学方法。在此应该指出，如今我们已经很难或不可能再去相信科学万能了，科学的能力是有限的。

另外，自然本身也为我们认识它设置了障碍。我们能不能完全搞清楚生命无法估量的复杂性呢？特别是当宇宙的界限正在以接近光速的速度不断地远离我们的时候，我们能否期望解开所有的宇宙之谜呢？

另外的一系列问题或许对公众具有更重要的意义，即我们整个人类或整个生物界正在面临着巨大的威胁，而这种威胁来自科学知识的技术应用。

科学技术的突飞猛进令人忧虑，而其中的“佼佼者”当属“核能”，它已经明显地导致了人们对科学技术的敌意。核能是通过重核裂变获得的，铀核发生裂变会释放出巨大的能量，如果铀核裂变后放出一个以上的中子，这些中子又能引起邻近铀核的裂变，如此不断继续下去就产生了链式反应，而这种链式反应的两次反应的时间间隔只有50万亿分之一秒。因此，铀核链式反应一旦实现，就会在极短的时间内释放出巨大的能量。如果能够有效地控制裂变速度，使裂变反应自动地持续进行，释放出的能量就可以作为电能为人类所用。而如果对反应的速率不加控制，就会发生威力巨大的爆炸，也就是说，它就会变成一种毁灭性的武器，即原子弹。

其次让人感到忧虑的是核聚变，具体来说就是轻核聚合为较重的核。迄今为止，这种能量只能被用于制造武器（氢弹）。几十年以来，发达工业国家已经花费了大量的人力、物力用于核聚变研究，企图从中获得核能源，同时又能避免裂变反应的风险。但是，对于是否建造一个用于发电的核聚变实验装置，这些国家迟迟没有做出决定。

其他的威胁——从长远来看，或许与核武器和核能带来的威胁同等巨大——来自自然科学知识大范围技术应用所带来的后果：海洋和河流的污染，土壤、热带雨林和大气层（臭氧层）的破坏、许多植物和动物物种的灭绝、可能发生的基因技术的滥用……最后——虽然听起来有些讽刺——还有地球人口数量的猛增，即现代医学进步带来的所谓“人口爆炸”。即使我们不把其他各种威胁考虑在内，单单人口爆炸就足以对人类的基本生存构成威胁。在这样的状况下，要求对“研究自由”设置界限的呼声越来越高。迄今为止，这种自由为自己提出的理由是：科学服务于纯粹知识，并无其他意图。科学研究的成果是理论上的东西，如果把它应用到实践中去并带来了威胁性和灾难性的后果，也不能把责任归咎于科学家，而应该把责任归咎于技术专家和政治家。

在关于这些问题的热烈讨论中，另一方面的问题也引起了人们的注意：如今，在纯粹的科学研究（基础科学）与技术应用之间划分出一条明确的界限已经不再可能了。一种新的科学认识一旦被公开，就有被应用的可能。问题是，该如何阻止科学知识的发展——通过自愿的自我约束吗？通过国家法律的约束吗？还是通过国际条约的约束呢？但是有谁能够禁止人们获得知识和追求知识吗？举一个简单的例子：即使所有的核武器都被消除和禁绝了，并且禁令的实施也受到了严格的监督，但是制造核武器所需要的知识仍然存在，当一场常规战争爆发时，交战双方就会进入竞赛状态：看谁能够首先制造并使用原子弹？

1976 年的诺贝尔化学奖得主曼弗雷德·艾根就专门思考过上述问题。他得出的结论是：为了把握未来，我们需要的不是更少的知识，而是更多的知识。谁能保证，地球上的所有国家都能遵守“停止科学研究”的国际条约呢？我们会期望那些能够做出有充分根据的判断的人物回答如下问题：科学发展已经走到尽头了吗？自牛顿时代至今天，自然科学取得了辉煌的胜利，但这种辉煌还会继续下去吗？对于这些问题，他们给出更多的是悲观的答案。

这里列举几个例子。1989 年，美国纽约州的锡拉丘兹大学举办了一场科学讨论会，议题是“科学的终结”。龚特尔·斯滕特是与会者之一，他是加利福尼亚大学伯克利分校的生物学家，于 1969 年就已经向人们宣告了他的一个论点：科学正在走向终结。

另一个带有悲观主义色彩的声音来自英国哲学家柯林·麦金：人类有能力表达出重大问题，但是我们没有能力解决它。丹麦物理学家尼尔斯·玻尔曾经怀疑，那些试图寻找一种终极的包罗万象的理论的物理学家能否获得成功。语言学家诺姆·乔姆斯基作为著名的美国社会的激进批评者和“那些权威们的敌人”，主张在理解人性自然和非人性自然方面，人类的能力是有限的。科学的成功源于“客观真理与我们认知空间结构的机缘巧合。之所以是一种机缘巧合，是因为发展科学并非出于自然选择的设计，并不存在什么遗传变异上的压力，使得我们非得发展出解决量子力学问题的能力不可，我们只是具备了这一能力。它的产生，与许多别的能力的产生，都出自同样的原因，即某种没人能理解的原因。”

## 三、我们应该做什么？

“我们应该做什么？”对每一个善于思考的人来说，这都是关于人生的核心问题。很多人都想通过哲学找到答案，那如今的哲学又能为我们提供怎样的答案呢？

可以确定的是，每个哲学家对这个问题都有自己的见解，因此这个问题并没有一个一致的答案。维利·郝诃柯佩尔在1976年做了一次调查问卷，通过统计发现，以上论点是确信无疑的。郝诃柯佩尔向八位年龄不同的大学哲学教授提出了40个问题，而关于“我们应该怎么做？”这一话题，他提出了10个问题。比如：有没有普遍有效的永恒价值？事实判断和价值判断之间有没有明确的界限？人是自由的还是不自由的？（如果他是自由的，那么他既可以做出崇高的事情来，也可以做出卑鄙的事情来。）结果是，每个人的回答都极其不一致，可谓是千差万别。但每一种回答都有自己的道理，所以同样值得被尊重。不过，这些回答必然会使那些严谨且认真追寻答案的人摸不着头脑。

这种不一致并不是因为哲学家们对伦理学问题不可能或者只能勉强做出解释，这对 20 世纪上半叶的人类来说更是如此。但这个时期的人类遭受了各种灾难，包括世界大战带给人的各种痛苦、人类的残暴行为对国际法的破坏、希特勒政权对犹太人的迫害、越南战争、核武器等。这一切的发生，让人们不得不开始重新思考正义与非正义、善与恶的问题。

### 1. 生存问题，幸存问题

一般来说，一个人的道德决定必须由其个人做出，而其后果可能会影响到很少的人，也可能会影响到许多人，甚至影响到整个人类。根据其影响范围，我们可以将道德问题划分为三种：第一种只影响少数人，比如夫妻、情侣、朋友、家庭、同事；第二种会影响到较多的人，比如一个企业、一个协会、一个社区、一个地区、一个国家、一个民族；第三种会影响到整个大陆或人类的某个部分（比如发展中国家），或整个人类，甚至地球上的全部生命。

通过这样的分类，我们会对最重要的问题展开讨论并给出详尽地阐述。关于个别人或少数人的问题，其中最重要的话题便是人的出生与死亡、生命的开始与终结、堕胎和安乐死。在堕胎的问题上，在过去的几十年里，大多数较发达的工业国家的人们的观念发生了一些变化。19 世纪时，人们都把堕胎当成一种谋杀，并且堕胎也会引来惩罚。但是到了如今，堕胎在很多国家已经合法化。但是这个范围到底如何判定？人们对此依然争论不休。到底是从哪个时候开始，胎儿被当成是一个人的？在安乐死的问题上，某些国家允许对重病患者实施安乐死，但是在另一些国家，人们对此充满争议。在同性恋的问题上，人们的观念同样随着时间的变化而变化。如果将观察范围放大，以一种回顾历史的角度去看待问题，这些变化就更加明显。在古希腊，同性恋被认为是一种普遍的行为，不算是一种禁忌，在柏拉图的对话（《会饮篇》）中就能看出这一点。但是到了18世纪，同性恋行为被看成是一种性倒错行为，因此，那时的人们都建议政府用死刑去惩罚那些人。

上述某个种类的问题会直接影响到一个人或几个人，但这并不代表这些问题与那些相关的人有关。原因有两个：第一，只要触碰到法律秩序，无论它是个别现象还是普遍现象，都与整个社会有关；第二，每一个道德决定都是以超越个体的道德标准为前提的，究其根本，伦理学中的所有观点具有普遍性，因此不能说“我应该做什么？”而只能说“我们应该做什么？”

说到许多人抑或是所有人的问题，只有少数国家拥有核武器，但是核武器的存在已然威胁到了全人类。而在核能源和基因技术的应用上，也存在类似的问题，尽管人们对其造成的威胁程度还没有一个确切的答案。

每个人都有追求平等的权利和诉求，而这个问题是每个国家都需要面对的。无论是不同的性别还是不同的种族，每个人的权利都是平等的，这其中自然也包括残疾人和少数民族等。

随着自然科学和技术的迅猛发展，人类行为产生影响的程度越来越大。这些变化让人们不得不重新面对和审视道德责任的问题。自然环境的破坏、热带雨林的滥砍滥伐、越来越多的动植物濒临灭绝、全球气候失衡，以及人们毫无节制地对自然资源进行开采，这些都是我们如今需要去审视和面对的道德责任问题。工业化让一些国家的平民百姓享受到了前所未有的健康与富裕的生活，但凡事都具有两面性。一方面，这种进步给一部分人带来了好处，但另一方面，工业发达国家与发展中国家之间的贫富差距越来越大，各种社会问题越来越突出。

## 2. 人与自然

上述危险构成了威胁整个人类的“生态危机”，“人与自然”的标题正是对这种危机的核心问题的阐述和讨论。

“自然”一词通常指城市以外的地区，特别是动物界和植物界，也指无机界（如山川、无人的景区、房屋、桥梁、工厂、运河、港口、机场等）。从这个意义出发，工具、机器、文化艺术等就不在自然的范围内了，人也如此。抑或说，人其实是和自然相互对立的，人是对自然的研究者，是理性动物。

从广义的角度说，凡是能服从自然规律的东西，都在自然的范畴之内。在此意义上的自然概念包括一切存在物，也可以说它几乎无所不包。但是，精神世界、灵魂、道德世界、超自然的东西、神性的东西等则不属于自然的范畴。

自然的第三种概念包括地球生物圈中的所有生命。在这个概念里，人是自然的组成部分，是自然的一个环节，是生命进化的产物，只有在生物圈内，人才具有生存的能力。

综上所述，可以看出人一方面是与自然相互对立的，既是自然的观察者、研究者和改造者，也是自然的剥削者与毁灭者。另一方面，我们要把人看成是自然的组成部分。所以，人类也就站在了被称为生态危机的根源之上。人与自然之间的紧张关系是人天生就有的，但是这种固有的特征为什么会在 20 世纪突然开始威胁到整个人类了呢？为了揭示这一点，我们必须考察人类的技术，考察技术的本质以及它在今天所产生的威力。

索福克勒斯曾在《安提戈涅》中对人大加赞美，他说虽然有很多强大的东西存在，但是没有什么东西比人更强大。索福克勒斯和与他同时代的人怎么也不会想到，如今的人已经几乎将取之不尽的自然资源挥霍一空，自然也受到了人类的大幅度破坏。他们也不会想到，人类会把深不可测的大海里的鱼捕杀干净，并且用化学药物等有害物质来污染海洋。

近代自然科学和现代技术的不断发展和更新，让一切都变成了可能。虽说对自然的理性研究以及技术的应用让一部分人的生活得到了改善，但科技的发展也给人类带来了巨大的威胁。经过几十年的发展，人们才逐渐开始认识到这种发展的迅猛：资源枯竭、水和空气污染、物种灭绝、核威胁、人口膨胀……当人们为了资源开始争抢时，之后发生的各种斗争和暴力冲突等也就可想而知了。与这样的威胁相比，当今世界的各种争端也就无足轻重了。

人类最强有力的工具就是技术，它同时也是对人类有害的工具。但只有很少的哲学家对技术的本质进行了认真地思考，这些哲学家包括：奥斯瓦尔德·斯宾格勒、弗里德里希·德绪尔、胡塞·奥特加·加赛特、阿诺尔德·吉伦、马丁·海德格尔、维托里奥·徐斯勒、汉斯·约纳斯。

唯独人类发展了技术，这与人是一种“有缺陷的动物”的事实紧密相连。人好像是过度地补偿了自身的缺陷：由于自身的机能有限，才发明了各种发动机、吊车、交通工具和机器；因为自身的感官能力有限，于是制造出了显微镜、望远镜和宇宙探测器；为了提高智力，就制造出了计算机；最后，还利用技术手段去改造自然的生命，特别是借助基因技术，甚至还有可能禁不住地去改造人……人类通过各种技术手段，把自己变成了类似上帝的造物主。

### 3. 人与动物

人与自然的关系里已经包含了人与动物的关系，之所以再将人与动物拿出来讨论，主要是因为在哲学历史上，抑或是我们整个的思想传统中，人们对人与动物的关系从来没有给予足够的认识。所以，这个话题相对而言是比较新鲜的。其次，随着当今许多哲学家为此做出的努力，让公众也逐渐开始认识到此问题的重要性。

西方传统思想主要来自犹太基督教和古希腊罗马。而关于人与动物这个话题，传统观念并没有给出自身的立场。但可以确定的是，基督教以及一些伟大的先师们一直把动物当成人类的工具和物品，因此，他们对动物的痛苦是漠不关心的。托马斯·阿奎那就说过："动物是为了人才存在的。"使徒保罗也说："上帝关心公牛吗？不。"如果人残暴地对待动物，那么，这也只是因为动物使人变得野蛮了。在基督教思想家中，弗朗茨·冯·阿西西是个值得称道的例外，此外还有阿尔伯特施韦策尔，不过，虽然他提出过"要尊重生命"，但是他所指的生命的具体意义并不十分明确。

当然，基督教的信徒中从来不会缺乏同情动物的人，陀思妥耶夫斯基的《卡拉马佐夫兄弟》中的佐希玛老爹就是一个很好的例子："上帝赐予了动物们无忧无虑的快乐。你不要去打它们，也不要去折磨它们……人啊，别以为自己比动物高一等，它们是无罪的，但是，你这种自以为高贵的东西却毒害了我们的大地。”

如果我们回顾过去，就会看到不同的情景，犹太教并没有将世界上的造物都看成是人类随意处置的东西。换句话说，于他们而言，人类是自然的管理人，是侍卫，而不是自然的霸主和统治者。中世纪犹太哲学家迈蒙尼德说一切造物都不是因为人而存在的，它们都是以自身而存在的。

古代非基督教哲学存在着不同的观点，毕达哥拉斯以及他的信徒们都十分尊重动物，他们都是素食主义者。之所以会这样，是因为他们相信灵魂不死。亚里士多德的影响则更为深远，他认为动物服从人类是天经地义的自然规律。

动物是值得也是需要被保护的，人类也有义务去保护动物。但是，因为笛卡尔的学说，人们在很长一段时间里阻隔了这种认识。因为，在笛卡尔眼里，世界上只存在两种实体：即物质（它占有空间）和意识（它只被人类所拥有）。因此，动物被看成是一种机械装置，是没有灵魂的。

到了如今的工业国家这里，人们的观念发生了转变，这其中最主要的贡献来源于盎格鲁－撒克逊世界的思想家们。而在这些思想家中，最主要的首先是杰罗密·边沁，他说过一句被经常引用的话：“总会有一天，每一个生命都能争取到自身的权利，但这种权利如今都被掌控在独裁者的手里。”这句话的意思是说不同种族、不同性别、不同肤色的人都应该享有同等的权利，因为动物也有感觉，所以，它们也应该享有自身的权利。因此，问题就不在于动物是否有思想，也不在于动物是否能说话，而在于动物是否也能感觉到痛苦。

此外，在德国，阿图尔·叔本华称赞了亚洲宗教，如婆罗门教和佛教的观点，因为他们能够将动物放进自己的学说中加以考虑。叔本华尤其指责了犹太教和基督教："他们的规则只局限于人类，而把整个动物界排除在外。"

在我们这个世纪里的德国思想家中，马克斯·霍克海默是值得称赞的，他曾经对肉畜的运输过程做过真实而令人震惊的观察和报道。

虽然有很多人倡议设立动物保护法，但是在过去的很长时间里，他们的主张几乎都毫无回应。到了 19 世纪的大不列颠，人们试图通过法律手段来保护动物，并一步步付诸行动。1809 年，财政大臣艾尔斯金勋爵在下院提交了一份保护役畜的法律草案，但是这一草案被很多人当场否决。1821 年，他再次提出一份类似的草案，结果被人们当众嘲笑，因为他把毛驴也写进了草案，而那些人之所以嘲笑他，是因为他们认为驴子生来就是载运货物的。到了 1822 年，第一项保护动物的法律终于被通过了，明文规定不允许刻意折磨马和肉畜，但并不包括驴、猫和狗。关于这个问题，今天人们争论的集中点主要在家畜饲养、动物运输、动物试验、动物屠宰，以及排挤野生动物、以体育活动的形式猎杀动物、动物贸易等。而在这些哲学家中，澳大利亚的彼得·辛格最为重要，其次是美国的汤姆·里甘和瑞士的让·克罗德·沃尔夫，他们同其他哲学家一起，将人与动物的关系列为哲学伦理学中的核心问题之一。接着，阿尔伯特·施韦策尔以一种嘲讽的语气对传统“以人为本”的伦理学进行了批判。他认为那种伦理学已然不再适用，且已经成了过去式。他认为过去的一些哲学家只不过是一些勤奋的看守，他们时刻警惕着，“免得动物们窜到伦理学的圈子里来。”

把动物纳入伦理学的范围，就表示我们必须承认动物也有自身的权利，且人对动物有道德义务。这样一来，就会产生一个无法逃避的实际问题。但是在谈论这个问题之前，我们不得不先回顾一下历史，了解过去的人们围绕“动物在全部存在物的秩序中究竟处于何种地位”这一问题展开了怎样的讨论。事实上，这个问题与“人与动物有什么区别”是紧密相连的。人们以前经常对动物到底有没有灵魂产生疑惑，如果我们相信人的灵魂是不死的，那么必然会接着思考这样一个问题：要么动物根本就没有灵魂，要么动物有灵魂，但是它的灵魂是会死的。

在笛卡尔思想的影响下，上述观念具有了更为强烈的传染性。笛卡尔教导人们说，人是由一个物质的肉体和一个不占有空间的且不死的灵魂组成的，动物则是没有灵魂的机械装置。

由于宗教信仰的原因，笛卡尔不可能承认动物有灵魂；而且他也认为，动物是没有罪孽的，因此，上帝不会让他的无罪的造物去忍受痛苦，所以，上帝没有赋予动物以感觉能力。

18 世纪时，一位法国的耶稣传教士自认为能够解决这种矛盾。他认为动物不仅有感觉，而且同样具有灵魂，而它的灵魂是由魔鬼或下凡的天使附体而形成的。因此，他们拥有痛觉就顺理成章了。在这里，神学的灵魂概念和生物学的灵魂概念被混为一谈。

一旦人们把动物纳入伦理学讨论的范畴，那么，将其应用于实际生活中将有可能产生激进的结果。汤姆·里甘说：

我把自己看作动物权利的维护者，看作动物维权运动的成员。这个运动为自己确立了一系列目标，其中包括：

完全停止在科学研究中利用动物做实验的行为；

完全停止把动物用作以营利为目的的各种商业行为；

完全停止以商业或体育运动为目的的各种猎捕动物的行为。

把动物作为以营利为目的的商业行为不只是大批量的畜养，卢特·哈里森首次谴责了这种行为。此外，处于圈养状态的动物并不像野生动物那般自由，它们遭受到的是痛苦与束缚。对那些试图为猎杀和吞食“自然”生长的动物而辩解的人来说，他们也应该考虑到：

（1）即便动物们过着自由且舒适的生活，但它们被带到屠宰厂杀死的过程依旧是极为痛苦的，而今天大城市里的人们能接触到的动物只不过是被端到桌上的食物罢了，他们根本不会去肢解或杀死某只动物，也没见过屠宰场，更无法相信关着上万只动物的空间狭小的畜养场的存在。在实验室内、在运输车上，在各种动物们能遭受到痛苦的地方，人们对此是无知的且无法体会的。和其他许多事情一样，这样的事情都避开了公众的视线。

（2）人并不是非吃肉不可，或许因纽特人可以除外，因为他们的周围没有植物可以食用。可以确定的是，人只吃植物就能够健康地生活。如果世界上的大部分庄稼不是在被人吃之前先绕道经过动物身体的话，它或许可以更好地为我们人类所用。

动物伦理学走到尽头，必然会是素食主义的生活方式。素食主义运动的某些支持者甚至能走得更远，他们拒绝使用任何动物产品，不仅不喝牛奶、不吃鸡蛋，也不穿毛、丝绸、皮革、毛皮制成的衣服。他们称自己是“严格的素食主义者”，并希望人们不久之后在吃肉时会产生一种感觉，这种感觉类似于今天我们回顾过去同类相食时产生的那种感觉。

## 4.“世界伦理”：世界宗教宣言

无乱在哪个时代，大多数人的道德标准、原则以及规定和信条都是以他们所信仰的宗教为标准的，或许今天同样如此。对那些有宗教信仰的人来说，他们所信仰的宗教信条就是最高权威，这些所谓的信条都是通过古老的传统建立起来的。或许，这就是它们备受尊重并延续至今的原因。

虽说这个世界充斥着各式各样的宗教，并且因为每个宗教之间不同的教义和信仰，经常造成一些血腥事件。但这些不同宗教的伦理原则难道真的格格不入吗？难道它们不应该有许多共同之处吗？

基于这样的认识，人们开始积极尝试和努力，试图让不同宗教里的代表人物聚集到一起，找寻出他们之间的共同之处，而这种共同之处就是我们今天所说的“世界伦理”。1893 年，芝加哥举行了一场纪念发现美洲新大陆 400 周年的世界博览会，期间还举办了一场世界宗教大会。各宗教代表人之间进行了平等对话，至少原则上是平等的，毕竟基督教还是占主导地位。全球 45 个宗教团体都来参加，唯有少数重要的宗教没有前来，如锡克教。

100 年之后的 1993 年，芝加哥又一次举办了世界博览会，并在博览会期间再次举办了世界宗教大会，经过两次世界大战的洗礼，以及第二次世界大战之后所谓的“去殖民地化”，基督教已经没有可能再试图让整个人类都基督化了。相反，其他宗教赢得了自信和地位。并且，因为移民越来越多，尤其是在美国，居民中就不再以基督教徒为主了。例如在芝加哥，就生活着大量的犹太教徒、佛教徒、印度教徒、耆那教徒以及其他许多宗教信徒。虽说会议上依然存在着种种分歧，但最终还是达成了一定的共识，他们同意由神学家汉斯・昆为首的主要学者起草一份“世界伦理宣言”，在这份声明上签字的除了基督教会代表（英国圣公会、罗马天主教、东正教和新教）以外，还有印度教、耆那教、犹太教、锡克教和道教的代表。

这份宣言虽然较为简短，但是它指出了人类社会的种种弊端以及人类所面临的危险，大多数人类正生活在不安和恐惧中；地球的生态系统受到了严重破坏，世界各地充斥着不平等与非正义。会上，大家一致认为，不同宗教的核心价值观存在着某些相同之处，所以，宣言中说：我们呼吁所有人，不管他有无宗教信仰，让我们共同承担起义务，为世界伦理，为相互理解，为社会和谐，为促进和平，为保护自然而共同努力。

下面再摘录宣言中的几句重要的话：“没有一种世界伦理，就没有一种新的世界秩序……每个人都必须受到人道的对待……不分年龄、性别、种族、肤色、体力和智力，不分语言、宗教和政治观点，不分国籍和社会阶层，每个人的尊严都是不可转让的和神圣不可侵犯的。”

这些要求是为了让每个人都能获得相应的人权而提出的，这也是过去启蒙运动的思想家们所提出的理想。后来，这些都被写进了美国宪法和法国大革命宣言，最后被写进了联合国宪章。

宣言中还提出了一条适用于生活范围内的“金科玉律”，它被看成是一种绝对标准和行为准则，并且它也存在于人类的许多宗教和道德传统观念里，它就是“己所不欲，勿施于人”。

宣言还提到，所有人都有义务共同携手去建立一个没有暴力和敬畏生命的文明社会，不同人类的生命应该得到相应的保护，那些同住一个地球的各种动植物同样应该受到应有的保护。宣言还指出，我们需要建立一个稳定且公正的社会氛围和经济秩序；要求人们彼此宽容，真诚以待；还提出了“男女平等”的思想。宣言的最后指出，对于那些个别的伦理问题，人们依然存在着争论，这其中包括生态伦理、社会伦理、媒体伦理、科学伦理、经济伦理和国家伦理，这些伦理问题都应该在此宣言的基础之上加以解决。

这样一个宣言十分让人惊叹，其发起人理应得到所有人的敬畏和高度评价。当然，从某种程度上来说，这只不过是一种微型计划，因为其中只能包含一些大家能够取得共识的内容。比如，文中没有出现“上帝”这个概念，因为这是佛教信徒的愿望。

如果宗教信徒们都能认识并贯彻这种世界伦理，并认真思考这些问题在实际生活中基于宣言应遵循的行为准则，那人类的许多理想都能得以实现，人类就会少一些战争、憎恨、压迫和犯罪，人口爆炸和生态危机也能缓解。这就要求所有人携手，共同努力消除这些危险，尤其是哲学家们。虽然他们对这些危险采取不了什么实际行动，但他们能够为人类指引方向。

### 5. 卡尔·波普论政治伦理

第二次世界大战以后，卡尔·波普被迫离开德国前往新西兰，那时的他越来越关心历史以及社会等问题，而对这方面的研究再次体现出了他的思想特征。我们可以将卡尔·波普的特征称为苏格拉底式的谦逊。在科学理论方面，卡尔·波普认为在人类的认识中，我们永远无法达到最终的确定性；所谓“证实”认识是不可能的，意思就是说我们不能最终证明认识的正确性，我们只能提出命题，并尝试着去“证伪”这个命题，去反驳这个问题，所有的命题其实都是无懈可击的。与此观念相适应，卡尔·波普关于社会伦理的基本命题，就是他认为我们试图去发展和设计出一种可以为人类社会服务和实现理想的目标，其实都是虚妄的。这样的方案根本找不到，注定会失败，而且同样会导致自由的丧失。

对上述观点的详细阐述，在卡尔·波普的《开放的社会及其敌人》中有叙述。本书在 1944 年完成于新西兰，1957 年首次发布了德语版。值得我们注意的是，这本书其实是卡尔·波普为了纪念康德而写成的。所以，书中还收录了一篇卡尔·波普于 1954 年为纪念康德逝世 150 周年而作的演说辞。此外，波普还在他的另一部著作《历史决定论的贫困》中用一种更为严谨的形式阐述了他的这一论点。

卡尔·波普所理解的历史主义，是他认为人类可以认识到历史发展的基本规律，并且可以通过这种规律预测未来，为我们的政治和社会行为起到引导作用，给出正确的指示。虽说卡尔·波普持有这种观点，但他依旧认为这些观点是狂妄且危险的。事实上，西方思想史的很大一部分都是以某种形式被这种观念所左右的，无论是上帝的意志决定了历史的发展方向，即“上帝选民论”，还是认为自然科学的客观规律决定了社会历史发展的自然主义的历史主义，都受到这种观念的深远影响。

卡尔·波普说：“试图在大地上建起天堂，结果总是造出地狱来。”不仅是自然科学的假说，所有社会学都需要经过不断地验证和讨论批判。而对社会与政治方面的实践来说，这就意味着在不断地批判检验的前提之下，所实施的具有尝试性的改革，要看所采取的措施是否在其他地方或其他人身上都产生了出人意料的不良后果。我们应该学着去防御那种可以让每个人都幸福的乌托邦式的理想，因为这种理想有可能要以牺牲某个阶层或整整一代人的幸福为代价，而我们更应该侧重的点就是如何去减少人的痛苦。另外，我们也应该去关心别人的幸福，而这种所谓的关心，我们应该限定在亲戚朋友的范围之内。

虽说科学并不能真切地告诉我们真理，国家也不能为人民谋到永恒的幸福，但是，如果我们可以减少或避免伤害，那我们就会感到满足。在这种意义上，波普于1989年在慕尼黑演讲的内容可谓恰如其分。他说：把民主理解为“人民的统治”是一种虚妄，不过，民主仍然是能够造福社会的，因为，不管怎么说，民主使一个政府通过非暴力不流血的方式替换另一个政府成为可能。

## 6. 道德的语言

分析哲学的思想家们则是从一种截然不同的角度去探讨道德的问题，这种角度就是从“日常语言哲学”的方向出发的。他们认为，如果想把哲学问题看成是语言问题，就必须从日常生活中观察，道德问题是用怎样的语言形式表达出来的。

在分析哲学的初期，维也纳学派其实是很少考虑道德问题的，这并不是因为他们觉得这种问题不足挂齿，而是因为他们觉得这个问题可以被加以科学的考察，并且他们也怀疑人们对这个问题的判断是缺乏理性的。

鲁道夫·卡尔纳普认为：诸如“你不应该杀人”这样的句子是一种命令，它不是一种要么对、要么错的陈述——即使它的陈述形式是“杀人是可鄙的”。这个句子既不能被证明，也不能被反驳，它不具备认识的内容，它是“非认知的”。

因此，道德问题并没有得到正确的回答，而是被束之高阁。即便关于道德的陈述并没有严格意义上的认识内容，因此它对哲学来说是无足轻重的，但是它依然能通过语言分析的方法来进行考察。带着这种认识，这个学派的思想家在第二次世界大战以后逐渐开始把注意力放在道德问题上了。对此，我们首先应该提到的是查理・邓巴尔・布洛德，因为他对道德问题以及伦理学理论进行了分类，而这种分类可以帮助人们更好地去认识和熟悉那些较为困难的领域。此外，还有查尔斯・史蒂文森和理查德・迈尔文・黑尔。

在我们的语言系统里，哪些属于道德陈述或道德判断的情况？关于这个问题，史蒂文森秉承了阿尔弗雷德・茹勒・艾耶尔的思想。艾耶尔认为只有两种有意义的陈述：逻辑的陈述和事实确定。一个道德判断既不是逻辑判断，也不是事实确定，而是只表达了我们对某种特定行为的赞成与反对，换言之，就是说他表达出了一种情感。

接着，史蒂文森对这种思想进行了更深一层的阐述，他说一种道德判断不仅包含某种情感，还包含了某种需求。就像“偷盗是可恶的”，这句话的道德判断就是告诉人们不要去偷盗。黑尔对这个思想展开了进一步的探究，他说人类的语言不仅是用来陈述某件事情的，还是用来表达需要和价值判断的，而且可以用来控制他人的行为。所以，语言不仅仅是描述性的，它也是具有规定性的。

紧接着又发生了一次思想史上的重要转变：所谓道德命令并不是普普通通地说让你做什么你就得做什么的要求，或者是这种要求你可以通过自身的判断来决定执行或不执行。一个道德命令包含着一种普遍的道德原则，就像“你不应该杀人”这句话，它不仅包含了“你不要杀人”这个要求，还包含了人类的一种普遍且绝对的道德原则，即“不允许杀害同类”。这种原则人人都得遵循，不然就会遭到道德的谴责以及法律上的惩戒。我们遵循这种普遍且绝对的道德准则，就意味着一个道德命令与一个做还是不做某件事情的纯粹的劝告是有区别的。

这种禁令让人感到惊讶，因为这种观念与之前康德所谓的绝对命令出奇地相似。虽然其出发点与康德截然不同，但它们殊途同归。上述讨论的这些思想家们所做的贡献，就在于他们让贯穿于英国哲学中的有关功利主义的道德讨论一直散发着生机与活力。

## 7. 功利主义

每个第一次听到功利主义者阐述其思想，或者听其谈论问题的人，都会感受到这些功利主义者面对道德问题时的冷静态度。功利主义者为道德寻找理论依据，不是去宗教那里寻找的，因为对那些不信教以及信仰其他东西的人来说，宗教并没有多大的说服力。他们的思想也更加理性，而他们的理论依据是边沁和穆勒那些人所述的基本原则，即只要是可以给人幸福、舒适和快乐，也能让人躲避痛苦和不快乐的事情，就是好事，这就是人们常说的“至善”二字。或者说，快乐就是唯一的善，痛苦就是唯一的恶，问题的关键就是看结果和影响，并非是去看行为者内心的观点。但凡具有道德的人，就不可能是自私的人，因为他们会把注意力放在关心他人上面。考虑到这样的要求，我们就不得不从幸福和痛苦两方面出发去平衡。如果说一方做出少量的损失就能为另一方带来明显且多的快乐，那么损失的这一份就是值得的。在此基础上，我们总是给出合理的约定，并以此来避免各种因为标准不同而引发的道德冲突。

因此，我们便产生了以下疑问：上述的快乐与幸福难道仅限于人类吗？如果包括动物，那动物中又包含了哪些种类呢？就人而言，难道只限于活着的人吗？是否也包括人类的下一代抑或是人类所有的后代？又或许，它也涉及那些永远无法出生的人？

此外，我们还存有如下异议：每一种形式的幸福和不幸，无论这种幸福与不幸是自己的还是别人的，是属于过去的、现在的抑或是将来的，我们是否可以对其进行一次评估和测量？

有没有一种这样的标准，即我们能够通过它来让我们对值得追求的东西，诸如健康、财富、美丽、知识和智慧等进行计算，然后根据结果将其进行比较呢？我们应该如何去评估？其标准是用金钱来衡量呢，还是用虚拟数字来衡量？另外，当我们有意识地放弃幸福时，某种行为方式是否具有更高的道德价值呢？

伦理学中的功利主义可谓是千差万别，但是这些功利主义的思想家们的母语几乎都是英语，并且他们还有一个共同点，就是他们都继承了由杰罗密·边沁和约翰·斯图亚特·穆勒所开创的思想传统。这类思想家还应该提到亨利·西季威克、G.E. 摩尔，以及美国当代思想家马克·乔治·辛格。卡尔·波普也是功利主义者，但他被人称为“消极功利主义者”，因为他觉得国家的职责并不是为了帮助百姓谋取幸福，而是消除社会的弊端。并且，他不是以行为者的意志为判断的，而是将他们的行为结果作为判断依据。因此，功利主义者有时候也被称为“结果主义”。事实上，功利主义者并不是肤浅的功利思想家，严格意义上来说，他们是严肃深刻的道德思想家，约翰·斯图亚特·穆勒就说过这样一句话：“我宁愿作一个不幸的苏格拉底，也不愿作一头幸福的猪。”

## 8. 对话伦理或寻找最后的根据

将“最后的根据”一次运用到哲学范围内，只不过是几十年之前的事情，但是这个词所涵盖的深层含义和哲学同样古老。所谓最后的根据，就是寻找“最后的”、最终的、不可再继续追究的根据，而寻找的目的就是获取知识或道德。换句话说，就是问题在于要为道德找到一种对所有人都适合的根据，并且每个人都没有办法在各种借口下去逃避或掩藏自己对这种道德所应负的责任。对许多人来说，传统和宗教让人越来越失去其令人信服的力量，所以寻找这样一种道德原则对所有人来说就变得十分迫切了。

对此，卡尔·奥托·阿佩尔首先做出了自己的那一份努力，其次，还有于尔根·哈贝马斯。阿佩尔的著作《哲学的转变》的最后一节的标题是“交往关系的先验性与道德的基础”，副标题是“论科学时代理性的道德基础问题”，而其阐述长达80多页。

为什么我们需要一种理性的道德基础呢？因为一种对所有人都适用的道德标准决不能以知觉、宗教以及传统作为基础，其原因就是不同的民族、社会以及文化有着不同的知觉、信仰和宗教。为什么这种道德应该对整个人类同等适用呢？因为现代科学和技术应用在全球范围内，对无论是人类还是所有一切都产生了巨大的影响。当今的紧要问题很少涉及家庭或邻居这样的小范围，更多地涉及政治和社会这样的大范围，或者更多地涉及可能会决定整个人类命运的“宏观范围”。这就需要一种对所有人都适用的道德标准，而在今天的日常实践中，涉及国家政治问题时，有人就会拿“国家的实际利益”来权衡，来作为借口，并试图从某种程度上去消除他自身应该承担的道德责任。

阿佩尔中心概念里关于“交往关系的先验性”的含义到底是什么呢？“先验性”一词最开始出现于康德那里，但是对“最后的根据”这一词，他们并不是通过实践理性去找寻，而是在理性的社会里去找寻。谁如果提出需求，比如保护自身性命、自由财产等权利，那他其实就是向其他人提出要求，并要求他人来尊重自己的权利。而他自身有在别人面前阐述清楚自己要求的正当性，又或者反过来，面对他人向自己所提出的要求。于是，他就进入到一个与他人紧密相连的社会中去了，进入到一种对话的状态。或者说，按照一定的游戏规则进行有意义的思想交流。

可以猜想，倘若这样一种对话可以善始善终，那么其结果就不可能与“己所不欲，勿施于人”的“金科玉律”有很大的差别，这也就是康德所谓的：“要这样的行动，使你的意志基准不管在什么时候都能被同时被看成是一个普遍立法的原则。”

如果我们能找到这种所谓的道德的“最后的根据”，那自然是十分让人赞同的，但同时我们也会产生几点疑虑：难道这不是那种过于理想化的幻想吗？因为处于这种对话中的双方必须是平等的，但是在现实的具体情况之中，一方可能会凌驾于另一方之上。此外，两方的谈话能力还必须相等，至少应该接近。换言之，两方之间的知识和表达能力必须对等。除此之外，对话同样需要时间，而关于生活中的道德问题，无论它是涉及个人的疾病还是死亡，抑或涉及国家命运之类的问题，都是需要刻不容缓地去解决的问题。

## 9. 进化伦理学

在这里，我们应当再一次回顾思想历史上的那次革命，也就是进化论的诞生，它主要是与查尔斯·达尔文的名字联系在一起的。这主要是因为，虽说法国启蒙运动的思想家早在达尔文之前就提出了关于人类起源自动物的假说，但是，真正开始系统地论证这种假说的人还是达尔文，并且他拿出了亲自观察到的大量结果作为证据。接下来的问题就是：对伦理学来说，进化论到底意味着什么呢？关于这个问题，哲学家与生物学家进行了一场讨论，这场讨论的高潮在20世纪末，主题词是“进化伦理学”。

达尔文早就探寻过道德与进化论之间的关系问题。虽然他坚定地相信，“在动物和人的所有差别里，良心与道德感具有最是深刻的意义。”但是，从另一方面讲，他又认为，我们的道德原则可能从动物王国里早就普遍存在的“社会本能”里发展出来的。达尔文十分谨慎地说："于我而言，这有着很大的可能性，因为每一种动物都有社会本能，这种社会本能同样包括父母对孩子的爱，一旦它的智力水平发展到接近人类的时候，它自然就会获得一种良心与道德感。"

那么，人类所说的道德难道真的是自然进化的产物吗？并且因此也是"自然的"吗？抑或说，道德只不过是人通过自我压抑其本能，并随之产生的结果？自达尔文死后，人们就开始围绕这个问题进行非常激烈的讨论。托马斯·亨利·赫胥黎大概是 19 世纪影响力最大的一位达尔文思想的捍卫者，他认为，道德对压抑我们的自然本能起到了非常重要的作用。自然的进化过程对道德没有多少兴趣，作为自然造物的人类，我们更倾向于为了生存而进行顽强地斗争，并且开始毫无节制地繁衍后代。道德标准不是从自然中寻找出来的，人作为动物的后代，喜欢走的路与道德的人所走的路自然是相互背离的。

彼得·阿列克塞耶维奇·克鲁泡特金侯爵在观察生命进化的过程中，得出了一种截然不同的结论，他是俄国社会主义无政府主义阵营里的主要人物。克鲁泡特金严厉地批评了达尔文主义者，因为在这些人眼中，自然就是一个弱肉强食的、硕大无比的战场。克鲁泡特金接着说，自然同样为我们提供了数不清的相互协作的正面例子。我们在自然里所思考出来的结论并不是"人对人的冷酷无情的战争"，而是"不要去争斗，要团结起来，一起相互帮助”。自然绝对不会让我们讲求所谓的非道德主义，善与至善的理念最开始就是从自然中来的。

从100年前到现在，进化论思想存在着两种不同的派别。其中的一个学派是人种学派或是动物行为研究学派，这个学派里最为著名的代表人物就是康拉德·洛伦茨。洛伦茨早在观察群居动物的时候，就在它们身上看到了一种“道德类似行为”，换言之，在动物身上同样存在着某些道德行为方面的特点。但他同时又说，人和动物之间存在着根本上的区别。“在人的身上同样有来自动物的某方面特性，但是在动物身上并没有来自人的东西。我们需要从低级的东西，也就是从动物开始着手研究关于物种起源的理念，我们会清楚地发现人的本质，发现动物界所没有的那种人类独有的理性和道德的伟大。”

洛伦茨还认为，人类社会里有关侵犯的现象，也是通过动物继承来的，同种之间的互相侵犯，是人与其他高等脊椎动物都有的一种本能。在很多动物的身上都存在着某种类似禁止侵犯的比较特殊的机制，但是在人的身上，随着我们发明的武器越来越先进，人的侵略本能也就被释放出来。因此，为了不让人具有侵略动机，我们必须利用一些社会上的因素，比如道德、艺术、音乐、绘画和教育等，将人的侵略动机转移到对社会有用的方面上。

美国社会生物学家爱德华·威尔逊就把伦理学彻底地“生物学化”了，并通过这种方式剥夺了哲学家的权利。威尔逊发明出一种把生物学当成基础的新的世界观，他认为我们行为的基础来源于人的遗传基因。如果想真正了解人类的本性和人类一直以来所依赖的环境条件，那么我们就必须对基因这个遗传物质的基础有充分且全面的认识。下面将从正反两个方向列举当代进化伦理学所讨论的几个最基本的论点。

正方：地球上所有的生命都是在几十亿年的时间里，一步步从简单到复杂、从低级到高级发展和进化而来的。人类则没有那么漫长，人类是从几百万年前开始，一步步从动物祖先那里发展和进化而来的，这个假说的正确性基本来说已经是被肯定过的。倘若地球上所有的生命，其中也包括人类，都属于这种进化过后的产物，那么，人类的文化与精神等方面的成就以及道德观念同样也是进化的结果。所以，我们也必须以一种进化的角度去理解。

反方：把关于人的道德的逐步发展放置于整个生物进化的过程当中去认识和研究，这似乎是可能的。在历史上，所有已知的文明都逐步形成了属于他们本身的道德，而道德也是似乎只有人类才拥有的东西。认识到这一点，或许有助于我们理解人类的道德观念到底是怎样一步步发展起来的。但是，我们是不是因此就可以解释和证明道德命令有着其绝对的有效性呢？从“是”到“应该”的变化又是如何发生的呢？我们怎样才可以避免得出从“是”到“应该”这种自然主义的错误结论呢？

正方：试着通过宗教与形而上学的方向去为道德找出根据，这既是错误的，也是没有必要的。道德是人创造出来的，所以，道德必须拥有“人性”。因此，一种无法满足人类基本要求的冷冰冰的道德是没有什么意义的。

辩论到此似乎已经宣告结束，但是以下问题还是没有得到正确的答案：就我们所理解和研究的进化来说，通过这种进化过程，我们又会得出怎样的伦理学呢？于我们而言，不管怎样，都不应该只得出一种无所顾忌、自私自利的为生存而争斗的进化伦理学。另外，把一般非道德和自私自利的行为看成一样也是错误的。人的每一个行为几乎都是自私的，或者至少包括了利己主义的成分，这本身并不是什么可耻可悲的事情，即便是基督教，也仅仅要求人们“爱邻人如同爱自己”，而并没有要求信徒爱别人多过于爱自己。

在这里又出现了另外一个问题：如果把自然选择当成手段的进化，自始至终都对那些极端的利己主义者有利的话，那么，这是合理的吗？进化是否同样促进了那种合乎于道德的利他主义者的行为呢？达尔文也思考过这个问题，但他也百思不得其解：在一个种族或部落里，那些高尚的不自私的人比那些自私自利、贪生怕死的人更容易死亡。这样，在进化过程中，有道德的人以及高贵的人的数量又怎么会增多呢？达尔文没有能力解答。

那些主张并时刻坚持自然选择的机械论者，在刚刚过去的几十年里才在某种程度上开始明白：如果谁可以战胜自己的竞争对手，并成功地把自己的基因遗传给自己的后代，这就是自然选择意义上的成功。但所谓进化意义上的成功，其实并不在于个体的性成熟，而在于个体可以成为遗传计划里的一个载体，成为基因的载体。从这个意义上去看，个体仅仅是基因的工具而已。进化的真正目的是对基因的保存和繁殖，个体的遗传计划就隐藏在他的直系后代身上以及他的兄弟姐妹身上。

倘若自然选择计划的目的就在于基因，在于“自私的基因”，那么，我们就很容易理解什么是“裙带关系”了。换言之，抚养和教育自己近亲的后代，也对自然选择计划的成功实现有着很大的帮助。在动物界里，这种例子比比皆是，尤其是在鸟类中。当一个已经放弃自我繁殖的人开始去照料和抚育他亲戚的孩子，这让人看起来就像是一种高尚且无私的利他主义，但是这在进化意义上来说，其实全然是对他自身有益的，因为他可以通过这种方式把自己的遗传基因延续下去。所以，我们也就可以理解，为什么动物世界里的利他行为只会出现在近亲受益者的身上，而从来不会出现在同种或同属的其它动物身上。换句话说就是，人会在自己的家庭或者是小集团里克制利己主义思想，有时候甚至还会做出自我牺牲，但是超过了这个范围，他的行为就会变得截然不同，这种双重道德与标准其实就是通过动物遗传过来的。如此，我们就可以理解，为什么有的人可以是一个无私的父亲，与此同时，对待外人，对待那些不属于自己集体里的人，对待那些不同层次的人、国家和种族的人，他却能够表现得冷酷无情。

倘若我们认同这只不过是生物进化的一种明显的结果，那么我们自然会确切地说：从基因的角度去看，所有看上去像是利他的动物行为，其实在其基因里都是利己的。由此可以看出，自然并不能教给我们道德。

当然，说基因是自私的，这并不是一种比喻。基因不是人，它并不能自由地做出任何决定，所以，我们也就不能对它做出什么道德评价。伦理学中涉及的并不是基因，而是人。人不仅是将基因遗传给后代的工具。

当人创造了语言以后，人类在自然进化过程中就走出了一条具有重大决定性的道路，这种工具并不是其他任何动物都能具备的。语言使得人与人之间有了相互交流的可能，并将它们通过经验和知识一点点传递给后代。就这样，人类开始了一次速度较快的发展，所以人类文化的进化速度比人类的生物进化的速度快上好几倍。现在我们就可以得出下面的结论：只有将进化当成生物进化来理解，同时又可以当成“文化进化”来理解的时候，“进化伦理学”的概念才有其真正的意义。人的大脑和人极为复杂的神经系统让他可以对自己的未来行为进行计划，可以想象那些并不存在的但是依然有可能会发生的情况。如此，人类就有了其他动物所没有的行为空间，我们亦可将其说成是自由。这使得他可以油然而生，抑或是被迫产生一种责任感。

人或许是唯一可以在同类中了解到“人”这个以道德为主体，同时对其他动物产生同情心理的生物。显然，人类的近亲类人猿根本不具备这样的能力。就像亚当・斯密所说的，这种能力其实就是道德的基础。

### 10. 责任

在最后，让我们再次将目光转移到实践伦理学上去，谈一谈如今的人类都面临着哪些挑战，如今的哲学可以做出哪些贡献。首先要提到的是汉斯・约纳斯，他出生于德国的明兴格拉德巴赫，在大学期间接受了较为广泛的教育，并且受到马丁・海德格尔的指导与点拨，之后，因为他有着犹太血统，所以被迫在1933年离开了德国，并先后前往英国和耶路撒冷。不过，值得庆幸的是，他的著作在1934年得以在德国出版。第二次世界大战时期，他成了一位英国军队犹太旅中的战士，他的母亲则死在了奥斯威辛集中营里。1945年之后，他来到加拿大教书，紧接着又去了美国的多个大学执教。当他用英语完成了他的第一部重要著作后，他就决定用自己的母语，也就是德语再写一部，因此完成了另一部让他更为出名的著作《责任原理》。之所以用这个题目，是因为约纳斯是有意识地针对恩斯特·布洛赫的《希望原理》而写的。约纳斯的后期著作主要有《技术、医学与伦理》和《奥斯威辛之后的上帝观念》。大约从1970年开始，约纳斯就因为他的演讲和文章重新在德国备受关注。他深入思考与研究了医学、生物学和技术问题，并成了哲学伦理学学派里具有代表性的大人物，而这个学派主要关注的就是自然保护的问题。

我们在这里就“人与自然”的话题继续进行探讨。人类已经开始意识到我们的人口在不断地迅速增长，并且因为科学与技术的大力发展，已经开始对地球上的所有生物构成了极大的威胁。并且，当我们开始意识到这个问题的时候，似乎已经有些晚了。因此，我们不禁要问：难道我们没有义务去对地球上的动植物，对生物圈抑或是整个地球的可居住性负责吗？难道说这种责任只局限于当代吗？难道就不包括未来各个时代里的所有生命吗？

这些问题的出现大大激发了约纳斯的创作灵感。不过，在此之前，澳大利亚的约翰·帕斯莫尔就已经对这种所谓的责任问题进行过一次让人极其印象深刻的演讲。到了19世纪，美国的G•P•玛尔施也表明，对于自然生态的破坏，人类负有很大的责任。第二次世界大战以后，阿尔多·莱奥波特开始在美国提倡一种可以让整个自然，也就是把地球生物圈作为一个相互影响、相互关联的整体来看待并且去尊重的伦理学。在欧洲人还没有占领美洲的时候，印第安人的文化与宗教在对待人与自然的关系上似乎就已经显现出了这样的特征。

于约纳斯而言，如今的传统伦理学都是以人类为中心展开讨论的，它只注意人和人之间的关系，人行为的目的也只涉及行为者自身的范围，而对未来的事情几乎毫不关心，抑或可以说，其实人所谓的道德视野是极其狭窄的，因为人只能局限于自身周围与当前的事物。因此，我们非常有必要去试着构建一种“远距离的伦理”，让人类的视野慢慢变得开阔。我们不仅要对当前的一切负责，也要学会对未来负责，我们不仅要对人类负责，也要对整个自然负责。

责任总是与能力和力量联系在一起，而与动物和自然相比，人类被赋予了更大的能力，在自然界里处在优势地位。所以，人类也承担着相对更多的责任。自然界的其他生物自然也有生存的愿望与权利，人类有责任也有义务去维护它们的权利。另一位当代思想家也提出过一个问题：“我们到底向我们的子孙后代欠下了多少债？”如果我们今天毫无节制地去消耗那些无法再生的资源，就必然会减少人类后代生存下去的可能性，这是一个非常重要的实际性问题。如果我们可以肯定自身对后代应承担的义务，那么，我们就必须心甘情愿地为此做出牺牲，并愿意放弃一些奢侈的欲望。

“对于那些还没有出生的人的义务”与对陌生人或“远距离的人”的义务，这其实是两个非常相似的问题。如果一个民族非常富有，那么，他们就会牺牲掉一些自己的利益，去帮助那些远处需要帮助的外族人，难道我们值得称赞的能力就仅限于这些吗？难道这不算是一种道德上的要求吗？不过，问题是：我们所要承担的那些义务在空间与时间上到底有多远呢？我们又是否可以提出足够的理由来证明，人类根本不存在的地方就是我们义务的终点呢？倘若如今的人都放弃繁衍后代的行为，那么，是否就不存在我们需要为其承担义务的后代了呢？我们是不是依然有责任去保存人类的种属呢？于一些思想家而言，人类的终结意味着人类所创造的宗教、思想、道德、艺术成果的终结。但是，这种理念并不是对所有人都有说服力的。需要特别指出的是，约纳斯其实并不主张我们用新伦理去代替所有传统的伦理。他说：“我的意思并非要彻底改革现今的伦理，比如同情、诚实、博爱、正义等这样一些道德律令都是需要继续维持的。”但是，伦理必须有补充的，道德的视野必须扩展。我们应该如何去补救呢？我们又应该做什么呢？对此，约纳斯说：“所有的行动都必须为人类的长远考虑，抑或说我们的所有后果都不可以对未来造成破坏。”这是对全人类提出的一种责任伦理，而不是针对某个个体，责任伦理是要求我们行为的后果应该对人类和自然的未来负责。